OEUVRES COMPLÈTES

DE PIERRE DE BOURDEILLE

SEIGNEUR DE

BRANTÔME

12740 — PARIS, TYPOGRAPHIE LAHURE
Rue de Fleurus, 9

OEUVRES COMPLÈTES
DE PIERRE DE BOURDEILLE
SEIGNEUR DE
BRANTÔME

PUBLIÉES D'APRÈS LES MANUSCRITS
AVEC VARIANTES ET FRAGMENTS INÉDITS
POUR LA SOCIÉTÉ DE L'HISTOIRE DE FRANCE

PAR LUDOVIC LALANNE

TOME SEPTIÈME

RODOMONTADES ESPAIGNOLLES. — SERMENS ESPAIGNOLS.
— M. DE LA NOUE. — RETRAICTES DE GUERRE. —
DES DAMES.

A PARIS
CHEZ Mᵐᵉ Vᵉ JULES RENOUARD
LIBRAIRE DE LA SOCIÉTÉ DE L'HISTOIRE DE FRANCE
RUE DE TOURNON, N° 6

M DCCC LXXIII

EXTRAIT DU RÈGLEMENT.

Art. 14. Le Conseil désigne les ouvrages à publier, et choisit les personnes les plus capables d'en préparer et d'en suivre la publication.

Il nomme, pour chaque ouvrage à publier, un Commissaire responsable chargé d'en surveiller l'exécution.

Le nom de l'Éditeur sera placé en tête de chaque volume.

Aucun volume ne pourra paraître sous le nom de la Société sans l'autorisation du Conseil, et s'il n'est accompagné d'une déclaration du Commissaire responsable, portant que le travail lui a paru mériter d'être publié.

Le Commissaire responsable soussigné déclare que l'Édition DES OEUVRES COMPLÈTES DE PIERRE DE BOURDEILLE, SEIGNEUR DE BRANTÔME, *préparée par* M. LUDOVIC LALANNE, *lui a paru digne d'être publiée par la* SOCIÉTÉ DE L'HISTOIRE DE FRANCE.

Fait à Paris, le 10 *décembre* 1873.

Signé JULES MARION.

Certifié,

Le Secrétaire de la Société de l'Histoire de France,

J. DESNOYERS.

DISCOURS
D'AUCUNES RODOMONTADES

ET

GENTILLES RENCONTRES

ET PAROLLES ESPAIGNOLLES.

A LA REYNE MARGUERITE[1].

MADAME,

Voici le livre d'aucunes *Rodomontades et Rencontres espaignolles* que de longtemps je vous ay desdié, et promis

---

1. Il y a deux rédactions du *Discours des Rodomontades*. La première en date, pour laquelle a été composée la dédicace à la reine Marguerite, qu'on peut lire en tête de notre premier volume (p. 5), occupe une partie du manuscrit 3273 du fonds français (*olim* Béthune, n° 8776), et ne nous semble avoir été utilisée par aucun des précédents éditeurs. De la seconde rédaction, adoptée dans toutes les éditions, il existe un manuscrit possédé par la famille de Bourdeille, et dont le texte a été collationné par M. Monmerqué. Elle est beaucoup plus étendue que la première, mais offre cette particularité que Brantôme en a retranché la traduction qu'il avait faite des nombreux passages espagnols cités

dernièrement lorsque j'eus l'honneur de vous faire la révérance à Usson.

Je les ay toutes mises en leur langage, sans m'amuser à les traduire, autant par le commandement que m'en fistes, que parce que vous en parlez et entendez la langue aussi bien que j'ai jamais veu la feu reyne d'Espaigne vostre sœur ; car vostre gentil esprit comprend tout et n'ignore rien, comme despuis peu je l'ai encore mieux cogneu.

Ce fust esté aussy autant de superfluité pour vous, mais non pour d'autres personnes qui sont novices en ceste langue, et leur fust esté un fort grand plaisir et commodité d'en faire une petite traduction ; car telles en pen-

par lui. Ainsi qu'il le dit dans sa seconde dédicace à Marguerite (celle que nous reproduisons ici) il a opéré ces retranchements afin de se conformer au désir de la princesse qui connaissait assez la langue castillane pour être à même de se passer d'interprète. Tout en adoptant le texte de cette dernière rédaction, nous avons, conformément au manuscrit de la première, inséré à la suite de chaque citation espagnole la traduction de Brantôme.

Au commencement du manuscrit de la première rédaction, manuscrit non pas écrit, mais corrigé de la main de Brantôme, on lit : « Ce recueil qui s'ensuit des *Rodomontades espaignolles* est dédié à notre *reyne de France et Navarre* pour en avoir été désireuse, ainsi que j'ay dit en la lettre que je luy ay escrite au commencement de mon premier livre. » Cette lettre est la première dédicace dont nous avons parlé plus haut. La seconde ne portant plus que les mots : *A la reyne Marguerite*, on voit qu'elle est postérieure au divorce de Henri IV, c'est-à-dire au mois de novembre 1599.

La prétention qu'affecte si souvent Brantôme de parler le « friand espagnol » est surtout visible dans les *Rodomontades*. Qu'elle pût être justifiée à l'époque de sa jeunesse, au moment de ses voyages au delà des Alpes et des Pyrénées, nous le croyons facilement. Mais il n'en était certainement plus de même vingt cinq ou trente ans après, quand il se mit à rédiger ses livres, et sent parler et entendre bien la langue, qui s'y treuvent bien empeschées. Aussy je n'ay faict ce livre pour elles, que pour vous.

Que s'il vous plaist, Madame, les vous faire lire, car vos beaux yeux ne sont dignes de porter leur belle veue sur chose si basse, je croy que vous y prendrez quelque plaisir; car il y a de la sériosité[1] et de la joyeuseté meslées ensemble; vous priant, Madame, de n'en faire part à personne, ny les mettre en lumière; car si elles vous agréent, j'en seray très ayse, ne désirant plaire à d'autres qu'à vous : sinon, et qu'y trouviez à redire; j'espère tant de vostre bonté généreuse que vous en couvrirez mes fautes, et en considérant qu'en pensant bien faire j'ay entrepris cet œuvre pour vous donner quelque plaisir.

ce qui apparaissait déjà dans ses autres ouvrages est manifeste en celui-ci. Il suffit en effet d'en lire quelques pages pour s'apercevoir, ce dont peut-être il ne se rendoit pas bien compte, qu'il avait alors à moitié oublié l'idiome, dont la connaissance le rendait si fier. Sans parler de leur très-défectueuse orthographe, les textes espagnols qu'il sème partout avec tant de complaisance sont pleins d'incorrections et de fautes. Tantôt ce sont des mots qu'il forge de toutes pièces, ou des mots français ou italiens qu'il espagnolise à sa manière (*lezardos* pour *lagartos*, *scherno* dont il a fabriqué *escuerno*); tantôt l'italien et le castillan sont confondus : il écrit *come* pour *como*, *che* pour *qüe*, *da* pour *de*, *in* pour *en*, *lo* pour *el*, *per* pour *por*, *sta* pour *esta*, etc. Parfois il lui arrive de se tromper dans le texte et dans la traduction. Ainsi (voyez p. 23), au lieu de *hacia arriba* (en haut), il écrit les mots *hazia riba* qui ne sont point espagnols, et la traduction qu'il en donne (par delà l'eau) est un contre-sens et un non-sens. Plus loin (p. 55), il traduit *con poca desadumbre* (avec peu de chagrin) comme s'il y avait *con algun peso* (avec quelque poids). Nous avons fait disparaître ces fautes grossières, et nous adressons ici tous nos remercîments à notre ami M. Roulin, bibliothécaire de l'Institut, pour l'aide qu'il a bien voulu nous prêter en cette circonstance.

1. *Sériosité*, chose sérieuse.

Que si vous en trouvez aucun, j'en seray d'autant plus glorieux et hardy de vous présenter tous les autres, desquelz je vous en ay monstré les suscriptions, qui sont les pièces entières dont cestuy-cy en est l'eschantillon ; lequel je n'ay tant remply de son subject que je n'en aye faict une bonne réserve dans les autres livres, non seulement en ce qui touche les Espaignols, mais les braves François vos subjects, qui, en beaux exploits et bien dire, ont surmonté tousjours toutes les autres nations du monde.

Recevez donc, Madame, je vous supplie, ce livre qui vous est offert du meilleur de mon âme, ne pouvant mieux ; et, comme dit l'Espaignol : *reciba Vuestra Magestad lo que yo offresco, que es lo poco que puedo por lo mucho que deseo, y le place dar tal lustre que, cobierto del nombre y bondad de Sua Majestad, salga sin verguenza a sus pies*[1].

Sur ce, Madame, je vous baise très-humblement les mains, et vous supplie me tenir toujours en qualité de vostre obéyssant subject, et très affectionné serviteur,

BOURDEILLE.

---

[1]. Que Votre Majesté reçoive ce que je lui offre. C'est peu en comparaison de ce que je désirerais ; mais qu'il lui plaise de donner tel lustre que, couvert du nom et de la bonté de S. M., il se mette à ses pieds sans honte.

DISCOURS

SUR

LES RODOMONTADES.

Il faut un peu parler des rodomontades espaignolles, car certes elles surpassent toutes les autres, de quelque nation que ce soit; d'autant qu'il faut confesser la nation espaignolle brave, bravasche et valleureuse, et fort prompte d'esprit, et de belles parolles profférées à l'improviste.

J'accommanceray donc lorsque le grand marquis de Pescayre, après la chasse des François hors de l'estat de Milan, eut bravement forcé et pris la ville de Gênes, qui tenoit pour les François. Il ne faut demander quelles richesses il y avoit trouvées, et de combien l'armée espaignolle s'en emplist; si bien que, quelques jours après, la mettant aux champs, il la trouva si chargée, embarrassée de bagages, de caréages[1], mulles, mulletz et chevaux, que le marquis fut contraint de faire un bandon, pour casser cest embaratz, bagages et carréages, et empeschemens,

---

1. *Caréage*, chariot; de l'espagnol *carruage*

comme les nomme Cæsar. Parquoy fut commandé que les capitaines de chasque bande n'eussent chascun que quatre chevaux pour soy, et deux pour l'alfier, et nul pour soldat qui fust sain, mais ouy bien que les mallades en eussent chascun le leur pour les porter; encore falloit-il qu'ilz fussent visitez par les médecins pour voir s'ilz estoient vrayement mallades, et qu'ilz eussent tousjours sur eux leur patente pour faire foy, signée et de son capitaine et de son médecin.

Ce bandon fait, il y eut un capitaine nommé Vega, Grenadin, *el qual, con arrogancia militar y con gesto y palabras desbaratadas de enojo, en un corillo de soldados, commenço, casi razonando en publico y braveando : que si hallava hombres semejantes a si en animo y juizio, que trabajaria de modo que los soldados no tuviessen necessidad de aquella patente, los quales siendo debilitados por lo sangre derramada en tantas batallas y victorias, merescian, por la honra de su valor, no solamente ser llevados a cavallo, mas en carros triumphales, a manera de los antiguos consules y emperadores romanos en sus glorias y triumphos.* « Il y eut un capitaine Vega, Grenadin, lequel avec une arrogance millitaire, et gestes et parolles braves et débordées de despit, commança à dire parmy quelque troupe de soldatz, et bravant et le publiant, que, s'il trouvoit gens semblables à luy en courage et en esprit et jugement, qu'il fairoit dire que les soldatz n'auroient besoing d'aucune patente. Iceux, disoit-il, lesquelz estans foibles et débilitez par tant de leur sang respandu en tant de batailles, méritoient pour l'honneur de leur valeur non seulement d'aller à cheval, mais sur des chariots triumphans à la mode des anciens consulz et empereurs romains, en leur gloire et triumphes[1]. » Voyez quelle brave superbité !

Moy, estant un jour au Louvre, je vis entrer deux soldatz espaignolz, braves et bien en poinct, et de fort belle façon. Je cogneuz aussitost qu'ilz estoient Espaignolz; et d'autant que mon humeur a esté tousjours de les aymer, les pratiquer et entretenir, comme certes parmy les gens de guerre il me semble n'estre point plus brave entretien que du soldat espaignol, car il triumphe de discourir de son art, je me mis à les accoster et araisonner en espaignol; car j'ay veu que j'avois ceste langue aussi famillière que la mienne, et telles gens sont fort aises quand ilz rencontrent un estranger qui parle leur langage; et leur demandis d'où ilz venoient. Ilz me respondirent : *De Flandes, señor.* — *Y que nuevas ?*[2] leur répliquay-je. — *Non otras, señor,* me dirent-ilz, *sino quando somos partidos, ay seys dias, vinieron al principe de Parma mil y dozientos humbres d'armas de las viejas compañias de Napoles, las mas bravas de valor y de cavallos que salieron jamas ael reyno, tan bien armados, tan luzidos d'oro y de plata, tan bien ataviados y emplumados de grandes y gentiles panachos, a manera de los antiguos soldados y legioneros romanos, a los quales se pueden ygualar en todo : de*

---

1. Ce passage est tiré de Vallès, liv. III, ch. IV, f° 85 : *Del castigo que dio el marques de Pescara al capitan Vega, Granadino, porque avia amotinado parte del exercito.* Brantôme a ajouté au texte les quatorze derniers mots, depuis *a manera*.

2. De Flandre, monsieur. — Et quelles nouvelles ?

modo qu' agora la Flandes no a da tener, pues ques ta brava cavalleria esta juntada en nuestra infanteria espaignola, que se puede dezir la flor de todas las otras nationes, sin gastar (digo yo) l'honra de los soldados francezes, qu'en verdad bravos estan. Mas adonde son los soldados espagnoles, todos con razon deven callar, come Vuestra Merced lo puede bien saper, puesque los aveys pratiquados y tratados, comme yo lo cognosco en su trage y hablar soldadesco. « Autres nouvelles, me dirent-ilz, n'y a point, sinon quand nous en sommes partis il y a six jours, sont arrivez au prince douze cens hommes d'armes des vieilles ordonnances du royaume de Naples qui sont les plus belles qui en sortirent jamais; car ilz sont très bien montez sur de si bons chevaux et bien armez, tant luysans d'or et d'argent, tant bien en poinct et tant bien emplumez de grands et gentilz panaches à manière des anciens soldatz et légionaires romains, ausquelz on les peut accomparer en tout, de façon que la Flandre maintenant n'a que tenir, puisque si brave cavallerie est joincte avec nostre infanterie espaignolle, laquelle se peut dire la fleur de toutes autres nations, sans que je veuille toucher à l'honneur des soldatz françois, lesquelz certes sont bons soldatz; mais là où sont les soldatz espaignolz, tous les autres doivent caler[1] et se taire devant eux, comme vous-mesmes le pouvez sçavoir puisque les avez pratiquez ainsi que je le puis cognoistre en votre façon et parler soldadesque. »

Considérez, s'il vous plaist, où ces gens m'allèrent

---

1. *Caler*, se taire.

faire et prendre leur comparaison! Comme de vray, parmi ces belles antiquitez de Rome, il n'y a rien encor de si beau à voir que ces braves légionnaires romains avec leurs habillemens de teste, tant couverts de plumes, les unes haussantes, les autres penchantes. Et si telle veue estoit agréable, elle estoit bien autant effroyable par la représentation des horribles testes et grandes gueules de lions, et autres bestes espouvantables, qu'ils portoient naifves avec leurs peaux, ou faisoient engraver pour les représenter sur lesditz habillemens et casques.

Par ce dire de ce soldat, vous voyez, et par ceste rodomontade précédente[1], comme les Espaignolz se sont donnez et asseurez de tout temps la gloire d'estre les meilleurs de toutes nations. Et certes ilz ont raison d'avoir ceste opinion et créance; car les effectz s'en sont ensuivys.

Ce sont esté eux qui despuis cent à six vingtz ans en sça ont conquis par leur valeur et vertu les Indes occidentalles et orientales, qui sont tout un monde complet.

Ce sont esté eux qui nous ont tant de fois combatuz, batuz et rebatuz, au royaume de Naples, et puis nous en ont chassez.

Ce sont esté eux qui en ont tout de mesme fait en l'estat de Milan, qui nous avoit cousté tant de sang et de moyens pour l'avoir, et nous en ont frustré en nous ostant nostre ancien patrimoine.

Ce sont esté eux qui, non contans de ces biens

---

1. Les quatorze lignes qui précèdent manquent dans le manuscrit.

ravis à nous, ont passé en Flandres, et venus en France pour essayer à nous chasser de nos fouyers, mais, ne pouvant, nous ont fait de grands maux, nous ont pris de nos villes, nous ont donné des batailles et gaignées sur nous, et nous ont faict mourir je ne sçay combien de cent mill' hommes : aussi leur en avons-nous bien fait mourir des leurs.

Ce sont esté eux qui sont venus au bout[1] des Allemans, et leur ont mis le joug en la guerre d'Allemaigne, chose non encores ouye ny veue ni faite dès[2] le grand Jules Cæsar, ny des autres grands empereurs romains.

Ce sont esté eux qui, suivant la devise de leur grand empereur Charles, de *passer plus oultre*, ont traversé les mers, ont donné dans l'Affrique, pris leur principalle ville et forteresse, Tunis et la Gollette.

Ce sont esté eux qui ont passé en Barbarie, ont pris le royaume d'Oran, les villes d'Affrique et de Tripoly, Belys et son Pignon, et qui eussent fait d'avantage sans le barbare élément de mer et de ciel, non pas plus doux ny piteux que l'autre, qui les empescha soubz leur empereur, ostant occasion de ne prendre le royaume d'Alger, qui estoit emporté, ne faut point doubter, si ces deux ellémens tant soit peu eussent voulu favoriser et incliner à ses entreprises.

Ce sont esté ceux lesquelz, par petites poignées des gens enclos dans les citadelles, rocques et chasteaux, tiennent et ont tenu en bride, et ont donné

---

1. *Au bout*, à bout. — 2. *Dès*, depuis.

es loix aux potentatz d'Italie et aux estatz de Flandres, et en plusieurs endroictz de la chrestienté jusques à la Barbarie, Morée et autres païs infidelles, voire jusques en la Transilvanie, soubz ce brave Castaldo[1], et Hongrie et Boëme.

Ce sont esté eux lesquelz l'empereur Charles, au plus fort de ses affaires et combatz, quand il s'en voyoit entourné[2] seullement de quatre ou cinq mille, se tenoit du tout invincible, et hasardoit et sa personne et son empire, et tous ses biens soubz leur valleur seullement; et disoit souvant que *la summa de sus guerras era puesta en las mechas encendidas de sus harquebuzeros espaignolles,* « que le plus grand effect de ses guerres estoit mis et fondé sur les mesches allumées de ses harquebusiers espaignolz. » Car certainement, de ce temps, ilz en ont emporté le prix, et si nous en ont apris l'art et les premières leçons; car avant eux, nous n'usions que d'arbalestes, et n'avions pas l'esprit de nous accommoder et aproprier des harquebuz.

Ce sont esté eux qui, en nostre temps et à nos veues, ont remis, soubz la conduicte de ce grand duc d'Albe, qu'ilz appelloient leur père, en un tour de main, toute la Flandres rebellée à leur seigneur.

Ce sont esté eux desquelz environ mille à douze cens, en ceste mesmes guerre, en Zellande[3], traversarent un bras de mer d'un quart de lieu large,

1. Jean-Baptiste Castaldo, mestre de camp général de l'armée impériale dans la guerre des protestants.
2. *Entourné,* entouré.
3. En 1575. Voyez Strada, liv. VIII.

estant basse, sans autres armes que leurs espées qu'ilz tenoient en leur bouche, allarent deffaire environ quatre ou cinq mille Zellandois de commune[1], qui les attandoient sur le bord de propos dellibéré, et les mirent tous en pièces. Grand miracle de main, certes !

Ce sont esté ceux là qui aydarent dom Joan d'Austrie à gaigner ceste belle et signalée bataille d'Élepanthe. Ce sont ceux là encores qui, avec ce grand capitaine le prince de Parme, ont fait trembler toute la France, et longtemps tenue en allarme.

Ce sont esté ceux pour lesquelz ce grand et mesme empereur Charles s'humilia à l'Espaigne, lorsqu'estant party par mer de Flandres, pour y aller finir ces jours convertis, s'estant désembarqué à Larede[2], port vers Biscaye et y prist terre, on dict qu'il s'agenoilla aussitost, et remercia Dieu de ce qu'à ses derniers jours il luy avoit fait ceste grâce de pouvoir encor revoir ce païs, lequel par dessus tous autres il avoit aymé, pour luy avoir aydé à estre parvenu à l'empire, et à une si haute grandeur qu'il avoit heu en son temps, attribuant, après Dieu, à la nation espaignolle toutes ses victoires et triumphes; et profféra ces parolles[3] : *Dios os salve y guarde, o mi querida madre. Como desnudo soy salido del vientre de*

---

1. De gens du pays.
2. Laredo, à 48 kilomètres O. de Bilbao.
3. Le texte espagnol, qui devait se trouver sur un feuillet séparé, manque dans le manuscrit. On lit en marge de la main de Brantôme : *Faut metre l'hespagnol advant le françoys*. Ce texte est, du reste, de la façon de Brantôme qui a traduit à peu près le récit de Strada, liv. I. — Cf. de Thou, liv. XVI.

mi madre, y como desnudo tan bien me vuelvo a ti, como a mi segunda madre, a la qual, en favor de tan grandes merecimientos que yo he recebido de ti, no podiendo por ahora, ni mas, ni mejor, yo le hago un presente de este pobre cuerpo enfermo, y de estos pobres huesos secos y debilitados, « O ma très-chère et désirée mère, Dieu te sauve et garde ! Comme nud je suis sorty du ventre de ma mère, ainsi comme nud je retourne vers toy, comme à ma seconde mère, et en récompanse de plusieurs mérites que tu as usé envers moy, ne pouvant mieux pour à cest' heure, je te donne ce mien corps malladif et mes os foibles et débilles. »

Ainsi, ayant parlé les larmes aux yeux, il salue très-courtoisement tous les seigneurs qui estoient venus au devant de luy ; et, s'acheminant peu à peu par terre à son monastère, il passa à Vailledolid[1], où il veid son pettit-filz et filleul, Charles le prince d'Espaigne, à qui il fit de fort belles leçons pour ensuivre ses prédécesseurs. Considérez, s'il vous plaist, l'humiliation de ce grand empereur, luy qui, en son temps, avoit creu, par manière de dire, que la terre n'estoit pas assez digne de le porter, s'agenouiller à elle ! Hélas ! il ne l'eust pas fait, si la vieillesse, la malladie et l'indisposition, qui font humillier les plus orgueilleux, ne luy[2] eussent poussé.

Ce sont esté ceux, et sont encor, par lesquelz le grand roy d'Espaigne donne terreur à tous ses ennemis, soyent cachez, soient descouvertz, que quand on parle qu'il y a en son armée seullement huict

---

1. *Vailledolid*, Valladolid. — 2. *Luy*, l'y.

mill' Espaignolz naturelz, on s'oste de là, et fait-on place.

Et, ce qui est plus à remarquer en toutes ses belles factions, c'est qu'ilz n'y sont allez, ny ne les ont exploictées par des montaignes, grands monceaux et monces [1] d'hommes, mais par de petites troupes; car il ne s'est jamais trouvé dix mill' Espaignolz naturelz tout à un coup ensemble; que la plus grande ne montoit pas à plus de huict à neuf mille; desquelz, en quelques combatz désastreux pour eux et batailles infortunées, quelque grand carnage qui ait esté, jamais on n'a veü, ny leu, ny ouy qu'on ait trouvé estenduz mortz sur la place trois mill' Espaignolz, et n'en desplaise aux batailles de Ravanne et de Sérizolles, assez malencontreuses et sanglantes pour eux, certes. Il en mourut près de trois mille à Saincte-Mauré en Dalmatie, assiégez des Turcz; mais ce fut par une longueur de siège, par une grande fatigue et famine du dedans, et par faute de secours, après avoir fait si bien; mais pour le coup de main, il en mourut peu, je dis en combatant. Au [2] siège et prise de Castromoro, il en mourut aussi force, fust ou du fil de l'espée ou à la cadène. Au siège de Metz, il en mourut aussi une grand' quantité; mais le ciel leur fit bien autant de mal que les hommes; si bien que l'on dit que l'empereur Charles estant devant, et ayant demeuré environ quinze jours dans son lict, mallade de ses gouttes, sans visiter ses tranchées, et s'estant levé pour les voir, et recogneu la batterie et

---

1. *Monces* ou *mouces* (mot douteux), masses.
2. Cette phrase manque dans le manuscrit.

les bresches qui avoient esté faites, s'estonnant et bien fasché, il se mit à dire assez haut : *Y como no se entra alla dentro ? Ha! bien veo yo que no tengo mas hombres.* « Et comment ne s'entre-il point léans? Ha! je vois bien que je n'ay plus d'hommes..» Il y eut quelques soldatz là présens qui ouyrent cela; et, fort faschez de telles parolles, respondirent : *Sacra Magestad, no os quexays de nosotros. Si, teneis aun algunos hombres y de los bravos; mas no podemos combatir el cielo come los hombres.* « Sacrée Majesté, ne vous plaignez point de nous autres. Si, vous avez encore des hommes et des bons; mais nous ne pouvons pas combatre les cieux comme les hommes. » L'empereur, les regardant en pitié, haussant les espaulles, dist seullement : *Es verdad; Dios es mas poderoso que nosotros* [1]; et leur fit donner le vin.

Mais de quoy m'amusè-je tant à escrire la louange de ces braves hommes, veu que d'eux-mesmes ilz le sçavent publier, à mon advis, et ne les cachent nullement; car, si leurs beaux faitz s'estendent seullement d'un doigt, ilz les r'allongent de la coudée. Ilz ont raison; aussi, à bien faire bien dire. Et si j'ay veu remarquer à des grands personnages et capitaines que peu souvant eux, estans en troupes, ont fally de leur devoir et valleur, sinon dernièrement à la prise de la Gollette, faite par l'Ochaly, qu'il prist en trente un jour, comme l'Espaignol l'avoit gardée trente un an; en quoy l'Ochaly avant qu'y aller le dist au Grand-Seigneur : qu'il la prendroit en autant

---

1. C'est la vérité; Dieu est plus puissant que nous.

de jours comme on l'avoit gardée d'années, qui estoient trente une (j'en fais le discours ailleurs[1]), à quoy il ne faillit. Mais certes les Espaignolz pour le coup y eurent un grand blasme, et offançarent grandement leur belle et antique valeur et réputation; car tout à coup sortirent de la garnison quatre cens Espaignolz (c'estoyt trop), qui s'allarent jetter dans le camp de l'Ochaly, et se renierent. Et ne tiens ce conte de moy, mais de feu M. de Savoye (et qu'il est assez commun aussi), car luy estant à Lion, ayant accompagné le roy à son retour de Poulloigne, nous l'estant allé voir un jour, M. d'Estrosse et moy, et luy ayant demandé des nouvelles de la Gollette, car en ceste saison ell'estoit assiégée, il nous dist : « Venez vous-en demain au matin disner avec moy vous deux, et disnerons à part tous seulz ensemble. « J'attans mon courrier, qui sans faillir viendra à ce « soir ou ceste nuict; et je vous en diray. » L'endemain nous n'y fallismes, qui nous conta la prise, et la faute grande de ces Espaignolz ainsi retirez de leur devoir et réputation; dont il en estoit très despit : et dist que les soldatz espaignolz en une si grande multitude n'avoient erré jamais, ny fait telle veillaquerie[2] que celle-là, et qu'ilz faisoient grand tort à leurs compaignons; et pour une telle si énorme faute, il ne falloit blasmer le reste, car ilz avoient toujours si bien fait en toutes partz qu'ilz avoient esté; qu'à jamais ilz méritoient un' éternelle gloire; et que, de ce que de ses yeux il avoit veu, il ne

---

1. Voyez tome II, p. 60, 61.
2. *Veillaquerie*, coquinerie; de l'espagnol *bellaqueria*.

pouvoit dire autrement : que c'estoient les meilleurs soldatz du monde, et plus dignes pour la guerre et pour en porter mieux toutes les fatigues : et allégua qu'à la guerre d'Allemaigne il veid huict cens soldatz espaignolz deffaire douze cens chevaux en campaigne et plaine raze; cela se lit aussy.

Je n'aurois jamais fait si je voulois par trop m'arrester sur les vertuz et les louanges de ces gens-là. Je retourne à mon pris fait de leurs rodomontades.

Lorsque nous autres François fusmes à Malte pour le secourir, le roy d'Espaigne, comme bon catholiq et brave prince certes, y envoya neuf à dix mill' hommes de guerre pour le secours, soubz la conduicte du marquis de Pescayre, dernier mort[1], brave et gentil seigneur, nostre capitaine général, et tenant fort de ses prédécesseurs. Je vins à demander à un soldat espaignol qui me parressoit gallant par dessus les autres : *Señor, de quantos soldados esta compuesta esta armada? — Señor*, me respondit-il, *yo le dire : ay tres mill' Italianos, tres mil Tedescos, y seys mil soldados.* « De combien de soldatz est composée ceste armée? — Je vous diray, me respondit-il. Il y a trois mill'Italiens, trois mille Tudesques et six mille soldatz. » Voyez un peu et considérez quelle responce; car les Italiens et Tudesques, il ne les conte poinct pour soldatz ; mais les Espaignolz, il les comprend et les nomme pour soldatz. Quelle gloire pour eux, et quel mespris pour les autres! Si est-ce que

---

1. François-Ferdinand d'Avalos, marquis de Pescaire, mort en 1571.

les Italiens leur firent la honte toute entière à ceste expédition de la Gollette; car, estans ressarrez dans un fort tout auprès, qui avoit esté fait à la haste, et commandez par Pagan Dorio et Gabrio Cervellon, et eux pouvant estre de cinq à six mille, tindrent bon, longtemps après la Gollette prise, et combatirent très bien, et y acquirent un grand honneur, ainsi que monseigneur de Savoye nous conta, et que ce seul coup les pouvoit advantager sur les Espaignolz et non jamais d'autres. Cela disoit-il fort à la gloire desdictz Espaignolz; disant et affermant que les Italiens ne les avoient jamais surpassez que ce coup; mais ouy bien les Espaignolz, les Italiens en mill' endroitz.

Sur quoy il nous fit un conte qu'il tenoit d'aucuns vieux capitaines, que, lorsqu'il fallut à Anthoyne de Lève de s'aller jetter dans Pavie, que le roy François Ier alloit assiéger, il demanda surtout à M. de Bourbon, à Charles de L'Aunoy et au marquis de Pescaire, que sa garnison fust complette et parfaite du tout des bandes espaignolles; mais on ne luy octroya que quatre cens Espaignolz, et le reste Tudesques et Italiens; et mesmes les capitaines et soldatz espaignolz luy reffusarent à plat qu'ilz n'y iroient point, encor qu'il fust fort aymé et cogneu d'eux; car, disoient-ilz, *que las compañias españolas en ninguna manera devian repartir por guardias de ciudad; si no, que devian ser adjuntadas en un cuerpo de orden invencible, gardadas por las cosas inciertas, difficiles y escabrosas de la guerra.* « Que les compaignies espaignolles en nulle façon ne devoient se despartir ny desjoindre pour la garde d'une ville, mais qu'elles devroient estre tousjours joinctes ensemble en un corps d'un ordre invincible, grand et d'estime, pour remédier tout à coup aux causes incertaines, difficulteuses et escalabreuses de la guerre. »

C'est bien se louer cela; mais aussi ilz avoient raison; car, tant que ce corps de soldatz espaignolz a esté bien ferme, sollide et bien joinct ensemble, ilz s'en sont bien faitz acroire; et mesmes ceste fois là, car ilz furent le principal gain de la bataille de Pavie, conduictz par leur brave marquis de Pescayre. Aussi, lorsqu'il eut fait rompre le parc, et qu'ilz commencèrent à parrestre dans le champ de bataille, ilz commencèrent tous à crier : *Aqui esta el marques con sus Españoles.* « Icy est le marquis avec ses Espaignolz. »

Aussi eux et luy se raportoient si bien ensemble en toutes façons, que jamais ilz n'ont esté batuz ensemble, tant leurs créances des uns et des autres se correspondoient; si bien qu'ilz ne se contredisoient en rien quand falloit quelque chose de beau. Si que souvant, estans près à se mutiner pour leurs payes, aussitost qu'il les avoit arraisonnez le moings du monde ilz estoient aussitost gaignez : mesmes qu'un jour, les voulant mener à une entreprise en l'estat de Milan contre nous, et aucuns se mutinant, et demandans deux payes avecques les Tudesques qui en demandoient de mesmes, M. le marquis ne leur ayant dit que ce seul mot : qu'il ne s'attendoit nullement d'eux ny de leur brave courage, aucun reffus mesmes, non pas seulement *para hazer tremar la Italia y la Francia, mas para poner leyes* : « non seulement pour faire trembler l'Italie et la France, mais pour leur imposer loix; » soudain tous d'une voix se meirent à crier : *Vamos, vamos adonde quisierèdes; que los soldados españoles no van a la guerra comme obreros, segun el uso de los soldados mercenarios, sino a ganar gloria, triumphos, victorias y reputation.* « Allons, allons où vous voudrez; que les soldatz espaignolz ne vont point à la guerre comme manouvriers et selon l'usance des soldatz mercenaires, mais pour gaigner gloires, triumphes, victoires et réputation. »

Parlons un peu d'aucuns particuliers.

Je vis à la court de Madric un brave soldat qui avoit une très belle façon. Il estoit Gascon, mais fort espaignollisé, et nourry de longue main parmy les bandes espaignolles, et s'estoit desbandé de sa compaignée pour quelques affaires qu'il avoit à la court, ce me disoit-il : et, le voyant ordinairement se pourmener dans la court et parmy la ville sans espée, je luy demandis pourquoy il ne portoit point d'espée, luy qui estoit soldat. Il me respondit en espaignol : *Señor, yo tengo miedo de la justicia, porque mi espada esta tan carnicera, qu'a cada passo me daria priessa de sacarla fuera; y, sacada una vez, no haria otra cosa que carne y sangre.* « Monsieur, j'ay peur de la justice, d'autant que mon espée est tant carnassière qu'à chaque pas elle me presseroit de la tirer, et estant une fois tirée, elle ne fairoit autre chose que chair et sang. »

Celluy là n'est pas mauvais, et l'espée encor plus mauvaise.

Aux premières guerres civilles, que nous tenions Orléans assiégé, un jour que nous passions par le cartier des Espaignolz[1], M. de Maisonfleur, qui estoit un fort gallant et gentil cavailler, et moy, nous vismes un soldat espaignol qui avoit un débat avec une paouvre femme revanderesse d'harans, et y avoit plus de crieries entre luy et elle, que vous eussiez dit qu'il estoit question d'une grand' somme : enfin, c'estoit pour deux harans blancs, si bien qu'il vouloit fraper la paouvre femme. Maisonfleur, se voulant faire de feste, s'advança pour luy en dire un mot de remontrance. Luy, regardant dédaigneusement Maisonfleur, ne luy dist autre chose, sinon : *Pues, quien sois, vos que hablays*[2] ? Maisonfleur, qui parloit fort bon espaignol, respondit : *Yo soy capitan*[3]. L'autre luy répliqua, après avoir songé un peu en soy et regardé en terre : *Pues, vayase a todos los diablos con sus capitanerias, y no me digais nada*[4] ; et passe oultre. Maisonfleur demeure estonné, et non pourtant sans en faire collère face, mais riante ; car moy je luy dis aussitost : « Par Dieu ! il la vous a « donné belle, et vous a faict vostre compte prestement « en trois jettons. Il n'a pas fait grand cas de « vostre quallité. Aussi estiez-vous bien à loysir[5] de « vouloir, vous François, entreprendre de corriger « un soldat espaignol en son cartier ! »

Je vis une fois à Crémonne un soldat espaignol de fort belle façon, qui ne portoit point d'espée par la

---

1. Il y avait dans l'armée royale un corps de troupes espagnoles qui avait combattu à Dreux.

2. Qui êtes-vous donc, vous qui parlez ? — 3. Je suis capitaine.

4. Eh ! bien, allez à tous les diables avec vos capitaineries, et ne me dites rien.

5. *Être bien à loisir*, avoir du temps à perdre.

rue; et ainsi que nous nous vinmes arraisonner, je luy demande pourquoy il n'en portoit, et si la justice de la ville le luy avoit prohibé; il me respondit : *No, señor; la justicia d'esta ciudad no ha que ver sobra my, porque soy soldado viejo señalado, y en compañias bien adventajado; mas, yo mesmo me soy ordenado la pragmatica, porque soy tan presto de mano, que por el menor viento que me passa por las orejas, yo luego buelvo, y saco la manoa l'espada, y lo primero que se me topu muere a su mal hora, come quatro o cinque vezes me a acontescido assy por las calles me passeando; de manera que, por no caer en las manos de nuestro argusil, y en peligro de vida, he hecho voto a Dios de no traer mas espada, sino quando vamos a la guerra, o entramos en guardia.*

« Non, la justice n'a que voir sur moy, car je suis vieux soldat et signalé, et de compaignie, et bien advantagé; mais je me suis moy-mesme fait l'ordonnance de n'en porter, parce que je suis si prompt de la main que pour le moindre vent qui me passe par les oreilles, je me tourne, je sacque¹ la main à l'espée, de sorte que le premier que je rencontre, je le tue, comme cinq ou six fois, cela m'est arrivé me pourmenant par les rues; si bien que pour ne tumber plus entre les mains de nostre prévost de camp et en péril de ma vie, j'ay fait veu à Dieu de ne porter jamais espée, sinon pour entrer en garde et aller à la guerre. »

Un soldat canarien, de l'isle des Canaries, mais

---

1. *Sacquer*, tirer du fourreau, dégainer. — Brantôme a donné ici à ce verbe le sens de l'espagnol *sacar*.

pourtant espaignollisé et affiné[1] par les bandes espaignolles, allant en un assaut, son capitaine le voyant pasle et tremblant, luy reprocha qu'il trembloit et qu'il avoit peur. Il luy respondit d'une belle asseurance : *Tremen las carnes, porque como humanas y sensibles el my bravo, valiente, y determinado coraçon las lleva y las trae al postrero passo, donde mas no han de bolver.* « Certes, mes chairs tremblent, d'autant que, comme humaines et sensitives, mon brave et vaillant courage et déterminé les porte, les traîne au dernier pas de la mort, dont jamais plus ne retourneront. » Ce soldat étoit bien dissemblable à plusieurs qui font bonne mine allans aux combatz, mais dans l'âme ilz tremblent.

Un autre soldat en menassant un autre, luy dist : *Si yo te tomo, yo te echare tan alto, che mas presto sentiras la muerte que la cayda.* « Si je vous prens, je vous jetteray si haut en l'air que vous sentirez plus tost la mort que la cheute. »

L'autre disoit bien mieux : *Que de tantos Moros que matava, les cortava las cabezzas, y pues las echava tan alto, que antes que bolviessen, venian medio comidas de moscas.* « Que de tant de Mores qu'il tuoit, il leur coupoit les testes et puis les jettoit si haut dans le ciel qu'avant que descendre elles étoient à demy mangées des mousches. »

Un autre louoit encore sa force d'autre façon : *En tomando un hombre, dandole un punta pie, lo embiare dos o tres legas hacia arriba; y antes che buelva, quiero que quede un anno.* « En prenant un homme

---

1. *Affiné*, perfectionné, achevé ; de l'espagnol *afinado*.

et luy donnant du pied tant seullement, je l'envoyerai deux ou trois lieux par delà l'eau, et avant qu'il tourne, je veux qu'il soit plus d'un an après à venir. » Pensez qu'il l'eust si bien endormy de sa boutade, qu'il luy eust falu autant de temps à s'éveiller et se remettre.

Ceste force n'est pas moins grande que l'autre qui dist après la bataille d'Elépante : *En la batalla d'Elepantho, con don Juan estando en su real, envestimos con la galera real del Turco; yo no meti gran fuerça en mi braço, yo tire con mi montante una pequeña cuchillada, che fue tan hazia al fondo de la mar, que profondio l'infierno, y cogi la punta de nariz a Pluton.* « En la bataille d'Elépanthe avec don Joan, moy estant en sa réalle, nous envestîmes la réalle turquesque. Je ne mis pas pour cela grand force en mon bras autrement, mais avec un montant que je tiray d'une petite couchillade[1], elle alla si advant dans le fond de la mer, qu'elle proffondit l'enfer où là j'accueilly et coupé la poincte de la naze[2] à Pluton. »

Taisons ces ridicules et fauces rodomontades, et parlons d'une vraye et de fait. Du temps de nos guerres de Lombardie, que les impérialistes avoient assiégé, soubz Prospero Columno, le chasteau de Milan, M. de l'Autreq vint de dehors pour donner secours; et ce fut lors que ledit Prospero fit ce beau traict pour l'empescher, dont j'ay parlé ailleurs fai-

---

1. Voici la traduction exacte de la phrase espagnole : « Je tirai avec mon espadon (*montante*) une petite estocade (*cuchillada*).
2. *Naze*, nez.

sant mention de luy[1] : et, ne pouvant, se campa
devant, faisant quelque forme de forcer la tranchée
de l'ennemy, ce qu'il ne fit. Cependant qu'il demeura là campé devant l'ennemy, estant en soucy de
prendre langue de l'ennemy, duquel il n'en avoit
aucune, il fut fait cas audit Prospero qu'il y avoit là
parmy les bandes espaignolles un soldat espaignol
qui s'appelloit Lobo[2], qui estoit le meilleur ingambe
et le plus grand courreur qu'on sceust voir; car,
ayant un mouton sur ses espaulles, il eust couru
contre le meilleur courreur quiconque fust, sans aucune charge. Cela pleust audit Prospero; et, pour
ce, l'ayant envoyé querir, luy déclare le service qu'il
désiroit tirer de luy pour le service de l'empereur, et
qu'il falloit qu'il essayast avec ses bonnes jambes
sçavoir ce que l'ennemy faisoit. Soudain Lobo luy
promit qu'il fairoit merveilles, et pour ce prist avec
luy un sien compagnon d'armes, gentil soldat espaignol, bien ingambe aussi comme luy, et surtout fort
adextre et prompt à charger son harquebuz et à tirer
un'arquebusade. Ledit Lobo va près du camp de
l'ennemy, de nuict, et là rencontre en sentinelle perdue un grand et démesuré advanturier françois, qui
avoit demandé : *Qui va là ?* Lobo soudain à luy, et
le saisit, et le charge sur ses espaulles comme un
mouton, et soudain reprend sa routte vers son camp,
et s'y retire avec l'excorte de son compagnon, qui
tira trois fois [si bien] qu'il arrive seurement avec sa

1. Voyez tome I, p. 147.
2. Non pas Lobo, mais Lupon, suivant Vallès (f°s 60 v° et 61),
d'où Brantôme a tiré son récit.

charge au sieur Prospero, qui, le voyant arriver, se mit à rire, et tous les capitaines, d'un tel exploit, bien admirable certes. Et ayant interrogé l'adventurier, prist telle langue et advis qu'il peut de luy; après le renvoya à son camp sans luy mal faire, et fit bien récompenser Lobo et son compaignon. Voylà une belle force d'homme et une belle dextérité, et de son compaignon et tout. Ceste rodomontade vaut bien autant que les autres de parolles. Voylà de terribles forces! J'aymerois autant ouyr parler des forces d'Hercules, ou bien du rynocéros de l'amphitéâtre, de Martial, qui se jouoit d'un taureau comme d'une pellotte, et qui le jettoit aussi haut, ainsi que le portent les vers :

Quantus erat cornu cui pila taurus erat[1].

Un autre, ayant querelle contre un autre, alloit disant partout : *Conoceis un tal, o es su amigo? Ruega Dios por el, porque tiene pendencias conmigo.* « Connoissez-vous un tel, ou est-il votre amy? Priez Dieu pour luy, car il a querelle avec moy. »

Comme l'autre qui disoit : *Estas son mis misas que hazer acuchilladas, y matar hombres, y quebrar las muelas a una puta.* « Ce sont mes messes, que de faire à coups d'espée et de tuer gens, et rompre les maschoires à une putain. » Ce dernier est une grande vaillance!

Lorsque l'empereur passa par France, il y eust un

---

[1]. Quelle force dans sa corne pour laquelle un taureau n'était qu'une balle! — Voyez Martial, liv. I, epig. XI de *Rhinocerote*.

capitaine Espaignol avec luy, qui, voyant entrer un jour le chevallier d'Ambres[1], bravasche autant ou plus comme luy, et avec cela très-vaillant, il vint demander à un autre : *Señor, este cavallero es tan valiente com'es bravo?* « Ce cavailler est-il autant vaillant comme il fait du brave? » Et luy estant respondu qu'oy : *Juro a Dios, dunque que se puede ygualar a mi.* « Il se peut parangonner à moy. »

Ce chevailler d'Ambres, ayant entendu ceste parolle, vouloit fort s'aller esprouver contre luy, sans la deffance que le roy avait fait de ne quereller aucun Espaignol. M. de Bussi avoit cela, que s'il fust venu à la court quelque brave nouveau, de le quereller et se battre contre luy.

Un autre soldat espaignol disoit : *Yo harto tengo que hazer en consolar esta my espada, que no se quexe de mi y desespere, porque ha tantos dias que la hago holgar, y que no saca fruto de sus ennemigos.* « J'ay beaucoup à faire de consoller mon espée qu'elle ne se plaigne de moy et ne se désespère de quoy je ne l'ay faite esbattre si longtemps, sans tirer quelque fruict de ses ennemis. » Voylà une bonne espée, et aussi bonne que de l'autre, qui disoit de la sienne en la tirant à demy : *O espada, si supiesses hablar, dizierades quantos hombres matastes.* « O espée, si vous sçaviez parler, vous diriez combien d'hommes vous avez tuez. »

Un autre que l'on louoit devant luy, il dist : *No ay necessidad de contar my valores y virtudes, que todo el mundo las sabe.* « Il n'est point besoing de

---

1. Probablement François de Voisins, baron d'Ambres.

conter mes valeurs et vertuz, car tout le monde les sçait. »

Un autre qui contant ses vaillantises, disoit : *En Scicilia he muerto dos salteadores, in Sardegna tres, in Napoles dos, y tres en Lombardia; de manera que, segun buena cuenta, son diez. Pues no los escrivi, mas pero acuerdome bien d'ellos, porque tengo excelente memoria, de manera que no se habla d'otro que de my virtud, de my gesto y hazañas, que me hazen temer de los hombres y amar de las mugeres, de manera que passeando por las calles todas tiravan mi muchacho por la cappa, y entendia ellas como por detras le pedian : « Quien es este cavallero tan bravo, y dispuesto, y hermoso? Es este don Juan de Mandozza? No, respondia el muchacho, sino su hermano. » Y ellas respondian : « Mira como se assen tan bien los cabellos y la barba. O quan valerosas son las que alcançan su amor! » Y entrambas rogavan mi muchacho que tuniesse forma com' entrasse en sus casas : de tal suerte que las tengo importunas de me tanto rogar y amar, porque para complir sus ruegos, empedo mis negotios y mis guerras.* « En Scicile j'ay tué deux volleurs ou brigands; en Sardaigne trois; au royaume de Naples deux, et trois en Lombardie; de mode que pour bon conte sont dix, non pas que je les aye pourtant escritz mais il m'en souvient bien, car j'ay une fort excellente mémoire; de sorte qu'il ne se parle d'autre chose en ceste ville, sinon de ma vertu, et de ma valeur et de mes faitz qui me font craindre des hommes et aymer des femmes; si bien que passant par les rues tirent mon page par la cape, et luy demandent : « Qui est-ce ce brave, beau

« et gentil chevailler? Est-ce point dom Joan de
« Mandozze? » ainsi que j'entendois par derrière;
et luy respondoit : « Non, c'est son parent. » Et
elles respondoient : « Voyez comme il porte la barbe
« bien faite, et les cheveux bien renversez. O que
« celle-là est bien heureuse et valleureuse qui peut
« avoir et acquérir son amour! » Et entr' elles
prioient mon page qu'il trouvast moyen de me mener en leur logis. Mais enfin je les treuve importunes
de me prier et d'aymer tant; car pour accomplir
leurs prières, il faut que je laisse mes affaires et mes
factions de guerre. » Voylà un bel Adonis! Et pensez
qu'il estoit aussi laid qu'un beau diable.

J'aymerois autant un autre, lequel batoit son page
ou laquais, et luy disoit : *Di, vellaco, quantas vezes
te he yo mandado que no andes a cada passo publi-
cando my valor; porque, oyendolo las mugeres no se
pierdan por my; de suerte que soy mas impedido a
mostrar a ellas la magnificencia de mi animo, que
no en tomar las ciudades y matar ennemigos?* « Dites,
gallant, combien de fois vous ay-je deffandu que
n'allissiez jamais publier ma valleur, comme vous
faites, affin que les femmes l'oyant ne se perdent
pour mon amour, si bien que je suis plus empesché
à leur monstrer la magnificence de mon cœur, que
je ne suis à prendre des places et villes, et à tuer des
ennemys. » Voilà un plaisant badin.

Feu M. d'Estrosse et moy, ainsi qu'une fois en
Italie nous interrogions un soldat espaignol qui nous
vint accoster, et luy demandions son nom, il nous
dist qu'il s'appelloit dom Diego Leonys, *porque havia
in Berberia matado tres leones.* « Parce qu'en Bar-

barie, il avoit tué trois lyons. » Je vous assure qu'il ne s'en alla pas sans nous donner bien à rire, non seullement pour ce coup, mais pour beaucoup de temps après.

J'aymerois autant celluy qui se vantoit et disoit : *qu'en las Indias havia quebrado un braço a un elephante ; y aun osaria jurar, que si vuviesse ponido una mas de fuerça huviesse passado el braço al elephante por el cuero y por las entrannas y las vuviesse sacado por la boca.* « Qu'il avoit d'un coup de poinct rompu un bras à un éléphant ; encor oseroit-il jurer que s'il eust employé un peu plus de force, il eut passé le bras de l'éléphant par la peau et par ses entrailles, et les eust fait sortir par la bouche. » Voylà de grands coups.

Un jeune soldat espaignol estant interrogé comme, estant si jeune, il avoit déjà les moustaches de sa jeune barbe si grandes, il respondit : *Estos bigotes fueron hechos a la fumada del canon, y por esto crescen tan grandes y tan presto.* « Ces moustaches sont été faites à la fumée du canon et par ce elles ont creu ainsi grandes. »

J'aymerois bien autant un capitaine espaignol, auquel estant demandé si sa compaignée estoit composée de vieux soldatz, il dist : *Que si ; porque hazia el los soldados nuevos luego viejos ; no con las pagas de muchos años, come acostumbravan los otros capitanes, sino en muchas peleas y continuas escaramuças, con honrada y provechosa sua disciplina de guerra.* « Parce qu'il faisoit les soldatz nouveaux aussitost vieux, non pas par les payes de plusieurs années, comme ont de coustume la pluspart des capitaines, mays par plusieurs combatz et continuelles escarmouches avec un' fort honnorable et proffitable sienne discipline de guerre. »

Il avoit raison de dire cela ; car, coustumièrement, ce ne sont les longues années que l'on fait aux armées qui font les bons soldatz, mais les continuelz combatz et ordinaires exercices des escarmouches et mènemens des mains. Dont je désespère[1] souvant, quand j'oy dire *telz et telz sont aux armées,* et mesmes aucuns grandz. Et qu'y font-ilz sinon aller voir le général au matin, et luy donner le bon jour, s'en aller au cartier, jouer tout le long du jour, faire bonne chère, se donner du bon temps? Et telz y aura-il qui auront esté six ou sept fois en des voyages, qui n'auront tiré espée du costé : et eux arrivans à la court, ou à leur patrie et maisons, font la mine; et eux et leurs gens publieront qu'ilz ont fait mons et merveilles, et auront tué Mardy-Gras. Au diable s'ilz ont tué une mousche! Voylà comment les longues fréquentations des guerres ne font pas les capitaines ny les bons soldatz, mais le continuel maniement des armes, et la continuelle recherche des combatz et des hasardz.

Feu M. le conte de Brissac se fit en un rien le plus grand capitaine que tant de vieillardz qu'il avoit aux armées, seullement parce qu'il ne fut jamais en repos, tant qu'il y fut, ains à toute heure et à tous momans et occasions ne faisoit que rechercher la guerre, les combatz et les rencontres et à toutes sortes d'hasardz; aussi se façonnant ainsi en un rien tout de

---

1. *Je désespère,* j'enrage.

mesmes façonna tant ses capitaines et soldatz que combien qu'ilz y fussent jeunes d'ans, ilz estoient vieux et d'expériances et de playes.

Mais comment me suis-je perdu en ceste digression, et m'esgare de mon premier thème de rodomontades? c'est tout un. Elle n'est point mauvaise, puisqu'il[1] est venu à propos : un'autre fois je l'eusse oubliée au bout de ma plume. Or, retournons à une plaisante et ridicule rodomontade d'un soldat espaignol, lequel se trouva au désarmer et au despouiller du roy François, à sa prise à Pavie; car il n'estoit pas filz de bon père, ou de bonne mère, qui n'en eust quelque lopin, les uns pour récompance d'honneur, et les autres pour celle du proffit. Or il advint que le bonheur tumba à ce soldat d'oster les esperons du roy; dont il s'en sentit si gloriffié, que, partout où il alloit, il disoit : *Señor, no aveys sentido ja mas nombrar y renombrar aquel que sacco las espuelas doradas del rey Francesco en Pavia, quando fue preso? Yo soy aquel.* « Avez-vous[2] ouy jamais nommer et renommer celluy qui osta les esperons dorez du roy François à sa prise de Pavie? C'est moy. »

C'est tout de mesmes d'un qui disoit : *Grandes palabras dixo el rey don Hernandes a don Juan mi abuelo :* « *Saca mis botas.* » « Grandes parolles dit le roy don Fernand à mon ayeul don Joan : Tirez-moi mes bottes. » Voylà de belles rodomontades, et

---

1. *Il*, cela.

2. Le manuscrit porte en cet endroit et encore ailleurs : *avons* pour *avez-vous* que donnent les anciennes éditions.

fort ambitieuses! Laissons-les là et parlons-en d'autres.

Lorsque l'empereur Charles eut pris la Gollette, et qu'il fallut marcher parmy les sables chauds et estérilles[1] et avec grandes incommoditez vers Tunis, s'aparurent à l'audevant de luy, pour l'empescher, environ trente mille Mores, tant à cheval qu'à pied. Il y eut un jeune soldat espaignol qui, s'estonnant de voir tant de gens tout à un coup, commança à s'escrier : *Jesus! Y con tantos Moros havemos da pelear?* Soudain un vieux soldat, marchant près de luy, luy remonstre : *Calla, bisoño; a mas gente y Moros, mas ganancia y gloria.* « Et comment! avons-nous à combatre tant de Mores! » L'autre dist : « Taisez-vous, bisogne[2]; tant plus nous avons à combatre de gens, tant plus y aurons de proffit, de butin et de gloyre. »

Un soldat, allant à la camisade que ce brave don Johan d'Austrie donna en Flandres au camp des Estatz, et en devisant avec ses compaignons, et marchant, il vint à demander des ennemys : *Quantos son*[3]*?* Un sien compaignon luy répliqua soudain : *Vaiate al diabolo, con tu inquisition y cuenta; mas diga : Vamos, vamos a ellos; quantos que sean.* « Va au diable avec ton inquisition et ton conte. Mais dites : Allons, allons à eux, quelque nombre qu'ilz soient. »

L'empereur Charles, en la guerre d'Ongrie, un jour qu'il faisoit la reveue de son camp, et estant

---

1. *Esterilles*, stériles.
2. *Bisogne*, recrue. Nous dirions aujourd'hui *conscrit*.
3. Combien sont-ils?

avec luy Ferdinand son frère, roy des Romains, lequel portoit ses cheveux longs et grands en fenestre, comme l'on disoit à l'antique, à mode de son ayeul Ferdinand[1], il y eut un soldat qui en eust despit, et s'escriant il dist : *Sacra Magestad, te doy mis pagos, y hagas esquillar al hermano tuyo don Hernandes.* « Sacrée Majesté, je vous donne toutes mes payes que me devez et faites tondre la teste à vostre frère Ferdinand. » Il falloit bien dire que ce soldat estoit bien haut à la main, de ne souffrir une chose qui ne luy touchoit en rien. L'empereur l'ouyt, et ne s'en fit que rire avecques son frère.

Un autre fit bien pis à ceste fois mesmes; car, ainsi que l'empereur passoit par les batailles et faisoit reveue, il se mit à crier : *Vaiate al diablo, bocina fea! que tan tarde seys venido, que todo el dia somos muertos d'hambre y frio.* « Au diable soyez-vous, laide bouche, que vous êtes venu si tard, car nous sommes mortz de froid et de fain. » L'empereur l'ouyt aussi; mais il n'en fit que rire, sans en vouloir tirer punition, pensant grandement faillir, non seullement en celluy là, mais en autres, s'ilz eussent délinqué; car il aymoit et chérissoit ses soldatz espaignolz comme ses enfans.

Une plaisante rodomontade fut d'un hydalguo espaignol, lequel, ayant fait un jour une demande au roy Ferdinand dans sa salle, et le roy demeurant assez, et songeant pour luy faire responce, il luy dist : *Sacra Magestad, hagami por Dios ropuesta; sino alla baxo esta mi macho.* « Sacrée Magesté, poûr

---

1. Voyez tome I, p. 87-88.

Dieu, faites-moy responce, sinon mon mullet est là-bas qui m'attand »; comme voulant dire : « Si vous « ne me despeschez viste, je m'en retourne sur mon « mullet. » Quel fou, fad, glorieux estoit cest hydalgo, et plaisant pourtant avec son mullet !

Le marquis de Pescayre estant à la bataille de Ravanne et combattant vaillammant, luy ayant esté donné pour gouverneur un fort honneste homme, qui se nommoit Placidio de Sangro, *cavallero muy noble y esforzado*[1], après avoir combatu, et l'un et l'autre, longtemps fort courageusement, *considerando el peligro del danno vezino, buelto al marques le dize* : « *O ! cavallero valeroso, pues que no es cosa* « *de animo varonil, sino de loco del todo, contrastar* « *tanto tiempo con la fortuna contraria, porque en* « *tanto que el cavallo esta sano y las fuerças bastan,* « *no os librays de la muerte, yos gardays para me-* « *jor ventura.* » *Estonces el marques le respondio* : « *De buen grado obedesceria, o Sangro muy fiel, a* « *este consejo saludable, si me persuadierades cosa* « *tanto honrosa quanto segura; antes quiero yo que* « *me lloren mis amigos muerto con honra, que yo* « *llore affrentosamente, con huyda infame en casa,* « *tantas muertes de tan grandes capitanes*[2]. » « Con- « sidérant le péril du dommage voysin, tourné vers « le marquis, il luy dist : « O cavailler valeureux, « c'est peu de chose pour un noble et généreux cou- « rage, sinon d'un fou du tout, contester si long- « temps contre la fortune contraire. Par quoy, cepen-

---

1. Cavalier très-noble et vaillant.
2. Ceci est pris textuellement de Vallès, liv. I, ch. III, fol. 13.

« dant que vostre cheval est encor entier et sain et
« que les forces vous bastent, vous vous devez déli-
« vrer de la mort, et vous garder pour meilleure
« advanture. » Le marquis alors luy respondit :
« Voluntiers, mon grand amy et fidel Sangro, j'o-
« béyrois à ce conseil salutaire que vous me donnez si
« vous me persuadiez chose autant honnorable pour
« moy comme seure, mais j'ayme plustost que mes
« amys me pleurent mort avecques grande gloire et
« réputation que si avec grand'honte pour une vil-
« laine fuite, en ma maison retiré, je plourois tant
« de morts de tant de grands capitaines qui gisent
« icy. »

Voylà, certes, une très belle et courageuse rodomontade, et à laquelle, tout ainsi qu'elle fut dite, le
marquis ne faillit à l'effaict; car, plustost que fuir, il
fut pris prisonnier : observant en cela très bien aussi
sa devise, qu'il avoit pris d'un bouclier, avec ces
mots : *Aut cum hoc, aut in hoc* [1], que donna ceste
brave mère d'Esparte [2] à son filz quand il alla à la
guerre, et luy commanda ou de s'en retourner honnorablement avec luy en vie, ou bien porté dessus
estandu mort.

On dit que Tallebot le grand, quand il mourut à
Castillon [3], dist à son filz semblables parolles aux
précédentes pour se sauver; mais le filz ne voulut
obéir au père, et mourut avecques luy.

---

1. Ou avec ou dessus. — 2. *Esparte*, Sparte.

3. A Castillon dans le Périgord, le 17 juillet 1453. Voyez Paul-
Émile, à cette date. Cf. la *Chronique* de Mathieu d'Escouchy,
édit. G. de Beaucourt, t. II, p. 41, note 1.

Froissard¹, parlant de la bataille [de] Nicopoly contre les Turcz, il y eut un chevailler françois, nommé le sire de Montcaré², vaillant seigneur et gentil chevailler, qui estoit d'Artois, lequel, quand il veid que la desconfiture tournoit sur les François, il avoit là son filz fort jeune, il dist à un sien escuyer : « Prends mon filz et l'emmène ; tu le peux partir par ceste allée qui est toute ouverte. Sauvetoy, mon filz, et j'attandray l'advanture avec les autres. » Ce sont les mesmes parolles de Froissard. L'enfant respondit que point ne partiroit, et ne lairoit³ son père ; mais le fit tant à force, que l'escuyer l'emmena et le mit hors de péril, et vinrent sur le Danube : mais l'enfant, qui estoit tout triste de son père, se noya par grand malheur entre deux barques, et ne le peut-on sauver.

J'ai leu dans un livre espaignol⁴, parlant de la bataille de Pavie, de Galeaz San-Sevrin, qui estoit grand escuyer du roy François, *que, combatiendo valerosamente, murio delante del rey, con honrado fin de vida, y satisfizo lo que devia a la gracia real, y a su honra esclarescida ; el qual, cayendo con la cayda de su cavallo, buelto a don Guillielmo de Langay, noble cavallero, que lo queria socorrer en aquel estremo caso, le dixo :* « *Dexadme, hijo, gozar a lo*
« *menos de mi hado, y partios de aqui con toda la*
« *presteza que pudieredes, y corred a deffender al*

---

1. Voyez Froissart, liv. IV, ch. LII, édit. du *Panthéon*, p. 263.
2. Montcavrel.
3. *Lairoit*, laisserait.
4. Vallès, liv. VI, ch. v, fol. 171.

« *rey; y si os librais salvo de la pelea, acordar os eys,*
« *como amigo y piadozo, de mi nombre y honrado*
« *fin.* » Lequel combattant vaillamment mourut devant son roy par une honnorable fin de vie, sattisfit très bien de ce qu'il devoit à l'amytié et bonne grâce que le roy luy portoit et à son honneur très grand tout ensemble; lequel tumbant à terre par la cheute de son cheval, s'estant tourné vers monsieur de Langeay, gentil chevailler qui le vouloit secourir en un cas si extrême, luy dist : « Laissez-moy, mon fils,
« jouir au moins de ma destinée et partez viste d'icy,
« et avec le plus de prestezze que vous pourrez, et
« allez secourir le roy, et si vous eschapez ceste mes-
« lée et ce combat, je vous prie de vous souvenir,
« comme mon bon amy et charitable, de mon nom
« et de ma fin honnorable » ; qu'estoit bien autant à dire qu'il ne la celast, et la publiast.

Ces rodomontades et parolles graves sont belles. Mais encores plus est une que prononça le marquis de Pescayre de cy-devant, lequel, allant un jour à un combat contre Berthelemy d'Alviano, grand capitaine vénitien, *dexando el cavallo, a pie, con una pica en la mano, buelto atras, dixo* : « *Ea, soldados! tened cuy-*
« *dado que si entrando yo en la batalla, querra mi*
« *ventura que muera honradamente en ella, vosotros*
« *no permitays que sea antes hollado de los pies de*
« *los ennemigos, que de los vuestros.* » *Los soldados, gritando animosamente, le respondieron muy alegres, que passasse adelante con buen animo, porque ellos estavan determinados de ganar loor de tan gran virtud, siendo le muy obedientes como a capitan, y como a soldado peleando esforçadamente : y no en-*

gaño el successo a sus trocadas esperanças, porque todos combatieron muy bien con furioso asalto [1].
« Ha ! soldats, ayez soucy et souvenance que moy
« entrant en la bataille, si la fortune veuille que j'y
« meure honnorablement, que vous autres ne per-
« mettiez que mon corps soit plustost foullé des
« piedz des ennemys que des vostres. » Les soldatz
alors avec un grand cry luy respondirent tous joyeux
qu'il passast et se mist hardiment devant avec son
brave cœur, parce qu'eux estoient tous résolus et déterminez gaigner la louange d'une si grande vertu,
luy estans très obéissantz comm' à leur capitaine,
et comme soldat aussi qui, comme soldat, combattoit
si bravement avec eux ; et qui fust le bon succez [2] ne
les trompa point en leur espérance, parce que tous
combattoient très vaillamment et emportarent la victoire. »

En ceste rodomontade il y a à remarquer deux
choses : l'une, qui se peut mieux représenter que
dire, d'autant qu'il se faut représenter que c'est une
grand'gloire au soldat, alors qu'il void son corronnel
abbattu mort par terre à sa teste; qui [3] ne s'estonne
point et ne reculle point en arrière, mais pousse plus
advant, aymant mieux fouler le corps de son général et luy passer sur le ventre en vengeant sa mort
vaillamment, que si son ennemy venoit après triumphant et luy foulast le corps, et passant par dessus,
et suivant les autres siens ennemis sans autre forme
de vengeance; ce qui estoit certes très bien advisé et

1. Ceci, sauf la dernière ligne, est encore tiré de Vallès, liv. I, ch. VIII, fol. 27.
2. Et fut le bon succès qui.... — 3. *Qui,* qu'il.

remonstré à ce grand marquis. L'autre chose qui est à noter, est que les soldatz disoient qu'ilz estoient prestz d'obéir, non-seullement à leurs capitaines, mais à un soldat qui en vouloit faire le mestier avec eux ; comme certes rien n'anime tant le soldat que quand il void son corronnel, son maistre de camp et son capitaine faire de mesme comme luy. Les soldatz dudit marquis ne fallirent pas à son dire, car ilz firent si bien qu'ilz gaignèrent la bataille ; et se list que le roy Ferdinand vouloit avoir le nom, non-seullement des capitaines mais des soldatz, et les fit mettre par escrit, de façon que : *aun oy dia, en los libros de los tesoreros, estan elegantemente escriptos los nombres de aquellos soldados que en el hecho de las armas de Vicencia, al rio Brenta, combatiendo en la vanguardia, ganaron la batalla con maravilloso valor*[1]. « Encores aujourd'huy se trouve par escrit dans les livres des thrésoriers le nom des soldatz qui, à Vicence et au fleuve Brente, gaignarent ceste bataille avec une si grande valleur. »

Lorsque ce grand roy d'Espaigne, qui fut l'an 1588, fit et dressa un si grand et superbe apareil de mer contre l'Angleterre, après leur nauffrage, je vis aucuns soldatz et capitaines, voire gentilzhommes espaignolz, passant par la France et tirans vers leurs païs, qui m'en firent de hautz contes. Entre autres choses, ilz me faisoient l'armée de six-vingtz vaisseaux, dont le moindre estoit de trois cens tonneaux. Il y en avoit vingt de mille à douze cens tonneaux, dont il y avoit quatre ou cinq grandes galléasses du

---

1. Voyez Vallès, *ibid.*, fol. 28 v°.

tout incomparables; plus de quarante à cinquante de sept à huict cens; si bien qu'il y avoit trois ans que ce grand roy avoit mis tous ses espritz, ses effortz, ses desseings et ses moyens : et puis m'allarent dire ceste rodomontade, qu'un an advant que l'armée partist du port, *el rey havia mandado a la gran mar Oceano, que se aparejasse para recebir en su reyno y aguas sus vasselles, non propriamente vasselles, para dezir verdad, mas montaignas de legne; y tan bien a los vientos, para cessar y callarse, y favorescer sin ninguna tempestad a la navigation de su armada; la sombra de la qual queria el que hiziese caer y baxar con gran humilidad, no solamente los arboles y masteles de los navios, mas las puntas de los campanillos de toda l'Ingalatierra.* « Le roy d'Espaigne avoit commandé un an avant à la grand'mer océane qu'elle s'aprestast pour recepvoir en son royaume et en ses eaux ses vaisseaux, non pas proprement vaisseaux, pour dire le vray, mais des montaignes de bois, et en manda de mesmes aux vents pour caller, se taire et favoriser à la navigation de son armée, l'ombre de laquelle il vouloit qu'elle fist baisser et choir avec grand'humilité devant soy, non seullement les arbres et matz des navires, mais les pointtes des clochers de toute l'Angleterre. »

Certes, voylà une belle rodomontade et menace espaignolle, si la fortune eust voulu favoriser l'entreprise. Mais ceste grand'armée s'en alla en rien, moitié par la prévoyance et conduicte de ce grand capitaine le millort Drap[1], l'un des plus grands capi-

---

1. Drake.

taines qui ayt battu la mer Océane deux cens ans y a, voyre et possible jamays, et moitié par les tourmentes et vagues de la mer, par trop irritées, possible, des menaces qu'on leur avoit fait, lesquelles de soy sont fort orgueilleuses et ne veullent estre bravées en nulle façon. Rodomont en sceut bien que dire. Lorsqu'il voulut passer d'Afrique en Europe, il se mist à maugréer Dieu par ces motz : *Se gli è alcun Dio nel cielo, ch'io nol so. Certo, huomo non è qui l' habia visto. Ma la vil gente lo crede per puura. El mio buono brando, e la mia armatura, e l'animo ch'io ho sono il mio Dio*[1]. « S'il y a aucun Dieu au ciel, que je ne sçay au vray, car il n'y a homme qui l'ait veu, mais la paouvre gent le croit par peur. Ma bonne espée et mes armes et mon cœur sont mon Dieu. » Force autres vilains et exécrables motz dist-il, qui sont escritz dans *Rolland l'Amoureux*, qu'il vaut mieux taire que dire, tant ilz sont vilains; et puis, parlant aux vens : *Soffia el vento, se sai soffiare*[2]; et les brave et mesprise, et monte sur mer, contre l'advis de tous les pillottes et mariniers. Et, ce qui est le bon, y estant, ne s'estonne et ne laisse à con-

---

1. Voici le texte exact de Boiardo :

> Se egli è alcun Dio nel ciel, ch' io nol so certo,
> La stassi ad alto e di quà giù non cura.
> Huomo non è che l'habbia visto esperto ;
> Ma la vil gente crede che per paura.
> Io di mia fede vi ragiono aperto,
> Che solo il mio buon brando e l'armatura,
> E la mazza, ch'io porto, e'l destrer mio
> E l'animo ch'io ho sono il mio Dio.
> (*Orlando innamorato*, liv. II, c. III, st. 22.)

2. Que le vent souffle, s'il sait souffler.

tinuer ces bravades et blaphèmes. Toutesfois, il y fut bien secoué, et prest à périr.

Ovide[1] raconte qu'Ajax Oylée tournant de la guerre de Troye, son navire fut mené de toutes façons par les ondes, les tempestes et les ventz, luy les maugréant et détestant. Ledit navire vint à donner à travers d'un escueil, que se brisant, Ajax eut l'adresse de s'en jetter soudain hors sur l'escueil, où, s'y agraffant des mains et des ongles, se mit à maugréer davantage. « En despit de Jupiter et Minerve, dist-il, je « me sauverai des eaux de Neptune. » Mais Jupiter, irrité de telz blaphèmes, envoye soudain son foudre sur l'escueil, qui, s'esclattant en deux partz, l'une demeure ferme, et l'autre, de la salvation d'Ajax[2], tumbe dans l'eau et emporte l'homme, et tous deux s'obruarent[3] et sumergearent ainsi dans la mer, dont il pensoit estre sauvé.

Quand les rodomontades de parolles portent leur coup et leur effect, [elles] sont fort à estimer ; car il y a deux sortes de rodomontadés, l'une de parolles, et l'autre d'effaitz : et ceste-cy dernière mérite louange sur les autres, comme ceste-cy que je vais dire, que j'ay leue dans le livre *de la guerre d'Allemaigne*, fait en espaignol par le seigneur d'Avilla, qu'y estoit présent, et que j'ay veu confirmer au feu capitaine Vallefrenière, gentil soldadin s'il en fut onques, et qui

---

1. Ce n'est point Ovide qui rapporte les circonstances de la mort d'Ajax que rappelle ici Brantôme. On les trouve dans l'*Odyssée*, chant IV, vers 399 et suiv.

2. C'est-à-dire où Ajax s'était sauvé.

3. *S'obruarent*, s'engloutirent.

estoit lors page de dom Alvaro de Sando en ceste mesme guerre, l'ayant pris jeune garçonnet en Piedmont, et despuis mourut devant Bourg-sur-Mer, tenant le party huguenot : de la perte duquel ce fut un grand dommage, car il avoit beaucoup veu, et croy qu'il estoit des bons capitaines qu'eust M. l'admiral, et le plus pratic. L'histoire raconte donc *que el emperador, viendo qu' era necessario de ganar la otra parte del rio Albis, tantas vezes nombrado por los antiquos Romanos, y tan poca visto por ellos, y de los Españoles bien reconocido y segnalado, y que havia mandado que l'arquebuzería usasse toda diligentia, y que passase. Assi subitamente se desnudaron diez harquebuseros espagnoles a la vista del emperador, y estos, nadando con las espadas atravesadas en las bocas, llegaron a algunas barquas, tirando à los ennemigos muchos harquebuzazzos de la ribera, y ganaronlas, y mataron a los que habian quedado dentro, y assi las truxeron. En las quales passo l'harquebuzería, y quedo señora de la ribera, y los ennemigos commançaron del todo a perder el animo. Y queriendo el bravo emperador reconoscer y galardonar tan valientes soldados, despues la ganada batalla, mando venir los dichos soldados adelante Su Magestad, y darles un vestido de terciopelo carmezi, otros dizen de grana, a su modo, y bien garnescido d'oro y plata, y cien ducados a cada uno, y grandes ventajas en sus compagnias; de manera que assi segnalados, adelante todo el campo, yvan braveando y passeando con gran superbia, de manera que toda la gente yva deziendo d'ellos : « Aqui estan los bravos y « determinados de las barcas ».* (Le livre n'en dit pas tant[1] ; mais ledit capitaine, fort mon amy, me l'a conté ainsi.) « L'empereur voyant qu'il estoit nécessaire de gaigner le passage, et l'autre part de la rivière et fleuve d'Albis[2] si souvant renommé par les Romains et si peu veu d'eux, mais fort bien recogneu et signalé des Espaignolz (bon celluy-là pour l'honneur de l'Espaignol) il commanda que l'harquebuzerie fist tout son devoir et dilligence de passer tout aussitost par delà. A sa veue, dix soldatz espaignolz se despouillarent tous nudz et tenans leurs espées de travers dans la bouche, abordarent quelques barques que les ennemys tenoient et sautèrent dedans maugré eux et les harquebuzades que l'on tiroit de l'autre costé de la rivière, et tuarent ceux qui estoient dedans et puis emmenarent les barques aux leurs qui prinrent là le moyen de faire passer l'harquebuserie dedans lesdites barques et à gaigner la rivière, si bien que les ennemis commançarent à perdre courage ; dont après la bataille gaignée l'empereur voulant recognoistre et récompenser de si braves soldatz, il les fit venir devant tout le camp et les haut loua, et fit donner à chascun un accoustrement de vellours cramoysy, d'autres disent d'escarlate à leur

---

1. Brantôme a non-seulement allongé, mais arrangé le texte de Louis d'Avila. Voyez *Comentario del illustre señor don Luis de Avila y Zuniga.... De la guerra de Alemaña, hecha de Carlo y Maximo, emperador romano, rey de España*, Anvers, 1550, in-8°, f° 83 v°, où l'on ne trouve rien sur la récompense donnée aux soldats par Charles V. Le texte, depuis les mots *Y queriendo el bravo emperador*, appartient à notre auteur qui a mis en espagnol le récit que lui avait fait le capitaine Valfrenière.

2. *Albis*, l'Elbe.

mode (ainsi qu'ilz les apelloient lors *tudesquillos*, autres *bouraquillos*) et fort garny de passement d'or et d'argent, et à chascun cent ducatz et grands advantages parmy leurs compaignées, de sorte qu'estans ainsi signallez de faitz et d'habitz, se pourmenant par le camp se faisoient admirer de tout le monde qui disoit : « Voylà les braves et déterminez qui ont gaigné les barques. »

Je vous jure qu'on avoit raison de les admirer, et de les apeler telz ; car leur acte estoit brave : et telle rodomontade valloit plus que cent de parolles.

C'est assez sérieusement parlé : retournons encores un peu à la bouffonnerie touchant ces rodomontades.

Un certain Espaignol, louant un' espée qu'il avoit à un sien compaignon, disoit : *De cinquo que tengo, essa es en la quien yo tengo mas confiança, y la que nunca me falto de la mano. Essa es la que tan famada esta en toda la tierra; y es la que tantas vezes me pido emprestada don Pedro Recuero; y esta misma es que treyenta años a esta parte no se ha hecho campo en toda l'Andelozia, donde ella no se haya hallado; porque de Cordova, de Caliz, de Malega, de Cartagena, y de otras muchas y diversas partes, donde succeden algunos desafios entre los amigos, luego me embian por ella. Y con esta fue con la que mataron el sacristan de San-Lucar : y con esta cortaron los muslos a Navarico, el soldado del ducque; y con esta Ravanal hizo grandes cosas en Toledo, al tiempo que don Galtero mato al Viscayno en el Alcaçar, y non fue otra cosa de su salvo, sino tener esta espada : y esta es misma, por quien, ha un año que tienen ya por costumbre en los desaffios sacar por condicion que nunguno lleve la espada mia; de manera qu'es tan famada por todas las tierras y compagnias, come la espada encantada de Roldan, y del rey Artus. Que si yo quiziesse contar las virtudes d'esta espada, nunca acabaria.* « De cinq espées que j'ay, ceste-cy est la meilleure, et celle en laquelle je me fie le plus, et celle qui ne me faut jamais de la main, et celle qui est tant renommée par ceste terre, et celle-là que si souvant don Pedro Recuero[1] m'a demandé à emprumpter, et celle-là mesmes que trente ans y a qu'il n'a esté fait combat, ny deffit en toute l'Andelouzie qu'elle ne s'y soit trouvée; car de Cordonna, de Calix, de Malega, de Cartagène et d'autres partz diverses fois ès lieux où se doivent faire des combatz et désaffitz, soudain l'on la m'envoyoit querir, car c'est ceste-cy avec laquelle on tua le sacristant[2] de Sainct-Luce, avec laquelle on coupa les deux jarretz à Navarico, soldat du duc, avec laquelle Ravanal fit de si grands choses en Tollède, du temps que don Galtero tua le biscaïn en Alcaçar, et rien ne fut cause de sa salvation, sinon qu'il avoit ceste espée en la main; mais depuis un an elle a esté deffendue, de sorte que quand l'on vient en un'estaquade, il faut mettre en condition qu'on n'y portera point mon espéc; de manière qu'ell'est si renommée qu'on l'estime plus que l'espée de Rolland ou du roy Artuz. Que si je voulois conter les vertuz de ceste espée, jamais je n'aurois fait. »

Ceste espée me fait ressouvenir d'un de nos vieux capitaines de Piedmont, que j'ay cogneu, qui pour-

---

1. *Recuero*, muletier. — 2. *Sacristant*, sacristain.

tant ne faisoit pas plus grands miracles de son espée qu'un autre, et disoit : « Quiconque aura affaire « à moy, il faut qu'il aye affaire à Martine que me « voylà au costé (appellant son espée Martine) : et « quiconque me la besongnera (usant de l'autre mot « sallaud qui commance par f), qu'il die hardiement « qu'il aura besongné la meilleure espée de France. »

Voylà une plaisante louange d'espée de cet Espaignol[1] ! Mais le gallant s'oublie en cela; car il ne conte point les vaillantises qu'il a faites avecques ceste espée, sinon celle des autres; mais il pourra dire que si les autres faisoient si bien avecques ceste espée emprumptée, que infalliblement, estant sienne et entre ses mains, elle faisoit rage. Toutesfois, il y en a aucuns et plusieurs aux espées desquelz ne faut attribuer leurs beaux faictz et vaillantises, mais à leurs bonnes mains et braves courages. Cestuy-cy, que je vays nommer, se loue bien mieux.

Il y avoit donc un Espaignol qui disoit : *No sabeys que me acontescio en Cordova, porque no hay causa mas publica en Andelozia, d'aquel Francisco Cordonero, el qual hyzo muestra de hazer mano contra mi ? No se huvo acabado de desembolver de su capa, quando yo lo tenia con su mismo pugnal cortada la mano derecha, y clavada en cima del bodegon de Gayetaneto. Pero, ny por esso perdi la tierra, ny dexe de passearme por las calles y rincones, sin temer la justicia; porque ella y la caresma no son sino para los ruines, vellacos, y desdichados y de mas, siempre andava yo bien armado, siempre la espada en la mano, y*

---

1. L'Espagnol dont il est question à l'autre page.

con la media vayna, y tambien nunca dexava un broquel de los Sevillanos de la cinta; con la barba larga, y cabellos trasquillados; y quando era menester de salir acompagnado, no me faltavan amigos, que, a medio repiquete de campana, se juntavan trecientos compagneros, y todos en verdad hombres de bien y de mano. « N'avez-vous jamais sceu ce que m'arriva une fois à Cordova, car il n'y a chose si publique en toute l'Andelouzie de ce Francisque Cordonero[1], lequel fit monstre de venir aux mains avecques moy? Il ne se fut pas sitost désemvelopé de sa cape, qu'il me trouva sur luy, et que de sa propre dague que je luy oste, je luy en coupe la main droicte et la cloue aussitost au-dessus de la porte du cabaret de Gayetanet, et si ne laisse pour cela la terre, ny à me pourmener par les rues et cantons sans avoir peur de la justice; car la justice et le caresme (comme l'on dit) sont faitz pour les meschans et malheureux. De plus j'allois toujours fort bien armé, l'espée en la main avec la moitié du fourreau, et le boucler[2] des meilleurs qui s'en trouve en Séville, tousjours pendu à la ceinture, la barbe longue et les cheveux courtz; et quand j'avois besoing d'aller accompaigné, je n'avois point faute d'amis, car en un demy son de repiquet[3] de cloche, j'avois toujours trois cens compaignons qui se venoient joindre à moy, tous gens de bien et de main. »

Un gentilhomme espaignol, qui estoit fort gros et

---

1. *Cordonero* signifie cordier.
2. *Boucler*, bouclier.
3. *Repiquet*, carillon; c'est le mot espagnol (*repiquete*) francisé.

gras, montant un jour le degré du chasteau de Madric, il y eut deux autres gentilzhommes qui estoient au haut, qui, le voyant monter, s'entredirent assez haut que l'autre l'ouit : *Mira el puerco que sube.* « Voyez le pourceau qui monte. » L'autre, estant monté, leur dist : *Si, yo soy puerco; mas, vos no me matareys,* dist-il à l'un, et à l'autre : *y vos, no me comereys*[1]. « Ouy, je suis pourceau, mais vous ne me tuerez pas, » picquant l'un, qu'il ne le tueroit pas pour son peu de valleur qu'il cognoissoit en luy; et l'autre, qu'il ne le mangeroit point, d'autant qu'il estoit soubçonné d'estre maranne, lesquelz ne mangent point de pourceau.

Un médecin dict bien mieux : lequel estant allé voir un évesque qui estoit malade, mais fort gros et gras, et l'ayant laissé, ainsy que aucuns de ses amys, en sortant de sa chambre, luy eussent demandé comment il se portoit, il ne dict autre chose, sinon : *Pluguiese a Dios que fuesse tal mi macho*[2] !

Un paouvre diable espagnol qu'on menoit pendre, ainsi que le cordeiller l'admonestoit de son salut, et luy demandoit s'il ne s'estoit pas bien tousjours souvenu d'un'oraison qu'il luy avoit apris, et s'il ne l'avoit pas tousjours dicte, laquelle, la disant tous les jours, il ne mouroit jamais de feu ny d'eau, et si sçauroit le jour de sa mort; le gallant, tout prest à estre jetté au vent, luy respondit arrogamment : *Vate al diablo, segnor frayle, que tan bien aveys pro-*

---

1. Et vous, vous ne me mangerez point.
2. Plût à Dieu que mon mulet se portât aussi bien. — Ce paragraphe manque dans le manuscrit.

phetizado, y tan mal m'a servido tu oration ; porque no muero en fuego ny agua, mas en el ayre, que es peor, y tan bien yo sabese, y cognosco el dia de mi muerte. « Au diable soyez-vous donné, monsieur le moyne, que si bien vous avez prophetizé, et tant mal m'a servy votre oraison, car je ne meurs ny dans le feu, ny dans l'eau, mais en l'air qui est pis, et si je sçay bien à ceste heure et cognois fort bien le jour de ma mort. » Et ainsi mourut-il. Ce conte tient plustost de la plaisanterie que de la rodomontade; et l'ay plus tost escrit que pensé : toutesfois je ne m'en repens, car il n'est point mauvais.

Un capitaine espaignol estant un jour allé voir une courtizane, sa dame, à Tolledo, elle luy pensant remonstrer qu'il ne venoit à la bonne heure, d'autant qu'à telle heure du soir passoient et repassoient trois braves et rodomontz de la court, tous couvertz, et leurs rondelles en la main chascun, qui estoient les deux Pymantelz et don Juan de Guzman, il luy respondit en bravant : *Que vengan, que vengan estos bravos di corte, y de los mas pintados, tan bien arodelados! Que vive a Dios, sus rodelas y broqueles no me espantan, ny mas ny menos que los cosseletes y harquebuzes de cien enemigos en campagnia. Y si vienen, yo les mostrare quan peligrosa cosa es de tocar a mis amores.* « Qu'ilz viennent, qu'ilz viennent, ces braves et mauvais et des mieux painctz de la court, qui sont si bien couvertz de leurs rondelles et boucliers, ilz me font autant de peur que les corcelletz et harquebuz de cent ennemis en campagne; que s'ilz viennent, je leur fairay sentir combien la chose est périlleuse de toucher à mes amours. » Mais le bon fut ainsi comm' il bravoit, les voycy venir toucher à la porte avecques grand'rumeur de leurs armes, ce que luy, entendant le bruict, il dist à sa dame : *Señora, gran locura seria y trato d'un atrevido temerario y ignaro de las armas, d'un solo acometer a tres : y por esso, mejor es por my de recognoscer la puerta por detras; y me recoger, y me salvar fuera.* « Seignore, ce seroit une grand' follie, traict d'un présumptueux téméraire et qui ne sçait que c'est que des armes, d'un seul entreprendre à se battre contre trois, et par ce, il est meilleur pour moy que je recognoisse un peu la porte de dernière[1] et me retire et me sauve. » Je tiens ce conte de M. de Savoye, qui en sçavoit de fort bons, et les racontoit bien quand il vouloit.

Et certes, ce capitaine avoit raison, après avoir bien pensé en son fait, de se desdire de sa bravade et se retirer de bonn'heure; car ces Pimentelz estoient des fandans de la court de l'empereur, et des plus accomplis et adroitz. Ce furent ces deux qui se firent tant signaller en tous les tournois et combatz cellebrez en Flandres pour la réception du roy d'Espaigne[2], et mesme don Alonso l'aisné, ainsi que j'ay leu et ouy raconter à madame de Fontaines, l'une des honnestes dames de France, qui estoit lors fille de la reyne Eléonor et se nommoit Torcy. Du despuis ce don Alonzo fut envoyé visce-roy à la Gollette, où il fut accusé de sodomie, et pour ce sentencié. Surquoy un gentilhomme françois, que je cognois, de-

---

1. *De dernière*, de derrière.
2. Voyez tome III, p. 91 et suiv.

mandant une fois à Rome à un Espaignol de la mort dudit Alonzo, lors il luy respondit naïfvement : *Señor, fue quemado, porque era bujarron, como por ventura Vuessa Merced.* « Il fut brûlé parce qu'il estoit bougeron comme par advanture vous pourriez estre. » Ce qui fut tourné en risée, voyant la naïfveté dont usoit en son parler ledit Espaignol, et aussi que ledit gentilhomme estoit soubçonné de ce vice[1].

Ce capitaine espaignol précédent tenoit de l'humeur et opinion d'un autre qui disoit : *Mas quiero yo que de mi diga la gente :* « *aqui un tal huyo,* » *que* « *aqui un tal murio.* » « J'aime mieux que le monde dise de moy : un tel fuist, que si l'on disoit : en un tel lieu il mourut. » Celluy-là voloyt vivre à bon esciant.

Un soldat espaignol, descouvrant et racontant un jour une demie douzaine de blessures ou harquebuzades qu'il avoit receues à la guerre, l'une prise au siège de Parpignan, l'autre à la Goullette, la troisiesme à Serizolles, la quatriesme à une rencontre en Piedmont, et la cinquiesme à la reprise de Casal ; et, venant à la sixiesme, monstrant une grand' ballaffre, et faisant la mine de mesmes, qu'il avoit tout le long du visage, il dist : *Y esta me la dio por detras un bujarron Italiano, que me pesa mas que todas, porque luego que me la dio, huyo y escapo de mis manos, de tal manera que no le pude alcançar, y se tiene tan segreto y escondido de my, qu'ay dos años que voy buscando por el, sin poder hallarlo. Mas, vive Dios! que si yo le topo, aunque fuesse entre los braços de*

---

1. D'après cette phrase, ce gentilhomme ne peut être Brantôme, comme nous l'avions supposé ailleurs. Voyez t. I, p. 325, note 1.

Belzebut, yo le dare tantos palos á la turquesqua, qu'yo le hare morir buen martyr. « Et ceste-cy me la donna un bougre italien par derrière, qui me pèse plus que toutes les autres, parce que tout aussitost qu'il me la donna, il se mit en fuite, de sorte que je ne peuz jamais l'attaindre; et si se tient si secret et caché de moy que je ne le puis trouver, et si je le vois[1] cherchant il y a plus de deux ans; mais je vous jure bien que si je le rencontre jamais, fust-il entre les bras de Belzébut, je luy donneray tant de coups de baston à la turquesque (qui est à dire par le ventre), que je le fairay mourir bon martyr. »

Un de nos capitaines françois dist bien mieux une fois, menassant un sien ennemy : « Je luy donray
« tant de coups de baston que je l'en fairay mourir :
« et, quand il sera mort, je le fairay escorcher, et
« corroyer sa peau; si bien que j'en fairay un tabou-
« rin, que je fairay encor batre vingt ans après, afin
« qu'il se souvienne de moy en l'autre monde. »

En tournant de Malte, nous autres François qu'y estions allez pour le siège, nous rencontrasmes en Toscane, à nostre chemin, un soldat espaignol de moyen aage et de fort belle façon, comme certes de ceux-là il ne s'en trouve qui l'ait mauvaise; mais pourtant fort mal mené de sa personne, et bien deschiré. M. de Lansac et moy nous nous mismes à luy demander d'où il venoit. Il nous respondit qu'il venoit de la guerre d'Hongrie, et que nouvelle volunté luy avoit pris d'aller chercher loingtaine advanture par les armes, encores qu'il fust du tout, disoit-il,

---

1. *Vois*, vais.

ruinco por las armas, « rompu pour les armes » ; se repentant pourtant fort du voyage, pour n'avoir trouvé en ces païs aucune courtoisie, tant la gent y estoit barbare et rude. Puis, en ayant assez dit de mal, il eut ceste superbetté de ne nous demander l'aumosne scelon la coustume des autres paouvres ; mais, par ces motz nullement ne vergoigneux ne piteux, il nous dist : « *Señores, Vuessas Mercedes consideran con poca pesadumbre*[1] *que si fuessen en mi lugar, lo qu'havrian da menester para passar su camino, yo, si fuesse en el vuestro lugar, lo que les daria de buena caridad y gana, para soccorro de vuestras necessitades.* « Messieurs, considérez avec quelque peu de poix, si vous autres estiez en ma place ce que vous auriez de besoing pour passer chemin, et moy si j'estois en la vostre ce que je vous donrois de bonne charité et volunté pour le secours de vos nécessitez. » Voyez quelle gloire et quelle industrieuse façon de demander l'aumosne sans faire le gueux et du quemant ! Je vous laisse à penser si nous en rismes et si nous en fismes le conte ailleurs : et si n'y a pas longtemps que nous le fismes à M. de Guyse, Lansac et moy, qui m'en fit souvenir, dont son excellence en rist bien ; et mesmes que, veu ceste gravité et façon altière, nous eusmes honte de luy donner peu : mais chascun de nous luy bailla un double ducat ; encor le maraut en fit peu de conte, disant *que no bastarian para seys pastos*[2], et que si nous luy voulions donner un laquais jusques à Naples, qu'il le nous

---

1. Voy. p. 3, note.
2. Qu'ils ne suffiraient pas pour six repas.

rendroit : et Dieu sçait, le maraut, s'il eust tenu la parolle, et nous autres plus à de loysyr[1] que de luy donner ledit laquays, non pas pour cent fois autant. Asseurez-vous pourtant que nous menasmes bien le conte.

Il est pareil à un que m'a conté un gentilhomme, lequel, se pourmenant une fois dans Rome, à l'estrade[2] *de populo*[3], toute nuict noire, avec un autre gentilhomme, voicy venir un Espaignol assez bien en poinct, qui les vint accoster par telles parolles: *Segnores, la noche m'a tal favorecido de topar a vosotros gentiles Franceses, para suplicarlos d'haver lastima de mi, pobre y misero; porque, de dia, por todo el thesoro del mundo, no queria muestrar a la gente mi miseria; y por esso suplico à Vuessas Mercedes que me alarguen sus liberales y largas manos franceses.* « Messieurs, la nuict m'a tellement favorisé de vous rencontrer vous autres gentilz François pour vous prier d'avoir pitié de moy paouvre et misérable, d'autant que [de jour] pour tout le trésor du monde, je ne voudrois monstrer ma misère; et pour ce, je vous suplie que vos mains françoises tant larges et libérales s'estendent sur moy. »

Voylà de mes mandians secretz et honteux ; et, au partir de là, qui les verra au jour en public, ilz feront des braves, ne faut point dire comment, et si ne craindront de dire : *Pese a tal que somos hydalgos com'el rey, dineros menos.* « Nous sommes gen-

---

1. Je crois que le sens est : Dieu sait.... si nous autres nous aurions été bien avisés de lui donner ledit laquais.

2. *Estrade*, rue, de l'italien *strada*. — 3. *Del popolo*.

tilzhommes comme le roy; il est vray que nous n'avons pas tant d'argent. »

Telz mandians ne sont point pareilz à sept ou huict que je vis une fois à Séville, lesquelz, venans des Indes, et ayant fait un fracas de leur navire [1], et s'en estant sauvez au mieux qu'ilz avoient peu, ne craignoient, se pourmenant par la ville, à faire entendre au peuple leurs honnorables nécessitez par ces parolles : *Ea! segnores, tengan Vuessas Mercedes lastima d'estos pobres soldados y marineros, desbaratados y fatigados de la mar y dell'hambre, veniendo de tierras desiertas, comiendo culebras y lezardos*[2], *hasta las suelas de çapatos cocidas : en commendamos nos la buena gente que les hagan la caridad al nombre de Dios*. « Hé! messieurs, ayez pitié de ces paouvres soldatz et mariniers ruinez et fatiguez de la mer et de la faim, venant des terres désertes, mangeant les coulleuvres et lézards, jusques aux semelles de nos soulliers cuites, nous recommandons à la bonne gent que nous fassent aucune charité au nom sainct de Dieu. »

Un soldat espaignol se plaignant de sa paouvretté, disoit que son père avoit eu de grands moyens en son temps; *mas que los havia gastado en fiestas, torneos, recocijos, juegos, bayles y triunfos*. « Mais qu'il les avoit tous gastez en festes, tournois, esbatemens et dances et triumphes. »

J'ay ouy dire à un vieux soldat espaignol que le

---

1. *Ayant fait un fracas de leur navire*, c'est-à-dire ayant fait naufrage. Ces deux locutions, étymologiquement parlant, sont identiques : *fracaso*, en espagnol, signifie chute suivie de rupture.

2. *Lezardos*, il faudrait *lagartos*. — Voyez p. 3, note.

roy François, quand il estoit prisonnier en Espaigne, il estoit fort songneusement gardé de six compaignies de vieux soldatz espaignolz, et par Allarcon, grand capitaine en qui l'empereur se fioit fort, leur commandant : *Quel rey Francisco, por su passatiempo, acostumbrava sembrar adelante los soldados de su guardia los escudos de oro, con tanto menosprecio de su fortuna presente, que los soldados, accariciandolo, sobervia y impiamente se quexavan de Dios, porque el rey Francisco no era su señor, para conquistar todo el mundo, o porque ellos teniendo licencia del emperador, libres de juramento, no combatian siendo el su capitan : tanto quel segnor don Alarcon, capitan de su gardia, fue forçado refrenar la cortezia y liberalidad del rey, y la familiaridad de los soldados.* « Le roy François, pour son passetemps, avoit quelquefois accoustumé jetter, semer devant les soldatz de sa garde force escus au solleil avec si grand mespris de sa fortune présente qu'il ne s'en soucioit, si bien que les soldatz pour l'en caresser superbement et par trop iniquement se plaignoient de Dieu, de quoy le roy François n'estoit leur seigneur pour conquester tout le monde, ou bien qu'eux fussent libres de leur serment de fidellité qu'ilz prestoient à l'empereur, ne combatissent soubz luy estant leur général ; de sorte que Alarcon, capitaine de la garde, oyant telles parolles fut contraint faire cesser ceste libérallité au roy, et aux soldatz empescher et deffendre de converser si famillièrement avec le roy »; ce qu'il avoit raison ; car la conséquence s'en fust emprès ensuivie, le voyant après si libéral, et eux si affectionnez à louer sa libérallité et ne la reffuser point, et aussi qu'ilz l'avoient veu si vaillant et si généreux, et faire si généreusement en la bataille, et n'avoient encores ny veu ny senty ce que l'empereur sçavoit faire : car, comme j'ay dit, bien tard se mit-il à se mettre en campaigne; si bien que l'un estoit tout fait desjà, que l'autre estoit tout neuf. En quoy nous nocterons aussi que le naturel de l'Espaignol est fort avare, et aymera mieux la bource de son ennemy où il n'y aura que deux escus, ou une petite rançon, que de le tuer, comm'en toutes les guerres où ilz ont estez c'est apareu; car les Espaignolz desroboyent, et les Tudesques tuoient.

Un Espaignol voulant monstrer sa grand'puissance qu'il avoit en sa ville, où il se tenoit, il disoit : *Esta en mi mano meter Moros en la tierra, y puedo pregonar vino y vender vinagre, y salir me con todo esto.* « Il est en ma main de mettre les Mores en ceste terre, et si puis faire crier du vin et ne vendre pourtant que du vinaigre et m'en sortir avec cela. » Voylà un gallant qui avoit beaucoup d'authorité en sa ville, et la vantoit très bien et glorieusement !

Comme j'ay dict cy-devant qu'aucuns soldatz espaignolz ont esté insolentz de parolles à leur empereur, sur quoy il me souvient d'avoir leu en un livre espaignol [1], et l'avoir ouy confirmer à deux vieux gendarmes françois, qu'estant Anthoyne de Lève

1. Ce livre est, sans aucun doute, l'ouvrage de Vallès; mais, dans les divers passages où il parle de l'administration d'Antoine de Lève à Milan, nous n'avons pas retrouvé les phrases citées plus haut. Brantôme, ici comme ailleurs, a mélangé et rédigé en espagnol le souvenir de ses lectures et de ce qu'on lui avait raconté.

une fois dans Milan pressé pour le payement de ses soldatz, tant Espaignolz que Tudesques, et ne sçachant de quoy faire argent, il s'advisa *que ninguno pudiesse coser pan, tener harina en su casa sino los que havian arrendado; y a estos les hazia pagar por cada carga tres ducados de derechos : con esta moneda pago abundamente los Tudescos y Espagnoles.* « Que aucun ne peust faire pain ny tenir farine chez soy, sinon ceux ausquelz il avoit arranté [1], et à ceux leur faisoit payer pour chasque charge trois ducatz de droit, et avec ceste monnoye, il en paya fort bien les Tudesques et Espaignolz. » A quoy fut une risée parmy les Espaignolz, et mocquerie, qu'ilz se mirent à apeller l'empereur *emperador Carlos, señor fornero.* « l'empereur Charles, monsieur le fournier. » Mais pourtant la risée se tourna après contr'eux ; car on se mit à les apeler *soldados de la pagnota,* « soldatz de la pagnotte [2] » ; ce qui leur estoit le plus grand despit que pour lors l'on leur peust faire, et la plus grande injure qu'on leur eust peu dire : et voylà d'où est venue la première dérivation des *soldatz de la pagnotte;* dont despuis s'est ensuivy que les soldatz qui ne vivoient d'aucunes payes que du pain de la munition, et mesmes depuis en Piedmont, on les appelloit de ces temps *soldatz de la pagnotte.* Or, faut noter que, quelque temps après, l'empereur Charles s'estant sorty de son Espaigne et mis en campaigne, il produisit tant de braves fruictz de luy et de sa val-

---

1. *Arranté*, affermé. C'est le mot espagnol (*arrendado*) francisé.

2. En italien *pagnotta* signifie à la fois *petit pain* et *sot*.

leur, que les soldatz espaignolz se mirent à dire en riant parmy eux : *Juro a Dios, que agora no somos mas soldados del emperador fornero, mas del emperador guerrero.* « A ceste heure ne sommes-nous plus soldatz de l'empereur fournier, mais de l'empereur guerrier. » Et, certes, il l'estoit, et très-bon : aussi le pensoit-il bien estre, ainsi qu'il se vanta, à son retour du voyage de la Goullette à Rome, devant Sa Saincteté et tout le sainct collège des cardinaux, où il déchiffra si bien le roy François, et le brava et le menaça, jusques à dire : *Yo lo forçare y metre a tal punto de guerra, que servira para accabar el postrero capitulo de* los Illustres desdichados *de Bocacio.* « Je le mettray à un tel poinct de la guerre qu'il servira pour achever le dernier chapitre des *Illustres malheureux* de Bocace[1]. » D'autant que Bocace en a fait un livre, où il exprime la grandeur d'aucuns grands, et leur déclinaison[2] par amprès. Ceste rodomontade estoit belle, si le fait l'eust accompagnée ; mais il s'en fallut. Le voyage de Provance qu'il entreprit et rompit par sa courte honte, avec son grand conseiller Anthoyne de Lève, qui en fut auteur ; mais il y fut bien attrapé par l'advis du prince de Melphe, grand capitaine et très-renommé certes, qui, le voyant après la prise de Foussan vouloir venir à Thurin (belle butte d'expérance pour estre pris, s'il y tournoit visage comme il vouloit), le fit advertir par un espion, faisant du bon vallet à l'empereur, et luy monstrer qu'il luy vouloit faire un bon service, et qu'il dressast ses dessains

---

1. C'est le livre intitulé : *De casibus illustrium virorum.*
2. *Déclinaison,* déclin.

vers Provance, et principallement vers Marceille, où il faisoit très-bon, n'y ayant personne pour le soustenir, ce qu'il eust aisément fait. Ledit Anthoine de Lève, voyant les choses facilitées par ledit prince contre l'opinion de tous, il persuada l'empereur ce proget, qui réussit mal, dont il en mourut de despit. Ledit Anthoine de Lève fit là une grand'faute de prendre advis et conseil de son ennemy [1].

Ce que ne fit pas Assanagas, Espaignol reignié [2], que Barberousse avoit laissé dans Alger pour gouverneur et son lieutenant, lorsque l'empereur l'alla assiéger; et l'ayant envoyé sommer et luy remonstrer qu'il ne sçauroit mieux faire en toutes sortes que de n'attendre la furie d'un siège, mais de rendre la ville sans autre cérémonie, il respondit : *Nunca peor cosa fue, que tomar consejo de su ennemigo. Que si me consejarades de no rendir la tierra, yo la renderia; mas pues que, como enemigo, me aconsejays de la render, yo no quiero quitarla.* « Il ne fut jamais pire chose que de prendre conseil de son ennemy et le croire; de sorte que si vous me conseillez de ne la rendre point je la rendrois, mais puisque, comme ennemy, vous me conseillez et invitez de la rendre, je ne la rendray point. » Et dist bien mieux : « Avecques quoy, vous autres, qui bravez et me-
« nassez, me pensez-vous prendre et faire tant de
« mal? — Avec tant de gens, de moyens de guerre
« que nous avons. — Et moy, respondit-il, j'en ay
« de mesmes céans, et de ce qu'il me faut pour me

---

1. Voyez t. I, p. 176, et P. Jove, liv. XXXV.
2. *Reignié*, renégat.

« deffendre de vous autres¹. » Ha! quel renégat et eunuque tout ensemble!

Il avoit bien raison de parler si bien et de faire encore mieux : ce qui doit bien servir d'exemple et d'advis à force capitaines qui ont gardé des places, de peur qu'ilz ne se laissent aller aux douces sommations, blandisses² et belles parolles que leur disent et envoyent ceux de dehors pour les attirer à se rendre à eux : et faut qu'ilz bouschent leurs oreilles, comme on fait au chant des seraynes³; car, s'ilz se laissent glisser le moins du monde dans le conseil de leur ennemy, les voylà perduz et déshonnorez pour tout jamais : ainsi que je sçay d'un gentilhomme de par le monde, lequel, estant dans un chasteau de Guienne⁴, le plus fort qu'il y ait esté il y a trois cens ans, luy tenant le party de ceux de la relligion, après la bataille de Montcontour, fut envoyé sommer et prescher par un gentilhomme sien parent, qui luy donna tant du bec et de l'esle, que, misérablement, et à sa grand'honte et confusion, il rendit la place par ceste seule sommation et conseil; place si forte, que, cinq ans après, estant au mesme estat, fut assallie d'un grand prince, lieutenant de roy, qu'il ne

---

1. Voyez P. Jove, liv. XL.
2. *Blandisses*, caresses, *blanditiæ*.
3. *Serayne*, sirène.
4. Il s'agit du château de Lusignan que le capitaine calviniste Mirambeau rendit aux catholiques en 1569, à la sollicitation de son proche parent Lansac. « Cela ne lui fit pas honneur, dit de Thou (liv. XLVI), et il en fut depuis blâmé. » Brantôme a parlé ailleurs de la prise du château par le duc de Montpensier en 1574. (Voyez t. V, p. 16 et suiv.)

sceut forcer ny avoir de trois mois, encor à grand'-
peine, et par une honnorable composition. Ce qui
devoit estre une grand'honte à ce gentilhomme, qu'on
disoit de luy par risée que, pourquoy il avoit rendue
ainsi aisément, ce n'estoit pas faute de munition ny
vivres, car il en avoit ce qu'il en falloit, mais parce
qu'il n'avoit pas de moustarde pour manger son
bœuf sallé. J'ay peur de m'estre un peu extravagué
de mon premier dessain : mais pourtant j'y tourne
encor, méritant excuse, car ma digression n'a point
estée mal à propos ny innutille, et aussi qu'un'autre
fois je l'eusse oubliée.

Le marquis de Pescayre, ayant assiégé une place
nommée Pisquiton[1], en l'estat de Milan, il y eut dedans *tres arcabuseros excellentisimos defensores,
puestos en mira de un lugar secreto del muro, tenian
ojo si verian parescer algun español en quien des-
armassen los arcabuzes prestamente con tiros cier-
tos : y assi fue, que aviendo caydo muertos subitamente muy maltratados el capitan Busto y el capitan
Mercado, assestando ya el tercero diligentemente
contra el marques de Pescara, y queriendo dar fuego
a su arcabuz, de presto un capitan de Pavia, llama-
do el Fratino, hechandole la mano, le quito la mecha
encendida, gritando a grandes vozes :* « No quiera
« Dios, que oy por nuestra crueldad, muera el mas
« esforçado capitan que vive, padre de los soldados,
« y el que nos mantiene, aunque le seamos enemi-
« gos: mas antes le conservemos la vida, porque nos-

---

1. Pizzighitone. — Tout ce passage est emprunté à Vallès,
liv. III, ch. 1, f° 74.

« *otros que vivimos ganando suèldo, no muriamos de*
« *hambre en una paz negligente y perezosa.* » « Il y
eut dedans trois harquebuziers très exellens qui s'estoient mis en mire[1] derrière une cannonière fort secrette pour faire chascun son coup sur l'Espaignol qu'ilz voyoient bien à propos et sans coup faillir; dont il y eut deux capitaines l'un nommé le Bust et l'autre Mercado qui tumbarent tous deux mortz. Le troisième ainsi qu'il estoit prest d'en faire autant au marquis de Pescayre, il y eut un capitaine de Pavie, nommé le Fratin, qui courant à grand'haste et ostant la mesche allumée de dessus la serpentine, se mit à crier tout haut : « Ah! jà Dieu n'advienne qu'au-
« jourd'huy par une trop grande cruauté meure le
« plus grand capitaine qui vive aujourd'huy, lequel
« est père des soldatz et lequel nous maintient, en-
« cores que nous soyons ses ennemys; mais il luy
« faut conserver la vie, affin que nous autres qui vi-
« vons bien en gaignant et tirant solde, ne mourions
« de fain en une paix négligente et paresseuse. »
Ainsi luy fut sauvé la vie. Il avait raison de parler ainsi, car, comme ennemy de paix et grand amy de guerre et d'ambition, il leur entretenoit toujours leur gaigne-pain.

Et ce fut pourquoy M. le mareschal d'Estrosse, ayant esté un matin salué par deux cordelliers de ces motz : *Dio vi donna la pace*[2], il leur respondit : *Et Dio vi tolga il purgatorio*[3]; comme disant : « Si vous me donnez ce souhait de mallédiction, à me dési-

1. *En mire*, à l'affût.
2. Dieu vous donne la paix! — 3. Et Dieu vous ôte le purgatoire!

rer la paix, je vous donne un' autre de mesme, de vous oster le purgatoire. » Car l'un vit de la guerre, et l'autre vit des pratiques qui proviennent de ce qu'on donne pour les âmes du purgatoire : de façon que l'un et l'autre étoient quictes de là.

Et certes, je trouve que le capitaine Fratin avoit raison de sauver la vie à un tel capitaine; car il n'y a rien qui nourrisse mieux le soldat, de quelque party que soit, qu'un brave capitaine guerrier et ambitieux; car il n'ayme non plus la paix ny le repos que le soldat.

Lorsque ce grand capitaine feu M. de Guyse, François de Lorraine, mourut à Orléans, quasi aussitost après sa mort la paix fut faite. Je veidz force soldatz, tant d'un party que d'autre, le plourer extrêmement, pour avoir perdu leur père nourrisson. Et si vous diray que j'y vis plusieurs soldatz de la relligion, qui estoient dans Orléans, le regretter autant ou plus que les autres; d'autant que la pluspart d'eux estoient tous vieux soldatz, et de ceux qui avaient combatu soubz luy aux guerres passées estrangères : car les huguenotz, en ceste guerre, avoient enlevé avecqu' eux la plus belle vollée des vieux soldatz, d'autant qu'ilz avoient les devantz et en avoient fait leur provision devant nous : et iceux soldatz l'aymoient et honnoroient très fort, et pour ce le regrettoient; et aussi qu'ilz ne sçavoient où prendre party et tirer solde, et demeuroient en frische, non comme ceux du roy, qui furent plusieurs apoinctez; car force compaignées furent envoyées aux garnisons. Voylà comment ce grand capitaine fut regreté autant des soldatz de l'ennemy que des siens : car, pour en parler sainement, le soldat n'advise pas quel vent tire sur le droit et sur le tort de la guerre, mais où il y a à gaigner; et qui luy ouvre les moyens pour avoir du pain, celluy-là est son père. Aussi ne faut-il doubter que si feu M. de Guyse ne fust esté tué, encor que la paix eust esté faite, il vouloit fort faire la guerre à l'Angleterre où il avoit de fort grands dessins : et, pour ce, ces soldatz disoient que, tant qu'il vivroit, ilz n'auroient jamais manque de moyens : ce qui est très certain. Un grand capitaine disoit « qu'un soldat sans guerre est une cheminée sans feu, en esté. »

Pour[1] quant au purgatoire, cela est assez certain que la practique, l'autorité et la prééminence en est du tout attribuée aux gens d'église, ainsi que le confirma le pape Alexandre[2], Espaignol, à qui, comme un jour aucuns cardinaux des siens eussent remonstré une grande faute d'un sien peintre, qui avoit peint l'enfer au naturel, et, là dedans, parmy les empereurs, roys et papes, il y avoit peint et représenté au vif Sa Saincteté, et qu'il falloit punir le peintre ou l'en faire effacer du tout de la peinture, il leur respondit de sang-froid : *Ciertamente, no tengo yo poder para sacar a nadie del infierno; a estar en el purgatorio, bien le podiera yo hacer*[3]. Je l'ay ouy dire ainsy à un moyne espaignol; et, quand il le faudroit monstrer par escrit et imprimé, je le

---

1. Cet alinéa manque dans le manuscrit.
2. Alexandre VI (Borgia).
3. Certainement je n'ai pouvoir de tirer personne de l'enfer. Si c'était du purgatoire, bien pourrais je le faire.

monstrerois bien en quelque petit recoing d'un petit livret[1]. Ce pape en disoit bien d'autres, dont je n'en parle pas, car il n'estoit pas bon François.

Don Louys d'Avilla estant assiégé dans la citadelle d'Anvers, lorsqu'il fallut sortir et forcer les retranchemens de la ville, entre autres belles paroles qu'il dist à ses soldatz, fut ceste-cy : *Ea, soldados! es menester mostrar en este lugar su virtud, como en un muy afamado teatro de las cosas de la guerra.* « Ha! soldatz, il faut montrer en ce lieu sa vertu comm' en un très-renommé théâtre des choses de la guerre. »

Avant donner la bataille de Pavye, le marquis de Pescayre dist et commanda au marquis del Gouast, *con gesto severo y animoso, pero alegre : primo es menester ganar este lugar de Mirabel, con vuestra virtud, haziendo todo su esfuerço : que si las manos, lo qual Dios no quiera, no bastaren contra el enemigo tantas vezes vencido, hazed que los cuerpos muriendo con mucha honra, loqual deven a los animos valorosos, vengandose del enemigo, se satisfagan noblamente*[2]. « Mon cousin, il faut gaigner ce lieu de Mirabel avec vostre vertu et avec tout l'effort que vous pourrez; que si les mains n'y peuvent baster (ce que Dieu ne veuille!) contre l'ennemy tant de fois vaincu, il faut nommément que les corps en mourant avec grand'gloire (ce qu'ilz doivent aux courages

---

1. Ce livret, que Brantôme ne veut pas nommer, est probablement un pamphlet protestant; mais je n'ai pu le découvrir.

2. Ceci est pris à peu près textuellement dans Vallès, liv. VI, ch. IV, f° 161 v°.

généreux) en se vengeant de l'ennemy le récompensent noblement et généreusement. »

Ceste bataille perdue pour nous, ce dit parmy les Espaignolz que Sa Majesté ayant esté prise, et le marquis del Gouast, au retour de la chasse de quelques Souysses, ayant sceu la prise, vint dans le mesme champ de bataille saluer Sadicte Magesté avec un très-grand honneur et respect, chassant d'allentour de luy une troupe infinie de soldatz, qui le pressoient et l'importunoient de toutes partz; et après luy avoir aporté toutes ces belles raisons qu'il pouvoit, pour le consoller sur son désastre, et surtout luy allégant la bonté de l'empereur, le roy luy respondit avec ces belles parolles et dignes à remarquer, dont je m'estonne que nos escrivains françois n'ont touché ces gentilles particullaritez et parolles, et qu'il faille que les emprumptions des estrangers. Je le diray premièrement en espaignol : *Yo havia determinado, muriendo honradamente con los armados, librar mi animo d'esta tan gran aspereza de mis cosas, por no quedar vivo, despues de haver muerto tantos capitanes mios muy esclarescidos : pero la fortuna que ya de mucho tiempo es asperissimamente, y a gran tuerto muy enemiga a nuestro nombre, por guardar la vida a mi pesar, para un espectaculo de escarnio y burla, y no ha querido que yo muriesse muerte muy honrada. A lo menos, con solo esto consolare a mi mismo acordandome de una tan gran perdida, que de oy adelante no temereya mas ninguna injuria ni fuerça de fortuna, porque aviendo sido ella cruelissima siempre y furiosa y nunca jamas abundantemente harta por tantas desventuras, agora finalmente avra a pagado el resto de su odio en esto publico lloro de toda la Francia, y postrera perdida mia por el caso de tan grande desventura*[1]. « Je m'estois résolu et déterminé que mourant honnorablement parmy les armes, je me peusse dellivrer et mon esprit d'une si grande asprezze[2], et surchargé de mes affaires pour ne demeurer en vie, après avoir veu devant mes yeux tant de braves et vaillans capitaines des miens estanduz mortz autour de moy; mais la fortune qui de long temps m'est si cruelle, et à grand tort grand'ennemie de mon nom pour me conserver la vie à mon très grand regret, et pour servir d'espectacle d'une moquerie et dérision, n'a pas voulu que je mourusse d'une mort honnorable. Pour le moins en cela auray-je occasion de me consoller en moy-mesme que, me souvenant et mettant devant mes yeux souvant ma grand' perte, que d'aujourd'huy en avant je ne craindray aucune injure ny force de la fortune, parce que m'ayant esté toujours très cruelle et furieuse, ny jamais assez soulle habondamment de tant désadvantures qu'elle m'a donné, elle aura finallement payé le reste de son hayne en ceste publique plaincte et deuil de toute la France et dernière perte mienne par le cas et advènement d'une si grande désadvanture. »

Voylà certes de belles parolles, et brave résolution d'un si magnanime roy à ne se soucier plus de la

---

1. Voyez le ch. VIII du liv. VI de Vallès, f° 175 : *De lo que dixo el re de Francia al marques de Guasto.* — Nous en avons donné le texte au tome III, *Appendice*, p. 442.

2. *Asprezze*, âpreté. C'est le mot espagnol (*aspereza*) que Brantôme a francisé.

fortune, puisqu'ell'avoit achevé de vomir son venin sur luy en ceste si grande perte et déconvenue. Telles parolles toucharent si fort au cœur des soldatz qui estoient à l'entour, qu'ilz se mirent tous à plorer et admirer ce grand roy. Cela se tient et se dit parmy les Espaignolz.

J'ay[1] traduict en françois ces mots précédens espaignolz, et non poinct les autres; car il faut croire que le roy les prononça tous en françois, et les Espaignols l'allarent traduire en leur langue.

Sur quoy j'ay pris ce subject de faire ce discours, pour noter que, bien que ce grand roi parlast force langues, comme la latine, l'espaignolle et l'italienne, il voulait toujours porter tant d'honneur à la sienne, qu'il la préféroit à toute autre et ne vouloit laisser en arrière, pour faire marcher devant l'estrangère. Aussy, ainsy que j'ay ouy dire à feu M. de Lansac, le bon homme, qu'il est bien tousjours meilleur, plus séant et plus grave, quand un roy parle de grandes choses devant les estrangers, et mesmes ses compaignons, roys et princes, faut qu'il parle son vrai langage, sans s'abaisser et se contraindre jusques-là de parler celuy de son compaignon, et contenter ses oreilles comme s'il luy vouloit servir de truchement.

L'empereur en monstra un très bel exemple en cela, lorsqu'il fut à Rome, et parla devant le pape, les cardinaux, les ambassadeurs, et qu'il brava tant, par trop enorgueily de sa victoire de Thunis et de la Gollette. Il y eut les deux ambassadeurs de nostre

---

1. Les huit alinéas suivants jusqu'à *Quand le roy Henry II*[e], p. 76, manquent dans le manuscrit.

roy, l'un vers Sa Sainctecté, l'autre vers Sa Césarée Majesté, qui luy remonstrarent de ne parler poinct espaignol, mais autre langue plus intelligible. Il respondit à M. l'évesque de Mâcon[1], comme au principal, à cause du rang qu'il tenoit vers Sa Sainctecté, et marchoit devant M. de Velly, qui estoit près Sa Majesté, et ce avecques un certain dédain : *Señor obispo, entiendame si quiere; y no espere de mi otras palabras que de mi lengua española, la qual es tan noble, que merece ser sabida y entendida de toda la gente christiana*[2].

Il y eut bien là de la natreté à l'empereur; car, s'il eust voulu, il eust fort bien parlé françois ou italien au pays et au lieu où il estoit, voir allemand et flamand, son pays natal, s'il eust fallu; et il les eust bien rendus à *quia*, car il sçavoit toutes ces langues; mais il ne voulut parler que l'autre, possible pour faire despit à ces messieurs les ambassadeurs et à aucuns cardinaux françois et autres partisans du roy; ou bien le fit-il par un desdain et bravade et ostentation, pour honorer mieux sa langue et aussi (ainsy que j'ay dict) que ceste langue est fort bravasche et fort propre pour menaces. Ce monsieur l'ambassadeur eut tort en cela; car il le devoit laisser parler, et l'escouter et l'entendre bien, et puis le payer de mesme monnoye, et luy faire sa response en françois,

---

1. Charles Hemard de Denonville. — Voyez P. Jove, liv. XXXV.

2. Monsieur l'évêque, comprenez-moi si vous voulez, mais n'attendez point de moi d'autres paroles qu'en ma langue espagnole, qui est si noble, qu'elle mérite d'être sue et comprise de toute la chrétienté.

sans descouvrir son asnerie; mais possible n'eust-il peu entendre son discours ainsi espaignolisé. Ainsi les fautes que luy et son compaignon firent, et qui cuydarent porter préjudice à nostre roy, en font foy de cela. J'en ay escrit assez dans le discours que je fais de ce grand roy[1].

Tant y a que ces ambassadeurs et autres qui tiennent leur place ont grand tort et grand'honte de n'apprendre les langues pour s'en servir au besoing, comme estoit celuy-là; et monstrent bien qu'ilz sont de grandz veaux, qui ne sçavent et ne parlent que leur langue de veau. Et ressemblent un certain évesque de France, qui alla au concile dernier de Trente sans argent et sans latin, et retourna de mesmes. Quel embarquement sans biscuit, et quel retour aussi! Que diable peuvent faire ces gens qui n'ont nul exercice plus honorable pour eux que d'estudier, et ne sçavoir que leur langue; car, quant à la latine, le temps passé n'en savoient guères; les autres qui crachoient quelque latin, c'estoit quelque latin de brevière[2], mal raffiné et tamisé. D'autres l'ont peu bien parler, mais c'estoient des oyseaux rares, ainsi que fit M. le cardinal de Bellay, quand il harangua le pape Clément, au lieu de Poyet, qui fit le sot, et perdoit l'honneur de la patrie sans ce grand cardinal, qui rabilla tout. Pour le temps d'aujourd'hui, nos prélats se sont ravisez, qui commancent à tirer des armes et à desgainer le latin. Dieu mercy les huguenots, qui leur ont tant faict la guerre qu'ilz les ont aguerris et de mesmes armes qu'ilz les

---

1. Voyez t. III, p. 99 et suiv. — 2. *Brevière*, bréviaire.

avoient battus d'autrefois, maintenant les battent; dont c'est bien employé. Que diroit-on d'un certain ambassadeur françois que j'ay cogneu? Luy, ayant demeuré six ans en Espaigne, en retourna en parlant aussi mal la langue comme si jamais il n'y eust esté; et disoit-on qu'il ressembloit le perroquet de Madame de Brienne, qui avoit demeuré vingt ans en cage, et n'avoit jamais peu apprendre à parler un seul mot; proverbe ancien du temps des roys François et Henry, nos grands roys, et qu'on practiquoit à la cour envers ceux qui n'avoient rien appris ny rien sceu dire.

Or pour reprendre encore mon discours, M. de Lansac disoit qu'il est très nécessaire qu'un ambassadeur entende et parle le plus de langues qu'il peut, pour s'en servir à la nécessité aux lieux où il sera, et mesme pour l'espaignolle, latine, françoise et italienne; car pour les autres elles sont difficiles, et pour ce ilz en sont excusables; mais pour ces quatre, ilz en doivent estre taxez et blasmez s'ilz ne les sçavent, non pas pour les practiquer ordinairement et en faire litière, comme on dict, mais pour quelques fois, pour la nécessité, pour la gentillesse, pour l'honneur, pour la gloire, voire pour quelque ostentation, et pour dire que l'on en sçait d'autant.

Et plus en doivent faire nos grandz roys et princes, qui doivent toujours honorer leurs langues; et, quant aux estrangères, il les faut réserver pour manière de devis, de causeries, de motz à propos, de gaudisseries, bravades et gentillesses, afin que d'autant plus ilz se rendent admirables de sçavoir plus que leur langue naturelle, ainsi que faisoit ce grand roy François, qui, aux grandz affaires, ne se defferroit jamais de son beau parler françois, et n'en parla autre devant le pape Clément, le pape Paul, à Marseille et à Nice, et avecques l'empereur Charles passant en France. La reyne de Navarre sa sœur, si sçavante et bien disante, bien qu'elle sceust parler bon espaignol et bon italien, s'accommodoit toujours de son parler naturel pour choses de conséquence; mais quand il falloit en jetter quelques motz à la traverse des joyeusetez et gallanteries, elle monstroit qu'elle sçavoit plus que son pain quotidien. Nostre grand roy Henry II parloit si bien espaignol qu'homme de son royaume, pour avoir esté assez en aage dans l'Espaigne et en ostage pour l'apprendre; mais il ne parloit jamais que son françois avecques les Espaignolz, mesmes quand il y alloit d'affaires d'importance; mais pour dire le mot, et de faire une rencontre espaignolle, il la faisoit fort bien et de fort bonne grâce. La reyne, sa femme et mère de nos roys, parloit encore fort peu son toscan avecques ceux de sa nation pour grandz affaires, ainsi que le roy son mary, portant en cela l'honneur qu'elle devoit au royaume où elle avoit pris sa grandeur et bonne fortune. La reyne Marguerite sa fille, bien qu'elle entende la langue italienne et espaignolle et qu'elle les parle aussi disertement comme si elle avoit esté née, nourrie et eslevée toute sa vie en Italie et Espaigne, elle en use de pareille façon en de grandes choses; mais pour alléguer de belles rencontres et gentilz passages et bien dire les motz, elle n'en cède à aucune personne, aussi bien qu'en sa langue françoise, tant elle a l'esprit grand et subtil.

Nous autres petitz compaignons, si nous sçavons ces langues, il est très-bon que nous les parlions et les practiquions ; mais il les faut sçavoir parfaitement pour ne nous faire mocquer si nous y faillons : aussi si nous nous en sçavons acquitter très-bien, nous nous en rendrons bien plus aimez, honnorez et estimez, tant à l'endroict des plus petitz qu'à l'endroict des grandz; ainsi que m'arriva une fois parlant au roy d'Espaigne[1], qui fit plus d'estime de moy qu'il n'eust fait quant il m'entendit parler sa langue, ainsi que j'ay dict ailleurs : comme de vray, pour lors je la parlois très bien, et s'en estonna, et m'en fit très bonne chère. Il faut que je me vante de cela en passant.

Or, pour faire fin, j'allongerois volontiers ce discours (qui est très beau) si j'estois aussi capable et aussi bien disant que ledict M. de Lansac, duquel j'en tiens la plus grand' part : car il s'entendoit très bien en telles matières pour avoir esté par diverses fois, et pour le moins trente fois, en divers lieux et ambassades durant sa vie. Je ne passe donc plus avant, de peur de m'enrayer, et retourne à d'autres rodomontades, bien marry d'avoir esté si long en ce discours.

Quand le roy Henry IIe assiégea la ville de Dinant[2], il la fit battre si furieusement que ceux de dedans, n'attendant que l'assaut général et leur totalle ruyne, ne se voulant trop opiniastrer, advisarent d'envoyer

---

1. Philippe II.
2. En 1554. — Nous ne savons en quels termes Romero a raconté son histoire à notre auteur; mais ce que nous pouvons dire c'est que le récit de Brantôme ne nous paraît être qu'une amplification de celui de de Thou (liv. XIII).

vers Sa Magesté le capitaine du chasteau et un capitaine de la ville pour parlamenter, ausquelz fut accordé que, rendant la place et y laissant l'artillerie, s'en yroient vies et bagues sauves, avecques l'espée et la dague seullement, laissant toutes les autres armes en place. Cela estant sceu par Jullian Romero, qui avoit léans une compaignie d'Espaignolz naturelz, trouva fort estrange et fascheux de sortir sans toutes ses armes; et, pensant faire condescendre M. le connestable (qui capitulloit[1]) à plus honnorable party, le vint trouver, et luy tint telz propos, braves et graves certes : *Monsur, si assi es que de todas las artes no ay mejor juez que los mesmos officiales pues que no ay señor ny capitan que mejor habia tratado y pratiquado las armas como V. Excelencia. Yo espero tanto en ella que las favorescera hoy de todo su poder, hazia nosotros soldados españoles, recogiendonos y nos tratando, no como vencidos, mas segun nuestra valor y virtud; la qual in quanto a mí toca, e querido confidar en la suerte dudosa d'una pelea singular y desafio, algunos años ay, a Fontainebleau, adelante la Magestad real del rey Francisco, mas presto que padescer alguna deshonra y afrenta, y hazer cosa poco degna de soldado y hombre honrado, teniendo mas querida mi honra que mi sangre y mi vida, laqual siempre de buen animo he empleado en tantos millares de pelligros, passando y repassando tantas tierras y mares, y solo esto para ganar gloria y loor : en que fortuna, amiga de los bravos y valientes, m'a tan agradescido y favorescido, que me puedo nombrar*

---

1. *Qui capitulloit*, qui faisait la capitulation.

entre los que ganaron algo por sus esfuerços y proessas, por mi soberano bien, del qual me puedo alabar y aventajar, siendo las armas el cumbre de mi todo, y el fundo de mi nada; de las quales desseo mas la guardia y conservacion que de todas cosas; las quales armas teniendo perdidas, quiero que la gente me tenga en poca estima; y si tal es mi desdicha de nos las quitar, queremos mas presto todos nosotros, como desesperados, que si nos faltan los remos, nos ayudar de las velas y combatir hasta morir, y muestrar por desesperacion que, mas presto queremos morir con las armas en las manos, que salvarnos sin ellas como soldados vellacos. Por esso, Monseignor, yo y mis compagneros suplicamos su Sacra Magestad que nos dexa yr y salgar con tal condicion y partido noble y generoso, y se contenta d'esta tierra, la qual tantos grandes y principes faltaron de tomar otras vezes; y nos haziendo esta merced, justamente se podra llamar el Rey augusto y vencedor por tal ilustre tratamiento hecho a valientes soldados vencidos, no por falta de coraçon y animo, mas por mala suerte. « Monsieur, si ainsi est que de tous les artz, il n'y a meilleur juge que les mesmes artisans et officiers et que puisqu'il n'y a seigneur ny capitaine en toute l'Europe qui ait mieux pratiqué les armes que vous, j'espère tant en vous que vous les favoriserez beaucoup aujourd'huy à l'endroit de nous autres soldatz espaignolz, nous accueillant et traictant non comme vaincuz, mais selon nostre vertu et valeur; laquelle, quand à moi touche[1], je l'ay voulu, il y a quelques années, com-

---

1. *Quand à moi touche*, quant à ce qui me touche.

mettre entre les mains de la fortune doubteuse d'un camp-clos, à Fontainebleau, devant la Magesté royalle qui nous donna le camp, ouy, dis-je, la commettre plustost que d'endurer aucune honte et affront, et faire chose indigne de soldat et homme de bien, tenant plus cher mon honneur que mon sang et ma vie, laquelle d'un bon courage j'ay toujours employée en tant de milions de périlz, passant et repassant tant de terres et de mers, et rien de tout cela sinon pour acquérir gloire et louange; en quoy la fortune, amie des braves et vallians, m'a tant favorisé que je me puis nombrer et mettre parmy ceux qui ont gaigné quelque chose par leur prouesse et valeur, et ce pour mon bien souverain, duquel je me puis justement louer et advantager, estant les armes le comble de mon tout et le fonds de mon rien, desquelles j'en désire la soigneuse garde plus que de toutes choses du monde; que si je les avois perdues, je veux que le monde ne face jamais aucune estime de moy, et si tell'est nostre désadvanture que vous nous les vouliez oster, nous aymons mieux trestous, comme désespérez, de nous ayder de la voille si les rames nous faillent, et combattre jusques au mourir et monstrer par un désespoir que nous aymons mieux mourir avec les armes en la main que nous sauver sans elles comme soldatz de peu. Parquoy, monsieur, mes compaignons et moy suplions Sa Magesté de nous laisser sortir avec tel honneste party, et qu'elle se contante de ceste place devant laquelle tant de princes et grands se sont faillis d'autrefois; et luy nous faisant ceste faveur, il se pourra justement dire auguste et vaincueur pour un si illustre traictement fait à des soldatz vaincuz, non par faute de courage, mais par malle fortune. »

A ces parolles, par trop audacieuses pour un vaincu, respondit M. le connestable, qui estoit de son naturel fort impatiant d'un glorieux, et qui le sçavoit gourmander et rabrouer très bien quand il l'entreprenoit, ainsi que je l'ay veu souvant : « Capitaine,
« mon amy, je vous estimerois grandement si vostre
« force et pouvoir estoient correspondans à vostre
« courage, à vostre parolle et bon vouloir que vous
« me voulez tant faire parroistre. Mais je vois bien
« que vous ne cognoissez vostre fortune, ou bien
« que vous la dissimullez : voulant, par advanture,
« faire nouveaux droitz en guerre, que le vaincu
« donne loy au vaincueur, et, par advanture, vous
« vouloir réserver un si grand advantage, que de
« vouloir emporter les armes, non seullement sur
« moy qui sçays assez ce qu'elles vallent, mais sur
« un roy jeune, courageux et présent en ce siège,
« qui ne voudroit céder, non à vous (avec lequel le
« parangon n'est nullement semblable, non plus que
« du ciel au plus bas de la terre), mais au plus grand
« prince du monde. Et semble que vostre demande
« est fort contraire à vous-mesmes en ce que faites
« nostre roy si grand (comme certes il est assez
« cogneu tel partout, sans que le disiez) : et néan-
« moins vous prétendez d'emporter sur luy et avoir
« l'honneur de ce qu'il pourchasse le plus en ce
« monde, comme voulant dire que, quelque grand
« prince qu'il soit, vous n'entendez estre inférieur à
« luy en la conservation des armes et en réputation
« d'honneur. Vrayement, beau sire, je l'aymerois de

« vous et seroit bon que le preneur fust pris et le
« victorieux fust vaincu; et que celluy qui fait trem-
« bler terres et mers, cédast en réputation des armes
« à un tel oyseau que vous. Or, sçavez-vous qu'il y
« a? La grâce que l'on peut faire aux malheureux,
« c'est de leur déclairer promptement leur malheur;
« parquoy la meilleure nouvelle que je vous puisse
« faire sçavoir, est que si vous n'aceptez sur le
« champ la composition que je vous ay proposée,
« vous vous retirez soudain; car, avant qu'il soit
« quatr' heures, je vous auray pris d'assaut, et ne
« vous donneray loysir de changer d'advis : et vous
« assurez qne, si vous eschapez de l'espée, la corde
« ne vous faudra, pour vous aprendre à vouloir ca-
« pituler avec celluy qui tient vostre vie et vostre
« mort en ses mains. »

Voylà la responce de M. le connestable, et digne
d'un tel capitaine, et qui se peut dire à beau jeu beau
retour; dont le capitaine espaignol demeura si estonné, que, rongeant le frain de son cœur, demanda
encor, par un' importunité, au moins que luy douziesme sortist avecques ses armes. Cependant M. le
connestable, par une grand' ruse de guerre, fait
advertir les autres Espaignolz que Romero ne play-
doit plus pour eux, que pour luy seullement et une
douzaine d'autres à son choix, laissant les autres en
croupe à la mercy de l'espée. Ce qu'entendant le
reste des autres Espaignolz, soudain s'acordèrent à
la mesme capitulation que les Allemans et Flamans,
et sortirent tous ensemble; dont Romero cuyda se
désespérer, qui demeura prisonnier parmy nous.

Je tiens ceste histoire de nos François qui y estoient présens, et dudit Julien Romero mesmes qui me la conta mieux que je ne la dis; et ce fut lors que nous allions à Malte, entrant dans le Far de Messine. Nous vismes derrière nous quinze gallères de Scicile venir d'un bon vent en poupe, avec le bastard[1], qui en un rien (encores que nous fussions loing fort d'elles, et nous quasi touchans Messine) eurent attaint nos paouvres pettites frégattes, montans à douze ou treize, car nous n'eusmes pas plus tost pris port et terre, qu'eux quasi aussitost firent de mesmes. Cesdites gallères venoient de la Gollette pour y porter vivres, munitions et soldatz, craignans la venue du Grand-Seigneur, qui la menassoit ou Malte. Parmy ces honnestes Espaignolz qui estoient dans ces gallères, se trouva ledit Julien Romero, qui, s'estant enquis, et trouvant que nous estions François, nous vint, comme très-courtois cavailler, saluer et accoster le long dudit port, et arraisonnant maintenant avec messieurs d'Estrosse et de Brissac, ores avecques autres, cependant que nous avions envoyé à la ville chercher logis, et nous promenans le long de ceste belle place du port, auprès de ceste belle fontaine, et maintenant avecques l'un et l'autre. Il fut fort aise de parler à moy, d'autant que de tous nous autres gentilzhommes qui estions là, il n'y avoit nul qui parlast espaignol que moy; car il n'y avoit qu'un an que je ne faisois que venir d'Espaigne, et le parlois fort friandement; dont, entre autres propos que me tint ce seigneur Julian, fut qu'il me demanda des nouvelles de France, et de M. le con-

---

1. On appelait *bâtarde* la plus grande des voiles d'une galère.

nestable, et comment il se portoit sur son viel aage ; et luy en ayant dit de bonnes, il monstra qu'il en estoit fort joyeux, ce me dist-il, et puis me continua de dire ses louanges, et comme une fois il luy avoit faict aussi belle peur qu'il eust eu jamais en sa vie : et me fit ce discours précédant, avec plus belles parolles du monde ; si bien que je ne vis jamais mieux dire, car il estoit très-éloquent, à la soldade[1].

Outre plus, me dist qu'il craignoit fort ceste fois que M. le connestable ou le roy luy fissent trèsmauvais party de la vie ; d'autant qu'ilz le menassarent, et luy reprocharent qu'après avoir receu du roy François tant d'honneur en sa court, sur l'otroy[2] du camp-clos qu'il luy avoit donné[3], sans recognoistre un tel bienfait, s'en estoit allé, de son plein vouloir, servir le roy d'Angleterre en la guerre de Bouloigne, estant pour lors trefves entre l'empereur et Sa Magesté Chrestienne. Mais il me dist en cela ses raisons, que l'empereur estoit irrité contre luy, pour avoir esleu le camp en France, à ce qu'il me dist. Nonobstant cela, si fallit-il à courir fortune de la vie ; car M. le connestable estoit sévère en ces choses-là.

Le combat fut le commancement de réputation dudit seigneur Jullien, encores que ce ne fust rien qui vaille, à ce que j'ay ouy raconter à force gentilzhommes et autres qui vivent encores et servit plus de risée et mocquerie que d'autres choses ; si bien que de despit le roy en jetta de bonn' heure le

---

1. *A la soldade*, à la soldat. — 2. *Octroy*, octroi.
3. Voyez le *Discours sur les duels*, t. III, p. 261-262.

baston. Car, en lieu de combattre valleureusement à outrance, la partie de Julien, encor que la fortune luy fust au commancement assez bonne, et meilleure que de Juillien, commança à crier par trois fois : *No te quiero, segnor Julliano;* et de là vint le proverbe qui a longtemps couru à la court et en France : *No te quiero, segnor Julliano,* « je ne vous cherche point, seigneur Jullian, » qui se disoit quand quelqu'un fuyoit la luitte. Toutesfois il y alla un petit plus de l'honneur[1] dudit Jullian que de l'autre, et en a fait despuis toute sa vie grand triumphe, qui luy a aydé, avec d'autres belles advantures qu'il a couru pour son empereur et son roy, aux guerres, pour le service desquelz enfin est mort honnorablement en ses guerres de Flandres.

Avant que finir je diray ce mot : que tous gallans hommes, cavalliers et capitaines, me semblent qu'ilz doibvent fort peser ceste responce susdicte de M. le connestable; car il n'y a mot qui ne porte sa sentence et advis très nécessaire pour eux, et mesmes pour la bravetté qu'il usa à son brave. Sur quoy je fairay ce pettit conte que, lorsque nous allasmes à Malte, partant de Messine avec nos frégattes, nous vinsmes coucher à une pettite ville entre Messine et Sarragosse[2] qui se nomme Cataigne[3], là où l'on dit que le premier fondement et parlement des vespres siciliannes fut fait et jetté. Arrivans là, ceux de la ville tinrent leurs portes serrées, et firent difficulté

---

1. Le manuscrit 3273 (f° 149) porte entre parenthèses ces mots : *Je dis du bon,* qui ont été biffés.

2. Syracuse. — 3. Catane.

de nous laisser entrer. Il y eut parmy nous un capitaine provançal qui, se voulant faire de feste, parcequ'il jargonnoit un peu et assez mal l'espaignol, qui alla se présentêr à la porte et y demander entrée, plus par bravetté que par courtoisie. Sur quoy il y eut un soldat espaignol peu endurant, qui, s'advançant, poussa assez discourtoisement ledit capitaine, pour s'oster de devant la porte; ledit capitaine luy dist : *Soldado, que quereys hazer*[1] *?* L'autre bravasche luy respond : *Te tratar de bravo, porque hazes del bravo. Vaya se : appartese de aqui y accuerdase de las visperas sicilianas.* « Je vous veux traiter en brave, puisque vous faites du brave; allez-vous-en et ostez-vous d'icy, et vous vous souvenez des vespres scicilianes. » Il[2] y eut un honneste gentilhomme françois qui parloit fort bien espaignol, que je ne nommeray point pour sa gloire[3], qui se mit à parler le friand espaignol. Aussitost qu'il l'eut ouy, il quitta tout, et vint à luy, et luy dit d'une grande joie : *Voto a Dios que tal hablar me plaee*[4], et dit à l'autre : *Apartaos de aqui, barragoyno : no quiero hablar con vos; yo hablo con este cavallero muy gentil hablador*[5]; et, venant à luy, l'embrassa à la mode soldatesque; et causèrent fort ensemble de nostre voyage en passégeant[6], et puis allèrent souper en-

---

1. Soldat, que voulez-vous faire ?
2. Ce qui suit jusqu'à la fin de l'alinéa manque dans le manuscrit.
3. C'était Brantôme. — 4. Ah Dieu! qu'un tel parler me plaît!
5. Retirez-vous d'ici, baragouineur; je ne veux point vous parler. Je parle à ce cavalier si gentil parleur. (Le mot *barragoyno* été forgé par Brantôme.)
6. *En passégeant*, en se promenant; de l'italien *passeggiare*.

semble, que le gentil cavallier françois luy donna; et l'autre l'accepta galantement : car ilz ayment ces gens-là à faire aussi bonne chère que nous, mais que ce ne soit à leurs despens; car autrement ilz se laissent mourir de faim. Ce fut à mon homme à se retirer, car il y eust eu de la rumeur. Toutesfois cela se passa. Comme il y a toujours et d'uns et d'autres, et les uns courtois et les autres arrogans, on nous laissa entrer courtoisement, et vivre et coucher pour nostre argent.

Si faut-il que je fasse à ce propos un plaisant conte, qui m'arriva une fois à Paris, au commancement des premières guerres. Ainsi que le camp s'estoit acheminé à Estampes pour se dresser, moy ayant envoyé tout mon train devant, et demeuré à Paris pour quelques affaires qui me restoient, ou possible pour l'amour, je dirois mieux, je prins la poste pour aller joindre l'armée audict Estampes. Je n'avois qu'un homme des miens, moy avec mon postillon. Estant entre les deux portes de Sainct-Jacques, voycy venir la garde, qui estoit grosse et grande, et qui se faisoit fort estroictement en ce temps, et entre autres un grand homme, marchant du quartier de Saint-Jacques, qui portoit une grand' hallebarde[1] et une cuyrasse, qui arreste fort rudement mon postillon, et prend la bride de son cheval. Je m'advance, et crie : « Mort-Dieu! l'homme à la grand'barbe, que vou- « lez-vous faire? » Il vint à moy aussitost, et me présantant la poincte de l'hallebarde, il me dist : « Mort- « Dieu! l'homme sans barbe, je veux vous arrester. Où

---

1. Les anciennes éditions ajoutent : *avec une grande barbe.*

« est vostre passeport? Ne sçavous pas l'ordonnance
« qui a été faite, de ne sortir sans passeport du pré-
« vost des marchans? » Tout à coup je me vis entourné de cent poinctes d'espées, de picques et
d'hallebardes. Ce fut donc à moy à monstrer mon
passeport (car je l'avois), et luy dire qu'il le devoit
demander plus honnestement et doucement, et que
je n'estois bastant pour faire teste à un corps-de-
garde si remply. Toutesfois après belles excuses, nous
fusmes amis comme devant; et, estant arrivé, j'en
fis le conte à feu M. de Guyse, qui le trouva bon,
tant de la demande que de la responce, et en rit
bien, ensemble plusieurs de l'armée ausquelz j'en fis
mesmes part; car, comme me dist M. de Guyse :
« Un brave a bravé un brave; et quictes de là tous
deux. »

Quand le duc d'Albe passa en Flandres contre les
guerres civiles des Gueux[1], il ne se voulut servir
d'autre infanterie que de l'espaignolle, et n'y en
mena d'autre. Mais qu'ell'estoit-elle? L'une des plus
belles qui jamais fut mise en campagne; car il en fit
choix parmy tous les terzes de Lombardie, Naples,
de Scicille[2], de Sardaigne; si bien que de ce beau
choix il en fit un corps très beau et bien fourny, jusques à neuf ou dix mille, n'y ayant rien à dire, soit
en belles armes, soit en parades d'abilhemens, soit
en bonté et vertu d'hommes, soit en leur entretien
de vivres et de payes, jusques à leurs courtizanes,
qui en parures parreissoient princesses. Bref rien n'y

1. En 1567.
2. Le manuscrit porte par erreur : *Séville*.

manqua. Et, comme par où ilz passoient près de la frontière de France, vers la Lorraine, les chemins estoient rompus de gens quasi (par manière de dire) pour les voir, on leur demanda pourquoy le duc n'avoit avecque luy pris d'autre infanterie italienne ou tudesque. Aucuns respondoient : *Porque conoce bien que con singular virtud y valor de nosotros Espagnoles, ha de alcançar en esta guerra el clarissimo nombre de Gran Capitan, mas que ningun otro que nunca fue.* « Parce qu'il cognoit et juge bien qu'avec la singulière vertu et valleur de nous autres Espaignolz, il doib attaindre en ceste guerre le nom illustre d'un grand capitaine plus qu'aucun qui ait jamais esté. » Comme de vray, par leurs seulles armes, il a fait trembler tout ce païs-là, et remis en son premier devoir.

J'entretenois une fois, dans le chasteau de Milan, un vieux soldat espaignol, morte-paye de léans, qui avoit toute sa vie consommé aux guerres de l'empereur Charles, et me racontoit qu'il n'aymoit rien tant que les soldatz espaignolz, *porque como buenos oficiales y labradores, havian texido con sus manos propias la corona de laurel que llevava al derredor de la cabeça, no temiendo dar fin a sus vidas, para hazer bivir la fama del y dellos.* « Parce que, comme bons maistres et artizans, ilz avoient de leurs mains propres tissu la couronne de lauriers qu'il portoit à l'entour de sa teste, ne craignant donner fin à leur vie pour faire vivre sa renommée et de luy et d'eux. »

Un simple soldat espaignol, pour avoir esté trouvé en quelque larcin, fut condampné d'avoir un'oreille coupée; à quoi s'escria, en disant : *Una oreja, pesea tal! Mas querria yo morir, que suffrir tal afrenta. En tanto dixo el capitan* : « *Concedase esta gracia a este soldado tan desseoso de la honra.* » « Comment, « une oreille coupée ! j'ayme bien mieux mourir que « d'endurer un tel affront. » A quoy son capitaine respondit : « Eh ! bien donc que l'on fasse cette grâce à « ce soldat tant ambitieux d'honneur. » Et ayma mieux passer par les armes et mourir que d'avoir l'oreille coupée.

J'aymerois autant d'un soldat gascon, lequel estant sur l'eschelle près de la mort, il y eut une femme qui le vint requérir pour mary, ainsi que le temps passé se faisoit[1]. Luy, la voyant boiteuse, laide et fort contrefaite, et marcher fort incommodément, il dist : « Que fairai-je de cela ? Je n'aurois que desplaisir et « incommodité. » *Pinge, pinge*, dist-il au bourreau, qui est autant à dire en gascon, *pends, pends*, ce qu'il fit ; et le gallant ayma mieux estre pendu que de s'assubjettir à une si laide beste. Celluy-là estoit fort curieux de son ayse, et ennemy de la laydeur.

Aux premières guerres civilles, lorsqu'il fallut assaillir les fauxbourgs et portereaux d'Orléans, feu M. de Guyse commanda aux François donner d'un costé, et aux Espaignolz de l'autre. A la teste du régiment des Espaignolz se trouva un jeune soldat qui, par dessus tous, se faisoit si bien parestre en ses armes et son harquebuz et son fourniment fort beau, et très-leste en grâce, en façon et en habilhemens, car il avoit un pourpoinct de satin jaune, tout cou-

---

1. Les éditions ajoutent : *Suivant l'ancienne loy des Goths.*

vert de passement d'argent, et les chausses à bandes de mesmes, avec un chapeau de taffetas [noir], tout couvert de plumes jaunes, si bien qu'il le faisoit très-beau voir, car avec cela il estoit beau et agréable de visage, et d'une jollie, gentille et maigrelline[1] taille; enfin il paressoit tel que feu M. de Guyse demanda à don Caravajal[2], qui leur commandoit, qui estoit ce jeune homme, car, à sa contenance, il monstroit estre de lieu et de courage. Caravajal lui respondit qu'il estoit de la maison de Mandozze, de laquelle sont sortis de grands personnages en tout : et, sur ce, il le présenta à M. de Guyse pour luy faire la révérance. Ainsi que mondit sieur de Guyse le receut fort courtoisement, et Caravajal luy dist la bonne opinion qu'avoit M. de Guyse de luy, et comment il luy avoit demandé son nom. En faisant la révérance à M. de Guyse et luy en rendant humbles grâces, alors ce jeune respondit : *Monsegnor, oy o morire con honra, o mudare mi color amarillo en colorado, por alguna sangrienta y noble herida; o hare algun illustre segnal de mi nombre, por la merced y favor de mi general que lo ha pedido.* « Monsieur, je mourray aujourd'huy avec honneur ou je changeray ma coulleur jaune en rouge par quelque blessure sanglante et noble, ou je fairay et donray quelque marque illustre de mon nom en récompance de la grâce et faveur de mon général qui le demande. » Ainsi qu'il le dist et promit, ainsi il le tint : car d'abordade, et s'avançant des plus avantz,

---

1. *Maigrelin*, maigrelet, mince.
2. Le manuscrit porte : *Caravanjal*.

il receut une grande harquebuzade au corps, du costé gauche, dont pourtant il ne mourut; et M. de Guyse le fit penser fort songneusement, et deux jours après le fit mettre sur l'eau dans un batteau, et le conduire à Blois avec d'autres blessez; et vis comme M. de Guyse le recommanda à la reyne par Jehan-Baptiste, qu'on nommoit le compère, qu'il envoyoit vers elle. Je vis tout cela, car j'y estois.

Certes, ce jeune gentilhomme espaignol accomplit mieux sa parolle que ne fit une fois un grand seigneur estranger, que je ne nommeray point pour sa quallité, qu'il faut révérer[1]; lequel, s'estant retiré vers le roy Henry pour avoir receu une par trop grande injure de l'empereur Charles, qui luy avoit fait massacrer son père, aussi qu'un sien frère estoit mort dans un siège pour le service du roy; quelque temps après, ainsi que le roy Henry marchoit pour livrer bataille à l'empereur devant Vallencianes, le jour avant, lorsque l'armée marchoit en belle ordonnance de guerre, et que ce jour on tint l'empereur plus près qu'il n'estoit, ledit seigneur, armé de toutes pièces, monté sur un beau coursier, grand et fort, se vint présenter au roy, et ayant tiré son espée, dist au roy : Sire, *oggi con questa spada io voglio vendicar la morte del padre e del fratello.* « Aujourd'huy avec ceste espée je veux vanger la mort

---

1. Ce grand seigneur étranger doit être Ferdinand de Saint-Severin, prince de Salerne, qui en 1552 vint trouver Henri II à Damvilliers, et, quatre jours après, retourna à Naples. (Voyez de Thou, liv. X.) En ce cas Brantôme se tromperait de date et de localité; car la campagne de Valenciennes n'eut lieu que l'année suivante, en 1553.

de mon père et de mon frère. » Et, voyant que le roy aplaudissoit à ses beaux motz, plus encouragé, vint à pousser son cheval en advant, pour luy faire quelques passades. Mais le cheval estant un peu rude et gaillard, et trouvant son homme soubz soy un peu de légère tenue, s'advisa de s'en deffaire et le porter par terre, en luy faisant faire la conversion de sainct Paoul. Ce fut audit seigneur à crier : *Ahi me! yo son mezzo merto*[1], et toute la jeunesse qui estoit près du roy Henry à rire leur saoul, et à faire rellever ledit seigneur. Le lendemain, qui estoit le jour qu'on pensoit assurément de venir aux mains, puisqu'on y avoit failly le jour précédent, et que les deux armées ne s'en pouvoient desdire, ledit seigneur voyant que c'estoit à bon escient qu'il y falloit faire, commança à crier : *Come! Non s'è nissuna fiumara, nissuno bosquo, nissuno monte tra noi et loro. Questo non è buono.* « Comment! n'y a-il point entre nous et eux aucune rivière ou ruysseau, nul bois, nulle montagne? Cella n'est pas bon. »

Assurez-vous qu'il désiroit bien quelque obstacle, ou de montaigne ou de maretz, ou d'un bois, ou d'une rivière, ou ruysseau, pour se garder de joindre de près; mais il n'y avoit lieu. Que si l'empereur eust voulu mordre, le champ de Mars ne fut jamais si beau; mais il fuist le choc par de bons retranchemens qu'il avoit fait auprès de la ville de Vallenciannes; si bien que pour le coup la partie ne fût jouée en gros, sinon par légières escarmousches : ce qui fut un grand contentement audit seigneur qui

---

[1]. Hélas! je suis à moitié mort.

paravant avoit menacé et crié vengeance, car il ne vouloit venir aux mains nullement, sinon de parolles bravasches, dont il s'ayda encores pis que devant. Je tiens ce conte de M. d'Uzais, qui le faisoit le plus plaisamment qu'il estoit possible. Au bout de quelques trois ans ledit seigneur et son frère, et toute sa maison, se retirarent du party du roy; et, sans aucun respect d'injure receue, espousarent et prindrent celluy de l'empereur.

Le jour de la bataille de Cerizolles, ainsi que le marquis del Gouast recognoissoit nostre armée qui marchoit à luy, il vint dire aux gens de pied espaignolz : *Ea, soldados; aquí estan, a mi parecer, los Gasgones, vuestros vezinos, y quasi hermanos : a ellos ! Que si son vencidos, somos vencedores ny mas ny menos quando un cuerpo esta derribado y caydo en tierra, todos los otros miembros quedan sin fuerça y valor.* « Soldatz, voylà, à mon advis, les Gascons vos voysins et quasi frères. Il faut aller à eux, car s'ilz sont vaincuz, nous sommes vainqueurs, ny plus ny moins que quand un grand corps est abatu et tumbé en terre, tous ses autres membres demeurent sans force et valleur. » Voylà une grand' louange pour les Gascons, mettant toute la force de l'armée ce jour-là en eux comme en estant le vray corps, et que quasi un corps ayant esté deffait et abattu, toutes les autres forces n'avoient qu'à tenir. Je tiens ce conte de M. de Grille, brave et gallant gentilhomme provançal, qui, pour sa valleur, fut despuis fait du roy seneschal de Beaucayre, et qui estoit capitaine en chef d'une compaignée de gens de pied en ceste bataille, et qui parloit bon espaignol; car, ayant esté pris dans

Thérouanne, avoit demeuré trois ans prisonnier parmy eux.

Estant à la court d'Espaigne, au retour de la conqueste de Belys, force gallans hommes, gentilzhommes, capitaines, et autres Espaignolz qui y avoient estez, estans venus à ladite court pour faire la révérance au roy, et se faire remarquer et recognoistre pour leur voyage, je vis passer, estant dans une boutique d'un marchant, un jeune gentilhomme bizarre et fort bigarré en ses habilhemens, et force plumes en son bonnet de diverses coulleurs, monté sur un cheval d'Hespaigne, beau, avec une housse de vellours, rellevant ses moustaches à chasque pas de son cheval; enfin, faisant bien la piaffe, vray piaffeur, homme de main point autrement. Je vins demander à un capitaine qui estoit dans la boutique, marchandant avec moy, qui pouvoit estre celluy-là qui faisoit si bonne mine. Il me respondit seullement : *Es aquel que tomo el Peñon de Bellys, y nunca fue. Dexadlo ir, señor, y volar-a todos los diablos, con sus plumas, que tan mal haze del bravo.* « C'est celluy qui print le Pignon du Bellys et n'y fut jamais. Laissez-le aller et voller à tous les diables avecques ses plumes, que tant fait-il du brave mal à propos. »

J'aymerois autant d'un gentilhomme tollédan, lequel menaçoit tous les jours, qu'il s'en alloit faire un voyage aux Indes, et jamais ne partoit. Un jour, il parut avecques un chapeau tout couvert de plumes, dont il y en eut un qui rencontra ainsi sur luy : *No es posible que no salga agora este virote, pues qu'esta tan bien emplumado.* « Il n'est pas possible que ce vireton ne parte, puisqu'il est si bien emplumé; »

faisant allusion sur un vireton, ou trait d'arbaleste, qui part et descoche mieux quand il est bien empenné.

C'estoit lors un grand cas que ceste conqueste de Bellys et de son Pignon, qui estoit une haute roche où il y avoit une forteresse fort mal aisée à monter et à battre : et dedans y pouvoit avoir, quelques soixante Turcs naturelz; mais ilz s'effroyarent et s'en allarent, n'ayant tenu que trois à quatre jours. L'armée qui estoit devant estoit très belle, de plus de dix mil hommes, et de soixante-dix gallères, où commandoit don Garcie de Tollède, vice-roy de Scicille, car je la vis et y estois.

J'ay ouy raconter en Espaigne, à de vieux capitaines et soldatz espaignolz, que Gonsalle Pisarre[1], s'estant esmeu et rebellé contre l'empereur Charles, luy fit de grandes guerres civiles aux Indes, ausquelles ne fut vaincu jamais, quelque bataille qu'il ait donné ny rencontré, sinon à la dernière qu'il donna, en ayant combatu jusques à l'extrémité luy et ses gens, *no como leones, mas como verdaderos Españoles.* « Non comme lions, mais comme vrais Espaignolz; » voulant par là inférer qu'ilz estoient plus braves et hardis que lions. Et luy ne pouvant plus, et ses gens tous deffaitz, il demanda à un de ses compaignons et capitaines qui s'apelloit Jehan d'Acosta : « Que fai-

---

1. Gonzalo Pizarre était frère de François Pizarre, le conquérant du Pérou. Le 9 avril 1548, il fut défait et pris à cinq lieues de Cuzco, dans la plaine de Xaquixaguana par Pedro de la Gasca, conseiller de l'inquisition, envoyé au Pérou par Charles-Quint pour rétablir l'autorité royale. Le lendemain même il fut décapité.

« rons-nous, nous autres qui sommes restez seulz?—
« Allons-nous-en, respondit Acosta, vers la Gasça, »
qui estoit un capitaine de leur contraire party. « Al-
« lons-y donc, dist Pizarre. » *Vamos a morir, como
buenos y verdaderos christianos.* » « Allons mourir
comme vrais et bons chrestiens, » pensant estre un
acte de bon chrestien, ce dit le conte, d'aymer mieux
se rendre à son ennemy que fuir; aussi dit-on que
jamais ses ennemis ne veirent ses espaulles. Et,
voyant auprès de soy Villavicencio, il luy demanda
qu'il estoit. L'autre luy respondit *qu'era sergento
major del campo imperial*[1]. — *Y yo, soy Gonzalle
Pizaro*, respondit-il, *el desdichado*. « Et moy Gonzalle Pizarro le deffortuné, » et luy donna son espée.

Il marchoit en brave cavallier, et en contenance
royale. Il estoit monté sur un beau et puissant cheval, qui ce jour l'avoit fait ferrer de treize clous de
chasque pied, afin qu'il ne luy manquast au besoing,
armé d'une jacque de maille, et une cuyrasse fort
riche, et par dessus une cazaque de vellours, et en
sa teste bourguignotte toute d'or, qui estoit un œuvre
non moins beau que riche. Ce sergent-major fut fort
ayse d'avoir fait butin d'un tel prisonnier, et incontinant le mena devant de Gasça, qui estoit celluy qui
commandoit, qui luy demanda soudain s'il estoit
beau d'avoir esmeu et bandé tout ce royaume contre
l'empereur son souverain et maistre. Pizarre respondit : *Yo y mis hermanos, haviendo conquistado estas
tierras y paezes a nuestras cuestas, trabajos, gastos
y sangre, no havemos pensado pecar contra la Sacra*

---

1. Qu'il était sergent-major du camp impérial.

Maestud, gardandolas, y regiendo, y gobernando, como legitimos señores y conquistadores. « Moy et mes frères, ayant conquis ceste terre et le païs à nos propres coustz et despans, avec nostre travail et nostre sang, n'avons jamais pensé faillir ny pécher contre la Sacrée Magesté en les gardant et administrant comme légitimes seigneurs et conquerrans. »

Alors Gasça dist qu'on l'ostast de devant luy ; et y eurent plusieurs soldatz qui eurent chascun plus de cinq ou six mille pesantz d'or pour leur butin. Le lendemain de sa prise, il fut sententié à mort, et à estre décapité et mené sur une mulle les mains liées, et ayant une cape sur les espaulles. Il mourut en bon chrestien, par signes, sans parler un seul mot, retenant au reste avec soy un' authorité encores grande, grave façon et contenance sévère. Sa teste fut portée en la ville des roys[1], où elle fut mise sur un pillier de marbre, enfermée d'un trellis de fer, avec ce tiltre ou escriteau : *Aqui esta la cabeça del trahidor Gonzalle Pizarro, el qual dio la batalla en la valle de Xaqusaguava contra la bandera y estandarte real del Imperador su segnor, al lunes 9 de abril* 1548. « Ici est la teste du trahistre Gonzalle Pizarre, qui donna la bataille en la vallée de Xaquisaguava, contre l'estandart royal de l'empereur, son seigneur. Ce lundy 9 apvril 1548. »

Voylà la fin de Gonzalle Pizarre, qui ne fut jamais vaincu en bataille qu'il aye donné, encor qu'il en ait donné plusieurs. Diego Centeno paya au bourreau ses habillemens, qui estoient fort riches, affin qu'il

---

1. Lima appelée anciennement *Ciudad de los reyes.*

ne le despouillast point, le faisant enterrer avecqu'-
eux en la ville de Cusco, nonobstant qu'il eust esté
son grand ennemy capital. Acte beau, et certes digne, disant *que non era tratto de christiano, ny tan
poco de cavallero, injuriar y offender los muertos.*
« Que ce n'estoit traict de chrestien ny de cavallier
injurier et offancer les mortz. » Il[1] se dict de plusieurs,
et s'en voit qui ont fait ce traict à leurs ennemys,
dont Dieu les en pardonne.

Après la sentence de Pizarre, on la donna de mesmes à Francisque Caravajal, l'un de ses complices et
capitaines, à estre pendu et mis en quatre quartiers,
et sa teste mise avec celle de Pizarre, dont il dist :
Harto es, pues que no puedo morir dos vezes. « C'est
assez; je ne puis mourir deux fois[2]. »

Un[3] soldat gascon, en Piedmont, ayant esté ainsy
condemné avoir la teste coupée, comme dict Rabelais, il dict : *Cab de diou, lou cab! You donne lou
reste per un hardyt*[4]. Il dict bien un autre mot, mais
il estoit trop sallaud; et pour ce je le tays, bien

---

1. Cette phrase et le commencement de la suivante manquent dans le manuscrit.

2. Tout ce que Brantôme raconte de Gonzalo Pizarre et de F. de Caravajal est tiré soit des *Commentarios reales* de l'inca Garcilasso de la Vega, deuxième partie, liv. II, ch. XXXVI et suiv., Cordoue, 1617, in-f°, p. 200 et suiv., soit de l'*Historia del descubrimiento y conquista del Peru*, d'Augustin de Zarate, liv. VII, chap. VII et VIII.

3. Ce qui suit jusqu'à la ligne 10 de la p. 100 manque dans le manuscrit.

4. Tête-Dieu! La tête! Je donne le reste pour un hardi. — Le hardi était une monnaie de billon frappée en Guyenne et qui valait trois deniers.

qu'il fust plaisant, et mesmes estant sur le poinct de la mort.

Ainsi en dict de mesmes un pauvre Espaignol qu'on condemna estre pendu : *Harto es. Yo muerto, que me lleven a la carnicería*[1].

Un autre, ayant esté condempné par le juge d'estre pendu, il ne sceut que luy dire, sinon, d'un despit, qu'il ressembloit bien à Pilate; mais le juge respondit bien mieux : *A lo menos, no lavare mis manos, para condenar un tan gran vellaco como vos*[2].

Un autre dict aussy bien, estant condemné d'avoir les deux oreilles coupées. Ainsy que le bourreau lui eust haussé les cheveux pour les voir et les luy couper, et ne les ayant point trouvées, le bourreau luy dict en colère : *Os burlais asi de la gente?* L'autre luy respondit : *Cuerpo de tal, estoy obligado a dar orejas cada martes*[3]? Pensez que c'estoit un mardy qu'on les luy avoit coupées auparavant, et que pour cela il n'en amanda ny n'en empira son marché.

Voylà comment ces marauds se gaudissent sur le poinct de la mort. Ce ne sont pas eux seulement, mais gens de plus grande estoffe et de plus saincte vie qu'eux; ainsi qu'il advint à un *fray bernardine*[4] espaignol. Ainsy qu'il estoit sur les agonies de la mort, et qu'un sien compaignon le vint consoller et remonstrer qu'il n'en mourroit point ce coup, et que

---

1. C'est assez. Moi mort, qu'on me porte à la boucherie.
2. Au moins, je ne laverai pas mes mains pour condamner un aussi grand coquin que vous.
3. Vous moquez-vous ainsi du monde? — Corbleu! suis-je obligé de fournir des oreilles chaque mardi?
4. Moine bernardin.

pour le seur il estoit prédestiné de mourir un jour prélat, il luy respondit plaisamment : *Otro muere prelado, y yo morire pelado*[1]. Cela vouloit inférer qu'il mourroit la teste pelée et rase, comme religieux qu'il estoit, ou qu'il eust quelque maladie chaude.

Pour retourner à ce brave Caravajal, outre qu'il fut brave et vaillant en faictz, il estoit aussy subtil en motz, et surtout avecques cela très cruel, et tel que le proverbe en sortit de luy : *Mas fiero y cruel que Caravajal.*[2] La nuict paravant qu'il fut exécuté, le capitaine Centeno le fut voir. Caravanjal fit semblant, tant il estoit glorieux, de ne le cognoistre point. Quand l'autre luy eust dit s'il ne le recognoissoit pas, il respondit : *Como te podria yo conocer, que nunca te vi por la delantera, sino por la trasera*[3]*?* Quelle chasse! par laquelle luy donna entendre soubz bourre, et le picqua, que l'autre avoit tousjours fouy devant luy en tous ses combatz[4];

1. Un autre mourra prélat, et moi je mourrai pelé.
2. Plus fier et plus cruel que Caravajal.
3. Comment pourrais-je te connaître? je ne t'ai jamais vu par devant, mais seulement par derrière.
4. *Var.* La nuict avant qu'il fust exécutté, le capitaine Centeno le fut voir. Caravanjal fit semblant de ne le cognoistre point. Quand l'autre luy eut dit s'il ne le recognoyssoyt point, il respondit : *Como, te podria yo te conocer que nunca te vi que por de tras?* « Comment vous pourrois-je cognoistre que je ne vous ay jamais veu que par le derrière? » luy donnant à entendre soubz bourre et le piquant que l'autre avoit tousjours fouy devant luy. Quelle chasse! Il estoit fort subtil en telles responces, et fort brave et vaillant, mais si cruel que le proverbe en sortit : *mas fiero y cruel que Caravanjal.* « Plus cruel que Caravanjal. » (Ms. 2373, f° 157 v°.) — Brantôme a arrangé le texte de Garcilasso de la Vega, que voici : *Dixo entonces Carvajal : Por Dios,*

Chasse[1] certes aussi bonne que celle d'une dame de la court d'Espaigne, laquelle, voulant mal à un cavallier qui estoit allé en ceste dernière guerre de Grenade[2], ainsi que le bruict vint à la court qu'il estoit mort, elle dict : *No puede ser; porque los Moros no comen carne de liebre*[3]; villaine attaque pourtant pour le taxer de couardise comme le lièvre, qui fuit tousjours et ne combat jamais; ou possible pour la lèpre, car les Mores n'en mangent point pour ce subject, non plus que du pourceau et autres animaux deffendus en leur loy.

Pour parler de la cruauté de ce Caravajal, il se dict qu'il tua plus de cent hommes de sa main propre en une battaille qu'il donna. Il estoit aagé de plus de quatre-vingtz quatr' ans lorsqu'il mourut. Quel brave et vaillant vieillard ! Il fut fort dur à se confesser. Il avoit porté une enseigne en la battaille de Ravanne, et paravant avoit esté soldat du grand capitaine Gonsalve au royaume de Naples. De bon maistre bon aprentif; car ç'a esté un des meilleurs hommes de guerre qui ait jamais passé aux Indes, ce disoyt-on lors[4].

La maison de Pizarre et [celle] de Caravanjal furent

---

señor, que como siempre via vuesa merced de espaldas que agora teniendole de cara no le conocia (liv. V, ch. xxxix).

1. Ce qui suit jusqu'à la fin de l'alinéa manque dans le manuscrit.

2. En 1570.

3. Cela ne peut être; car les Mores ne mangent point de chair de lièvre.

4. Zarate, dans l'ouvrage cité plus haut (p. 98, note 2) contient (liv. V, ch. xi) de curieux détails sur lui.

du tout rasées, et dedans toutes semées de sel, avec tel escriteau : *Icy sont les maisons des traîtres Pizarre et Caravanjal.* De mon temps, que j'estois en Espaigne, leurs noms et valleurs raisonnoient encores par la bouche d'un' infinité de gens, et en racontoient de beaux et esmerveillables actes, et ne se pouvoient saouler d'assez les louer. Que c'est que de vaillance! car, qu'elle soit ou mal ou bien employée, ell' est toujours estimée, ainsi que dit le reffrain en latin : *Fama, sive bona, sive mala, fama est.* Et autres disent : *Sive bonum, sive malum fama est.* « Toute renommée, soit bien ou mal, est renommée; » ou bien, « soit bonne ou mauvaise, c'est renommée, » et mesmes quand elle part d'un cœur vaillant et généreux, et non point poltron; car enfin tout cœur généreux, qui entreprend quelque chose de grand selon soy, ne sçauroit estre autrement que fort estimé et loué, comme Machiavel en est de cet advis. Mais pourtant il est bien tousjours plus louable et plus sainct faire bien que mal; car enfin le bien est tousjours récompansé pour le bien, et mal pour le mal.

Il faut conter ceste rodomontade en fait, qui est très-belle, et pourtant incroyable : *Muchas cosas han acaescido a los Espagnoles en diversas partes, despues que, con invincibles animos, andan desplegando sus banderas quasi per todo el mundo; por las quales han merescido entre todas las naciones renombre de inmortal memoria. Y dexadas muchas que por varias historias andan celebradas, el echo solo de un soldado, el qual indignamente esta puesto en olvido, fuerça a creer quanto sea el animo y valor de la gente espagnola. Al tiempo que el marques de Pescara an-*

dava en buelto en las porfiadas guerras de Lombardia, haviendo se travada entre Franceses y Espagnoles una pelea, vino a herir una pelota a Luys de la Seña, soldado, que andava puesto en hilera en su squadron de infanteria; y no valiendo la deffensa del cosselete, le entro la pelota en el cuerpo. El animoso soldado, sentiendo que la pelota baxaba por los vazios a las tripas, apartado un poco de su ordonença, con incomparable esfuerço y osadia, saccandose un cuchillo, se hizo una pequeña abertura en la barriga, por donde (cosa que parece fabula) hizo salir la bala : y bolviendo con los dedos las tripas para dentro, con animo nunca visto, hizo con la punta del cuchillo, de una y otra parte, algunos agujeros en sus mesmas carnes, y passando por ellos la agujeta, cosio con grande constancia la abertura que havia hecho ; y buelto a su hillera, no se conocio en su semblante el martyrio que de si, con sus manos, havia hecho antes hizo; y parecia de hizo su personado entre los muy sanos, aquel que tenia el cuerpo tan mal dispuesto : hasta que de hay a poco rato lo hirieron de un arcabuzazo en la ceja, y le quebraron un ojo, por lo qual fue necesario que le sacasen del escadron. Y no con menos diligencia que admiracion curado, vino a Valladolid donde estaba el emperador don Carlos, y monstrando el testimonio de su valentia, Su Magestad le hizo merced de cien ducados de renta para siempre. « Plusieurs cas et événemens sont arrivez aux Espaignolz en beaucoup d'endroitz depuis qu'ilz vont d'un généreux courage, desployant leur bandière quasi par tout le monde ; par lesquelz ilz ont méritez sur toutes nactions le renom d'une mémoire immortelle, et en laissant plusieurs qui sont cellébrez en plusieurs et diverses histoires, l'acte d'un simple soldat, lequel par trop indignement est mis en oubly, force et contrainct à croire combien soit le courage et valeur de la gent espaignolle. Au temps que le marquis de Pescayre estoit embrouillé aux guerres opiniastres en Lombardie, s'estant attaqué entre les François et Espaignolz un combat, il y eut une balle d'arquebus qui vint à blesser Louys de la Sanna, soldat, ainsi qu'il marchoit en sa file et son ordre parmy son esquadron d'infanterie et ne luy servant la deffence du corcellet, la balle luy entra dans le corps. Le brave soldat sentant que la balle luy baissoit par le vague dans les trippes, se retirant un peu de son ordonnance, avec un cueur grand et incomparable hardyesse, tirant son cousteau se fit une petite ouverture au ventre, par où (chose qui parest fable) fit sortir la balle et avec les doigtz retournant et ressarrant les trippes par le dedans, d'un courage non jamais veu, fit encores avec la poincte du cousteau d'une et autre part deux petitz trous en forme d'œilletz dans sa mesme chair, et passant à travers d'eux un' aguillette, par une grande constance cousut et ferma l'ouverture qu'il avoit faite, et après s'en tournant à sa fille et à son ordre, il ne se cogneut en luy aucunement ny en son semblant le martyre qu'il s'estoit fait et donné avec ses propres mains, ains comme devant joua son personnage parmy les sains celluy qui avoit son corps si mal disposé et blessé, jusques à ce que de là à un peu de temps, il fut blessé d'un' harquebusade sur le sourcil qui luy rompit et créva l'œil dont luy fut nécessaire qu'on l'ostast de l'esquadron et de son rang, et fut après guéry avec autant de dilligence que d'admiration ; et estant venu à Vailledollid où estoit pour lors l'empereur Charles, s'estant présenté à luy et luy monstré tesmoignage de sa vaillance, Sa Magesté luy fit donner pour récompence cent ducatz de rente annuelle et pour tousjours. »

Je crois qu'après ce conte il ne me faut mesler d'en faire un autre de plus grande générosité espagnolle que celluy-là. Ceste rodomontade en vaut bien cent autres de parolles. Je pense qu'on ne sçauroit quel plus louer, ou ce soldat espaignol, ou M. Sceva[1], l'un des esleuz et favoris soldatz de Jules Cézar, lequel après s'estre trouvé (luy faisant service) en plusieurs battailles, rencontres et combatz en la Gaulle, et s'estre fait signaller par[2] un des vaillans et déterminez soldatz qui fussent à son armée, et venant la guerre entre luy et Pompée en ce grand combat qui se fit entr'eux deux à Durachie[3], ce soldat, après avoir heu un œil crevé, et son corps percé en six divers endroictz de part en part, et son bouclier trouvé, auquel estoient encores fichées et plantées six-vingtz flesches, en outre trouvez plus de deux cens trous de flesches qui l'avoient percé à jour, se jette (ce néanmoins) hardiment dans la mer ; et fit tant qu'il se sauva à la nage, et vint trouver son général. Encor, après avoir si bien fait, se présentant à luy desnué de ses armes (chose illicite en la millice romaine), se mit à luy crier : « Ah ! mon empereur,

---

1. M. Cesius Sceva. Voy. Valère Maxime, liv. III, ch. ii, n° 23.
2. *Par*, pour.
3. Dyrrachium, aujourd'hui Durazzo.

pardonnez-moi si j'ay perdu mes armes. » A quoy César ne fit autre esgard ny réprimande; mais le louant pardessus tout, le mit en honneur et estat de centenier.

J'ay cogneu un brave, escabreux et vaillant gentilhomme de Bretaigne, qui s'apelloit M. de Mareuil, de fort bonne maison, nourry autresfois page d'honneur du roy François premier : lequel, aagé de soixante ans, en la bataille de Dreux, ayant fait ce qu'un homme de guerre peut faire vaillamment, et y ayant esté blessé en trois endroits, l'un d'un coup de pistollet dans le bras gauche, et l'autre d'espée dans le corps au deffaut de l'arnois[1], et se sentant foible du sang qu'il rendoit, s'en vint trouver (tout sanglant qu'il estoit, tant du sang de l'ennemy que du sien) M. de Guyse, et luy dist en luy monstrant ses blessures : « Monsieur, je vous suplie me dire et
« juger si je suis encor en estat de combattre, ou de
« me retirer pour me faire penser. Que si vous me
« jugez encor bon pour retourner à la charge, et
« qu'ainsi le voulez, je m'y en vais pour m'achever :
« si non, et qu'il vous plaise me commander de
« m'aller faire penser, je m'y en vais; mais autrement
« n'yray-je point si vous ne me le commandez. —
« Ouy, respondit M. de Guyse, monsieur de Mareuil;
« je veux que vous ailliez faire penser, et le vous
« commande quand vous ne le voudriez pas. Vous
« en avez assez fait pour vostre part. » Je vis, le soir, que M. de Guyse fit le conte; et ledit sieur de Mareuil fut si bien secouru et pensé qu'il eschapa[1], et

---

1. *Arnois*, armure.

vesquit encores plus de quinze ans après, tousjours aussi brave et vaillant que jamais, et tousjours escalabroux et querelleux, et avoit tousjours quelque querelle. Encor un an advant que mourir, en eut-il une contre Saincte-Collombe le bègue, très brave et haut à la main, et vaillant; et les trouva l'on à Bloys qu'ilz s'alloient battre, sans qu'ilz furent empeschez, et puis accordez. Ce M. de Mareuil fut pour ses mérites récompancé de l'ordre Sainct-Michel, qui estoit peu de chose, car il estoit par trop commun : il méritoit de plus grands biens et grades.

Les soldatz espaignolz qui vinrent au premier voyage en France avec le prince de Parme, disoient : *Que eran todos de una voluntad, es a saber, morir o vencer.* «Ilz estoient tous d'une mesme volunté : mourir ou vaincre, » *y prestos al mandamiento de su general* (tous prestz à obéir aux commandemens de leur général); *y en su armada, con el claror de las armas de los soldados, sus rayos del sol hazia mas ilustres, de manera que con questas luzidas armas, y con las ricas cubiertas y panachos engallados, parecia una muestra de una muy florida huerta, que representava alli la orgulleza del coraçon, y dava señal en los colorados rostros, tanto que, solo con el aspecto, ponian furor, y manifestavan a los enemigos el peligro tan cerca que sus presencias.* «Et en son armée avec la clairté des armes des soldatz, le soleil en monstroit ses rayons plus clairs et plus illustres, de mode qu'elle se parcssoit avec leurs riches couvertures et casaques de gendarmes et leurs braves penaches pendillans une monstre d'un jardin bien fleury qui là représentoit l'orgueil du cueur, et donnoit signal aux visages collorez tant et tant que, avec le seul regard, ilz donnoient fureur et manifestoient aux ennemis le péril aussi près d'eux comme leur présence. » Voylà de beaux motz certes, et surtout les deux derniers.

Un soldat espaignol, me louant une fois le roy d'Espaigne, me dist : *Ninguno ay en nuestros tiempos entre los principes christianos y moros, a quien se deva acatamiento y obediencia, como al catholico rey d'Espagna, mi señor, cuyos notables hechos, subidos hasta las estrellas, oscurecen los de los emperadores. Y no es menester que lo diga : diganlo los reynos y reyes del vencidos, digalo todo el mondo.* « Il n'y a point en nostre temps, entre les princes chrestiens et Mores, roy à qui l'on doive porter plus d'honneur, de respect et obéissance qu'au roy catholique, mon maistre; les faitz notables duquel, montez jusqu'aux estoilles, obscurcissent ceux là des empereurs sans qu'il soit besoing que je le die, que les roys et royaumes par luy subjuguez et vaincuz le disent; voire le dise mesmes tout le monde. »

Le duc d'Albe, celluy qui conquesta le royaume de Navarre pour Ferdinant, estant prest d'estre assiégé dans Pampelune par le roy Jehan de Navarre, assisté des forces françoises que le roy Louÿs XII luy avoit envoyé, conduictes par M. d'Angoulesme, jeune prince, despuis roy François, et de M. de La Pallice, les habitans dudict Pampellonne luy ayant remonstré le peu de force qu'il avoit léans pour faire teste à une si grande armée, il leur respondit que : *A un mas gente desseava el que se fuessen, porque mas honra a los pocos quedava. Los Pamponeses, acordando se poco d'esta honra, dixeron :* « *Mas la honra sin gente mal se gana.*[1] » « Qu'il ne desiroit qu'il y eust d'avantage de gens, pource que plus grand'gloire demeureroit au petit nombre qui leur fairoit teste, mais ceux de Pampellonne ne se soucians de cest honneur, luy respondirent que voluntiers ceste gloire mal s'acquiert sans gens. » Respondu bien, certes, pour ceux qui veulent jouer leur jeu au plus seur, et au proffit du mesnage[2] de l'honneur. Pélopidas dist bien autrement, lorsqu'il voulut aller contre Allexandre le tyran : on luy vint dire comme l'on avoit recogneu ses forces, et qu'il y avoit grand nombre de gens montant bien plus que les siens. Il respondit seulement : « Tant plus ilz seront, tant plus nous en tuerons[3]. » Celluy-là avoit l'esprit tandu plus au carnage qu'à l'honneur ; non pas comme un capitaine espaignol disoit : *Que adonde hay mas afrenta, alli mas honra se gana.* « Là où il y a plus d'hasard et d'affront[4], là plus de gloire s'acquiert. » Je croys l'avoir dit ailleurs

Un capitaine espaignol, petit, fort d'estature, luy estant fait la guerre de sa pettitesse, il respondit : *En los cuerpos pequeños se ensierra un grande y fuerte coraçon; porque la natura aquello que falto en el cuerpo, puso en la virtud del animo.* « Dans les

---

1. Ceci est tiré (p. 199) de la *Conquista de Navarra* dont il est question plus bas, p. 111, note 4. Le duc d'Albe est Frédéric de Tolède, dont Brantôme a parlé, t. I, p. 129.

2. *Mesnage*, épargne.

3. Plutarque, *Vie de Pélopidas*, ch. LVIII. — Il s'agit d'Alexandre, tyran de Phères.

4. *Affront*, c'est-à-dire d'obstacles, de dangers à affronter.

corps des petitz s'enserre un grand et fort courage, parce que la nature a mis cela qui se faut au corps en la vertu de l'esprit et de l'âme. »

Un autre disoit pourquoy il bravoit tant, estant si petit, et n'avoit tant de quoy à braver. Il respondit : *Hombre chiquito, si no brava, no vale nada.* « Un homme petit, s'il ne brave, il ne vaut rien. » Comme de vray j'en ay veu un' infinité de petitz hommes, n'ayans pas bien de quoy à payer leur homme : autrement, vous les voyez estandre sur la poincte des piedz, ayans leurs gentes[1] mules, ou, pour mieux dire, leurs eschasses de liége, ainsi que j'en ay veu plusieurs se hausser le plus qu'ilz peuvent, et se gehenner en leurs postures, affin qu'ilz puissent mieux braver et faire la piaffe. Enfin ce sont des mirmidons targués[2] pour faire la guerre aux grues; ou voudroient fort estre toujours montez sur des cluchiers[3] pour parler de plus haut. Voylà comment les petites gens ne se contentent point de leurs pettitesses, mais souhaitent toujours estre grands. Si est-ce que ce n'est pas le meilheur que d'estre si grand extravagamment; car j'ay veu force de ces grands n'estre pas plus habiles que les petitz, voire très badautz et fadatz[4] de nature et d'art, ny plus vaillans non plus, mais très poltrons; et outre, l'on les vise mieux à la guerre, et, qui plus est, sont fort subgetz à avoir les jarretz coupez, qui y veut tirer : ainsi qu'il

---

1. *Gentes*, gentilles.
2. *Targués*, targés, couverts de targe (bouclier).
3. *Cluchiers*, clochers.
4. *Fadat*, sot.

se dit et se list¹ que lorsque le grand sultan Soliman
fut à Hongrie et à Vienne², fut pris dans une forteresse
un soldat lansquenet de si extrême auteur³, qu'on le
tenoit pour un géant et pour un miracle de nature, si bien que l'on en fit un présent au grand Sol-
liman, pensant qu'il s'en deust servir à sa garde.
Mais, au lieu de cela, il en tira son plaisir par une
barbare cruauté; car il le fit attacher par les bras et
les piedz, et le fit mettre tout debout en une salle
pour combattre en estaquade contre un petit nain
qu'on luy avoit donné, et qu'il avoit en délices. Ce
petit nain estoit armé de son espée, qui demeura
plus d'un' heure à tuer ce géant, tant il avoit peu de
force et assenoit si mal ses coups, ores luy donnant
sur le corps comme il se pouvoit hausser, ores sur
les cuisses, ores sur les jarretz, le paouvre géant pa-
rant aux coups au mieux qu'il pouvoit et esquivant.
Enfin il tumba par terre, et ce nain le paracheva
comme il peut : et ainsi en donna le plaisir à Soliman, et à aucuns bachas et grands de sa court. Il y
pouvoit avoir du plaisir pour ceux qui sont barbares
et cruelz, et de la risée, mais nullement pour nous
autres qui sommes chrestiens. Je croys que les Romains n'exibarent jamais un tel passe-temps.

J'ay leu dans un livre espaignol, qui se nomme *La
Conquista de Navarra*⁴, que le roy Jehan de Navarre

1. C'est P. Jove qui raconte le fait au commencement du
XL*e* livre de son Histoire.
2. En 1541. — 3. *Auteur*, hauteur.
4. *La Conquista del reyno de Navarra*, par Luys Correa, Tolède, 1513, in-f°, goth. Ce livre fort rare, que Brantôme a déjà
cité (t. I, p. 130), a été réimprimé à Pampelune en 1843, in-8°,

ayant envoyé un héraut vers les ducz d'Albe et de Nagere, tous deux généraux de l'armée (ce qui n'est pas le meilleur, *porque una hueste gobernada de dos soberanos capitanes, nunca bien se conserva* [1], « parce qu'une armée gouvernée par deux généraux jamais bien se conserve) », pour demander bataille auprès de Pampellonne, ilz respondirent *que alli no la querian dar, mas en los razos campos de Bordeos, adonde aderessaban sus caminos, para conquistar toda la Guyenna* [2]. « Que là ilz ne la vouloient donner, mais aux plaines rases de Bourdeaux, là où ilz adressoient leurs pieds et chemin pour conquérir toute la Guyenne. » Ce qu'ilz ne firent et ne tindrent, car l'obstacle estoit trop grand : aussi ne le voulloient-ilz entreprendre, mais il falloit qu'ilz fissent ceste bravade.

Après la bataille de Sainct-Quantin, les Espaignolz disoient : *Este dia perdieron los Franceses el nombre que Tito Livio les da, diziendo :* « *Galli sunt gloria belli.* » « Ce jour, les François perdirent le nom

---

par les soins de Don Jose Yanguas y Miranda, sous le titre de *Historia de la Conquista del reino de Navarra por el duque de Alba.... escrita por Luis Correa.* — Nous n'avons pu nous procurer que cette réimpression.

1. Por dó consta que nunca, hueste gobernada de dos soberanos capitanes se pudo conservar (*Conquista de Navarra*, p. 235).

2. A cette rodomontade Brantôme a ajouté la gasconnade qui suit et qui est de son cru ; car voici le texte du chroniqueur : El duque de Nájara,.... respondió que él era muy contento de les dar la batalla ; que esperasen porque parecia estar de camino y que, no solo alli, mas en los rasos campos de Burdeos se la presentaria. El rey de armas respondió que si la habian de dar fuese luego, porque no podian mas esperar : esto diciendo se fué (*Conquista de Navarra*, p. 241).

que Tite Live leur donne, disant que les Gaulois sont l'honneur de la guerre. » Ilz ne s'en doivent point mocquer, parce comm' eux-mesmes disent, *las cosas de la guerra van mal al tiempo que mas sin pensarlo estan.* « Les choses de la guerre vont mal au temps que, sans penser, elles sont.[1] »

Lorsque l'empereur arriva devant Metz, y ayant envoyé auparavant son armée, ceux de son camp cellébrarent son arrivée par de grands feuz, salves et autres grands signalz de joye. Ceux de dedans, de leur costé, estans en cervelle de ceste venue, et qu'à ce premier abord on leur pourroit préparer quelque fricassée, firent aussi par toute la ville allumer des chandelles aux fenestres, et allumer feuz sur leurs rempartz; de sorte que les Espaignolz disoient : *Que era cosa maravillosa de los fuegos, y luminarias, y hachas, queran en la ciudad, de manera que parecia cosa encantada. No menos el real del emperador era visto claro y radiante de la mucha lumbre de fuegos, que parecia otro cielo estrellado.* « C'estoit une chose esmerveillable du feu et luminaires et torches qui estoient en la ville, si bien qu'elle paressoit une chose enchantée, ny plus ny moins le camp de l'empereur estoit veu si clair et radiant de la grand' quantité de feuz qu'il paressoit un autre ciel estoillé. »

Estant le duc d'Albe assiégé dans Pampellonne par le roy Jehan et M. de La Pallice[2], et attandant l'as-

---

1. C'est-à-dire : les choses de la guerre vont mal au moment où l'on y pense le moins.
2. En 1512.

saut, entre autres parolles qu'il prononça en son harangue, exortant les siens, il dist celle-cy[1] : *Bien creo, cavalleros, que no podre crecer vuestro esfuerzo con mis palabras, y tambien soy cierto que la vista de la batalla nos porna miedo. Aquello que muchas vezes deseastes haves hallado, que es veros con vuestros enemigos, y no solo vuestros, mas de Dios. Todo lo que a mi es dado de proveer con mucha diligencia lo he hecho; lo demas en la virtud de vuestros coraçones y fortaleza de braços esta : ruegoos que acordes del nombre de España, que nunca supo ser vencida. Y si me quereis responder, que de eso no se pueden alabar los Españoles, que estan sus vanderas en poder de sus enemigos, despues del dia de la batalla de Ravanna*[2] *yo asi os lo confieso : mas mirad que tan sangrienta vitoria tuvieron, que los mismos Francezes confiesan que pluguieria á Dios que ellos fueran los vincidos, porque non tuvieran la vitoria tan llorosa, Acordad vos que en la tierra que debajo de vuestros pies hollais, el rey Carlo Magno fué vencido y desbaratado, con muerte de sus doze pares. Dezia el rey nuestro don Alonzo el Casto, ques mas gloria es de conservar lo adquirido, que ganar grandes tierras, aquellas no podiendo sostener. Y porque a los virtuosos, mostrandoles el peligro, mas les crece el esfuerzo, os hago saber, que estais sentenciados por los Franceses á perder las vidas sin ninguna merced. Ruegoos que asi las vendais, que primero vuestros matadores,*

---

1. Ce discours est tiré textuellement de la *Conquista de Navarra*, p. 214-215.

2. Les huit mots qui précèdent ont été ajoutés par Brantôme.

*que vuestra sangre, caya en el suelo. Y, porque veo
ya las vanderas de los enemigos acercarse, os encargo
que saqueis de vergüenza el nombre y gloria de vuestra
España.* « Cavailliers, je croy très bien que je ne
vous sçaurois croistre le courage par parolles, et aussi
je suis très assuré que la veue de la bataille ou
assaut qui se prépare pour venir à vous ne vous peut
donner aucune craincte ; ce que vous avez tant desiré,
vous l'avez trouvé, qu'est de voir et venir aux mains
avec vos ennemys. Tout ce qui touche à ma charge et
mon estat de pourvoir avec grande dilligence, je l'ay
fait. De [ce] qui reste, il gist en vos valleurs et de vos
bras. Je vous prie que vous vous souvenez du nom d'Espaigne, laquelle ne sceut jamais que c'est que d'estre
vaincue ; et si vous me respondez que de cela les Espaignolz ne s'en peuvent louer, puis[1] leurs enseignes
et drapeaux sont encor entre les mains des François
despuis le jour de la bataille de Ravanne, certes je le
vous confesse ; mais voyez aussi que ç'a esté une si
sanglante victoire, que les mesmes François confessent qu'il eust pleu à Dieu qu'ilz fussent estez vaincuz,
pour avoir eu une victoire si luctueuse et plorable[2].
Souvenez-vous qu'en ceste mesme terre que vous
foulez de vos piedz, ce grand Charlemaigne fut vaincu et deffait avec ses douze pairs. Nostre don Alphon-
ce le Chaste[3] souloit dire que mieux valloit et y avoit
plus de gloire de conserver le sien et son acquis que

---

1. *Puis*, puisque.
2. *Luctueuse*, pleine de deuil, *luctuosa*. — *Plorable*, affligeante, *plorabilis*.
3. Alphonse II, roi des Asturies, mort en 842.

de conquérir grandes terres et ne les sçavoir soustenir ny garder, et parce qu'aux braves et valleureux leur monstrant le péril, le cœur leur croist, je vous faitz asçavoir que vous estes tous sententiez et condempnez par les François à perdre les vies, sans aucune grâce ny mercy. Je vous prie que vous les leur vandez si bien que vos tueurs tumbent plustost en terre que vostre sang ; et parce que je vois les enseignes des ennemis s'aprocher, je vous encharge que vous exemptiez de toute honte le nom et la gloire d'Espaigne. »

Voylà de beaux motz et [de] grand poix, encores qu'ilz soient courtz. Aussi un chef de guerre ne se doit jamais amuser aux grandes harangues, lorsqu'on est prest à venir aux mains : les effectz y sont plus propres; ainsi que faisoit ce grand capitaine Jules César, lequel, sur le poinct du combat, n'emploioit le temps en grandes et longues concions, comme nous voyons en ses Commantaires, qui parloit si briefvement, et en gallant soldat et capitaine à ses gens. Ce brave Catillina, dans Saluste[1], lorsqu'il falut donner sa bataille, triumpha de bien dire et courtement en peu de motz, qui portarent si grand poix que les soldatz, de ce esmeuz, tous moururent en le mesme champ de bataille qu'ilz avoient choysi, sans en bouger le pied. J'ay veu beaucoup de grands capitaines qui se sont mocquez, comme M. le mareschal Estrozze, ainsi que j'ay ouy dire à un de ses capitaines, de leurs compaignons grands harangueurs, principallement en telles besoignes si has-

---

1. Voyez Salluste, *Catilina*, ch. LVIII.

tives et preignantes ¹. Il est bien vray que les consulz romains s'en sont meslez bien fort, comme nous lisons en nos histoires, et mesmes en Tite Live : mais c'estoit longtemps devant qu'ilz commançassent leur combat qu'ilz harangoient, [et] se préparoient de bonn' heure, car telle estoit la coustume : autrement le mistère n'en eust rien valu. Mais lorsque se venoit à enfoncer sans marchander, s'ilz se fussent mis sur leurs beaus dyres et discours millitaires, ce fussent estez de vrais fatz; et se fussent trouvez les ennemis sur les bras, de telle façon qu'ilz n'eussent eu loysir de songer en eux, ny se recognoistre, ny leur ordre, ny leur place de bataille; et si n'eussent jamais fait de si beaux exploitz de guerres et gaigné tant de batailles, et fussent estez ainsi sottement deffaitz. Voilà pourquoy les grands capitaines, s'ilz se veulent fonder sur les grandz araisonnemens que l'Espaignol appelle *razonamientos*, faut que ce soit la vigille de la bataille, lorsqu'on l'attant, ou un' heure ou deux devant la bataille, mais non point sur le poinct du choc, lequel ne demande que les plus courtes et briefves parolles. Guichardin s'est voulu mesler d'imiter Tite Live en ses harangues millitaires. Entre autres, il en fait une par trop prollixe ² que fit M. de Nemours prest à donner la bataille de Ravanne, qui certes est des plus belles et des plus dignes, pour animer ses soldatz, comme ilz furent : mais il est à présumer qu'il abrégea bien autrement son dire ; car là il estoit question promptement de venir aux mains aussitost qu'ilz

---

1. *Preignantes*, pressantes.
2. Voyez Guichardin, liv. X, ch. IV.

eurent passé le canal. Polo Jovio s'est aussi ainsi fort amusé à descrire plusieurs longues harangues. Enfin plusieurs, ou la pluspart des histhoriographes, en ont fait de mesmes, desquelles Belleforest a esté curieux d'en faire une recherche et un recueil bien gros, dont nous en voyons le livre [1]. Celluy qui a fait nostre *Histhoire de France* [2] fait M. de Guyse et M. l'Admiral haranguant en la bataille de Dreux si prolixement, qu'il n'en est rien. Je vis parler M. de Guyse, mais peu et bon. Quand à M. l'admiral, il n'eut guières loysir d'haranguer si longuement, et mesmes en la dernière charge qui se fit. Or, à ce que j'ay ouy dire que M. le mareschal Estrozze disoit, ç'a esté plustost la grand' vanité des histhoriographes qui les y a poussez et fait ainsi trouver, excogiter et mettre par escrit ces grandes et longues harangues; lesquelz, plains de vent et gloire, vouloient illustrer leur histoire et la rendre plus belle par ces grandes superfluitez de parolles. D'autres paouvres fatz et sotz pensoient que leur histoire seroit manque et haire [3], si elle n'estoit décorée et allongée d'une grand' crue et suite de motz. Pour fin, en matière de combatz, il n'y a que les briefves harangues; ainsi que fit ce brave M. de Guyse le Grand, le jour qu'il pensoit avoir l'assaut à Metz, que M. de Ronsard a mis en

---

1. *Harangues militaires et concions de princes, capitaines ambassadeurs, etc.*, 1588, in-f°.

2. Il s'agit de l'*Histoire de France depuis* 1550, de Fr. de la Popelinière. Au livre IX, dans le récit de la bataille de Dreux, on trouve en effet de longues harangues de Montmorency, de Guise, de Coligny, de Condé (éd. 1581, t. I, f°s 346 et suiv.).

3. Fautive et maigre.

vers. Et ne fut si longue pourtant comme la fait M. de Ronsard[1], ainsi que j'ay ouy dire à ceux qui l'ouïrent et y estoient; et si l'original valloit mieux que la copie. Et fut une chose très-belle de la luy ouyr prononcer; car, outre qu'il avoit la grâce belle si jamais capitaine l'eut, il avoit l'éloquance millitaire très grande, comme j'espère en dire quelques-unes des siennes, par un chapitre que je veux faire d'une centaine d'harangues millitaires, très-courtes, tant de nostre temps que d'autres[2]. Cependant je laisse ce discours; car, comme dit l'Espaignol, *otras vacas tengo a guardar, y otras ovejas a trasquilar*[3], et que je veux encor reprendre les parolles de ce grand duc d'Albe[4], par lesquelles il ne déguise point aux siens d'avoir esté vaincu à Ravanne; mais pourtant il ravalle fort cesté victoire pour nous. Toutesfois, quoy qu'il die, luy et autres Espaignolz, elle fut grande et très signallée pour nous, sanglante pour eux, et puis nous rapporta du malheur par la perte de ce qu'avions conquis en Italie et à Milan. Les Espaignolz ont cela de bon, qu'ilz ne se confessent jamais vaincus ny battus, et ramènent tout à leur gloire; ainsy que fit ce grand duc d'Albe dernier en Flandres, en une harangue qu'il adressa à son armée, et principallement à ses soldats espaignolz quelques jours

---

1. Brantôme en a déjà parlé. Voyez t. IV, p. 192, note 2.
2. On ne possède que trois de ces harangues, savoir : de César, de Pompée et de Cléopâtre.
3. J'ai d'autres vaches à garder et d'autres brebis à tondre. — Ce qui suit jusqu'à p. 121, lig. 28, *un soldat espagnol*, manque dans le manuscrit.
4. Voyez plus haut, p. 114.

avant qu'il pensoit donner la bataille au prince d'Orange[1], près la rivière de Meuse, qui avoit amené une si grand' armée contre luy pour le combattre; mais le tout s'en alla en fumée, par la providence et sage conduicte de ce grand capitaine, qui le fit retirer avecques sa grand' honte en Allemaigne; de quoy j'en parle ailleurs. Ce grand duc donc va rementevoir à ses Espaignolz de bout à autre tous les beaux exploictz qu'ilz ont faictz depuis cent ans, et met tout en ligne de compte et de gloire, aussy battus et vaincus que vainqueurs. Et cela m'a conté un soldat françois espaignolisé qui estoit lors parmy les bandes espaignolles, qui entendoit le tout. Ce grand duc donc premièrement parle des grandes guerres qu'ilz ont faictes au royaume de Naples, soubs le grand capitaine Gonzalvo, Raymond de Cardone, de la bataille de Ravanne, bien qu'elle leur fust désastreuse; parle de ceste grand' conqueste des Indes, qu'il leur met devant les yeux, faicte par Hernando Cortès et Francisco Pizzare, qu'il nomme tous les deux par ces mots : *la honra de la milicia española*[2]; raconte le beau combat qu'ilz ont rendu en Italie soubz ce vaillant marquis de Pescaire et Anthoyne de Lève, et M. de Bourbon en la prise de Rome; les sièges de Naples et de Florence soubz Filibert le prince d'Orange; le lèvement du siège de Vienne, et la chasse et fuite du sultan Solyman; la conqueste de la Gollette, de Thunis et de Clèves; les voyages de la Provence, d'Alger et de Landrecy, où il ne fit trop bien ses affaires; la guerre d'Allemaigne, qui fut

1. En 1568. — 2. L'honneur de la milice espagnole.

belle celle-là, où l'empereur acquist grande gloire ; les guerres de Piedmont, de Parme et de Sienne ; (il ne gaigna rien aux deux premières, tesmoings la bataille de Cérizolles et la conqueste de Piedmont, comme j'en parle ailleurs ; Sienne fut gaignée, mais elle leur cousta bon) ; puis le siège de Metz, qui leur fut très malheureux ; n'oublie le voyage de M. de Guyse, et la rompure[1] de son desseing ; et puis vient finir sur les deux batailles de Sainct-Quentin et Gravelines, qui contraindrent le roy Henry (n'en pouvant plus) à demander la paix. Il s'en faut[2] les prises de Calais, de Guysnes, de Théonville, et le camp d'Amiens, où le roy, estant en personne, présenta cent fois la bataille au roy d'Espaigne, mais point de nouvelles. Enfin il en conta prou, sans s'oublier aussi, et se disant, estant lieutenant plusieurs fois de l'empereur Charles, estre vray tesmoing de leur valeur. Ceste vanterie pour luy et pour ses soldatz est excusable, autrement le vent espaignol n'auroit point de lieu. Ainsi en ceste harangue il imita quasy son oncle le conquesteur de Navarre, que je viens de dire, qu'aucuns ont voulu croire avoir esté son père ; mais cela est faux, car son père fut don Garcie de Tolède, qui mourut aux Gerbes contre les Mores, en la fleur de son aage, y ayant esté envoyé avec dom Pedro de Navarre, lieutenant du roy Ferdinand en l'armée qu'il y envoya en M. D. X.

Un soldat espaignol ayant apellé un seigneur italien en combat, l'Italien luy fit responce que, d'au-

---

1. *Rompure*, rupture. — 2. *Il s'en faut*, il y manque.

tant qu'il n'estoit son pareil de lignage, il luy envoyeroit son vallet pour le combattre. Le soldat luy répliqua : *Yo lo otorgo, porque, por muy ruin que sea, sera mejor que vos.* « Je l'accepte, car quelque meschant et chétif qu'il soit, il sera meilleur que vous. »

Il s'en dit de mesme d'un gentilhomme françois qui reffusa ainsi le combat à un qui n'estoit de si bonne maison que luy, mais qu'il luy envoyeroit un de ses valletz. L'autre respondit : « Je l'en aymerois
« mieux, car il ne m'en sçauroit envoyer pas un des
« siens qui ne soit plus homme de bien et de valleur
« que luy; et par ainsi en combatant le vallet j'ac-
« querray plus d'honneur qu'à combatre le maistre. »

Un seigneur de Castille fit bien mieux. D'autant qu'en Castille, pour faire camp, il faut que les deux parties soient esgalles en lignage, et, parce que sa partie estoit fort inférieure à luy, il dist : *Dezid a tal que me hago de tan ruyn linage como el, y que se salga a matar comigo a tal parte?* « Dites à un tel que pour cest' heure, je me fais d'aussi mauvais et bas lignage que luy, et, pour ce, qu'il vienne en telle part se tuer contre moy. »

Il y en a force grands qui ont fait de telz traictz, qui se sont desmis pour un' heure de leurs dignitez, charges, gardes et ordres, pour combatre leurs inférieurs, à quoy ilz ont plus d'honneur que de s'ayder de telles cuyrasses poltronnes. J'en ay faict un beau discours ailleurs[1].

Les Portugais avoient de coustume de cellébrer tous les ans la grand' feste du jour que fut donnée

---

1. Voyez le *Discours sur les Duels*, t. VI, p. 465 et suiv.

la bataille d'Aljuvarota[1]. Par cas, un cordellier ce jour estant venu baiser les mains du roy, qui en célébroit la feste, dist au cordellier : *Que os parece de nuestra fiesta? Celebranse en Castilla tales fiestas por semejantes vencimientos?* Le cordeillier respondit : *No se hazen, porque son tantas las victorias nuestras que cada dia seria fiesta, y moririan los oficiales de hambre.* « Que vous semble de nostre feste? En Castille s'en célèbre-il de telles pour telles victoires? » — L'autre luy respondit : « Non, il ne s'en fait point de telles, d'autant que nos victoires sont en si grand nombre que tous les jours il seroit feste, et les artizans mourroient de fain. » Voylà une rodomontade d'un moyne aussi belle que soldat ou homme de guerre eust sceu dire.

A[2] cela au bout de quelque temps, un cordellier portugais la rendit bonne, fust au mesmes cordellier, ou à un autre qui fust qui en parlast; car en preschant un tel jour de l'an que celuy-là que ceste bataille fut donnée, il dist en ces mesmes mots à son sermon, en représentant la bataille (comme telz prescheurs font souvent quand ilz extravaguent de leur thême) : *Nosotros christianos, estabamos de un cabo del rio, y los Castellanos de la otra parte*[3]. Quelle attacque fratresque[4] !

---

1. Aljuvarota, ville du Portugal, dans l'Estramadure, près de laquelle en 1385 Jean Ier, roi de Portugal, remporta une victoire décisive sur Jean Ier, roi de Castille.

2. Les deux alinéas qui suivent manquent dans le manuscrit.

3. Nous autres chrétiens, nous étions d'un côté de la rivière, et les Castillans de l'autre.

4. *Fratresque*, de moine.

De tout temps les Portugais et les Castillans ne se sont guière aymez, comme je le cogneus une fois, moy estant à Lisbonne, et entré dans la boutique d'un marchand de soie pour y achepter quelque étoffe ; et d'autant que je parlois bon castillan, je demande à une jeune fille qui gardoit la boutique où estoit le maistre. Elle l'appella soudain, et dit me prenant pour Castillan : *Aqui esta un Castellano que pregunta por ti*[1]. Luy, se courrouçant contre elle, luy dit, après m'avoir cogneu pour François : *Vellaca, mal criada, a un hombre como este, no tienes verguenza de llamarle Castellano*[2] ? A ceste heure, despuis que le roy d'Espaigne a mis le royaume de Portugal entre ses mains, ilz sont grandz confédérez et amys ; mais c'est par force.

Le combat qui fut au royaume de Naples, entre douze gentilzhommes françois et douze cavalliers espaignolz, demeura fort douteux sur la victoire. Après qu'il fut finy, le grand capitaine, après qu'il eust envoyé les siens pour bien choysis, demanda à celluy qui en avoit porté les nouvelles comment estoit allé l'affaire. L'autre, parlant ambiguement, ne luy respondit que : *Señor, los nuestros vinieron a nos por buenos*. Le grand capitaine respondit : *Por mejores os avia yo embiado*. « Les nostres sont tournez à nous pour bons. » Le grand capitain respondit : « Je les y avois envoyez pour meilleurs. » Comme voulant dire qu'il les avoit envoyez pour très bons

---

1. Voilà un Castillan qui vous demande.
2. Coquine, mal-apprise, n'as-tu point de honte d'appeler Castillan un homme comme celui-ci ?

et très bien choisis, et pour faire mieux qu'ilz ne firent. Là on peut cognoistre que les nostres n'y furent pas tous desconfitz, comme aucuns anciens estrangiers et historiographes en ont parlé; mais il leur faut pardonner pour vouloir mal à nostre naction. Mais qui lira le roman de M. de Bayard, trouvera bien que nos François y firent mieux que les Espaignolz, encor que lesditz Espaignolz s'advisarent de donner aux chevaux du commancement, tenant la maxime : *Muerto el cavallo, perdido l'hombre d'armas*[1]. M. de Bayard acquist là une très grande gloire.

Lorsque les François perdirent le royaume de Naples, et M. d'Aubigny leur général avec eux, le grand capitan leur fit tous les honnestes traictemens et condictions qu'il fut possible, et leur donna toutes choses nécessaires, et chevaux pour les emmener. M. d'Aubigny voulant braver, encor qu'il fust vaincu, pria le grand capitan qu'il les accommodast au moins de bons et forts chevaux pour retourner. Le grand capitant, interprettant le mot *retourner* pour revenir à la guerre et retourner au païs pour la faire et renouveller, luy respondit : *Torna en buen hora, quando quisieredes; que siempre hallareys en mi la misma liberalidad que hasta aqui.* « Tournez hardiment quand vous voudrez; que toujours en moy trouverez la mesme libérallité qu'avez fait jusques icy. » Bonne et belle responce certes d'un tel capitaine et si courtois, et piquante doucement.

---

1. Le cheval mort, le cavalier est perdu. — Brantôme a déjà cité plus d'une fois ce proverbe ainsi que ce combat de Bayard. (Voy. le *Loyal serviteur*, ch. XXIII.)

Durant le siège de Parpignan[1], non pas de ce dernier, il y eut le marquis de Cenette[2] qui demanda un coup de lance; et voyant que de là à peu deux cavalliers sortirent ainsi que le dit marquis se retiroit, et luy, les voyant, voulut à eux retourner, dont il y eut son escuyer qui luy dist : *No buelva V. S. que yo ire, y deribare uno de aquellos, y V. S. llegara a cortarle la cabeça. Respondio el marques : Antes yo quiero yr, y deribarle he yo; y llegareys vos despues, y bezar le heys en el rabo.* « Vostre Seigneurie n'y aille point. Mais laissez-moy faire, je m'y en vois en abattre un d'eux, et vous viendrez après et luy couperez la teste. » A qui respondit le marquis : « J'ayme mieux y aller devant et en abatre un, et vous viendrez après, et luy baiserez le cul. » Il fut bien employé de faire une telle responce à ce brave.

En quoy j'en ay veu en ma vie de telz braves fatz que celluy-là, qui veullent faire ainsi des vaillans et disent : « Monsieur, n'allez pas là; il y fait dange-
« reux : laissez-m'y aller, et ne bougez d'icy. » Et Dieu sçait, quelque bonne myne qu'ilz fassent et parolles qu'ilz disent, ilz se conchient. Il leur faudroit dire ce que dist le grand capitan à un autre qui luy tenoit mesme propos : *Si no tengo miedo, porque quereys me la meter en el cuerpo?* « Si je n'ay point de peur, pourquoy me la voulez-vous mettre

---

1. Perpignan fut assiégé inutilement par le dauphin Henri en 1542. C'est de ce siége dont parle Brantôme. Celui qu'il appelle le dernier eut lieu en 1597 où la ville fut attaquée par Ornano.

2. Est-ce le marquis de Cenette, comte de Nasaolte, à qui Guevarra a adressé une de ses lettres (liv. II)?

dans le corps? » Et comme dist un grand capitaine des nostres à un gallant que je sçay : « Pourquoy « me voulez-vous faire poltron, moy qui ne le suis « point, et vous, vous faire hardy et asseuré qui ne « l'estes point? »

Un capitaine espaignol combattant en estaquade contre un autre, et luy ayant coupé un bras et un jarret, dont il tumba par terre, luy dist : « Rendz-« toy, autrement je te couperay la teste. » L'autre luy respondit : *Hazed lo que quisierades, que aunque me falta el braço para pelear, sobrame el coraçon para morir.* « Faites ce que vous voudrez; car encor que le bras me deffaut pour combattre, il me reste un brave cœur pour mourir. » Disant souvent ce mot : *Muera la vida, y la fama siempre viva*[1].

Un[2] soldat espaignol ayant, en un deffy, mis son ennemy en un tel point blessé qu'il n'en pouvoit plus, si bien qu'en lieu de luy demander la vie il luy demanda la mort, et le pria de la luy donner, l'autre ne le voulut; mais l'estropia très-bien de bras et de jambes, pour deux raisons dict-il : *La una, porque mas penas [tengas] en vivir; y la otra, porque puedas dar razon de quien te herio, y te dio tales cuchilladas*[3]. Comme de vray, ce fut à ce pauvre diable un grand crève-cœur de se voir ainsi vivre estropié de son ennemy, et n'en pouvoir tirer raison. La mort fust esté cent fois plus souhaictable.

Un autre voyant braver un gallant de parolles et

1. La vie meurt, et la renommée vit toujours.
2. Les deux alinéas suivants manquent dans le manuscrit.
3. L'une, pour que tu souffres plus en vivant ; l'autre, pour que tu puisses dire qui t'a blessé et t'a donné de tels coups.

rodomontades, il dict seulement que : *Calla, cabeza de soberbio, que ella basta a hacerte morir*[1].

Un capitaine espaignol, tournant des guerres d'Itallie, et en racontant merveilles de ses vaillances en une table, son page qui estoit derrière, tout froidement luy dist en lui ostant le bonnet[2] : *Supplico a V. M. me de licencia para que lo crea.* « Je vous prie que vous me donniez congé pour le croire. »

Un[3] paouvre demandant l'aumosne à un soldat pour l'honneur de Dieu, et qu'il prieroit Dieu pour luy, l'autre mettant la main à la bource luy donna un réal : *Toma, dixo el, y ruega por ti, que no quiero prestar a usura.* « Tenez, [dit-il,] priez Dieu pour vous, car je ne veux pas prester à usure. » Quel bon compagnon voylà ! Il ne se soucioit guières des prières d'autruy.

Un[4] soldat espaignol, estant tourné en sa patrie, et se vantant en bonne compagnie qu'il avoit veu tout le monde, il y en eut un qui, relevant ce mot, luy dict : *Puede ser que V. M. ha ya estado en Cosmografia*[5]. L'autre luy respondit, fust à escient, ou pensant que ce fust quelque grande région ou cité : *Señor, llegamos a vista de ella : pero dexamosla a mano derecha, porque ibamos de priesa*[6]. Quel gal-

---

1. Tais-toi, tête d'orgueilleux qui seule suffit à te faire mourir.
2. *Var.* (anciennes éditions) : Il y eut un certain vallet qui servant luy respondit froidement, en ostant le bonnet.
3. Cet alinéa manque dans les éditions précédentes.
4. Cet alinéa et les deux suivants manquent dans le manuscrit.
5. Peut-être, monsieur, que vous avez été en Cosmographie.
6. Monsieur, nous l'avons eue en vue ; toutefois nous la laissâmes à main droite, parce que nous étions pressés.

lant! possible se mocquoit-il d'eux, aussi bien qu'eux de luy, ou bien qu'il fust là descouvert.

J'aymerois autant le conte d'un certain Italien, qui un jour voyant le roy François discourir à sa table de la grandeur et beauté de sa ville de Milan, ainsi que chascun en disoit sa rastellée, l'Italien, se produisant, dit que certes c'estoit une très-belle ville, mais que le port n'en valloit rien, et qu'il n'y avoit gallère ny navire qui ne courust grande fortune de se perdre à l'entrant, si l'on y advisoit bien. Le roy, avec toute l'assemblée, se mit aussytost à rire et à luy dire qu'il avoit très bien veu et recogneu la place et le port à ce qu'il disoit, et qu'il s'advançast un peu pour en parler encor mieux. Parquoy luy s'avançant, il ne dit autre chose, sinon en faisant sa révérence bien bas : *Basta, sire, ch'io v'ho parlato* [1]. Le roy luy demanda ce qu'il vouloit dire par là. Luy respondit que, puisqu'un chascun parloit, il vouloit parler aussy, et que s'il eust dit quelque chose de bon et vray, il ne l'eust escouté, et n'eust faict cas de luy; et, pour ce, s'estoit advisé à trouver ceste bourle [2], pour être mieux reçu à parler à Sa Majesté, et estre entendu d'elle, sachant bien que la mer n'estoit pas plus près de Milan que Gennes.

Un pareil traict fit un que j'ay cogneu capitaine de gallères, nommé M. de Beaulieu, fort mon grand amy, qui avoit esté lieutenant d'une des gallères de feu M. le grand-prieur de France, de la maison de Lorraine, qui l'aymoit pardessus tous ses capitaines

---

1. Il suffit, sire, que je vous aie parlé.
2. *Bourle*, plaisanterie, bourde; de l'italien *burla*.

et serviteurs, car c'estoit le meilleur compaignon, et qui disoit le mot de la meilleure grâce qu'homme de France. Ceux de Marseille, ayant un jour une affaire à la court de grande importance, ilz envoyarent par deux fois deux consuls des mieux choisis et des plus sages, qui n'y peurent rien faire, et s'en retournarent comme ilz estoient venuz. Sur quoy ilz s'advisarent de prier ledict M. de Beaulieu d'aller à la court, et prendre la charge de ceste affaire ; ce qu'il entreprend fort librement, car il estoit prompt et très-officieux. Après qu'il eut faict son harangue à la reyne-mère, qui gouvernoit tout pour lors, elle luy dict en riant bien fort : « Et quoy! Beaulieu, « ceux de Marseille n'avoient-ilz point en leur ville « un plus sage personnage que vous pour envoyer « en ambassade ? » Il luy respondit : « Oui vrayment, « madame ; mais quand ilz ont veu que les deux « qu'ilz vous ont envoyez n'ont rien peu faire, ilz se « sont advisez d'y envoyer un fou, si qu'il feroit « mieux qu'un plus sage ; et pour ce ilz m'ont del« légué. Que si vous me faictes ce bien, madame, « de m'octroyer ma requeste, vous me mettrez en « réputation ; et, de fou qu'on me tient, je seray dé« sormais estimé très sage. » La reyne, qui aymoit les bons motz et à rire, luy accorda sa requeste et le fit dépescher : et puis s'en retourna joyeux, et fort glorieux, et bien estimé des Marseillois qui luy firent un beau présent de mille escus pour sa peine, qu'il ne cela point à la reyne, qui en fut bien ayse. J'estois lors à la court, qui en vis tout le passe-temps ; car ledict Beaulieu estoit mon intime amy.

Estant demandé un jour à un brave combien

d'hommes il pourroit bien combattre et en sortir à son honneur, il respondit : *Si es hombre de bien, uno basta; y de vellacos, la calle llena.* « Si c'est un homme de bien, il y a assez de luy; mais si ce sont des poltrons et gens de peu, toute la rue pleine. » Comme voulant dire qu'il en tueroit tant que les rues en seroient pleines, et en pueroient. Ceste response certes est belle et de considération; car il n'y a rien si aisé que de battre des gens de peu.

Si nous voulons croire à un conte d'un capitaine que j'ay cogneu, vray enfant de la mathe s'il en fut onc, qu'on apelloit le capitaine Fréville, brave et vaillant, un grand jeun' homme de l'aage de vingt-cinq ans, de belle et haute taille, et bonne façon, et qui parloit aussi bon allemant comme sa langue françoise, pour avoir demeuré au païs six ou sept ans; ce capitaine estoit fort mon amy et m'avoit suivy au siège de la Rochelle, et à la court quelquefois. Le roy Henry, à son retour de Polloigne, estant à Lion, ce capitaine estoit bien souvant avec moy, dont il me fut dit de bon lieu que je l'advertisse qu'il ne se pourmenast plus tant, et qu'il pourroit estre en peine de la justice; ce que je ne failly de luy dire, et de l'en advertir. Mais il me respondit froidement : « Monsieur, je vous en remercie; mais
« ne vous en mettez point en peine pour moy de
« cela; car cela n'est rien. Ce n'est que quelque pet-
« tite batterie dont on m'accuse; mais la justice ne
« me sçauroit rien que faire. » Je voulus sçavoir au vray que c'estoit. Il me dist : « Monsieur, c'est rien
« cela; mais, puisque le voulez sçavoir, c'estoit un
« maraut, marchant de Paris, qui m'avoit fait un

« desplaisir. Je le fis guetter et sceuz comment il
« s'en alloit à Orléans un jour, avec quatre ou cinq
« autres marchans de ses compaignons. Je monte à
« cheval. Je les suis tant que je puis. Je les trouve
« qu'ilz disnoient à Longemeau[1]. Je mis pied à terre,
« et donne mon cheval à mon homme pour le tenir.
« Je monte en haut avecques mon pistollet bien
« bandé et le chien abattu. Je trouve mon homme
« au bout de la table. Soudain je vins à luy, et luy
« dis : *Confesse-toy, marchant de Paris, tu es mort.*
« Je luy présente le pistollet, lequel faut, et soudain
« mis la main à l'espée. Je luy donne à travers le
« corps, et tumbe roide mort par terre. Je vis ses
« compaignons qui font semblant de faire des mau-
« vais. Je donne à l'un si grand extramasson sur la
« teste, que je la luy fends à demy; si bien que, tout
« estourdy, il tumbe dans le feu qui l'acheva de
« mourir. Au tiers je donne une grand' estoquade,
« dont il tumba soubz la table, pour amasser les
« miettes qui y estoient tumbées ; mais il n'en amas-
« sa guières, car il mourut. Le quatriesme se mit à
« fuir et gaigner les degretz, mais je lui donne un si
« grand coup de pied parmy le cul, qu'il descendit
« plus viste qu'il ne voulut, car il se rompit le col.
« Moy, j'essuye bien gentiment mon espée à la nape,
« et bois un coup, laisse mes gens là mortz. Je redes-
« cens et passe sur le corps de l'autre au degré et,
« tout froidement, remonte sur mon cheval, sans
« que personne de l'hostellerie s'esmeut ny bougeast
« autrement, et me sauve. Et tout cela, mon espée

---

1. Longjumeau (Seine-et-Oise).

« et moy l'avons fait en un tourne-main. » Après luy m'avoir fait ce conte, ne pouvant m'en garder de rire, je luy dis : « Comment! apellez-vous cela « rien? Ah! pour Dieu! vous estes mal, si ne prenez « garde à vous. Sortez-vous-en de ceste ville : » dont il me creut; et l'accommode d'un bon cheval et d'argent et se sauva : si bien qu'il eust esté pris, ou qu'il eust tardé un' heure à partir, il estoit perdu. Encore veux-je bien jurer qu'à grand' peine voulut-il partir, sans que je l'en pressasse. Voilà comment ce jeun' homme rendit bien mallades les quatre personnes, et comment la fortune luy fut bonne. Hé! quel tueur!

Il arriva un pareil trait à Milan, lorsqu'Anthoine de Leyve en estoit gouverneur pour l'empereur Charles, à un conte de cet estat, qu'on appelloit le conte Claudio seullement, et non autrement[1]. Par cas, un jour estant allé à la chasse, et son oyseau ayant vollé une perdrix, quand il fut à la remise, qui estoit un lieu fort esgaré et peu battu, il trouva quatre soldatz qui s'estoient deffiez, et avoient choysi pour leur camp et estaquade un parc de brebis et moutons, dont usent les pastres en là pour y retenir et resserrer leur bestial, affin d'enfumer mieux leurs terres. Quel camp-clos, voyez, je vous prie, que ces braves gens-là avoient choysi! Le conte Claudio, les voyant tous quatre en chemise, et prestz à se battre deux contre deux, les pria de ne se battre point pour

---

1. L'anecdote du comte Claudio a été déjà racontée par Brantôme, et presque avec les mêmes termes, dans le *Discours sur les Duels*. Voy. t. VI, p. 350-352.

l'amour de luy, et de s'accorder. Eux luy dirent qu'ilz n'en fairoient rien, mais que s'il en vouloit avoir le plaisir, et en estre le juge, qu'il veist faire seulement. Le conte Claudio dist qu'il n'en fairoit rien, et qu'il ne luy seroit reproché qu'en sa présence ilz se coupassent ainsi la gorge; et là-dessus met pied à terre, l'espée au poinct, pour les empescher de batre. Eux aussitost, comme désespérez, vont concerter ensemble, et s'escrier : « Tuons-le, puisqu'il nous « veut rompre nostre entreprise; et, amprès, nous « la reprendrons, et nous nous battrons et verrons « à qui le champ demeurera; » et de fait le chargent à outrance. Mais luy, qui estoit pour ce temps-là un des vaillans de l'estat de Milan, se garde si bien d'eux, et les charge si bien tous quatre, que trois demeurarent mortz estandus sur la place; et le quatriesme, blessé à la mort, luy demanda la vie, laquelle il luy accorda, et puis s'en alla. Et, despuis, ce soldat en fit le raport et le conte que j'ay ouy faire à Milan d'autres fois.

Voylà de bonnes fortunes de Mars, qu'il envoye à ceux qu'il luy plaist. Faut bien nocter en cecy que, quand des gens de bien ont grand' envie de se battre, ou qu'ilz sont une fois aux mains, il n'y a rien qui leur fasche plus quand quelques-uns surviennent qui les veullent séparer : et bien souvant a l'on veu arriver de mesme que je viens raconter, que les deux ennemis, ou quatre, ou plus grand'troupe s'accordent à charger messieurs les sépareurs (j'en ay veu deux telz traictz en ma vie); n'estant rien si fascheux au monde à un vaillant et brave homme que de luy rompre son dessein d'armes.

Au siège de La Fère dernièrement[1], ayant esté pris deux soldatz à un' escarmouche, dont l'un estoit françois et l'autre espaignol, et menez devant le roy, il[2] dist au François que sa sentence de mort estoit donnée par son bandon[3] pour les François révoltez contre luy, mais qu'il luy pardonneroit et luy donneroit la vie s'il luy disoit la vérité. L'autre l'ayant promis, le roy luy demanda combien ilz pouvoient avoir encor de vivres léans. Le François luy respondit qu'il y en avoit encor pour un mois. Et ayant demandé à l'Espaignol de mesmes combien il en avoit, l'Espaignol respondit qu'il y en avoit encor pour deux ou trois mois. Allors le roy s'adressant au François, luy dist : « Vous serez pendu, car vous « m'avez menty. » L'Espaignol, advisé, prompt et courtois à sauver la vie de son compaignon, dist au roy : *Sacra Majestad, no miente : porque no ay mas para los Franceses, que son grandes comedores; mas bastan para los Españoles, que viven y se contentan de poco.* « Sacrée Magesté, il ne ment point; car il n'en peut pas avoir davantage pour les François qui sont grands mangeurs; mais il y en peut bien avoir autant pour les Espaignolz qui vivent et se contentent de peu. » Aussi mandarent-ilz au cardinal d'Austriche qu'il leur envoyast seullement du sel; car ilz se salleroient et se mangeroient les uns les autres avant que

1. Le siége de la Fère par Henri IV (1595-1596).
2. *Il*, Henri IV.
3. Ce bandon est probablement la *Déclaration* du roi, datée du 27 octobre 1593, par laquelle il promet pardon et abolition à ceux qui, dans le délai d'un mois, se retireront du parti des rebelles.

se rendre. La rodomontade ne fut pas là bonne, car ilz furent bien ayses de se rendre à une honeste composition que nostre roy généreux leur tint très bien[1].

Certainement[2] de croire que les Espaignolz soient plus sobres que les François, il le faut : à quoy deux soldatz[3] se rencontrant une fois en Italie dans une hostellerie, l'hoste leur servit un plat de raisins, ce que le François n'approuva point, et n'en voulut manger ; ce que l'Espaignol remonstra à l'hoste, disant *que los Franceses no eran acostumbrados hacer sus edificios sobre cosas redondas*[4]. L'Espaignol, quant à luy, il mange de tout ce qu'on luy donne, et se contente de peu quand il va de son coust et de sa bourse. Que si vous le surprenez sur son ordinaire, il est quitte, en vous en présentant et priant d'en manger, à vous dire : *Segnor, coma de este pedazo de tocino ; que juro a Dios no hay perdiz que le valga*[5]. Quand ilz sont à la table et aux despens d'autruy, ilz mangent aussy bien que les François. Aussi se mocquent-ilz d'eux, qu'ilz mettent tout à la mangeaille et vont tout nudz ; et eux *van vestidos y ataviados como reyes*[6]. Comme de vray, il n'est pas possible de voir chose si brave comme j'ay veu d'au-

---

1. *Var.* Que le roy très généreux leur octroya et tint très bien.
2. Ce qui suit jusqu'à la troisième ligne de l'alinéa suivant manque dans le manuscrit.
3. C'est-à-dire un soldat français et un soldat espagnol.
4. Que les Français n'étaient point accoutumés à bâtir sur des choses rondes.
5. Monsieur, mangez de ce morceau de salé. Je jure Dieu qu'il n'y a pas de perdrix qui le vaille.
6. Vont vêtus et parés comme des rois.

tres fois les vieux soldatz des terzes de Naples, de Scicile, de Lombardie, de Sardaigne, voire de la Gollette quand ilz la tenoient.

Pour retourner encor à leur sobriété, et comme ilz endurent la faim, je m'en vais faire ce conte et puis plus. A la révolte de la ville de Sienne, et qu'elle fut surprise et gaignée pour nostre roy Henry IIe, il y eut trois soldatz espaignolz qui, ne perdant cœur, gaignarent une tour de la porte Romane, et se résolurent là de vendre leur mort au plus haut pris qu'ilz pourroient. Comme de fait, ilz firent si bien que M. de Termes, le principal chef françois de l'entreprise, vint luy-mesmes parler à eux qu'ilz se rendissent, et qu'il leur fairoit bonne guerre et honneste composition, et qu'ilz advisassent bien qu'il y avoit quatre ou cinq jours desjà qu'ilz n'avoient rien mangé, et qu'ilz s'en alloient aux vespres ou vigiles de la mort, n'ayant nulle provision pour vivre, et qu'ilz fairoient bien de se rendre et prendre le party du roy et laisser celluy de l'empereur, autrement il les fairoit brûler léans ou mourir de fain. Par une petite fenestre de la tour, un respondit pour tous de ceste manière : *Cavalleros, qualesquiera que fueredes, todos como estamos bezamos vuestras manos muchas vezes, por el buen partido y voluntad que de nos librar de muerte nos haveys mostrado. Y quanto a nos rendir, y servir al rey de Francia, el es tan bueno que no le faltara quien le sirva; y nosotros tan leales al nuestro, que ningun temor de muerte nos hara variar; y no nos espanto el fuego, ni otra muerte qualquiera que viniere. En que toca a su intanto, y a lo que deceis que no tenemos de comer, sabed que aca tenemos abundancia de ladrillos, y siempre que a los Espagnoles falta la provision, con estos bien molidos nos sustentamos* [1]. « Cavaillers, quelz que vous soyez, tous telz que nous sommes icy, vous baisons les mains plusieurs fois pour le bon party et la bonne volunté que nous monstrez à nous dellivrer de la mort; et quand à nous rendre et servir le roy de France, il est si bon que gens ne luy faillent pour le servir, et nous autres si loyalz au nostre que nulle craincte de mort nous faira jamais varrier nostre intention, soit le feu, soit autre mort; et quant à ce que vous dites que n'avons de quoy à manger, sçachez que nous avons céans grand' abondance de tuyles et carreaux de briques, et toutes fois et quantes qu'aux Espaignolz la provision faut, avec ces tuyles et carreaux bien moulus et pilez nous nous substantons. »

M. de Termes loua fort leur dire et valleur. Toutesfois, leur ayant encores remonstré leur mal, ilz y songearent et se rendirent; et les prist à mercy, et les r'envoya sains et sauves. Il ne faut point doubter pourtant qu'ilz ne mangearent à l'extrémité de ce tuyle broyé comm' ilz fyrent à croyre, tant de temps ayant demeuré là et si longuement, tant ilz sont patiens de la fain entre autres vertuz millitaires. Et ne faut point aussi douter qu'ilz n'eussent volunté de se rendre, car ilz n'en pouvoient plus : mais il falloit advant qu'ilz fissent ceste rodomontade, et bravassent, tant ilz sont coustumiers de braver, aussi

---

[1]. Ce passage est, à quelques mots près, tiré textuellement de la *Conquista de Sena*, f° 38.

bien en leur prospère qu'en leur adverse fortune; et telle est la vertu de telz généreux.

En ceste guerre et la bataille de Sienne faicte, entre le seigneur d'Estrozze et le marquis de Marignan, les Espaignolz donnarent réputation à Astolpho Baglion d'y avoir très bien fait; si bien, disoient-ilz, *que tan grande estrago en los enemigos hazia, que no hombre topava con su espada cortadora, que a la dulçura de sus hilos no dexase la vida en sus manos.* « Qu'il faisoit si grand effort sur les ennemis qu'il n'y avoit homme qu'il rencontrast avec son espée tranchante que par la douceur de ses filz (quelle douceur!) ne laissast sa vie entre ses mains. »

Ilz louarent bien autant là mesmes *un capitan Leon y un Espinosa, de los quales era tanto el estrago que en los ennemigos hazian, que otra cosa no hollavan entre sus pies, sino hombres muertos de uno y otra parte.* « Lesquelz faisoient tant de faitz d'armes contre les ennemis, que autre chose ne levoient entre leurs piedz sinon gens mortz d'une et d'autre part. »

Un soldat espaignol du prince de Parme, durant ces guerres, ayant esté pris des nostres, et interrogé par un capitaine des nostres aussi s'il n'y avoit point parmy leurs bandes quelque brave capitaine, et parmy eux, qui sceust et voulût tirer quelque coup de picque pour gentillesse contre luy, l'autre luy respondit : *Si ay, juro a Dios, muchos, y mas que no ay pelos en sus barbas.* « S'il y en a, ouy, plus que vous n'avez de poil en votre barbe. »

Un autre, prins vers la frontière de Picardie, et

mené au roy [1], tournant de la Franche-Conté, après la prise de Cambray [2], il demanda ce qu'on disoit de luy parmy son armée. Il respondit : *No otra cosa, sino que por treinta mil ducados que haveys ganado en* la Franche-Conté, *haveys perdido* Cambray. « Sinon que pour trente mil' escus que vous avez gaigné à la Franche-Conté, vous avez perdu Cambray. » Celluy-là pouvoit dire vray; car, si le roy ne se fust amusé à la Franche-Conté à y faire la patrouille, il n'eust pas perdu Cambray; car sa présence seulle eust estonné l'ennemy. Bien est-il vray qu'on pourra là-dessus objetter les prises de Calais et Guynes à sa barbe. Cela est vray; mais il faut avoir ouy les raisons du roy, qu'on dit qu'il n'y a esté bien servy, et qu'il ne vouloit desmordre une place, La Fère, qu'il avoit eue à la fin par sa brave résolution; et si eust fait l'un et l'autre, s'il fust esté creu et bien servy.

Quand le prince de Parme vint pour désassiéger Paris par le commandement de son roy, qu'il luy avoit donné exprès, usant de ces propres motz : « Ne « faillez d'aller secourir ma ville de Paris, » comme la tenant desjà sienne, il assiégea Lagny pour faire à nostre roy desmordre Paris et l'attirer à la battaille; ce que le roy désiroit fort, et l'autre ne faisoit que le semblant : là où il y eut eu une grand' faute de laisser une telle ville de conséquence pour secourir une bicoque, et quicter un beau champ qu'il avoit à luy desjà, pour en aller chercher un autre bien loing pour combattre. Ce prince de Parme donc ayant sceu que le roy disoit qu'il entreprenoit trop de vou-

---

1. Henri IV. — 2. Par les Espagnols, en 1595.

loir prendre une ville à sa barbe, et de donner une bataille comme il se vantoit, il fit ceste responce à quelque prisonnier françois : « Dites-luy que je la luy prendray, *aun que fuese puesta en cima de su mostacho.* » « Encores qu'elle fut posée sur la cime de sa moustache. » Le roy luy fit rendre responce qu'il luy oposeroit tant de montaignes de fer qu'il l'en empescheroit bien. Le prince répliqua : *Pluguiese a Dios que fuessen d' oro, que seriamos mas ricos.* « Pleust à Dieu qu'elles fussent d'or, que nous en serions plus riches. » Inférant par là qu'après avoir porté par terre toutes ses montaignes de fer, qui estoient ses gens armez, et les avoir deffaitz, pour une tant riche despouille ilz viendroient tous riches et opullans.

Le dire ne trompa point ledit prince, car il prist la ville sans donner bataille, et si leva le siège de Paris comme il vouloit ; ce qui luy fut un très-grand honneur, et tout pareil encore à celluy qu'il receut à Rouan ; car le roy, sçachant qu'il le venoit désassiéger, luy manda qu'il le tiendroit à ce coup pour le plus grand capitaine du monde s'il luy faisoit lever le siège sans donner à ceste fois bataille, le prince luy manda seullement : « Dites-luy donc qu'il com-
« mance à me tenir pour tel ; car je leveray le siège,
« et si ne donneray point de bataille. » J'eusse bien mis ces parolles en espaignol, mais elles sont communes. Il fit encores à ceste fois là ce qu'il voulut, ainsi que j'espère le dire au discours que je fairay de luy[1].

1. Ce discours n'a jamais été écrit.

Voylà deux fortunes et deux gloires incomparables. Ceux qui veulent gloser sur la parolle dudit prince, disent qu'il entendoit sa moustache celle qu'il portoit si grande, et si pendante de ses cheveux, dont plusieurs de son royaume l'ont imité en cela; mais depuis il l'a faite couper, car s'il eust entendu les moustaches de la barbe, il eust usé de ce mot propre espaignol qui dit : *Las bigotes de su barbas*[1].

En ces deux et mémorables factions, les Espaignolz s'attribuent la gloire, comme en toutes autres où ilz se treuvent en armées royalles, que leur valleur, leur discipline millitaire et leur ordre de guerre triumphent par-dessus toutes les autres. Et, pour de grandz miracles de cela, je leur ay veu alléguer force exemples, et en autres celluy de Hernan Cortès, *digno (dizen ellos) por cierto de ponerse entre los nueve de la fama; el qual, con menos de mil' infantes espagnoles y ochenta cavallos, prendio dentro de su ciudad al gran rey Montezuma, y al fin con sola la buena orden sujeto el imperio Mexicano. Y en nuestros dias, Hernan Alvares de Toledo, aquel gran capitan y ducque de Alva, con solos mil arcabuzeros, y quinientos musqueteros, y la buena disciplina y orden de guerra, rompio y degollo en Friza, a la ribera del rio Amazio, doze mil' hombres con que el conde Ludovico Nazao avia entrado en aquella provincia.* « Digne, disent-ilz, pour certain d'estre mis parmy les neuf de la Renommée (qui sont les neuf preus), de Herman Cortez, lequel avec moins de mil

---

1. Les moustaches de sa barbe.

hommes de pied espaignolz, et huictante chevaux, prist dans sa cité le grand roy Monteçuma; et à la fin avec le bel ordre subjuga du tout l'empire mexiquan. En nos temps derniers, Hernan Alvarès de Tolède, duc d'Albe et grand capitaine, avec seulement mil' harquebuziers et cinq cens mousquetaires, avec la bonne discipline et ordre de guerre, rompit et tailla en pièces, en Frize, près le fleuve Amazio[1], dix mil hommes que le comte Ludovic de Nansau avoit là menez. »

Les Espaignolz, en ce dernier combat, en content beaucoup; car le duc d'Albe avoit bien plus de gens que dit le conte : mais l'autre en avoit deux fois plus que luy; et surtout, huict ou neuf cens François, très-braves soldatz qui combatirent bien. J'estois lors à la court, quand ces nouvelles vindrent au roy, qui trouva cette deffaite très belle et mémorable, et mesme de si peu de gens contre si grand nombre.

Certainement il faut louer leur discipline et bel ordre : en cela ressemblans aux anciens braves Romains, qui, par discipline de guerre, et non par grand nombre de gens, ont conquis tout le monde. Mais qui est cause de ce bel ordre et discipline, si non le beau entretènement que le roy d'Espaigne donne à ses gens de guerre, et les belles soldes et payes qui ne leur manquent jamais, bien qu'ilz les attendent, mays pourtant ne les perdent comme nos soldatz françois font? Car là où l'argent trotte, l'ordre s'y establit, et où il manque, il n'y a plus que confusion. Et ay ouï dire à de grandz capitaines que

---

1. *Amazio*, en latin *Amasius*, l'Ems.

nul grand aujourd'huy, quel qu'il soit, ne peut entretenir un' armée bien pollicée, disciplinée et bien ordonnée longtemps, qu'un roy d'Espaigne, ainsi qu'il a tousjours fait despuis que l'empereur son père luy laissa tous ses estatz. Aussi est-il si grand et puissant en terres et moyens, que jamais les Romains n'en aprocharent. En cas qu'il ne soit vray, considérons un peu les grandz tiltres qu'il porte sur le front, que je vois[1] mettre icy par curiosité : *Don Philippe, por la gracia de Dios, rey de Castilla, de Leon, de Aragon, de las dos Sicilias, de Jerusalem, de Portugal, de Navarra, de Granada, de Toledo, de Valencia, de Galizia, de Mallorca, de Sevilla, de Cerdeña, de Cordova, de Corsega, de Murcia, de Jaen, de los Algarves, de Algezira, de Gibraltar, de las islas de Canaria, de las Indias Orientales y Ocidentales, islas y tierra firme del Mar Oceano; archiducque de Austria, ducque de Borgoña, Bravante, y Milan; conde de Abspurg, de Flandes, y Tirol, y Barcelona; señor de Viscaya, de Genova, y de Molina*[2].

Voylà des tiltres qui font peur, à les ouïr seulement

---

1. *Vois*, vais.
2. Don Philippe, par la grâce de Dieu, roi de Castille, de Léon, d'Aragon, des Deux-Siciles, de Jérusalem, de Portugal, de Navarre, de Grenade, de Tolède, de Valence, de Galice, de Majorque, de Séville, de Sardaigne, de Cordoue, de Corse, de Murcie, de Jaen, des Algarves, d'Algeziras, de Gibraltar, des Canaries, des Indes Orientales et Occidentales, des îles et terre ferme de l'Océan; archiduc d'Autriche, duc de Bourgogne, de Brabant et de Milan; comte de Hapsbourg, de Flandre, de Tyrol et de Barcelone; seigneur de Biscaye, de Gênes et de Molina.

nommer, et mesmes de ces deux Indes Orientalles et Occidentalles. On pourra dire que celluy des Espaignes peut porter avec soy plusieurs petitz royaumes qu'on nomme par villes; mais pourtant sont royaumes bons et grands, comme la duché de Milan, qui porte son nom d'une ville, et non du païs. Et quelle duché est-ce, et combien y a-il de villes dessoubz! Le royaume de Naples, quel royaume est-ce! De mesmes sont tous les royaumes de villes qui sont en Espaigne. Baste[1] que c'est un grand roy, et que j'ay ouy dire que les Romains ne furent jamais si grands terriens ny opulans que luy. Cela est aisé à cognoistre, qui en veut computer et mesurer les terres de l'un et des autres[2].

Comme j'ay parlé cy-devant de la discipline militaire des Espaignolz, certes elle est très-belle, bien pollicée et gentiment observée; mais il faut confesser le vray : qu'ilz sont fort fascheux et importuns en cela, d'estre fort subjetz à se mutiner quand leur paye leur manque, et non pourtant guières pour autre subject; car ilz ne se veulent mettre à sédition que bien à propos et avecques raison. Il y a longtemps qu'ilz en ont pris ceste coustume, et l'ont continuée soubz le grand marquis de Pescayre, soubz M. de Bourbon et soubz le duc d'Albe. Ilz[3] n'y ont pas faict de grandes fautes en cela, car ilz les sçavoient avoir,

1. *Baste*, suffit.
2. Ici s'arrête le manuscrit des *Rodomontades*, à la suite desquelles vient la première rédaction des *Sermens et juremens espaignols*. Nous ne pouvons plus que reproduire le texte des anciennes éditions.
3. *Ilz*, Pescaire, Bourbon et Albe.

et leur donner tant de pillages qu'ilz avoient beau moyen de patienter et attendre leurs payes, qu'ilz n'en vouloient perdre pourtant pas une seule : tesmoing le sac de Rome, qui les rendit saouls jusqu'à la gorge, et pourtant fallut que le pape baillast de l'argent pour les payer.

Or voicy la façon qu'ilz ont à se mutiner, ainsy que j'ay ouy dire et conter à aucuns d'eux : ilz commencent à se plaindre les uns les autres, et puis sourdement font courre ces motz parmy eux : *Motin, motin*[1]. Et puis tout haut commencent à crier : *A fuera, a fuera, los gusmanes. Apartense, porque nos queremos amotinar*[2]. Car, s'il y a des gentilshommes et des gusmans, qu'ilz appellent ainsi parmy eux (comme il y en a force), ne les veulent point recevoir en leur compaignie; aussy eux ne le feroient pour tout le bien du monde, car ilz seroient déshonorez pour jamais, bien qu'il y en ait eu aucuns, ainsy que j'en ferois un beau discours; mais il seroit icy trop long et superflu. Les capitaines qui en sentent le vent se retirent de bonne heure, tant pour ne courir fortune de la vie que de l'honneur; car ilz penseroient estre déshonorez à perpétuité, et leur seroit reprochable s'ilz se trouvoient brouillez parmy leurs menées. S'estant joincts en bonnes troupes, qui plus qui moins, ilz eslisent pour leur chef le plus habile et le plus advisé qu'ilz peuvent choisir parmy

---

1. Révolte, révolte !
2. Dehors, dehors les cadets ! Qu'ils s'en aillent, parce que nous voulons nous révolter. — Sur ce nom de *Gusmanes*, voyez tome I, p. 335.

eux, et l'appellent *elegido*, et nous autres disons *esleu*. Ilz le contraignent d'en prendre la charge; et ne faut pas qu'il la refuse; autrement ilz le feroient mourir et passer par les armes. Cela faict, ilz luy obéyssent comme à leur vrai chef et capitaine, se réservant pourtant quelques voix entre eux, puis taschent à surprendre quelques villes pour leur servir de retraictes. De là ilz font mille maux, volleries et rançonnemens.

Entre les plus signalez amutinemens que j'aye ouy raconter parmy eux, ce fut celuy qu'ilz firent en Sicile à Ferdinand de Gonzague, en estant visce-roy [1]. La première source en vint de la Gollette, et pouvoient estre bien près de quatre mille. Mais Bernardin de Mandozze, général des gallères de Scicille, en prévoyant le danger, y remédia de bonne heure; car, s'ilz se fussent ralliez avecques les Allarbes [2] et les Mores, la Gollette, Thunis et tout de par de là, [cela] alloit très mal pour l'empereur. Par quoy, soubz belles promesses et parolles qu'il leur fit, il les chargea tous sur les gallères et navires, et les trajetta en Scicille, où estans et pensans toucher argent n'en touchèrent pas une maille : et alors ce fut pis que devant, car ilz firent mille maux, prindrent des villes, tinrent les champs, rançonnèrent et pillèrent tout le monde; enfin ilz firent le diable. Ilz avoient esleu par-dessus tous, d'une mesme voix, pour chef, un certain Heredia, parce qu'il estoit fin, subellin et surtout fort éloquent, et qui parloit d'or; car il avoit

1. En 1538. Tout ce qui suit est tiré de P. Jove, liv. XXXVIII.
2. *Allarbes*, Arabes.

esté d'autres fois moyne bien preschant, et avoit quitté le froc pour porter les armes. Il avoit pour compaignon un Mont-Dragon, navarrès, qui advisoit[1] sur la criminallité. Pour fin de conte, ilz firent tant de maux, et se firent tant craindre, qu'ilz donnèrent bien de l'affaire à Ferdinand, et à songer à luy; car, de les avoir par les armes, il n'en falloit point parler, tant ilz estoient forts, braves et vaillans, et se sçavoient très-bien conduire en bons hommes de guerre : et, pour ce, fut advisé de les avoir par douceur et belles promesses. Donc, après plusieurs allées, venues, conférences et ambassades par Alvare de Sando, Sancho Allarcon, Alphonse Vivès, et surtout par Juan Varga, le bon vieillard, que les amutinez aymoient et appelloient leur père, la paix fut faicte. Et pour la conclure et rendre bien ferme et stable, il fut dict et arresté qu'à un certain lieu où la messe se diroit, tous, d'une part et d'autre, au moins les chefs, jureroient sur le corps de Nostre-Seigneur, quand le prestre le leveroit, qu'ilz tiendroient la paix et ne l'enfraindroient nullement. Quand ce fut là, les députez d'Heredia très-volontairement haussèrent les mains dextres. Il y eut un desdictz députez, qui s'appelloit Villa-Lobo, lequel voyant don Ferdinand estre long et tardif à hausser la sienne, il luy cria tout haut : *Señor virey, alzed la mano, si quisieredes, que es el cuerpo de Dios que aqui veis. Si no la alzais, luego nos apartamos del juramento, y quebramos la paz, y guerra como adelante*[2]. C'est

---

1. *Adviser*, donner son avis; de l'italien *avisar*.
2. Seigneur vice-roi, levez la main, s'il vous plaît. Voilà le

parlé cela à un général, et bravé un vice-roy. Quelle rodomontade! Ce n'est de pair à pair, ny de compaignon à compaignon, mais d'inférieur à son supérieur. Ce fut à Ferdinand à lever la main aussytost, et faire bonne mine pour le coup; mais après il en eut bien sa raison, car, les ayant séparez et départis aux garnisons, qui çà qui là, il en fit mourir et pendre tous les chefs premièrement, et force autres, et plusieurs jetter dans la mer; si bien qu'on en voyoit les rives bordées de corps morts, jusques environ cinq cens. Les autres, les rellégua et les envoya aux isles circonvoisines, où la pluspart moururent de faim, comme en l'isle de Lypary, que je pense n'avoir veu si misérable habitation; car il n'y croist que des capriers. Les autres furent envoyez en Espaigne pour y estre ignominieusement veus. Dont aucuns disoient, quand on les y menoit, *que mas presto los hiciesen morir, que recebir tal afrenta y verguenza y ser traidos al escarnio de sus parentes, amigos y compañeros*[1]. Pour conclure, ilz furent très-rigoureusement chastiez, ce que le conseil d'Espaigne trouva pourtant très mauvais, et se mit à en faire le procès à don Ferdinand. J'en ouys raconter quelques particularitez du plaidoyé, qui certes sont belles, et fondées sur quelques raisons, lesquelles j'eusse mis icy, mais elles fussent été trop longues.

corps de Dieu que vous voyez. Si vous ne la levez pas, nous nous départons sur le champ de notre serment; nous rompons la paix, et la guerre sera commē devant.

1. Qu'ils auraient bien mieux aimé mourir que de recevoir un tel affront et un tel opprobre, et que d'être exposés au mépris de leurs parents, de leurs amis et de leurs compagnons.

J'espère les mettre ailleurs. Ilz luy firent donner un adjournement personnel pour comparoistre ; mais l'empereur fit surseoir la cause. Aucuns[1] ont dict et escrit qu'il trouva très-bonne ladicte rigueur et punition, et mesme qu'il taxa Ferdinand de n'en avoir pas prou faict; mais sont menteries, car je tiens de vieux capitaines et soldatz espaignolz que j'ay veus en Sicile et à Naples, qu'il en fut très-mal content, et en blasma ledict Gonzague ; et en coulla la chose pour le coup : et, tant s'en faut que l'empereur le trouvast bon, que, quand les députez de Milan vinrent vers luy[2] pour luy remonstrer les maux que d'autres amutinez, conduitz par leur chef Sarmento, faisoient en sa duché de Milan, et que, s'il ne leur en faisoit raison, ilz seroient contraincts de se la faire eux-mesmes, il s'en courrouça et estomaqua fort, et menaça s'ilz luy tenoient jamais ce propos; et si leur en fit faire une réprimande et menace plus rigoureuse par son chancellier de Granvelle.

Or ledict Ferdinand ayant envoyé ces pauvres malotrus en Espaigne, et veuz en tel estat de tout le monde, mesmes aucuns s'estans présentez au conseil, ne faut point demander si le spectacle en fut odieux à toute l'Espaigne, et à belles injures après luy; car ceste nation sçait fort bien *echar pullas*[3] : et la pluspart l'appelloient *vellaco Italiano, enemigo del nombre y valor de los Españoles, traydor, perjuro, burlador del cuerpo sagrado de Nuestro-Señor,*

---

1. *Aucuns*, c'est P. Jove, liv. XXXVIII.
2. En 1538. Voy. P. Jove, liv. XXXVIII.
3. Donner des brocards.

engañador de fe, y verdugo sangriento[1]; bref, une infinité d'autres sortes d'injures que l'ire, le despit, le désespoir, la hayne et l'offense, leur rapportoient en la bouche, que j'ay ouy dire et que je tays. Au moins, disoient aucuns, s'il les eust décimez, et faict mourir quelques coupables, la chose ne seroit si exécrable, et les renvoyer contre les Turcs, ainsy que fit le marquis del Gouast ceux qui s'amutinèrent en la duché de Milan, soubs leur chef Sarmento, qu'il envoya jusqu'au nombre de trois mille, en Dalmacye, à Cataro et à Castro-Novo, là où pourtant ilz périrent tous, fust ou par le fil de l'espée, ou de la cadène de Barberousse et de ses gens, portans la peyne de leurs maux et de leurs meffaictz qu'ilz avoient faictz en leur rébellion; mais aussy ilz firent bien mourir de leurs ennemys. Possible ceux-cy de Ferdinand, s'ilz fussent estez employez pour mesme subject, en eussent faict de mesmes, ou mieux; et par ainsi autant de Turcs mortz et tuez et moins d'ennemys.

Certes, il n'est pas besoing d'estre si rigoureux et cruel en telles justices; car telles gens quelquefois ayans estez pardonnez, et venans à se recognoistre, réparent leurs fautes et font de bons services. Je n'en sçaurois alléguer plus brave exemple que des amutinez de la ville d'Alost en Flandres, qui d'eux-mesme secoururent si bien et si vaillamment la citadelle d'Anvers, assiégée par les États, dont j'en parle ail-

---

[1]. Lâche Italien, ennemi du nom et de la valeur des Espagnols, traître, parjure, moqueur du corps sacré de Notre-Seigneur, trompeur contre la foi promise, et bourreau sanguinaire.

leurs¹. Ilz en ont faict de mesmes en plusieurs autres lieux, s'estant ainsi réconciliez ; je dirois bien où, mais je serois trop long.

Je voudrois seulement sçavoir sur ce discours, de quelque grand docteur, s'il y alla beaucoup de la conscience dudict Ferdinand en ce serment presté et rompu, qu'aucuns ont dict qu'il ne l'avoit faict que de bouche et non de cœur ; savoir si cela se peut faire en la présence et à la veue du corps de Nostre-Seigneur, et si ce n'est point l'offenser en abusant ainsy de son sacrement et de son mystère. Pour quant à l'honneur, il y a tant de raisons de *pro et contra*, que je les laisse à discourir aux grands capitaines et plus gentils cavalliers que moy. Tant y a pourtant, il me semble, qu'on ne doit point estre tant ainsy sévère à l'endroict des pauvres soldatz, bien qu'ilz fassent telz ou autres délicts ; car ce sont eux qui battaillent pour les chefs ; ce sont eux qui acheptent de leur sang les victoires, et les chefs en triomphent de l'honneur et du proffit. A quoy sceut très bien avoir esgard Scipion en Espaigne contre ses amutinez, qui, ne se contentans de leur rébellion, prindrent l'autorité et enseigne de consuls à l'instance des soldatz². Les chefs en furent punis, et aucuns soldatz ; et les autres furent pardonnez, qui après firent à luy et à la république romaine très bons services. Je pense bien que ces grands chastieurs de séditions voudroient bien que les soldatz fissent de pierre pain, ainsy que le diable vouloit que Jésus-

---

1. Voy. tome II, p. 184.
2. Voyez Plutarque, *Vie de Scipion l'Africain*, ch. xii et suiv.

Christ fist en son désert. Mais ne pouvant faire ces miracles, il faut bien qu'ilz vivent ; et vivre ne peuvent-ilz s'ilz n'ont leur payes, ou ne brigandent. Et, ne leur voulant permettre le brigandage, leur retenant leur solde, que veut-on qu'ilz fassent? Voylà en quoy ces grands capitaines et généraux d'armées doivent bien arregarder sur ces chastimens, car il y va de la conscience. Cependant je brise icy, estant le discours trop long, et fascheux possible à aucuns.

Un de ces ans, que nostre roy print et gaigna Paris de la façon que chacun sçait[1], les Espaignolz qui estoient dedans, qu'aucuns nommoient Napolitains (mais autant y avoit-il des uns que des autres), ilz furent fort estonnez, et comme gens braves et vaillans se résolurent au combat; et s'estant mis en battaille, le roy leur manda qu'ilz ne s'amusassent point à cela, autrement qu'ilz estoient tous perdus s'ilz en venoient là; toutesfois s'ilz vouloient estre sages, qu'il leur feroit si bonne et honneste guerre qu'ilz auroient occasion de se contenter en leur octroyant, leurs vies et bagues sauves, la retraicte de gens de guerre, ensemble seure conduicte. Leur maistre de camp qui leur commandoit, avec d'autres capitaines, admirans la générosité de nostre roy, se mirent tous à dire : *Mira aquel rey valeroso, el qual no se contenta de vencer los hombres con las armas, mas los vence y gana con toda cortesia y gentileza*[2]. Pour ce

---

1. Henri IV entra à Paris le 22 mars 1594.
2. Voyez ce généreux roi, qui ne se contente point de vaincre les hommes par les armes, mais les vainc et les gagne par toutes sortes de courtoisies et de gracieusetés.

ilz acceptèrent le party. Et pour se retirer, marchans par la ville, le roy les voulut voir passer; lesquelz tous luy vindrent faire de grandes révérences, au moins les capitaines; les soldatz le saluoient avecques leur gentille mode, ainsy qu'ilz savent très bien faire. Le roy leur rendit la pareille, selon le respect de sa royale grandeux, et les fit très seurement conduire au lieu de leur retraicte. Ce ne fut sans dire tous les biens du monde de ce grand roy, comme ilz avoient raison; car s'il eust voulu estre cruel, ilz estoient perdus et mis en pièces.

Quasi telles et semblables paroles dirent ces pauvres Espaignolz restez devant Metz de feu M. de Guyse le Grand, lesquelz ayant trouvé au lèvement du siège misérables malades, mourans de froid et de faim, fit retirer, loger, substanter, panser, si que plusieurs en eschappèrent par son bon traictement, et puis les fit conduire tous à sauveté vers Thionville. Ce fut à eux d'en dire tous les biens du monde, comme de raison. Et entre autres beaux motz qu'ilz en proférèrent, furent ceux-cy qui portent grand poids, bien qu'ilz soient courtz et briefz : *Que era justo enemigo y piadoso vencedor*[1].

Il ne leur fit pas de mesmes que firent les Espaignolz à nos François et lansquenetz qui restèrent devant Pamplune, le siège levé par M. d'Angoulesme, le roy Jehan de Navarre et M. de La Palisse, qui[2] leur faisoient jurer et promettre, *si sanasen, de*

---

1. Qu'il était équitable ennemi et vainqueur miséricordieux.
2. *Qui*, les Espagnols. Ce passage est emprunté, avec quelques changements, à la *Conquista del reyno de Navarra*, p. 234-235.

no recebir mas sueldo del rey de Francia, pues contra la Iglesia se mostraba. A los que esto creian y prometian, daban el Corpus Domini, *y los otros sacramentos de la madre santa Iglesia, y, si morian, eclesiastica sepoltura. Los que eran interrogados por sus confesores, que no querian reconciliarse, los dexaban alla morir*[1]; *y, si morian, como Moros los enterraban, porque tal era la intencion y la bula del papa Julio*[2]. Quelle bulle d'or! Les Espaignolz se vantent de tout cela; mais, à ce que j'ay ouy dire à aucuns vieux gentilshommes, et françois et lansquenetz, confès et non confès, ilz ne furent espargnez non plus les uns que les autres; et leur bailloient *dronos*, aussi bien que frère Jehan des Entommures, dans Rabelais, le donna à ceux qui vandangeoient le clos de sa vigne[3].

M. de Guyse n'en fit pas de mesme, car, bien qu'il y eust force lansquenetz et autres Allemans sentans mal de la foy, il les fit secourir comme les bons chrestiens et catholiques, mais non pas de si bonne affection, s'en remettant à la volonté de Dieu, et ne voulant acquérir la réputation d'un

---

1. *Los dexaban alla morir.* Il y a au contraire dans l'historien espagnol *curabanle*.

2. S'ils guérissaient, de ne plus recevoir de solde du roy de France, puisqu'il se montrait contraire à l'Église. A ceux qui croyaient et promettaient cela, ils leur donnaient le *Corpus Domini*, et les autres sacrements de la sainte mère Église, et s'ils mouraient la sépulture ecclésiastique. Ceux qui étaient interrogés par leurs confesseurs, et qui ne voulaient point se réconcilier, ils les laissaient là mourir; et, s'ils mouraient, ils les enterraient comme Maures; car tel était l'ordre de la bulle du pape Jules.

3. Voyez *Gargantua*, liv. I, chap. XXVII.

homme cruel et barbare, puisque l'homme est fait à la semblance et image de Dieu. Je m'en remetz à un grand théologien ce qu'il en diroit là.

Sur cesté dernière guerre de Grenade faicte et parfaicte par don Juan d'Austrie, par cas, en courant la poste, nous nous trouvasmes de rencontre un capitaine espaignol et moy, luy qui venoit d'Espaigne allant en Flandres, et moy de la cour en ma maison. Nous nous mismes luy et moy à deviser fort de ceste guerre. A mon advis qu'il m'en conta prou, et surtout il me va louer don Juan jusques au tiers ciel en me le nommant de plein abord *sepultura de los paganos; y que sus obras y valencias mas querian ser vistas para ser creidas que no contadas*[1].

Quand la capitulation d'Amiens se fit dernièrement[2], il y eut un député de dedans, espagnol, qui, ayant trouvé Sa Majesté en quelques masures qui les attendoit pour composer, dit en entrant, pensant faire de l'officieux et du curieux de la vie du roy : *El rey no esta aqui bien seguro de los canoñazos*[3]. Le roy qui l'ouyt luy respondit : « Le roy est ici plus « en seureté que vous autres n'estes dans Amiens. » Puis ayant commencé leur pourparler, la première chose qu'ilz demandèrent, *porque* (dirent-ilz) *es razon que las cosas celestiales vayan primero*[4], fut que l'on ne touchast point à la sépulture de don Hernan-

---

1. La sépulture des païens, et que ses actions et vaillances voulaient plutôt être vues que racontées pour être crues.
2. Amiens fut rendu à Henri IV le 25 septembre 1597.
3. Le roy n'est pas ici bien à l'abri des canonnades.
4. Parce qu'il est raisonnable que les choses célestes soient traitées les premières.

dille¹, et qu'elle ne fust point rompue ny démolie.
Le roy leur respondit gentiment : « Il est raison que
« la sépulture de don Hernandille soit démollie et
« rompue, puisqu'il a fait rompre et démollir les
« murailles de ma ville d'Amiens. » Ilz demandèrent
après *el saco de la villa*², demande certes très irrai-
sonnable et très impudente, et mesmes à un tel roy,
qui leur respondit bravement : « Et comment! une
« chose que vous avez desjà pillée il y a longtemps,
« la demandez-vous? » Ilz jurèrent aussytost qu'ilz
n'y avoient jamais touché. A quoy le roy aussytost
répliqua bravement : « Puis donc qu'elle n'a esté
« pillée en mon absence, à vostre advis, si je per-
« mettrai qu'elle le soit en ma présence! » J'ay mis
ces trois articles non pour belles rencontres de l'Espaignol, ny pour grandes rodomontades, sinon la
dernière pour demander le sac, mais pour les gentilles responses de nostre roy, qui est fort subtil en
beaux dires et gentilles responses et fort courtes, s'il
en fut onc. J'espère en dire aucunes en sa vie. Enfin
la capitulation fut faicte et bien gardée, à l'honneur
de nostre roy. Que s'il ne fust esté généreux et miséricordieux, il les tenoit tous la corde au col,

---

1. Hermantello Porto-Carrero, gouverneur d'Amiens, avait été
tué le 3 septembre, et inhumé dans la cathédrale, dit de Thou
(liv. CXVIII), avec une épitaphe à sa louange, gravée en lettres
d'or sur une planche de bois couverte de velours noir. — Un des
articles de la capitulation porta que les tombeaux élevés dans les
églises d'Amiens en l'honneur de Porto-Carrero et des officiers
espagnols tués pendant le siège seraient respectés, pourvu que les
épitaphes ne continssent rien d'offensant pour la France.

2. Le sac de la ville.

puisque le cardinal d'Austrie avoit failly de les secourir.

Si faut-il que je die quelques gentilles rencontres et rodomontades qui touchent les dames.

Lorsque la reyne[1] vint à Bayonne, de toutes les Espaignolles qu'elle avoit, elle n'en mena aucune avecques ses Françoises que Magdeleine de Giron, fille de la comtesse d'Iraigne, dame d'honneur de ladicte reyne. Elle y mena bien aussy la segnora Sofonisba, Italienne, damoiselle crémonoise, belle et honneste fille, et douce, qui avoit tout plein de vertuz, et surtout qui sçavoit bien peindre et pourtraire au naturel; les autres filles en Espaigne bien faschées pour ne se trouver en telle et si belle feste, qui eussent bien certainement paré la cour, car il y en avoit de belles, et entre autres Léonor de Tolède, qui estoit très-belle, et qui eust possible effacé le lustre de ladicte Magdeleine de Giron, dont elle fut bien ayse de quoy ne vint pour ce subject. Je ne desduiray les raisons pourquoy ces belles filles ne vindrent point, pour ne servir en rien à nostre conte.

Ceste donc belle Magdeleine parut très belle; aussy le pensoit-elle bien estre, tant elle estoit arrogante. Si bien que moy devisant un jour d'elle et de sa beauté avec un certain cavallier espaignol, il me dict, par un certain desdain et despit : *Dexadla, señor. Juro a Dios, que es tan brava y orgullosa por su beldad, que si el cielo se abaxase y se arrodillase delante sus pies, no se dignaria decirle que se levantase, y se vol-*

---

[1]. La reine d'Espagne Élisabeth, en 1565.

viese a su lugar[1]. Voylà une parole bien arrogante, et plaisante imagination, de se figurer le ciel descendre de son lieu pour s'humilier à elle[2].

Telles paroles sont quasi semblables à celles que jadis tinrent nos braves chevalliers françois, qui allèrent en Hongrie soustenir les Hongres contre les Turcs, conduitz par ce vaillant Jehan duc de Bourgongne, et par le mareschal de Boucicaut; lesquelz, trop bouillans, présumans trop d'eux, disoient partout que leurs lances n'estoient pas seulement bastantes pour deffaire tous les Turcs et les battre, mais, si le ciel vouloit descendre sur eux pour leur faire guerre, l'empescher par le soustien de leurs bois et

---

1. Laissez-la, monsieur. Je jure Dieu qu'elle est si orgueilleuse, à cause de sa beauté, que si le ciel s'abaissait et se prosternait à ses pieds, elle ne daignerait pas lui dire de se relever, et de se remettre en sa place.

2. *Var*. Lorsque la reyne d'Espaigne vint à Bayonne, de toutes ses filles espaignolles qu'elle avoit, elle n'en amena aucune que Magdalena de Giron, fille de la contesse d'Igregne, dame d'honneur de ladite reyne; les autres filles restarent en Espaigne, bien faschées pour ne se trouver en telle feste. Je n'en desduiray les raisons pourquoy elles ne vindrent, car elles ne servent rien à nostre conte. Ceste donq Magdallena parust en ceste court l'une des plus belles filles; aussi le pensoit-elle bien estre, tant ell' estoit arrogante; si bien que moy parlant un jour d'elle et de sa beauté à un cavailler espaignol, il me dist d'elle comme par desdain et certain dépit : *Dexadla, segnor. Juro a Dios qu' es tan brava y orgullosa por su beldad, que si el cielo fuesse arodillado adelante sus pies, ella no se dignaria decirle que se levantase y se alçase.* « Laissez-la. Ell' est si fière et si orgueilleuse à cause de sa beauté que si le ciel estoit à genoux devant ses piedz, elle ne daigneroit dire qu'il se levast. » Quelle humeur de s'aller imaginer que le ciel deust descendre pour s'humilier à elle! (Ms. 3273, f° 168.)

lances qu'il ne descendist, et le tenir en l'air comme il estoit. Mais pourtant le malheur fut tel que leur rodomontade ne porta feu ; car, sans avoir affaire au ciel, ilz furent tous desconfits et deffaits par les hommes, comme on peut voir par nos chroniques françoises.

J'aymerois autant d'un capitaine espaignol. Allant en un combat, et animant ses soldats, et louant leurs forces, il leur dit : *Voto a Dios, que si el cielo se cayese, le hemos de tener con los brazos*[1]. Si ce brave eust faict ce coup, il fust esté estimé un second Atlas, qui soustenoit le ciel de ses espaules. Quel fardeau ! encor que j'aye ouy dire à un vieux resveur de philosophe que l'air est fort léger, et que le ciel, qui en participe, l'est aussy. Je coupe là, craignant que, pour voller trop haut, je ne vinsse à tomber comme fit Icarus ; car le parler m'en est aussy estranger et incogneu que le haut allemand ; ny ne veux non plus l'apprendre, ny la science et tout, doubtant de mon cerveau débile et peu capable pour y advenir.

Or, pour retourner à ceste belle Magdeleine de Giron, bien qu'elle fust altière, elle n'estoit pourtant trop ennemie de l'amour, et ne refusa point d'estre servie (comme toute belle et gentille dame ne doit faire ce refus) de plusieurs honnestes cavalliers, et mesmes de M. d'Amville, aujourd'huy M. le connestable, pour lors jeune et brave seigneur, qui la servit fort discretement tant que le voyage dura, et en porta les couleurs jaunes et tannées. Il y eut pour

---

1. Je jure Dieu que si le ciel s'abaissait, nous le pourrions soutenir avec nos bras.

lors un gentilhomme françois, bien honneste et galant, qui, le jour de la procession du sacre[1], ainsi qu'elle marchoit, luy advint de faire un faux pas; ce gentilhomme s'advance aussytost pour la redresser et luy ayder. Elle le renvoya bien loing, avecques un certain desdain et rabrouement, disant : *Jesus! Y qual discrecion de Frances*[2]! Elle estoit bien vrayment desdaigneuse et glorieuse, de rendre le mal pour le bien et payer la courtoisie par la discourtoisie. Le gentilhomme luy eust bien rendu son change; mais il n'osa, pour le respect de la reyne sa maistresse, qui le sceut et luy[3] en fit une remonstrance.

Au bout de quelque temps elle fut mariée avecques un grand seigneur d'Espaigne, dont j'ay oublié le nom, qui fut après vice-roy aux Indes. Ainsy qu'elle l'y alloit trouver avecques la flotte ordinaire, son vaisseau, avecques deux autres, s'estans escartez vers l'isle de San-Domingo, un gentilhomme françois qui s'appelloit M. de Landreau[4], de bonne maison, vaillant et brave, et homme de mer, ayant armé quelques vaisseaux pour aller en cours et chercher advanture, fallit à prendre le vaisseau de ladicte dame, et de faict le canonna; mais elle fut secourue de deux autres vaisseaux qui donnèrent la chasse audict Landreau : et, sans ce secours, il la prenoit, à ce qu'il dist à M. d'Estrozze et à moy à son retour; et

---

1. *Sacre* ou *Sacre-Dieu*, le saint Sacrement.
2. Jésus! Et quelle courtoisie française!
3. *Luy*, à Madeleine de Girone.
4. Charles Routiaud, seigneur de Landercau.

que, s'il l'eust prise, il luy eust faict bonne guerre et toute honneste raison, en luy faisant payer pourtant le tribut de son ancienne arrogance.

Certes, il y a des dames aussy arrogantes en Espaigne comme des hommes et cavalliers; et l'air du pays le porte ainsy. Aucuns aiment à servir ces femmes et filles de ceste humeur, qu'ilz disent *bravas y fieras como toros*[1]. Aussy dict-on que chascun ayme son semblable. Si l'on en obtient la victoire, d'autant plus en est-elle à priser : et si l'on en est vaincu, la gloire n'en est pas moindre; ainsy que dit un galant cavallier un jour, et qui portoit pour devise une branche de laurier avecques ces motz : *Los unos le han traido por ser vencedor; yo, por ser bien vencido*[2]. Voilà comme telz braves se plaisent en leur gloire, et ayment les dames altières et généreuses.

J'ay veu d'autres fois chanter en Espaigne une vieille chanson, que proprement on appelle la *romance*, qui est bien gentille, où l'on introduict une dame se lamentant et s'affligeant de son mary qui estoit prisonnier en Angleterre, et ne le pouvoit ravoir par rançon ne autrement; et, pour ce, elle escrit une lettre au roy d'Angleterre, de sa propre main, et luy mande qu'il ait à le luy renvoyer sain, sauve et sans danger : autrement, qu'elle luy annonce guerre et le menace de la luy faire très cruelle par mer et par terre, et puis, dit-elle : *Que si me*

---

[1]. Braves et fières comme des taureaux.
[2]. Les uns le portent comme vainqueurs, moi je le porte comme bien vaincu.

falta capitan, yo misma llevare la bandera, y ire a ponerla hasta las puertas de Londres; y tambien, si me falta cañonero, yo misma dare fuego a la artilleria; si que dira toda la gente : « *Jesus! que muger guerrera*[1] *!* » Voilà une brave guerrière, et seconde Marfise ou Bradamante, qui vouloit elle-mesme, par faute d'autre, conduire son armée, planter son estendart sur le haut de la muraille, et servir de canonnier, et bailler feu à son artillerie. La chanson en est fort jolie, et l'air plaisant.

Ceste dame estoit plus valeureuse qu'une autre, qui usa de parolles certes généreuses à l'endroict d'un cavallier, pour l'induire à se battre pour l'amour d'elle contre un autre qui l'avoit offensée. Les paroles estoient telles : *Bien creo yo, gentil caballero, que no os faltara virtud para otorgar mi ruego, asi como os sobra bondad y valor para lograr la victoria de su persona*[2]. Gentilles parolles certes, et pour prier et pour louer.

Une belle jeune dame espaignolle ayant esté mariée de frais, et venant de bonne heure à estre grosse, qui paradvant estant fille très hautaine desdaignoit le mariage bien fort, et disoit *que no queria ser sugeta a ninguno, segun el valor y gloria de su*

---

1. Que si je ne trouve point de capitaine, je lèverai moi-même l'étendard, et je l'irai planter jusques aux portes de Londres; et si je manque de canonniers, je mettrai moi-même le feu à l'artillerie; en sorte que tout le monde dira : Jésus! quelle femme guerrière!

2. Je crois bien, brave cavalier, que le courage ne vous manquera pas pour m'accorder ma prière, comme vous avez assez de force et de valeur pour obtenir la victoire sur lui.

persona[1], et que, bien qu'elle y fust contraincte, elle s'efforceroit le plus qu'elle pourroit d'empescher son mary qu'il n'enlevast son pucellage que le plus tard qu'elle pourroit, son dire ne correspondit point à sa gloire ny à l'effect; car, bientost après son mariage, elle fut enceinte, et en devint estonnée et honteuse, et fit ce qu'elle peut pour cacher sa groisse[2], et ne la monstrer que le plus tard qu'elle pourroit. De quoy s'appercevant un autre cavallier qui d'autres fois l'avoit servie estant fille, fut bien ayse de prendre ceste occasion pour luy en faire la guerre; et, l'ayant un jour abordée, il luy dit *que no estuviese avergonzada, porque todos bien sabian que de semejantes luchas siempre resultan tales caydas; y por eso no se maravillaban si estaba avergonzada, porque en aquel caso ella era novicia, y que sentia en si unos mudamientos nunca por ella sentidos, y tales que, aunque su esfuerzo, virtud y gloria fuesse grande, no bastaria para resistir a las inclinaciones de la naturaleza, pues era de muger*[3]. Ce cavallier parla bien à elle, et à sa gloire et vanterie, et garde de son pucellage, et à la fragilité de son sexe, du-

---

1. Qu'elle ne voulait s'assujettir à personne, comme le comportaient sa vertu et sa gloire.
2. *Groisse*, grossesse.
3. Qu'elle ne fût point honteuse, parce que tout le monde savait qu'en de telles luttes arrivaient toujours de semblables chûtes; que cependant on ne s'étonnait point de la voir confuse, parce qu'elle était novice en ce cas, et qu'elle éprouvait en elle un changement qu'elle n'avait jamais éprouvé, et qui était tel que, quoique son courage, sa vertu et sa gloire fussent bien grands, ils ne pouvaient pas néanmoins résister aux inclinations de la nature, puisqu'elle était femme.

quel les dames ne doivent tant présumer n'y s'enorgueillir.

Par cas, une des compaignes de cette dame, qui estoit encore fille, se trouvant là présente, la voulut excuser, et un peu brocarder aussy en lui disant : *Como es posible, señora, que su generosa virtud, esfuerzo y animo soberbio no os escusaron de ser herida de llaga que tantos desmayos os causa? Plegue a Dios que no sea mortal, como yo creo que no sera, porque jamas de estas heridas no murio ninguna donzella*[1]. Sur ce, le cavallier précédent, qui estoit présent, leva ce coup et luy dit : *Ha! señora, vos, que eso certificais, habeislo provado?* — *Guardeme Dios* (respondit-elle) *de este estrecho. No, señor; mas helo oido certificar a: personas de gran credito*[2]. Il ne falloit point alléguer là de personnes de grand crédit pour servir de tesmoings; car, bien que le destroit soit aussy dangereux que celuy de Gibraltar, aucunes le passent bien sans danger, et d'autres non.

Une dame ayant perdu son serviteur qu'elle avoit faict de frais et peu gardé, car il vint à estre tué aussytost en une guerre, et en ayant sceu les nou-

---

1. Comment est-il possible, madame, que votre généreuse vertu, votre courage et la fierté de votre âme, ne vous aient pas empêchée de recevoir une blessure qui vous cause tant de chagrin? Plaise à Dieu qu'elle ne soit point mortelle, comme je crois qu'elle ne le sera point; car jamais de semblables blessures ne mourut une demoiselle.

2. Ha! madame, vous qui assurez cela, l'avez-vous donc expérimenté? — Dieu me garde d'un tel malheur! Non, monsieur; mais je l'ai entendu assurer à des personnes de grande créance.

velles, elle dit : *Ah! señor caballero, que si tan tarde me conocisteis, muy temprano me perdeis*[1] !

Un autre cavallier le voyant ainsy en douleur, dit à un sien compaignon : *El tiempo cura las cosas, y no hay grave dolor que andando el tiempo no se disminuya*[2].

Une dame demandant un jour le livre de la *Célestine* à un cavallier, il luy respondit, en luy donnant bonne : *Por Dios, señora, que me espanto de Vm. ! Teniendo en casa el original, pedir el traslado*[3] ! Bon, celuy-là.

Les Espaignolz sont fort subtils à gentiment brocarder et piquer, et appellent cela, *motejar, o golpear*[4]. Ainsy que fit un jour un cavallier estant parmy trois filles, toutes trois sœurs, et bien noires. Elles luy demandèrent un jour de foire, par cas, à emprunter un ducat pour achepter quelque chose, disant qu'elles n'en avoient point apporté sur elles. Il leur dit qu'il n'en avoit point sur l'heure, et qu'il en estoit bien marry. Elles luy dirent : *Como! un hombre tan honrado no tener un ducado ? Dixo el : Porque no, cuerpo de tal! pues entre vosotras tres no hay una blanca*[5]. L'allusion n'en est pas mauvaise,

---

1. Ah! mon cher cavalier, qui m'avez connu si tard, vous me perdez trop tôt!

2. Le temps guérit toutes choses; et il n'y a point de douleur si grande qui ne diminue avec le temps.

3. Par Dieu! que vous m'étonnez, madame. Ayant chez vous l'original, me demander la copie! — Je crois que le piquant de cette réponse consiste en ce que l'héroïne de la célèbre tragi-comédie de la *Celestina*, laquelle a donné son nom à la pièce, est une entremetteuse.

4. Railler ou frapper.

5. Comment! un si galant homme n'avoir point un ducat? Il

car une *blanca* c'est une monnoie d'Espaigne; et convertissoit ceste allusion sur elles trois, parmy lesquelles n'y en avoit pas une blanche.

Un médecin espaignol ayant receu quelque desplaisir d'une dame veufve, chargea un jour un maquignon, devant elle, de luy trouver *una mula que fuesse viuda*[1]. Le carretier[2] luy respondit : *Como, cuerpo de tal! Os burlais de mi, señor doctor? Nunca fue mula viuda*[3]. Le médecin luy répliqua : *Digo yo que tenga tres condiciones de una viuda; que sea gorda, andadora y comedora*[4].

L'on dict que les veufves, au moins aucunes, ont ces trois conditions. Pour bien aller et pour bien manger, je m'en rapporte à ceux qui en ont faict preuve et y ont pris esgard. Pour quant à la troisiesme, j'en ay veu beaucoup de personnes, et mesmes une de très grande authorité[5], de très grand esprit, estre de ceste opinion et tenir ceste maxime, qu'une femme, aussitost qu'elle est veufve, devient plus grasse et en bon poinct; ce que j'ay apperceu et m'en suis esmerveillé. Car aucune femme ay-je veu entre les mains de leurs marys, maigres, seiches, exténuées, qu'elles en tomboient sur les dents. Ve-

---

leur dit : Pourquoi non, corbleu! puisqu'entre vous trois il n'y a pas une blanche.

1. Une mule qui fût veuve.
2. *Carretier*, charretier.
3. Comment, corbleu! vous moquez-vous de moi, monsieur le docteur? Il n'y a jamais eu de mule veuve.
4. Je veux dire qu'elle ait les trois qualités d'une veuve; qu'elle soit grasse, coureuse et mangeuse.
5. Probablement Catherine de Médicis.

noient-elles à estre veufves, les voylà remises et refaictes aussitost, comme un cheval maigre et élangory¹ mis à l'herbe, qui se reffaict et se remet soudainement. De sorte que c'est une maxime, que qui veut engraisser une femme mariée, qu'il la fasse veufve; car c'est le meilleur engrais qu'on luy sçauroit donner. Ce n'est pas pourtant que les marys ne leur donnent le traictement et l'ordinaire qu'il leur faut, selon leur faculté et petit pouvoir; mais vous diriez que venant de leurs mains, elles ne les trouvent jamais si bons comme quand elles sont en viduité, et qu'elles le prennent d'elles-mesmes qui çà qui là, en leur plainière volonté. J'en voudrois volontiers demander une raison à quelque bon médecin, si ce n'est qu'il me renvoyast à l'apologue² de l'asne et du cheval qui est dans Rabelais³, et à leur parlement qu'ilz firent quasi sur mesme chose, où enfin monsieur l'asne conclut qu'il n'y a que la liberté des champs et choisir sa pasture comme l'on veut, et faire autre chose que je n'ose dire, et n'estre nullement en subjection, bien que l'on mange son saoul à crever dans l'estable.

Un cavallier parlant un jour d'amour à une femme aagée, mais pourtant belle encore et fort désirable, elle luy dit : *Y como, señor, me habla V. S. de esta cosa a mis completas*⁴? L'autre luy respondit : *Señora, sus completas valen mas que las horas de prima*

1. *Elangory*, languissant.
2. Les précédentes éditions portent *apologie*.
3. Voyez *Pantagruel*, liv. V, ch. VIII.
4. Eh! monsieur, comment me parlez-vous de telle chose, lorsque je suis aux complies ?

de qualquier otra[1]; faisant allusion gentille là-dessus sur les complies du soir et sur les heures de prime du matin. J'en ay faict un beau discours sur ce subject ailleurs. Et combien y a-il de dames aagées qui sont autant belles et désirables que les jeunes? De vieillard, il n'en fut jamais un beau ny désirable pour les dames, si ce n'est qu'on se voulust ayder d'un plaisant mot qu'un vieux cavallier dit un jour à une belle dame, luy présentant son service, et qu'elle l'en reprenoit. Ceste dame s'appellant *madama de la Torre*[2], il luy dit : *Tal torre ha menester de una barba-cana*[3]. Ce mot est bon et porte en soy deux intelligences[4], car une *barbecane* est une espèce de fortification, et *barba cana* en espagnol signifie *barbe blanche*.

Telle et semblable dit un cavallier d'une fort belle et honneste dame, laquelle ayant espousé un homme fort laid et sale, toutesfois n'enlaidissait nullement, mais s'embellissoit de jour en jour. Ce cavallier alla rencontrer *que no habia visto jamas fruta en un tal cesto que tanto durase sin podrirse*[5]. J'ay veu beaucoup de femmes en ma vie de ce naturel, à ne se gaster ny corrompre leurs beautez pour hanter des marys layds, sales et maussades.

Or, faisons une fin, et belle, par trois belles et honnestes princesses.

---

1. Madame, vos complies valent mieux que les primes de toute autre.
2. Madame de La Tour.
3. Une telle tour a besoin d'une barbacane.
4. *Intelligence*, sens, signification.
5. Qu'il n'avait jamais vû de fruit rester si longtemps en pareil panier sans se pourrir.

A ce mesme voyage et entrevue de Bayonne que j'ay dict ci-devant, madame de Guyse, aujourd'huy madame de Nemours, y estoit, où elle parut fraischement vefve, et très belle et en bon poinct, ainsy que de son temps jeune il n'y en a poinct eu une qui l'ait passée, comme son automne en donne encore une belle apparence; et bien qu'alors elle fust plus aagée de beaucoup que Magdeleine de Giron, elle l'effaça fort, bien qu'elle pensast le contraire; car volontiers on void aucuns fruicts en automne aussi beaux ou plus qu'en esté. Ainsy donc qu'elle estoit un jour en la chambre de la reyne, un cavallier espaignol de bonne façon, et bien en poinct, me vint demander : *Señor, quien es esta linda dama vestida de luto?* — *Señor*, luy répondis-je, *es madama de Guyza, muger de aquel gran capitan monsur de Guyza.* — *Es madama de Guyza?* dit-il. *Valame Dios, que linda dama es, y de muy brava y alta guisa*[1]! Ce mot est un mot ancien des vieux romans, qui correspond bien à ce nom de *Guyse*; et puis, continuant à la louer, il me dit : *Vive Dios! que bravo trage tiene, y que es bien tallada, y de linda catadura!* — Et puis me redemanda : *Es tan buena catolica, y enemiga de los luteranos, como su marido?* — *Si, señor*, luy respondis-je, *y aun mas; porque los luteranos le han matado*[2].

1. Monsieur, quelle est cette belle dame vêtue de deuil? — Monsieur, c'est madame de Guise, femme de ce grand capitaine M. de Guise. — C'est madame de Guise? Dieu me soit en aide! c'est une belle dame et de très-grande et haute guise!

2. Vive Dieu! qu'elle est bien habillée! qu'elle est bien faite, et de belle mine! Est-elle aussi bonne catholique et aussi grande

Il me redemanda si elle avoit des enfans aussi beaux qu'elle. Je luy dis qu'ouy, et lui monstray M. de Guyse son fils, et qu'elle en avoit deux autres aux escolles à Paris, tous deux semblables. Après, ayant un peu songé en soy, et arregardant ceste belle dame, et de grand' admiration, il dit, par une petite exclamation : *O! bien adventurado capitan, que tantos hombres enemigos de Dios peleasteis y matasteis en campos y villas! O! bien adventurado, otra vez, y mas, que con tantos asaltos combatisteis y vencisteis esta linda dama en las camas y pabellones*[1] ! Et me disoit cela comme par un despit amoureux, jaloux de quoy il n'eust peu participer à une si belle advanture.

Comme de vray, je croy qu'il n'y a au monde si grand chagrin ny despit à un amoureux d'une belle dame, que quand il songe que son mary ou un autre en jouissent, et n'en mange son pain qu'à la fumée du festin ou par imagination. J'ay ouy tenir ceste opinion à un très grand et brave prince[2] qui est mort, qui me racontoit un jour privément que, s'il estoit roy de quelque grand royaume, il ne seroit jamais tyran que pour une chose ; qu'il entretiendroit très bien la justice et fairoit observer très estroictement

---

ennemie des luthériens que son mari ? — Oui, monsieur, et encore plus, parce que les luthériens l'ont tué.

1. O trop heureux capitaine, qui avez combattu et tué tant d'hommes ennemis de Dieu dans les champs et dans les villes ! ô trop heureux, encore une autre fois, et plus, qui avez combattu et vaincu à tant d'assauts cette belle dame sur la couche et sous les pavillons du lit.

2. Probablement le duc Henri de Guise.

ses édicts et ordonnances, ne fairoit tort à personne, caresseroit fort sa noblesse, et surtout ne foulleroit jamais son peuple de grandes tailles, tributs ny subsides ; mais que si un sien subject, ou grand ou petit, eust une belle femme de laquelle il vint espris, certes il perdroit tout respect, et estendroit là-dessus un peu de tyrannie ; car il faudroit résolument qu'il en jouyst bon gré maugré, ou par amour ou par force ; mais premier tenteroit toutes les voyes de douceur et d'amour ; et que si elles estoient trop longues et fascheuses à tenir, qu'il useroit de diligence et de prise : « Car bien gastée, disoit-il, seroit-elle d'avoir
« l'accointance d'un brave roy, et le mary d'estre son
« compaignon, à qui et à elle fairoit de grands biens
« et donneroit de bonnes grades, et ne leur en seroit
« jamais ingrat, ny surtout les escandalliseroit ? »
Je pense n'avoir guières changé de ces motz qu'il me dit, car quasi ilz sont tous semblables ; et me les disoit sur un très beau et très grant subject, sur lequel ceste tyrannie méritoit bien d'estre exercée.

La reyne d'Espaigne, pour l'amour de laquelle seule ce voyage et entrevue de Bayonne se fit[1], parut aussi très belle ; et n'y eut François qui, l'ayant veue estant fille, n'advouast d'estre extrêmement accrue en beauté, bonne façon et belle majesté, bien qu'elle eust apporté tout cela dès sa naissance ; mais l'aage et le temps font beaucoup de belles et bonnes

---

1. Les contemporains attachèrent une grande importance politique à l'entrevue de Bayonne. Il y en eut même qui prétendirent que la Saint-Barthélemy y avait été décidée. C'est évidemment pour répondre à ces bruits que Brantôme dit si nettement que l'unique motif du voyage de Catherine était de voir sa fille Élisabeth.

choses, aussi bien que de mauvaises et de laides.
Ainsi, un jour que je devisois avec un fort honneste
cavallier espaignol (car certes force braves et honnestes d'eux me recherchoient, tant pour en avoir veu
et cogneu aucuns en la cour d'Espaigne, qu'il n'avoit
pas six mois que j'en estois venu, que pour en parler bien la langue), il me dit ainsi que nous estions
sur les hautes louanges de ceste belle reyne, ces
mesmes motz, et beaux certes : *Que de veras, tan
principal reyna y tan complida, parecia ser antes la
creacion del mundo, quasi escondida y cerrada en el
pensamiento de Dios, hasta que fuese su divina voluntad que se juntase por santo matrimonio con el rey
don Phelipe; que siendo por sus buenos hados tan
grande, tan poderoso rey, y quasi tocando el cielo con
la mano de su grandeza y pujanza, era menester, y
no de otro modo, que no esposase otra sino aquella,
que, por su gran hermosura, su honrada magestad,
y sus virtudes claras y nobles, semejaba mas divina
y celestial, que humana*[1]. C'estoit bien louer son
roy et sa reyne. Je parle d'elle plus au long en un
discours que j'ai faict à part pour elle, sans passer
outre.

[1]. Qu'en vérité une reine si grande et si accomplie paraissait
avoir été avant la création du monde comme cachée et renfermée dans la pensée de Dieu, jusqu'à ce que ce fût sa divine
volonté de la joindre par saint mariage avec le roi don Philippe;
lequel étant, par son heureux destin, si grand et si puissant roi, et
touchant pour ainsi dire le ciel avec la main de sa grandeur et
de sa puissance, il était nécessaire, et non autrement, qu'il n'en
épousât point d'autre qu'elle, qui, par sa grande beauté, son
honorable majesté et ses pures et nobles vertus, semblait plutôt
divine et céleste qu'humaine.

Or, ceste si belle reyne d'Espaigne a esté louée des siens, non-seulement par ces belles, mais par un million d'autres paroles (car ilz l'aymoient fort, voire quasi l'adoroient, ainsi que j'ay dict ailleurs[1]), la reyne de Navarre, sa troisième sœur, a bien esté autant admirée et louée d'eux quand ilz l'ont veue, les faisant aller à l'esgal toutes deux. Mais pourtant la puisnée passoit un peu devant l'aisnée, ainsi que l'on void quelquefois en un boscage un jeune arbrisseau, par ses belles branches, se hausser sur un autre plus vieux que luy. Mais pourtant toutes deux estoient très-belles, mais par airs différens pourtant; car chascune avoit le sien à part, très beau et très admirable.

Il faut donc sçavoir que lorsque ceste belle reyne de Navarre alla aux bains de Spa[2] elle passa par Namur, comme j'ai dict ailleurs, où elle fut honnorablement receue par don Juan d'Austrie, et veue en grande admiration des capitaines et soldatz espaignolz. De là à peu je rencontray à Paris, dans le Palais, un capitaine espaignol, à qui je demanday s'il l'avoit veue de par là ; il me dit que si, *y que por ser extremada de beldad y buenas gracias, habia mas priesa, quando salia fuera, por mirarla, que no a beber agua de los baños; y que por el arte de su hermosura captivaba las personas con la fama, y aun muy mejor con su presencia : porque se mostraba su hermosura entre las otras damas, como el sol entre*

---

1. Voyez sa Notice dans un autre volume.
2. En 1577. Voyez ses *Mémoires*, édition de la Bibliothèque elzévirienne, p. 85.

*las estrellas. De sus otras ilustres y claras virtudes
no hablo yo, porque, por ser tan hermosa, ninguna
cosa le falta*[1].

Je rencontray une autre fois, dans le Louvre, un autre capitaine espaignol venant d'Espaigne vers Flandres, qui m'ayant choisi par dessus mes compaignons, comme connoissant en moy quelque façon espaignolle, ainsi qu'il me dit après, me pria de le faire entrer dans la grande salle du bal, qui estoit un jour d'une grande magnificence, pour voir seulement ceste belle reyne de Navarre, de qui *la fama volaba por todo el mundo*[2], me dit-il. Je le fis entrer avec moy, lequel, durant tout le bal, ne dit jamais mot, ny fit autre geste, sinon regarder fixement ceste belle reyne, sans jetter ses yeux ailleurs, comme j'y pris garde; et luy laissay faire, sans le desbaucher de sa contemplation. Après le bal finy, je luy dis : *Y pues, señor, que os parece de nuestra reyna de Navarra? — Que me parece, señor?* me respondit-il. *Juro a Dios, me parece tal, que si estuviese en nuestra corte de Madrid, como esta en esta, el camino seria tan poblado, para visitar y mirarla, que pareceria un camino de romeria, donde muchos*

---

1. Et qu'à cause de l'excellence de sa beauté et de sa bonne grâce, il y avait plus d'empressement pour la voir quand elle sortait, que pour boire l'eau des bains; et que, par le moyen de sa beauté, sa réputation, et encore plus sa présence captivaient les gens; car sa beauté brillait entre les autres dames comme le soleil entre les étoiles. Je ne parle point de ses autres vertus nobles et illustres, parce qu'elle était si belle que rien ne lui manquait.

2. La renommée volait par tout l'univers.

perdones se ganan : que aunque señalado camino no hubiera, solamente bastaria de seguir el hilo de la gente, para mirar y adorarla, como reyna de la tierra, y la generala de todas las otras reynas y damas las mas señaladas de la Europa, y pregonarla tal con justo y honrado titulo, por su divina beldad, real magestad, y buenas gracias [1].

Certes, cest honneste homme avoit raison de tenir de telz propos ; car je pense qu'au monde ne s'est jamais veu princesse plus belle. J'en puis parler au vray ; car j'en ay veu force, et en France et aux pays estrangers, où la beauté se loge. Il ne luy manque qu'une chose : qu'elle n'est autant heureuse en ce monde comme ses mérites le requièrent, et que ses plus affectionnez serviteurs souhaitent et disent. Je n'en puis conjecturer autre raison, sinon que le ciel qui l'a faicte ne veut, comme jaloux, qu'elle dépende d'autre que de luy, bien qu'elle ne se soucie point de ceste grandeur du monde que tous et toutes recherchent tant ; se fondant sur une raison qui est belle certes, qu'elle me fit cest honneur de me dire il n'y a pas longtemps : qu'elle n'avoit af-

---

[1]. Eh bien, monsieur, que vous semble-t-il de notre reine de Navarre ? — Ce qu'il m'en semble, monsieur ? je jure Dieu qu'elle me paraît telle, que si elle était à notre cour de Madrid, comme elle est en celle-ci, le chemin serait si fréquenté pour la visiter et la voir, qu'il paraîtrait un chemin de pèlerinage où l'on gagne bien des pardons ; même s'il n'y avait point de chemin tracé, il suffirait de suivre la file des gens pour la voir et l'adorer comme reine de la terre, et la première de toutes les autres reines et dames les plus signalées de l'Europe, et la proclamer telle par un juste et honorable titre, à cause de sa divine beauté, de sa royale majesté et de ses bonnes grâces.

faire d'ambition ny de grandeur plus haute que celle qui luy estoit née et venue d'une si grande race de roys ses ayeulx et ancestres ; si qu'elle se peut dire estre aujourd'huy la seule restée de la plus grande maison du monde, et qu'il n'y a royaume, empire, ny monarchie, qui la peust rendre plus grande qu'elle est. L'ambition est bonne pour les princesses basses, et [qui] luy sont nullement égales ; mais, pour quant à elle, à part[1] l'ambition. Elle se contente de ce qu'elle est, ny ne sçauroit voller plus haut. Ses belles et amples aisles de sa noble maison, de ses vertuz et de ses qualitez, luy peuvent donner le vol, voire jusqu'au ciel, quand elle se voudra laisser porter à elles.

Finissons donc ici par ceste belle fin ; car j'en ay faict un fort long et grand discours à part[2].

1. *A part l'ambition*, c'est-à-dire elle a mis l'ambition de côté.
2. Voyez le Discours V de la première partie des *Dames*.

FIN DES RODOMONTADES ESPAIGNOLLES.

SERMENS ET JUREMENS

ESPAIGNOLS[1].

Après avoir raconté aucunes rodomontades des Espaignolz, il m'a semblé bon de raconter aussi aucuns de leurs sermentz particuliers que je leur ay ouy dire : en quoy je les treuve plus divers et plus changeans qu'aucunes nations que j'aye pratiqué; et si en invantent ordinairement de nouveaux. Le plus commun et ancien est :

I. *Juro a Dios*[2].

Puis ceux qui s'ensuivent.

II. *Si, por aquella señora que nacio preservada de la culpa original.*

III. *Si, por mis pecados que confese anteayer a los pies del confesor.*

---

1. Le traité des *Sermens et juremens espaignols* était primitivement confondu avec les *Rodomontades* qu'il terminait, comme on le voit dans le manuscrit. Il n'y occupe que cinq pages et demie. Mais plus tard Brantôme l'a considérablement augmenté et en a fait un opuscule distinct.

2. I. J'en jure à Dieu. — II. Oui par cette femme qui naquit préservée du péché originel. — III. Oui, par mes péchés que je confessai avant-hier aux pieds du confesseur. —

IV. *Si, por el santo voto que hize saliendo de las galeras de los renegados.*

V. *Si, por la casa santa de Jerusalem.*

VI. *Si, por la encarnacion del Verbo divino.*

VII. *Si, por la Veronica santa de Jahen.*

VIII. *Si, por los corporales santos de Daroça.*

IX. *Si, por Nuestra Señora de Mont-Serrat.*

X. *Si, por el alma de mi madre, que esta en parayso.*

Pensez qu'il en avoit un bon certificat.

XI. *Si, por las revelaciones de san Juan.*

XII. *Si, por la purificacion de Nuestra-Señora.*

XIII. *Si, por la sagrada natividad de Christo.*

XIV. *Si, por la cinta de san Francisco.*

XV. *Si, por la vida de mi padre, hombre de bien.*

XVI. *Si, yo reniego de aquel puto de ruin ladron que motejaba Nuestro-Señor en la cruz.*

XVII. *Si, por la letania de los santos.*

XVIII. *Si, por el juramento que tengo hecho.*

XIX. *Si, por la Madre sin manzilla.*

IV. Oui, par le saint vœu que je fis en sortant des galères des renégats. — V. Oui, par la sainte maison de Jérusalem. — VI. Oui, par l'incarnation du Verbe divin. — VII. Oui, par la sainte Véronique de Jaën. — VIII. Oui, par les saints corporaux de Daroça. — IX. Oui, par Notre-Dame de Mont-Serrat. — X. Oui, par l'âme de ma mère qui est en paradis. — XI. Oui, par les révélations de saint Jean. — XII. Oui, par la purification de Notre-Dame. — XIII. Oui, par la sainte nativité de Christ. — XIV. Oui, par le cordon de saint François. — XV. Oui, par la vie de mon père, homme de bien. — XVI. Oui, je renie ce débauché de mauvais larron, qui se moquait de Notre-Seigneur sur la croix. — XVII. Oui, par les litanies des saints. — XVIII. Oui, par le jurement que j'ai fait. — XIX. Oui, par la Mère sans tache. —

XX. *Si, por la Señora de la Coronada.*

XXI. *Si, por los quatro evangelios santos.*

Et là-dessus il se faut signer à la bouche, aux deux poitrines gauche et dextre, et puis à l'estomach.

XXII. *Si, por el Sepulcro santo, en el qual el Hijo de Dios fue sepultado.*

XXIII. *Si por las novenas de la señora santa Elizabet.*

XXIV. *Si, por la sagrada Escritura.*

XXV. *En verdad, por Nuestra-Señora del Pilar de Saragoça te lo juro.*

XXVI. *Si, o reniego de las que tengo en la cara.*

Il veut dire les ballaffres qu'il tient au visage.

XXVII. *Si, o reniego los pecados de los muertos.*

XXVIII. *Si, por la encarnacion de Christo.*

XXIX. *Si, por las reliquias santas de san Juan de Latran.*

XXX. *Si, por toda la perdicion del mundo, te lo juro.*

XXXI. *Si, por la vera cruz de Caravaça.*

XXXII. *Si, por el cuerpo de santo Alfonzo, que esta en Zamora, te lo juro.*

XX. Oui, par Notre-Dame de la Coronade. — XXI. Oui, par les quatre saints Évangiles. — XXII. Oui, par le saint sépulcre, où le fils de Dieu a été enseveli. — XXIII. Oui, par les neuvaines de madame sainte Élisabeth. — XXIV. Oui, par la sainte Écriture. — XXV. En vérité, je te le jure par Notre-Dame del Pilar de Saragosse. — XXVI. Oui, ou je renie celles que j'ai au visage. — XXVII. Oui, ou je renie les péchés des morts. — XXVIII. Oui, par l'incarnation du Christ. — XXIX. Oui, par les saintes reliques de saint Jean de Latran. — XXX. Oui, je te le jure par la perdition totale du monde. — XXXI. Oui, par la vraie croix de Caravaça. — XXXII. Oui, je te le jure par le corps de saint Alfonse, qui est à Zamora. —

XXXIII. *Si, por el apostol divino sant Yago.*

XXXIV. *Si por el siglo de mis finados.*

XXXV. *Si, por las brasas de san Anton.*

XXXVI. *Si, por el sagrario de Nuestra Señora.*

XXXVII. *Si, por la oreja sagrada de Malchus, y sanada por la mano de Jesus.*

Elle pouvait bien être sacrée puisque Jésus-Christ l'avoit touchée, non autrement.

XXXVIII. *Si, por el buen ladron, que Jesu-Cristo salvo moriendo con el.*

XXXIX. *Si, por los libros de maestre Abraham.*

XL. *Si, o reniego de los infieles del Hijo de Dios.*

XLI. *Si, o reniego los Moros quando van descariados sin rey.*

XLII. *Si, por las cuentas de mi rosario.*

XLIII. *Si, por la Virgen, que concibio sin dolor.*

XLIV. *Si, por la penitencia de santa Maria Magdalena.*

XLV. *Si, por el angel de la paz.*

XLVI. *Si, por el Señor que padecio en la cruz.*

XXXIII. Oui, par le divin apôtre saint Jacques. — XXXIV. Oui, par le siècle des miens qui sont morts. — XXXV. Oui, par le feu de saint Antoine. — XXXVI. Oui, par le tabernacle de Notre-Dame. — XXXVII. Oui, par l'oreille sacrée de Malchus, guérie par la main de Jésus-Christ. — XXXVIII. Oui, par le bon larron, que Jésus-Christ sauva en mourant avec lui. — XXXIX. Oui, par les livres de maître Abraham. — XL. Oui, ou je renie les infidèles au fils de Dieu. — XLI. Oui, je renie les Mores, quand ils errent sans roi. — XLII. Oui, par les grains de mon rosaire. — XLIII. Oui, par la Vierge qui conçut sans douleur. — XLIV. Oui, par la pénitence de sainte Marie-Magdeleine. — XLV. Oui, par l'ange de la paix. — XLVI. Oui, par le Seigneur qui souffrit sur la croix.

XLVII. *Si, por la Señora de los Campos.*

XLVIII. *Si, por las reliquias de Roma.*

XLIX. *Si, o reniego de la que me pario, si no es verdad.*

L. *Si, o reniego del oficio que queda en poder de rapazes.*

LI. *Si, o reniego de la puta de mi suegra.*

LII. *Si, por la Señora de las Huertas.*

LIII. *Si, por la pasion del Hijo de Dios.*

LIV. *Si, o reniego de la casa abrasada de Pluton.*

LV. *Si, por la Santa Trinidad.*

LVI. *Si, o reniego de la ley de aquel puto de Mahoma, y abomino la casa donde esta sepultado.*

LVII. *Si, o reniego del monaguillo de la iglesia, criado del sacristan.*

LVIII. *En verdad, lo afirmo por los santos de Dios.*

LIX. *Si, o reniego del espiritu maligno.*

LX. *Si, por las romereas de san Yago.*

LXI. *Si, por la Virgen del Remedio, te lo juro.*

XLVII. Oui, par Notre-Dame des Champs. — XLVIII. Oui, par les reliques de Rome. — XLIX. Oui, ou je renie celle qui m'a enfanté, si cela n'est pas vrai. — L. Oui, ou je renie le métier qui reste au pouvoir des enfans. — LI. Oui, ou je renie ma putain de belle-mère. — LII. Oui, par Notre-Dame des Jardins. — LIII. Oui, par la passion du Fils de Dieu. — LIV. Oui, ou je renie le manoir embrasé de Pluton. — LV. Oui, par la sainte Trinité. — LVI. Oui, ou je renie la loi de ce débauché de Mahomet, et je déteste son sépulcre. — LVII. Oui, ou je renie l'enfant de chœur, valet du sacristain. — LVIII. En vérité, je vous l'assure par les saints de Dieu. — LIX. Oui, ou je renie l'esprit malin. — LX. Oui, par les pèlerinages de saint Jacques. — LXI. Oui, je te le jure par Notre-Dame du Remède.

LXII. *Si, por la vida del emperador Carlos.*

LXIII. *Si, por la vida del rey don Phelipe.*

LXIV. *Si, por los ojos de mi dama.*

LXV. *Si, por estas barbas que nacieron a la fumada de los cañones*[1].

Ilz en disent bien d'exécrables, comme je vis un jour un bandollier près de Narbonne, qui jura *por los higados de Dios*[2]. Malheureux qu'il estoit! Un autre juroit : *Cuerpo de Dios por el pan, sangre de Dios por el vino*[3].

Je[4] vis un soldat à Naples, où estant faite pragmatique ou deffance de ne jurer parmy leurs bandes, luy, ayant perdu tout son argent dans le corps-de-garde, il dist seullement : *Beso las manos al señor Pilato*[5]. Interrogé[6] par quelqu'un de ses compaignons de ce qu'il vouloit dire par là, il respondit qu'il remercioit Pilate et luy en sçavoit bon gré de quoy il avoit sententié nostre Sauveur Jésus-Christ. Celluy-là devoit estre bruslé.

Un autre soldat estant un jour entré dans le logis d'une femme, son hostesse, qui avoit trois ou quatre

---

LXII. Oui, par la vie de l'empereur Charles. — LXIII. Oui, par la vie du roi don Philippe. — LXIV. Oui, par les yeux de ma maîtresse. — LXV. Oui, par ces moustaches, nées à la fumée des canons.

1. Voyez plus haut p. 30.
2. Par les entrailles de Dieu.
3. Corps de Dieu pour le pain; sang de Dieu pour le vin.
4. *Var.* Je le vis jurer une fois à un soldat, mais bien pis jura et blasphéma un autre soldat à Naples où.... (ms. 3273, f° 181).
5. Je baise les mains au seigneur Pilate.
6. *Var.* Comme, dist-il après, le remerciant et sçachant bon gré de quoy il avoit sententié Jesus-Chrit. (Ms. 3273, *ibid.*)

petits enfans à l'entour d'elle qui ne faisoient que crier et l'importuner, il dit : *Que no vive aun el rey don Herodes para vengarme de estos niños*[1]! Inférant par là qu'il eust voulu le roy Hérodes encor revivre, pour faire un second massacre de petits innocens, afin que pour luy il n'eust plus la teste rompue du cry de ces petits enfans. Quelle religion !

Un autre soldat, sortant de malladie et d'une grand' fiebvre chaude, allant à l'église remercier Dieu pour sa guérison, il dist et salua ainsi : *Beso las manos, señor Jesu, y tambien a vos, san Pablo y san Pedro, y a todos vosotros apostoles y otros santos de vida eterna*[2]; et se tournant vers sainct Anthoyne peint avec sa grande barbe blanche, il dit : *Y no a vos, barba blanca, que tan mal su fuego me trato, y me quemo en mis calenturas*[3].

Le brave M. de Bayard ne fit pas cela; lequel,

---

1. Ah ! que le roi Hérode ne vit-il encore, pour me délivrer de ces enfants.

2. Je vous baise les mains, seigneur Jésus, et à vous aussi, saint Paul, saint Pierre, et à tous les autres apôtres et saints de la vie éternelle.

3. Mais non point à vous, barbe blanche, dont le feu m'a si mal traité, et m'a tant brûlé pendant ma fièvre.

Var. Il maudissoit la challeur et le feu qu'il avoit enduré en sa fiebvre, réputant le tout à monsieur sainct Anthoyne.

Je vis une fois un bandolier auprès de Narbonne qui me jura *por el higado de dios*. Celluy là est fort escandaleux. Un autre me jura : *Por la letania de los sanctos*. Encore celluy est comme les autres précédens assez léger.

Les Italiens ne sont si divers en leurs juremens, mais ilz en disent de fort escandaleux et odieux, lesquelz il vaut mieux taire que dire. Nos François sont grands jureurs aussi, mesmes que le temps passé ce proverbe courroit : Il renie Dieu comme un ad-

ainsi que dit son roman¹, estant un jour persécuté d'une forte fiebvre chaude, de telle façon qu'il en brusloit, il implora Monsieur sainct Anthoine en luy faisant telle oraison : « Ah ! monsieur Anthoyne, mon
« bon sainct et seigneur, je vous supplie avoir souve-
« nance lorsque nous autres François nous allasmes
« jetter dans Parme, que les Impériaux vouloient
« venir assiéger. Il fut arresté qu'on brusleroit et
« abattroit-on toutes les maisons et églises qui es-
« toient aux faux-bourgs. Je ne voulus jamais con-
« sentir que la vostre fust abbattue, bien qu'elle
« fust de grande importance ; mais je m'y allay jetter
« dedans avecques ma compaignie, si bien que je
« la garday, et demeura entière. » Ceste oraison faicte, au bout de huict jours M. de Bayard fut guéry.

A propos de *baiser les mains*, un prescheur, en Espaigne, preschant le premier dimanche de caresme, et touchant l'évangile de ce jour-là et de la tentation de Satan à l'endroict de Nostre-Seigneur, venant sur ce poinct qu'il luy dit qu'il se jettast du haut du pinacle du temple en bas, et que, puisqu'il estoit fils de Dieu, il seroit aussytost relevé des anges sans se faire mal ; sur ce le prescheur dit tels mots : *Jesus, como caballero muy bien criado, respondio asi : Beso las manos, señor Satan. Tengo yo otra escalera para baxar*².

---

venturier, mais aujourd'hui chascun s'en accommode. Dieu à tous leur fasse la grâce de s'en refformer. (*Ibid.*, f° 181, v°.)

1. Voyez le *Loyal Serviteur*, ch. LV.
2. Jésus, comme un cavalier bien appris, répondit ainsi : « Je

Je sçay un très grand prélat[1] qui fit une quasi pareille faute (et sans penser) que celle-là, car je l'ouys : lequel preschant ce mesme jour à Fontainebleau devant le roy, la reine et toute la cour, où il y avoit deux ou trois cens huguenots, et touchant ce mesme poinct de la tentation, il dict : « Hé! diable, mon « amy, que vous ay-je faict pour me vouloir tenter « ainsi? » Ce mot là ne fust pas plustost dit qu'il fut relevé de plusieurs de l'assistance., mesmes des huguenots, qui s'en mirent à rire avecques une sourde rumeur, dont après ilz en firent bien leur proffict. Le sermon achevé, s'estant enquis à aucuns de ses gens pourquoy on avoit ry, ilz luy dirent parce qu'il avoit appelé le diable *son amy* ; dont il en fut si fasché, qu'il dit l'avoir dit à l'improviste et sans y songer, et qu'il voudroit avoir donné dix mille escus, et tenir le mot dans la bouche.

Or il faut noter que aucuns de ces Espaignols ayment tant à dire de bons mots, qu'ilz n'espargnent ny religion, ny religieux, ny personne, ny chose quelconque qui soit.

J'allois un jour à Naples avecques le procache[2], avecques qui vont toutes sortes de gens, selon la rencontre qu'ilz trouvent. Par cas, estoit avec nous le sergent majour de Naples, qui portoit le nom de Caravajal, gallant homme certes. Il ne faut point demander si l'on est mal traicté par les mains de ce

vous baise les mains, seigneur Satan; j'ai un autre escalier pour descendre. »

1. Le cardinal de Lorraine. Voyez t. II, p. 277.
2. Le messager, *procaccio*.

procache. Après que nous eusmes disné en une ville qui s'appelle Bellistre [1], aussy mal qu'il est possible, et de très meschante viande, on nous porta pour le fruict deux plats de sallade, où il y avoit des herbes que le diable n'en eust pas mangé, tant elles estoient sauvages et amères. Dans deux autres plats à part il y avoit un peu de vinaigre et force huile, comme il y en a force en ces quartiers, et aussy qu'ilz n'y veulent que fort peu de vinaigre. Caravajal, voyant ce beau mets avecques ceste grande quantité d'huile s'escria du haut de la table où il estoit, et moy près de luy : *Señores, quien quiere morir de vosotros, que aqui esta la extrema uncion* [2] ? Parce que l'extrême onction se faict d'huile. Nous nous mismes tous à rire, fors un moyne qui estoit présent, qui dit : *Señor capitan, estas palabras no son buenas a decir* [3]. Le capitaine luy respondit : *Señor frayle, estas yerbas no son buenas a comer. Tome este aceyte, y llevele al vicario* [4]. Le pauvre moyne demeura estonné; et fallut qu'il beust ceste-là, car l'autre ne s'en soucioit guières.

Un pauvre un jour demandant l'aumosne à un soldat, et qu'il prieroit Dieu pour luy, il met la main à la bourse, et luy donne une réale, en disant : *Tomad, que yo no presto a uzura* [5].

---

1. *Bellistre*, Velletri; en latin *Velitræ*.
2. Messieurs, qui de vous autres a envie de mourir, car voici l'extrême-onction ?
3. Monsieur le capitaine, ces paroles ne sont pas bonnes à dire.
4. Monsieur le moine, ces herbes ne sont pas bonnes à manger. Prenez-donc ce vinaigre, et le portez à votre vicaire.
5. Tiens, je ne prête point à usure.

Un autre, en demandant l'aumosne de mesmes, et qu'il prieroit Dieu aussi pour luy, il luy dit, en ne luy donnant rien : *Rogad por vos que teneis harto menester de vuestras rogarias para sus pecados, sin gastarlas por otros*[1]. Cestuy ne fut pas si courtois que le précédent.

Un autre pauvre demandoit l'aumosne à un cavallier, et qu'il la luy donnast, *pues que era su hermano*[2]. L'autre, estonné, luy demanda comme il estoit son frère; il respondit : *Porque todos somos de un mismo padre, Adan y Eva*[3]. L'autre, tirant sa bource, luy donna *una blanca*. Sur quoy le pauvre respliqua que c'estoit fort peu pour estre son frère. Le cavallier, le renvoyant bien loing, luy dit : *Si cada uno de tus hermanos te diese otro tanto, no habria principe tan rico como tu*[4].

Un cavallier espaignol voyant un jour un autre qui parloit à sa maistresse d'amour, lequel estoit laid et noir comme un beau diable, s'approchant de luy, il luy dit : *Vade retro, Satanas; no tenteis mi señora*[5].

Un autre amoureux, contemplant en un tableau les mystères de la passion de Nostre-Seigneur, ainsy que les peintres nous le représentent, il dit : *Igualar*

---

1. Prie pour toi, tu as assez besoin de tes prières pour tes péchés, sans les prodiguer pour les autres.

2. Puisqu'il était son frère.

3. Parce que nous sommes tous sortis des mêmes ancêtres, Adam et Ève.

4. Si chacun de tes frères te donnait autant, il n'y aurait point de prince si riche que toi.

5. Retire-toi d'ici, Satan; ne tente point ma dame.

otros martirios a estos seria gran desvario ; mas grandes son los mios[1].

Ceste comparaison sourde, en quelque façon que ce soit, ne se doit faire. Telle ou pire en fit un cordellier une fois, dont j'en vais faire le conte. Ce cordellier estoit un des prescheurs et confesseurs de la reyne Anne de Bretaigne. Je ne sçay si c'est point frère Jehan Bourgeois, fort renommé de ce temps-là, ou autre. Pour lors ladicte reyne avoit une de ses filles qui s'appelloit Bourdeille, sœur propre et aynée de feu mon père, et pour ce ma tante, fillole du roy Louys XII, dont elle portoit le nom de Louyse de Bourdeille. Il l'avoit faicte venir à la cour dès l'aage de six ans, et la faisoit quasi ordinairement manger au bas de sa table, estant petite garce, parce qu'elle avoit le bec affilé et disoit d'or, et causoit plaisamment, et luy bailloit ainsy du plaisir. Mais quand elle vint sur l'aage de unze à douze ans, la reyne la fit tirer de là et manger à l'ordinaire avecques ses compaignons. Or, venant sur l'aage de quatorze à quinze ans, elle estoit si belle qu'on l'appelloit *l'Ange de la cour*, dont plusieurs gentilshommes en furent serviteurs et amoureux, jusques à ce M. le cordellier (car soubs la ceinture de saint François l'amour y volle aussy bien qu'ailleurs), qui, en l'exhortant, fust ou en la chambre de la reyne (car lors les cordelliers entroient partout, tant on se fioit en eux), ou en confession, de l'amour de Dieu et de la charité, il en faisoit tomber tousjours quelques mots sur

---

1. Ce serait une grande extravagance de comparer d'autres souffrances à celles-ci ; mais les miennes sont grandes.

son amour; si bien que ma tante l'en ayant renvoyé bien loing par deux ou trois fois, et luy ne s'en désistant, le dit à la gouvernante, qui en fit le rapport à la reyne, qui n'en fit autre semblant, sinon la tancer, et luy dire que c'estoit une mauvaise garce, et que ce cordellier estoit un très sainct et homme de bien. Cela dura quelque temps jusqu'à un jour de vendredy sainct, que luy venant à prescher la Passion dans la grande salle de Bloys, devant la reyne Anne, ses filles et sa cour, il se mit de plein abord, par son premier thème, à commencer ainsy son sermon, et par ces propres mots : « Pour vous, belle « nature humaine, c'est aujourd'huy pour qui j'en- « dure, dit ainsy Nostre-Seigneur Jésus-Christ à un « tel jour d'anuict pour sa Passion. » Puis, s'estant plus avant enfoncé en propos, il va si dextrement et subtilement contourner et convertir tout son texte et passage de la Passion en celle qui l'affligeoit pour l'amour de ceste belle nature humaine qui estoit au devant de sa chièse[1] avecques ses compaignes et autres dames, sur laquelle jettoit tousjours quasi ses yeux, contrefaisant du triste, du marmiteux et du passionné des tourmens de Nostre-Seigneur, que pourtant il convertissoit tousjours sur les siens. Bien peu de personnes s'advisèrent de cela, sinon la reyne un peu, qui, ne se fiant en son jugement, après le sermon failly, elle fit venir le galland parler à elle, en la présence de deux de ses docteurs qui avoient esté au sermon, auxquels la reyne ayant conféré son soupçon et son doubte, s'en allèrent aussy doubter

---

1. *Chièse*, chaise, chaire.

et appercevoir, et luy répéter la plus grande part des passages, tant vrais que feintz, tant bons que mauvais, qu'avoit alléguez le galland. Enfin trouvèrent qu'il y avoit de la meschanceté ; et pour ce, estant appellé devant la reyne et les docteurs, et estant convaincu d'un tel crime (non sans se deffendre pourtant bravement), on dit que la reyne le fit fouetter en sa cuisine : mais point, car elle n'aymoit point le scandale ; ains le renvoya à son provincial, avecques belles recommandations qu'il s'en souvint toute la vie ; et par ainsi, ma tante bien ayse d'estre délivrée d'un tel fascheux importun, et de n'estre plus taxée de la reyne de l'avoir accusé à tort, et que la vérité en estoit cognue ; dont la reyne l'en ayma davantage, et le roy son parrain. Mais elle ne vesquit guières après ; car elle mourut à l'aage de quinze venant à seize ans. Grand dommage certes d'une si belle fleur fanie[1] et emportée en son plus beau apvril. Elle fut fort regrettée du roy, de la reyne, de toute la cour, et enterrée très honnorablement aux Cordelliers, près du grand autel, à main gauche. Avant que leur église se bruslast, il y a environ seize à dix-sept ans[2], son épitaphe en bronze paroissoit encore attaché contre un pillier, lequel fondit avecques plusieurs autres, tant le feu et l'embrasement fut grand et désolable, sans y pouvoir remédier. Je tiens ce conte de feu ma mère et du bonhómme M. de Pons[3], qui le tenoit, disoit-il, de madame de Pons sa mère,

---

1. *Fanie*, fannée.
2. Le 19 novembre 1580. Voyez L'Estoile, à cette date.
3. Antoine, sire de Pons, comte de Marennes, chevalier des

gouvernante de madame Renée de France, despuis duchesse de Ferrare. Je pense que si madame de Nemours, sa fille, s'en vouloit aujourd'huy ressouvenir, elle le pourroit asseurer; et voylà mon conte achevé. Venons à d'autres.

Il s'est trouvé de bons compaignons d'autresfois en ces cordelliers, comme un Espaignol que je vais dire, appelé Fray Inigo. Allant un jour dans une rue de Tolède, et aucunes belles et honnestes dames (comme il y en a force) allans devant et luy après, et faisans grand'poussière de leurs robes traisnantes en terre, ainsy qu'elles se fussent advisées de luy et de la poussière qui luy nuisoit s'arrestèrent tout court (car elles l'avoient en grand'révérence), et luy dirent fort courtoisement : *Pase vuestra reverencia, porque nole demos polvo*[1]. Luy, refusant de passer, leur dist : *Beso las manos, señoras. Vayanse, que el polvo de las ovejas no le aborece el lobo*[2]. Quel fin loup voilà puisqu'il n'abhorroit point la poussière de ces belles dames ! Il n'en eust point abhorré autre chose, ny leur chair, non plus que le loup celle des brebis, bien qu'il fist bien de la mine et qu'il prélassast tant qu'il pouvoit, aspirant un jour à une mytre. De quoy l'en reprenoit un jour un sien compaignon, et de despit luy dit : *Quitad esta vana gloria;*

---

ordres du roi, né le 2 février 1510. Il était fils de François, sire de Pons, comte de Marennes, et de Catherine de Ferrières.

1. Que votre révérence passe devant, afin que nous ne lui fassions point de poussière.

2. Je vous baise les mains, mesdames; marchez toujours. Le loup n'abhorre point la poussière des brebis.

que aunque lluevan mitras, nunca caera una en su cabeza[1].

L'on peut bien quelquesfois brocarder et se mocquer de ces gens-là, puisqu'ilz se mocquent entre eux-mesmes les uns des autres, comme fit un cordellier un jour à un jacobin. Allant par pays tous deux de compaignie, et venant passer un ruisseau où il n'y avoit planche ny pont, le jacobin luy dit que puisqu'il estoit deschaussé et pieds nuds, qu'il se mist dans l'eau et qu'il le portast sur ses espaulles; ce que le cordellier luy accorda volontiers; et le passant, quand ce fut au mitan de l'eau, il luy demanda s'il ne portoit point d'argent sur luy. L'autre respondit qu'il avoit environ six réalles. Alors il luy dit: *Padre, perdonadme, que no puedo llevar comigo dineros, porque asi lo manda mi regla. Y, diciendo eso, luego lo echo en el rio, y se penso ahogar*[2]. Pensez que le cordellier s'en mocqua bien, et en rit son saoul.

Une bonne femme estant malade, et ayant envoyé quérir son curé pour la confesser, elle luy donna pour sa peine une poulle, qu'il prit gentiment et l'emporta. Quand elle fut guérie, ne se souvenant du don, elle demanda à sa chambrière qu'estoit devenue sa poulle. Elle luy dit qu'elle l'avoit donnée au curé par son commandement; à quoy elle respon-

---

1. Laissez-là cette vaine gloire. Quand même il pleuvrait des mitres, il n'en tomberait jamais une sur votre tête.
2. « Mon père, pardonnez-moi, je ne puis porter d'argent sur moi, parce que ma règle me l'ordonne ainsi. » Et, en disant cela, il le jeta dans l'eau, où l'autre pensa se noyer.

dit : *Yale me Dios ! Infinitas veces que se me perdio esta gallina, la di al diablo, y nunca la tomo : y una vez que la prometi al cura, la llevo luego*[1].

Un bon compaignon ayant espousé une belle et honneste femme, et pour ce qu'il estoit mauvais mesnager et avoit despendu tout le bien que son père luy avoit laissé, elle se sépara de luy ; dont s'en plaignit au vicaire pour la luy faire rendre : de quoy le vicaire s'enquérant à son procureur, luy demanda *si habia consumido el matrimonio*[2]. Le procureur respondit plaisamment : *Y aun el patrimonio*[3] ; faisant allusion du matrimoine et du patrimoine, qu'il les avoit consommez tous deux, à son dam, et de la femme et tout.

Un autre fit bien mieux, qui, ayant de mesmes mangé tout son bien, et rencontré un jour par un sien amy, et trouvé à table qu'il faisoit bonne chère, et souppoit avec un flambeau de cire ; luy pensant remonstrer que, puisqu'il n'avoit plus de quoy faire telles despenses, pourquoy il faisoit celle-là d'un flambeau de cire et ne se contentoit d'une petite chandelle de suif ; l'autre luy respondit : *Señor, llego al cabo del año con mi hacienda*[4]. Quel bout de l'an, et quelle comparaison ! Ne vous dis-je pas qu'ilz n'espargnent rien pour dire un bon mot,

---

1. Dieu me soit en aide ! Une infinité de fois que cette poulle s'est perdue, je l'ai donnée au diable sans qu'il l'ait jamais prise ; et pour une fois que je l'ai promise au curé, il l'a emportée sur le champ.
2. S'il avait consommé le mariage.
3. Et même le patrimoine.
4. Monsieur, je fais le bout de l'an de mon bien.

comme plusieurs autres que je dirois bien ? mais je serois trop long. Si diray-je encore ceux-cy :

La reyne d'Espaigne, donne Izabelle[1] de France, estant un jour en une procession à Madrid avec ses dames et filles qui la suivoient, toutes aussi belles qu'elle, et, venant après la dernière leur gouvernante, vieille et laide, il y eut un cavallier qui rencontra là-dessus, et dit : *Esta dama parece la muerte al cabo de un rosario de oro o de pedrerias*[2]. Il se faut imaginer là-dessus un beau chappellet de pierreries ou d'or, de quelque façon, au bout duquel on met coustumièrement une teste de mort, pour en avoir souvenance.

Un capitaine de gallères poursuivant une galliote de Mores, il fit un vœu que, s'il la pouvoit prendre, qu'il en donneroit la dixme à Nostre-Dame de Guadalup. Un de ses soldats s'en mit à rire ; et luy ayant esté demandé pourquoi, il respondit : *Lo que ha prometido el capitan, ahora es de los Moros ; y si se gana, sera de nosotros soldados ; pues mirad adonde se ha de sacar el diezmo por Nuestra-Señora*[3]. Le gallant se vouloit partager pour luy et pour ses compaignons, avant que rien donner à Nostre-Dame.

Cestuy-cy, et puis plus. Un gallant, ou, pour mieux dire, un meschant garnement, estant un jour malade d'une fiebvre chaude qui le pressoit et l'alté-

1. Élisabeth.
2. Cette dame a tout l'air d'une tête de mort au bout d'un rosaire d'or ou de pierreries.
3. Ce que le capitaine a promis est encore en la puissance des Maures ; et si on le prend, il sera à nous autres soldats. Voyez donc où il prendra la dîme pour Notre-Dame,

roit fort, il demanda à son médecin de l'eau de fontaine pour boire. Il luy respondit qu'elle luy feroit mal s'il en beuvoit, et qu'il n'en auroit point. L'autre luy respondit : *Dadme pues un poco de agua bendita para beber, que cosa tan bendita y sagrada no puede hacer mal*[1]. Le médecin lui respondit : *O! hijo de puta, que habeis dicho? Denle quanta agua quisiere*[2]. Ainsy l'abandonna M. le médecin à boire son saoul d'autre eau, et ne toucher à l'eau béniste, qui a bien plus d'autres vertus que de la boire, ainsy que j'en vais faire un conte.

M. de Grignaux[3], gentilhomme de Périgord, brave et très-habile en son temps, et chevallier d'honneur de la reyne Anne de Bretaigne, fut une fois envoyé en ambassade vers le pape Jules par le roy Louis XII son maistre. Par cas, un jour estant au palais de Sainct-Pierre, il veid sortir cinq ou six cardinaux, faisans bien des empressez, qui alloient jetter le diable hors du corps d'un pauvre homme. Il les pria de l'attendre un peu qu'il eust dict un mot à Sa Saincteté, et qu'il vouloit aller avec eux pour voir ce mystère qu'il n'avoit jamais veu. A qui ilz dirent, par une grande spécauté, qu'il ne falloit pas qu'il y vinst, parce qu'il ne s'estoit pas confessé et mis en estat et bonne dévotion comme eux, d'autant que ces malins esprits souloient, quand on les chassoit

---

1. Donnez-moi donc un peu d'eau bénite pour boire. Une chose si bénite et si sacrée ne saurait faire mal.

2. O fils de putain! qu'as-tu dit? Qu'on lui donne autant d'eau qu'il voudra.

3. Brantôme a déjà raconté cette histoire dans la première rédaction de l'article consacré à Trivulce. Voy. t. II, p. 224, note.

d'un corps, s'aller aussy tost rejetter dedans un autre s'il se trouvoit en son chemin, et n'estoit en bon estat que doit estre un vray et bon chrestien et catholique ; et par ainsy ce malin esprit, estant par eux chassé du corps de ce pauvre homme, pourroit entrer dans le sien, le trouvant tout immonde et honny. A quoy M. de Grignaux respondit promptement : « Le prenez-vous là ? j'y ay trouvé un bon remède ; « car je me jetteray tout chaussé et tout vestu dans « le grand bénistier, et m'y plongeray jusqu'à la « gorge. Mais, avant, je prendray de l'eau béniste « ma pleine bouche ; et, lorsque vous aurez faict vos « oraisons, imprécations et brinborions, et que je « pourray au plus près cognoistre que ce diable voudra sortir, je commenceray à jetter par ma bouche, « et rejaillir peu à peu mon eau béniste, et l'entretiendray toujours ainsy jusqu'à ce que le diable « aura sorty par la vitre, ou rentré dans le corps de « quelqu'un de vous autres, qui n'estes pas plus nets, « ni ne vallez pas plus que moy, et estes pires que « le diable. Car, Pasques-Dieu (tel estoit son serment), vous estes, et votre maistre, tous traystres, « qui ne faictes que trahir et tromper le roy mon « maistre ; » ce qui arriva puis après. Voilà donc comment M. de Grignaux, voulant mettre ordre aux trous du haut et du bas, par là où il présumoit que diable deust passer, fit approuver à l'assemblée que le remède estoit très-bon, et qu'il verroit tout le mystère sans danger et fortune.

Je tiens ce conte d'un vieux gentilhomme mon voisin, qui disoit le tenir de feu M. de Bourdeille mon père, qui estoit parent et bon amy de M. de

Grignaux, et aussi bon compaignon que luy; lesquelz tous deux, et en France, et au dehors aux guerres d'Italie, en avoient fait de bonnes en leur temps, bien que mon père fust plus jeune, car il estoit page de la reyne Anne, allant toujours sur son premier mulet de devant sa litière, qui estoit un grand honneur de ce temps, que M. de Grignaux estoit desjà chevallier d'honneur de ladicte reyne, laquelle (sortant hors de page) le luy donna pour le mener aux guerres de Naples. Je sçay plusieurs bons contes de tous deux, qui sont subelins, et qui lèvent la paille, dont j'en conte aucuns en mes autres livres [1].

Or bien que ce conte soit joyeux et ridicule, il faut toujours confesser et avouer que l'eau béniste a de très-grandes vertus et propriétez, soit contre ces esprits malins, soit pour les foudres, tempestes, orages et tonnerres, pour le feu et embrasement, bref pour une infinité de choses dont l'on a veu de grands miracles.

Je cuydois n'allonger ce petit traicté des *Juremens espaignols* tant comme j'ay faict. Mais, comme un propos ameine l'autre, je me suis perdu un peu en ces petits contes précédens, qu'il vaut mieux dire que raconter ces énormes juremens et blaphêmes, qui sont par trop scandaleux, et très-nuisibles à l'âme, et plus qu'on ne pense; et m'estonne qu'on ne s'en corrige mieux qu'on ne faict. Mais, à ce que j'ay veu et pratiqué, il n'y a guières peuple, de quelque nation que ce soit, qui ne s'en ayde fort vilainement. Les François s'en accommodent aussy bien

---

1. Voyez plus loin la Vie d'Anne de Bretagne.

que les autres, et mesmes les Gascons, voire plusieurs Francimans, et surtout les soldatz et advanturiers de guerre, ainsi qu'en couroit le temps passé le proverbe : « Il jure comme un advanturier, ou comme un sergent qui prend et tient son homme au collet. » Les lansquenets jurent estrangement aussy. Bref, tous s'en aydent, et principalement les Italiens; car ilz prennent Dieu, la Vierge Marie, et tous les saincts et sainctes, par le haut, par le bas, par le mitan, que c'est chose fort abhorrable. Ceux qui en ont pratiqué le pays en confirmeront mon dire.

Je vis une fois (je ne diray plus que cestuy-cy) un capitaine de gallères italien, genevois[1], que je ne nommeray point, qui suivoit M. le grand prieur de France, de la maison de Lorraine. Estans sur mer, ainsy que nous estions prests à passer le goulphe de Livourne, qui est très-dangereux, jouant aux dez contre un autre, luy ayant livré dix pour son poinct et sa chance, et rencontré et pris pour luy quatorze, il se mit, en tirant les dez, à dire par trois fois : *Fa quattordici, messer Domeneddio, o tu perdi un anima christiana*[2]. En ce disant, il fit la chance de son homme, et luy perdit. Puis, continuant et renforçant plus vilainement son blaphême, il dist : *Yo so ben che messer Domeneddio mi vol dar oggi qualche stretta ; ma, tu mentirai*, dit-il en regardant le ciel, *ch'io no giuocaro piu*[3]. Et prenant les dez, il les jetta

---

1. Génois.
2. Fais quatorze, Seigneur Dieu, ou tu perds une âme chrétienne.
3. Je vois bien que le Seigneur Dieu me veut aujourd'hui pré-

dans la mer, en se retirant avec une perte de trois cens escus.

Ce blaphême porta si grand malheur, que nous estant engoulphez en cedict goulphe, seize gallères qu'avoit ledict M. le grand prieur, coururent grande fortune, et cuydèrent quasi toutes périr. Mondict sieur le grand prieur ayant sceu après le blaphême dudict capitaine, l'en tança très-aigrement, et qu'il n'y retournast plus, autrement il luy fairoit sentir : lequel il laissa en le voyant contrit et repentant, et que luy-mesme eut plus grand peur que tous les autres durant la tempeste. Il avoit raison ; car Dieu s'en irrita, comme il fit paroistre. Du despuis il s'en corrigea, et le vis ne jurer ni blaphémer plus tant comme il faisoit : et, quand on luy en faisoit la guerre qu'il estoit devenu sage, il respondoit : *La fortuna di Livorno mi fa ancora paura*[1].

Il seroit besoing que Dieu quelquesfois donnast tout à coup ainsy des chastimens à ceux qui le jurent si exécrablement. Ilz s'en corrigeroient, et les autres y prendroient exemple : car enfin ce n'est qu'une accoustumance aysée à s'en deffaire, ainsy que j'en ay veu l'expérience en plusieurs.

---

cipiter en quelque malheur ; mais tu mentiras, car je ne jouerai plus.

1. Le danger de Livourne me fait encore peur.

FIN DES SERMENS ET JUREMENS ESPAIGNOLS.

M. DE LA NOUE[1].

A SÇAVOIR A QUI L'ON EST PLUS TENU, OU A SA PATRIE,
A SON ROY OU A SON BIENFACTEUR[2].

J'estois un jour en honneste compaïgnie d'honnestes seigneurs et dames; et ainsi qu'on se rencontre à discourir, parmy ces honnestes personnes, de plusieurs subjects, nous vinmes à tomber sur M. de La Noue, duquel on ne se peut assez saouler de dire les biens, les vertus, les valeurs et les mérites qui estoient en luy; si bien qu'il fut tenu estre resté le plus grand capitaine que nous eussions aujourd'hui

---

1. François de la Noue, dit *Bras de fer*, né en 1531, blessé mortellement au siége de Lamballe et mort quelques jours après, le 4 août 1591.

2. Dans les anciennes éditions et dans l'édition Monmerqué, ce *Discours* est mis entre la vie de M. Parisot et celle de Charles IX. Rien n'autorisait à l'insérer en cet endroit, car il ne figure ni là, ni ailleurs, dans aucun des manuscrits que nous avons consultés; et sa forme, son titre et enfin la place que lui donne Brantôme, dans l'énumération de ses ouvrages (voyez t. I, p. 82), démontraient suffisamment qu'il formait un traité séparé. Nous lui avons donc conservé la place qu'il occupe avec raison dans l'édition Buchon. En l'absence de manuscrit, nous avons reproduit le texte des éditions antérieures.

en France. On conta comment, estant sorti de page d'avec le roi Henry son maistre, il fit son apprentissage sous luy, et de ses voyages qu'il fit en Picardie et frontières de Flandres, où luy-mesme estoit tousjours général et conducteur de ses armées. Aussy les plus vieux capitaines ne luy eussent sceu rien apprendre soubs un si bon maistre et guerrier, puisque soubs meilleur il ne pouvoit. Ledit seigneur de La Noue apprit donc là ses rudimens de guerre, puis s'en alla en Piedmont avec M. d'Amville, comme j'ay dict ailleurs, où il se trouva en plusieurs combats, et mesmes en un qui fut faict au Pont-d'Asture[1], où il y eut une deffaicte de cinq cens Espaignols naturels, qui le fit fort valoir et estimer.

Nos guerres civilles estant survenues, il se mit à suivre le party de la religion, de laquelle il estoit grand zélateur ; et aussy que M. l'admiral, voyant sa suffisance, l'avoit attiré pour autant se décharger de son grand faix, ainsi qu'il le servit très-bien et le soulagea fort ; car dès-lors il commençoit à estre bon capitaine, d'autant qu'il aymoit fort à lire, et ce qu'il lisoit il le pratiquoit très-bien quand il estoit en sa charge de guerre ; et aussy qu'il en aymoit fort à discourir, comme je l'ay fort ouy attentivement bien souvent, et appris de luy-mesme au voyage d'Escosse que nous fismes, lorsque nous allasmes conduire la pauvre feue reyne de France martyrisée[2].

La seconde guerre venue, il fit un grand service à son party ; car messieurs le Prince, l'admiral et

---

1. Ponte-di-Stura. — 2. Marie Stuart.

d'Andelot ayant assiégé le roy dans Paris à demy, eux estans dans Sainct-Denis, ilz donnèrent la charge à M. de La Nouë d'aller surprendre Orléans; ce qu'il fit facilement par le moyen du baillif Grelot[1] et ceux de la ville, qui estoient quasi tous la pluspart partisans de la religion; mais il restoit la citadelle, qui estoit bonne et bien munie d'artillerie, qui fouettoit ceux de la ville, il ne faut dire comment. Mais M. de La Noue la battit et l'assaillit si bien, qu'à la longue d'un mois ou trois sepmaines, l'emporta, cependant que les autres amusoient le roy et ses forces, qui ne put la secourir; car s'il les eust divisées pour y aller, ilz ne demandoient pas mieux.

Les troisiesmes troubles revindrent puis après, où mondict seigneur de La Noue fit encore mieux; car, ayant M. d'Andelot, un autre grand capitaine, avec soy, et toutes les forces huguenottes de la Bretaigne, Normandie, le Mayne, le Perche, l'Anjou et autres provinces, fallut passer la rivière de Loyre, estant M. de Montpensier d'un costé et M. de Martigues de l'autre[2]. Nonobstant, la passèrent bravement sans grande perte de gens, et une bien grande de la troupe de M. de Martigues, car il perdit son enseigne, M. d'Ourches[3], de Dauphiné, brave et vaillant gentilhomme s'il en fut oncques, et fort mon amy, duquel la perte emporta plus que tout ce que M. d'Andelot peust perdre. La rivière se passa donc en despit

---

1. Jérôme Groslot. La Noue s'empara d'Orléans le 28 septembre 1567. La porte Banière, dont les catholiques avaient fait une espèce de citadelle, se rendit le 12 octobre suivant.
2. En 1568. Voyez de Thou, liv. XLIV.
3. Rostain d'Urre, seigneur d'Ourches.

de tout obstacle, M. d'Andelot y travaillant d'un costé et M. de La Noue de l'autre. Toutes ces forces huguenottes estant assemblées, elles prindrent Sainct-Jehan, Cognac, Xaintes, Pons, Blaye, Angoulesmes et plusieurs autres.

Monsieur, frère du roy, nostre général, emmena son armée ; si bien qu'en un an il leur livra deux batailles, celle de Jarnac, et l'autre de Montcontour, ès quelles toutes deux M. de La Noue fut pris en vray homme de guerre, encor qu'en celle de Jarnac luy fallut combáttre ayant la fièvre quarte. Les princes et M. l'admiral estant allez en Gascogne et Languedoc, il demeura avec le comte de La Rochefoucaut en Xainctonge, Angoulmois, Poictou et autres pays de leur conqueste, gouverneur; dont il s'acquicta bien, car il deffit Puygaillard[1], qui avoit six ou sept cens chevaux, et le régiment des gardes qui s'estoit sauvé dans Lusson, qu'il prit à sa mercy ; là où il usa d'une grande courtoisie de guerre, car il le renvoya avec toutes ses armes, enseignes et tabourins, comme point vaincu : de quoy fut fort loué d'un chacun, et le vis fort louer à la reyne et au roy, comme de chose inouye et peu advenue.

La paix se fit, et le comte Ludovic de Nassau alla faire ses entreprises en Flandres, demandant pour son second M. de La Noue, et firent prou pour un commencement ; mais ilz eurent en barbe ce grand capitaine le duc d'Albe, qui les empescha soudain de parachever leur besogne, et leur emporta Valanciennes par le moyen de la citadelle qu'ilz n'avoient

---

1. En 1570. Voyez de Thou, liv. XLVII,

pas; et puis les alla assiéger dedans Mons en Haynaut, où ledict comte estant tombé malade, ce fut à M. de La Noue à supporter le faix du siège de tout; mais, n'en pouvant plus, fut contraint d'en sortir par une très-belle et honnorable composition[1], avec pourtant une très grande admiration et estime qu'il laissa de luy au duc d'Albe et à toute son armée.

Le massacre de la Sainct-Barthélemy s'estant ensuivy, fut envoyé quérir jusques en Flandres par nostre roy, pour l'envoyer à La Rochelle et la solliciter de luy rendre son obéyssance (cecy est une autre paire de manches, et longues à coudre, que j'espère dire ailleurs et à propos); mais il n'y put rien gaigner, et fallut qu'il en sortist sans rien faire, sinon d'avoir donné une bonne leçon et instruction pour se bien deffendre, qu'elles nous coustèrent la perte de vingt mille hommes; car quand il y entra ilz estoient au bout de leur rollet[2], ainsi que luy et eux m'ont dict.

Ce siège nous porta la paix qui ne dura guières, car, le roi de Poulogne s'en estant allé en son nouveau royaume, les armes se prindrent au mardygras, en Normandie, M. le comte de Montgommery en chef, et en Xainctonge et Guyenne, M. de La Noue chef; où pourtant il fut grandement blasmé des siens mesmes de n'avoir secouru jamais ceux de Lusignan assiégez, d'un seul homme, non pas d'une seule allarme, en trois mois que le siège dura; et j'en ay veu plusieurs soldats qui estoient dedans s'en

---

1. En août 1572. Voyez de Thou, liv. LIV.
2. *Rollet*, rouleau.

plaindre, disans : « M. de La Noue nous a fort bien « nouez, mais il nous a mal desnouez. » Mais, pour cela, il ne le faut pas mésestimer, car possible il n'avoit pas le moyen ; si a-on veu des places secourues de nostre temps pourtant, et plus mal aysées que celle-là. Je m'en rapporte à ce qui en est ; je luy en ay veu dire des raisons alors que ce siège duroit, m'ayant le roy despesché de Lyon vers luy[1], lorsqu'il fut de retour de Poulogne, pour ouvrir quelques propos de paix.

Or, ayant, Monsieur, frère du roy, conceu quelques mécontentements contre Sa Majesté, et soufflé par les huguenots, qui n'avoient plus un grand chef, et qui avoient pris à propos ceste occasion de mécontentement, il s'en alla de la cour. M. de La Noue, dès le siège de La Rochelle, avoit commencé à le débaucher : je sçay ce que luy en dis, me doubtant bien de quelque chose, et qu'il y avoit quelque anguille soubs roche ; mais il me nyoit tout ; et tant plus qu'il me faisoit ces protestations, je luy répliquois tousjours (car nous estions très-grands amys, et la pluspart du temps couchions ensemble) qu'il mettroit ce prince à mal. Enfin, le voylà aux armes et hors de la cour. M. de La Noue le va trouver vers le Poictou avec ses forces, où je le vis et luy ramenteus[2] bien ses anciennes protestations qu'il me faisoit devant La Rochelle ; mais la reyne mère, qui estoit toute bonne et très sage, ne cessa jamais qu'elle n'eust accordé les deux frères ; si bien que le roy de Navarre, s'en estant aussy desparty de la

---

1. En 1574. — 2. *Ramenteus*, rappelai.

cour quelques six mois après Monsieur, fut eslu chef général de la religion, comme luy appartenoit, puisqu'il en estoit des fermes, et veu sa grandeur. M. de La Noue l'assista tousjours si bien en ces guerres de Gascogne, que luy, qui estoit jeune prince et peu pratique aux armes, mais pourtant vif et de gentil esprit et courageux, moitié de son instinct et moitié de ce qu'il voyoit faire à M. de La Noue, l'imitoit; et fit si bien, que c'est aujourd'hui un des grands capitaines et roys et princes de la chrestienté.

Le roy de Navarre, la paix venue, le fit surintendant de sa maison, qui estoit un très grand honneur pour luy; mais ayant esté appellé par le prince d'Orange et les Estats des Pays-Bas, sur le résonnement de son nom et de ses beaux faits, qui s'espandoient partout, fut esleu par eux leur mareschal-général de camp, et supplié de l'accepter, avec de beaux partis et appoinctemens qu'ilz lui présentoient[1]. Il quicta cette surintendance; et luy, qui n'estoit si bon œconome comme bon guerrier, changea le ménage avec la guerre, qui luy estoit plus propre; ainsy que le roy François I sceut très-bien remonstrer une fois à feu M. de La Pallice, dit mareschal de Chabanes, lequel, désirant (à son advènement à la couronne) récompenser M. de Boissy, qui avoit esté gouverneur de son enfance, et ne sçachant estat en son royaume plus propre pour luy que celuy de grand-maistre, pria M. de La Pallice de luy résigner l'estat de grand-maistre qu'il avoit eu du roy Louys XII, et qu'il le feroit en eschange mareschal

---

1. En 1578.

de France, estant bien plus de raison que luy, qui toute sa vie avoit manié les armes, eust un estat qui luy fust plus convenable à sa profession, à son mestier et exercice, qu'un autre où il n'avoit jamais esté bien ny advenant : ainsy, par ces belles raisons, l'eschange se fict. J'ay dit cecy ailleurs[1], mais c'est tout un.

M. de La Noue en fit de mesmes, lequel quitta le bureau et la marmite, et l'économie du roy de Navarre pour aller guerroyer en Flandres. M. d'Estrozze et moy le vismes partir de France; et, sans M. d'Estrozze, je m'estois desbauché et résolu d'aller avec luy; mais il me retint, et me pria de n'y aller point. Que maudicte soit l'heure que je le crus! car je serois maintenant mort avec gloire, ou je vivrois plus heureux que je ne suis. Ce n'est pas la première fois que mondict sieur d'Estrozze a retardé aucunes bonnes fortunes qui se sont présentées à moy; mais je l'aymois tant, qu'il disposoit de moy comme il vouloit.

Voylà donc M. de La Noue en Flandres, où il fut receu avec une très-grande joye, allégresse et admiration de tous les Estats, qui pour lors avoient une armée de cinquante mille combattans. Et vint bien à poinct d'avoir recouvert pour ce coup un si grand capitaine, d'autant que dom Juan d'Austrie leur donna pour un matin une camisade si chaude et si serrée, que, sans la bonne conduicte et l'assistance de M. de La Noue, et la vaillance de sept ou huit

---

1. Dans la première rédaction de la notice snr M. de Chièvres. Voyez tome I, p. 218, note.

cens François qui se trouvèrent là, qui ne faisoient qu'arriver, toute leur armée estoit deffaicte, comme les Espaignols le sceurent très-bien dire.

Je ne conteray point les beaux exploicts d'armes qu'il a faicts, les beaux combats, les belles rencontres, et surtout les prises de villes fortes et imprenables qu'il a emportées par surprises, par escalades, voire en plein jour, et mesme celle où il prit le comte d'Aiguemont[1], bien jeune alors en tout, mais despuis qui s'estoit bien faict, ainsy qu'il le monstra dernièrement en la bataille d'Yvry, où il mourut à la teste de ses troupes, aussy vaillamment que jamais homme mourut en guerre; et fit bien paroistre qu'il estoit fils de père, et que, s'il eust vescu autant que luy, se fust rendu esgal à luy, car il estoit vaillant; et tout vaillant, avec le temps, et si nature luy donne le loysir de vivre, se fait grand capitaine, comme je le tiens des grands.

Enfin, comme Mars est tousjours douteux autant que dieu qu'ayent jamais inventé les poëtes, tourna la chance à M. de La Noue, et fut pris en une rencontre petite[2]; petite l'appellè-je, car il n'avoit qu'une poignée de gens : et de ceste rencontre et prise (de laquelle j'espère parler ailleurs) estoit chef le marquis de Richebourg[3], autrement dict le marquis de Ranty; lequel, au commencement que M. de La Noue alla en Flandres (ainsy que je le tiens de

---

1. Le comte Philippe d'Egmont fut surpris dans Ninove par la Noue en 1580. Voyez de Thou, liv. LXXI.
2. Le 10 mai 1580 à Ingelmunster. Voyez de Thou, liv. LXXI.
3. Robert de Melun, marquis de Richebourg.

plusieurs capitaines qui estoient avec luy), estoit fort nouveau, suivant le party des Estats, et, apprenant ses principales leçons de M. de La Noue, se rendit en un rien si bon capitaine, qu'il est mort (ayant changé sa robe) l'un des bons que le roy d'Espaigne eust là-bas. Il mourut à ceste estacade d'Anvers[1]; j'espère en parler ailleurs, pour estre l'une des belles choses qui aye esté faicte en ces guerres civiles gauloises.

Ledict marquis ne traicta mondict sieur de La Noue à sa prise comme il devoit, et comme le disciple le devoit à son maistre; et fit fort peu de cas de luy, comme de l'incognu à l'incognu. Pour fin, il fut livré à l'Espaignol, qui le met en une prison si estroicte, qu'il n'en sceut jamais sortir qu'au bout de cinq ans et demy, qu'il fut délivré par le moyen de messieurs de Guyse et Lorraine, où il y eut de trèsgrandes cérémonies, que, sans ces deux princes, mal aysément il fust sorty[2]. Je le sçay aussy bien qu'homme de France, pour en avoir parlé à feu M. de Guyse pour luy assez de fois; et la première

1. Le 4 avril 1585, les Anversois, assiégés par le prince de Parme, dirigèrent des brûlots contre une estacade construite sur l'Escaut et qui fermait l'entrée de leur port. Cette entreprise ne réussit qu'à moitié. L'un des brûlots, en éclatant, fit sauter une partie de l'estacade et tua environ huit cents Espagnols. Voyez de Thou, liv. LXXXIII.

2. Il fut échangé, en 1585, contre le comte Philippe d'Egmont, aux conditions suivantes : Il dut promettre de ne jamais servir contre Philippe II et de ne porter les armes contre qui que ce fût sans l'ordre du roi, et de plus, comme gage de sa parole, fournir une caution de cent mille écus d'or, dont se rendirent garants le roi de Navarre, le duc de Lorraine et le duc de Guise. (Voyez de Thou, liv. LXXXIII.)

fois ce fut à la chambre de la reyne à Sainct-Maur, après la routte de M. d'Estrozze vers le Portugal.

Estant donc sorty, et accomply quelques solemnitez promises en sa délivrance, l'occasion se présentant pour servir le roy, partit de Sedan avec quelques trouppes, et, se joignant avec quelques partisans du roy (comme avec M. de Longueville le général, et qui pour son aage promettoit d'estre un jour aussy grand capitaine qu'aucun de ses généreux ancestres), il vint droit à Senlis, que pour lors M. d'Aumale tenoit estroictement assiégé; et, encor qu'il fust beaucoup plus fort, M. de La Noue ne refusa le combat et luy livra la battaille, si bien mise en ordre, si bien arrangée et si bien conduicte, qu'il la gaigne, et donne la chasse audict M. d'Aumale et à ses gens, luy en deffaict grande quantité morts par terre, et lève le siége de Senlis : ce qui ne fut pas un petit service et léger faict au roy, d'autant que M. du Mayne, accompagné d'une armée de quinze mille hommes, tous enragez, désespérez de la mort de leur brave M. de Guyse, et tous enflambez pour venger sa mort, avoient donné dans les faubourgs de Tours, les avoient faussez et fait une grande escorne au roy, qui n'estoit assez bastant de forces, encor qu'il se fust aydé de frais de celles du roy de Navarre; car volontiers on quitte un vieil ennemy, et s'ayde de luy pour se venger du nouveau. Et M. du Mayne tenant la campagne, estant bravigant[1], car c'est la plus belle chose qu'il aye faicte en ceste guerre, et sur le poinct de faire encore quelque chose de nou-

1. *Bravigant*, faisant le fanfaron; en italien *braveggiare*.

veau et de plus beau, comme d'empescher Sa Majesté de passer la Loyre, et le cogner de deçà, les nouvelles vinrent de ceste bataille de Senlis gaignée par M. de La Noue : non que je veuille dire que M. de La Noue seul l'aye gaignée, car je ferois tort au brave M. de Longueville et autres braves seigneurs qui estoient avec luy; mais on ne sçauroit nier qu'il n'en fust bien l'autheur du gain, à cause de sa grande suffisance et le bel ordre qu'il y mit.

Ces nouvelles donc arrivées au camp de M. du Mayne, et les Parisiens espouvantez de ce grand choc de fortune, mandèrent viste à M. du Mayne, et le pressèrent de rebrousser et d'aller à eux; ce qu'il luy fallut faire, estant sur le poinct le plus beau de ses affaires; ce qui donna le temps et loisir au roy de se redresser, se renforcer et passer la rivière à Gergeau qu'il força, et tira droit à Paris; à sa mal' heure très-grande, car il y fut tué.

Or, ainsy que j'allois disant et publiant les louanges, valeurs et vertus de ce grand M. de La Noue, il y eut une personne de la compaignie, que je ne nommeray point, ny son sexe, mais bien sa qualité, qui estoit grande et haute, et avec cela fort spirituelle, et sçavoit les affaires du monde[1], qui me prit par la main et m'arresta, ne voulant permettre que j'en parachevasse le cours, et me dit : « Certaine« ment, M. de La Noue ne se sauroit tant louer « comme ses mérites le portent; mais quand l'on « considérera ses ingratitudes, dont il a eu le blasme « d'estre fort remply, il se trouvera fort estrange-

---

1. Probablement Marguerite de Valois.

« ment souillé, et si bien, que tant de belles vertus
« qu'il porte sur luy ne l'en sçauroient nullement
« laver; car il faut dire que c'est le plus ingrat gen-
« tilhomme que jamais nasquit en France. » Et ceste
personne disoit qu'elle le tenoit ainsy du roy et de
la reyne.

Aux premiers troubles, il se banda du tout contre
les petits enfants du roy son maistre, qui l'avoit
nourry page, aymé, eslevé et fort chéri ; mesmes que
le plus souvent il ne faisoit guières partie à la paulme
qu'il n'y appellast La Noue, car il estoit des plus
adroits et parfaicts, mesmes qu'on ne parloit que des
revers de La Noue, qui certes estoient beaux, bien
tirez et de bonne grâce, et d'une terrible force ; si
bien qu'il le faisoit cognoistre par tous ceux de sa
cour. En temps de guerre, s'il[1] rompoit une lance, il[2]
publioit qu'il en avoit rompu trois ; qui certes estoit
une grande bonté et faveur de maistre, et grande
obligation au subject. Pour récompence, il fit la
guerre du tout en tout à ses enfants mineurs.

La seconde guerre, il y retourna encor et prit
Orléans, comme j'ay dict. Aux troisiesmes troubles,
il fut pris à la battaille de Jarnac, duquel M. de
Montpensier, indigné à toute outrance contre les
huguenots pour leur religion, et pour luy avoir fait
de frais quelques petites galanteries à la prise de la
ville de Mirebeau, sollicitoit fort la mort ; mais,
Monsieur, pour lors notre général, luy sauva la vie,
aussi bien là comme à la battaille de Montcontour,
où il fut pris pour la seconde fois.

---

1. *S'il*, si la Noue. — 2. *Il*, Henri II.

Du despuis, après le massacre de la Sainct-Barthélemy, le roy l'envoya quérir en Flandres, sortant du siège de Mons en Haynaut, le remit en sa grâce, le remit en ses biens, en ce[1] qu'il aille à La Rochelle et persuade aux habitans de rentrer en leur deüe obéyssance : ce qu'il ne fit point, mais leur persuada le contraire. De plus, continuant ses mesconnoissances, il fut un des principaux ministres qui persuada à Monsieur, estant à La Rochelle (cela est bien vray), de s'esmouvoir et de s'en aller de la compaignie de M. son frère; mais le coup fut rompu (j'en dirois bien les occasions) jusques à ce que les armes se prindrent au mardy-gras, que mondict sieur, frère du roy, et le roy de Navarre, furent descouverts en leurs menées à la cour, et par ce espiez et tenus de près, tant par la providence du roy Charles que de la reyne. Et de tout en estoit cause M. de La Noue, pour en faire jouer le jeu, qui pourtant, nonobstant que ces deux grands princes fussent prisonniers, luy ne laissa à mouvoir et faire tousjours guerre, et trouver inventions et moyens pour faire sortir Monsieur de la cour, qu'il alla trouver et persuader beaucoup de choses (comme Monsieur l'a dit despuis) contre le roy et l'Estat, sans la bonté de Monsieur et la sagesse de la reyne mère, qui le mit d'accord avec le roy son frère, et le remit si bien, qu'oncques puis ne s'arma contre luy.

Mais le roy de Navarre prit sa place, où M. de La Noue l'assista tousjours à faire la guerre contre son roy, jusqu'à ce que, sentant quelques remords de

1. *En ce*, en ce but.

conscience en soy, pour se parjurer si souvent et estre ingrat contre Sa Majesté, que j'ay ouy dire par gens qui le tenoient de luy, qu'il prit la résolution de ne plus guerroyer sa patrie et son roy, ains ailleurs aller porter son ambition (car il en a eu plus qu'homme du monde, je dis d'honneur, mais non guières de grandeurs et de biens) en pays estranger. Parquoy, s'en alla en Flandres, où y ayant guerroyé quelque temps assez heureusement et glorieusement, fut enfin prisonnier de guerre et confiné dans une prison si obscure, si estroicte et si misérable, qu'il n'en attendoit que d'heure à autre la sentence de sa mort, sans aucun espoir d'en sortir, non plus qu'un pauvre criminel serré dans un cachot, jusqu'à ce qu'au bout de cinq ans et demy M. de Lorraine, qui l'avoit cognu à la cour fort familièrement, et fort aymé, et joué souvent ensemble, eut compassion de luy, et traicta et moyenna si favorablement sa délivrance à l'endroit du roy d'Espaigne, qu'il l'obtint contre tout espoir humain.

Ce grand M. le duc de Guyse n'y espargna de son costé ny sa faveur ny son labeur, ainsy qu'il n'a sceu s'engarder d'en dire et confesser la vérité dans son manifeste et déclaration[1] qu'il a faicte sur sa

---

1. Voyez *Déclaration de F. de la Noue pour la prise d'armes et la défense de Sedan et de Jamets*, Verdun, 1588, in-8°; elle a été réimprimée dans les *Mémoires de la Ligue*, t. II, p. 454-471, édit. de 1590, in-8°. Le duc de Bouillon, Guillaume-Robert de la Mark, avait nommé la Noue son exécuteur testamentaire et le tuteur de sa sœur Charlotte, et celui-ci eut à défendre l'héritage de sa pupille contre les prétentions de Charles II, duc de Lorraine.

prise des armes pour la deffense des villes de Sedan et Jamets, frontière du royaume de France, et soubs la protection de Sa Majesté. La substance de ces paroles est donc telle[1] : « Que monseigneur le duc de
« Lorraine, outre autres seuretez, s'obligeoit au roy
« d'Espaigne, pour luy, de la somme de cent mille
« escus, et en son deffaut, un prince d'Allemagne
« ou un canton des Suisses : que je luy consigne-
« rois aussy mon second fils pour un an en ostage à
« sa cour : davantage, que ledict sieur et mondict
« sieur le duc de Guyse promettoient, par un escrit
« à part, signé de leur main, que je ne porterois les
« armes contre le roy d'Espaigne. De tous lesquelz
« liens les Espaignols me lièrent comme s'ilz eus-
« sent eu à craindre qu'un petit soldat comme moy
« vinst tost ou tard à altérer le cours de leur vic-
« toire : duquel pensement j'estois très-éloigné, et ne
« tendoit mon affection qu'à parvenir jusques en ma
« maison pour m'y reposer et rendre grâces à Dieu
« de ce qu'il m'avoit tiré de l'ombre de la mort et
« du sépulchre. Estant arrivé en Lorraine, je com-
« muniquay avec lesdicts princes, pour sçavoir s'ilz
« me vouloient gratifier de ceste obligation ; ce
« qu'ilz m'accordèrent très-libéralement, moyennant
« que Sa Majesté Très-Chrestienne le consentist ;
« vers laquelle j'allay, et ne pus obtenir son con-
« sentement, sinon que je luy promisse de ne porter
« les armes sans son exprès commandement et con-
« sentement, ce que j'accorday : et tout aussitost
« elle escrit à monseigneur le duc de Lorraine qu'il

---

1. Voyez *Déclaration*, p. 456.

« pouvoit respondre pour moy au roy d'Espaigne;
« ce qu'il fit avec ces conditions : que je luy obli-
« gerois cent mille escus sur tous mes biens pour
« gage de son obligation, à quoy je satisfis; après,
« que je luy promettois de ne porter armes contre
« luy et son Estat, ce que je luy promis aussi, en cas
« que cela ne contrevinst en ce que je devois d'o-
« béyssance, de servitude et de fidélité à la couronne
« de France et au roy mon souverain seigneur. Le
« tout parachevé, je me despartis desdicts princes,
« ayant esté bénignement accueilly d'eux, et m'en
« allay à Genesve, où je choisis ma demeure pen-
« dant ceste misérable guerre. Au bout de deux
« mois, mon fils[1], que je retiray d'auprès du roy de
« Navarre, arriva vers moy, et l'envoyay en ostage à
« Nancy, où il a receu de la courtoisie tant qu'il y a
« demeuré. »

Un peu avant ces paroles escrites, il en dit d'autres qu'il faut bien escrire aussi, qui sont telles[2] : « La
« première cause du bénéfice de ma délivrance fut
« la bonté de Dieu qui se souvint de mon affliction;
« la seconde, le prisonnier que je tenois, pour lequel
« je fus eschangé, qui estoit de beaucoup plus grand
« prix que moy; et la tierce, l'obligation de cent
« mille escus, faicte par le roy de Navarre sur ses
« biens de Flandres, pour la seureté de ma promesse
« de ne porter jamais les armes contre le roy d'Espai-
« en ses pays. »

1. Odet de la Noue, seigneur de Téligny, mort à Paris en août 1618.
2. Voyez *Déclaration*, p. 455.

Or, sur toutes ces paroles, réplique M. de Lorraine : que, pour la première cause de la délivrance attribuée à Dieu, il passe cela fort aysément, d'autant que, sans la bonté divine, tous les effects humains sont très-inutiles et vains ; et quant à la seconde touchant l'eschange, c'est sçachans tous, et M. de La Noue ne le sçauroit desnier, ou sa femme ou autres personnes qui ont négocié pour luy, que, sans les entremises et prières de luy, l'eschange ne se fust jamais fait ; car le roy d'Espaigne ne le voulut, ny nostre roy ny nostre reyne, qui estoit fort proche du prisonnier[1], qui sollicitoit fort et ferme la délivrance de son parent, mais nullement l'eschange.

Et moy, Branthome, qui escris cette histoire, j'en puis porter asseuré tesmoignage ; car, comme amy intime que je suis dudict M. de La Noue, j'en parlay au feu roy à Sainct-Maur, un peu advant les nopces de M. de Joyeuse[2], et le suppliay pour ayder sa liberté. Il m'en refusa tout-à-trac, et me dit semblables mots : « La Noue m'a si souvent rompu sa foy, « et si mal recognu les grâces et les plaisirs que je « luy ay faicts, que jamais il n'en recevra de moy. » J'en suppliay la reyne sa femme, allant un jour à la messe à Sainct-Maur, et M. de Mercure, estant au dict Sainct-Maur un jour assis près de luy dans la chambre de la reyne mère, qui me firent semblables responses, me reprochans fort son ingra-

---

1. Le prisonnier dont il s'agit, Philippe, comte d'Egmont, était neveu de Marguerite d'Egmont, mère de la reine Louise.

2. Anne de Joyeuse épousa Marguerite de Lorraine, sœur de la reine Louise, le 24 septembre 1581.

titude, encore que je la rabatisse de tout ce qu'il falloit. Estoit avec moy un solliciteur dudit de La Noue, qui estoit un grand homme blond, qui n'avoit à la cour autre recours qu'à moy. Je ne sçay s'il vit, mais luy, lisant cecy, m'en pourra desmentir.

Il y avoit aussi un autre poinct : que le roy d'Espaigne ne vouloit nullement la liberté dudict M. de La Noue, ainsi qu'il paroist bien par la longueur du temps qu'il l'a tenu en prison et par les liens estroicts dont ledict sieur de La Noue advoue estre lié en sa capitulation, estant le naturel du roy espaignol de se craindre et de se deffaire, en quelque façon qu'il puisse, d'un grand capitaine qui luy soit ennemy et peut nuyre, tesmoings le prince d'Orange et autres, et aussi de gaigner et de rechercher celuy qui beaucoup luy peut servir; de façon qu'il ne faut nullement doubter que, sans les grandes importunitez ét prières de M. de Lorraine et de M. de Guyse, auxquels il portoit grande amitié et faveur, et les vouloit gratifier en tout ce qu'il pouvoit pour s'en servir au plus grand besoing, comme il a faict depuis de M. de Guyse, malaysément fust-il jamais sorty; jusques-là que l'on a tenu longtemps, et en Espaigne, et en France, et en Flandres, qu'il ne se pouvoit trouver aucun eschange pour faire avec M. de La Noue, sur sa délivrance, quelque grand seigneur espaignol, flamand, italien fust, fors le prince de Parme, s'il venoit à estre pris.

Voilà donc comment sa délivrance estoit du tout désespérée sans M. de Lorraine, ainsi qu'il ne se put

engarder de le dire par ces mots en sadicte déclaration : « Je sçay bien, dit-il, que je suis accusé d'estre
« ingrat envers mon bienfacteur, à cause que je porte
« les armes contre lui; mais c'est en deffense que je
« ne puis abandonner, sans estre convaincu de plus
« grande ingratitude envers mon pays et mon roy[1]. »
Voilà donc comment il appelle M. de Lorraine son bienfacteur, et confesse une petite ingratitude, craignant une plus grande.

Quant aux cent mille escus qu'il allègue estre la troisième cause de sa délivrance, ce sont abus; car ilz sont autant en la bourse du roy d'Espaigne comme cent grains de mil dans la bouche d'une truye; et que se soucie ce grand et riche roy de cent mille escus, puisqu'il en a tant de tous costez, qu'une si petite somme ne luy est jamais en ligne de compte, ny mesmes tumbée en ses coffres? De sorte que, si M. de La Noue les a livrez, ce qui n'est encore, le dict roy les a distribuez et donnez libérallement aux uns et aux autres, et mesmes à ceux qui l'avoient pris et tenoient en garde, encore qu'il les eust bien auparavant récompensez : mais les récompenses de ce prince à l'endroict de ceux qui les ont méritées ne portent point de bornes. Et si sadicte Majesté a fait coucher dans les articles de la capitulation lesdicts cent mille escus, ç'a esté plustost pour ces raisons que j'ay dictes, ou *pro forma* (comme l'on dit), que pour autre cause, ny pour les mettre dans les coffres de son espargne. Et jamais homme d'esprit qui entend les affaires du roy d'Espaigne ne tiendra

---

1. Voyez *Déclaration*, p. 465.

ceste maxime : que c'estoit pour les consigner dans ses coffres ny pour s'en prévaloir.

Outre ces raisons, ledict M. de La Noue dit[1] : que M. de Bouillon venant à mourir à Genesve, après la routte de sa grande et incroyable armée qu'il avoit emmenée en France[2], il pria ledict M. de la Noue, qui estoit là pour lors résidant, de prendre la tutelle de mademoiselle de Bouillon, sa sœur, estant pupille, ce qu'il accepta très volontiers, plus certes par le désir qu'il avoit de faire desplaisir à M. de Lorraine (ainsi qu'il le monstra) que pour curiosité du bien et de la personne de la fille; car d'obligation à M. de Bouillon n'en avoit-il aucune, sinon qu'ilz estoient d'une mesme religion : car d'avoir sollicité pour sa liberté, d'avoir respondu pour sa rançon, comme M. de Lorraine, rien moins que cela. Davantage, il sçavoit bien que M. de Lorraine faisoit la guerre aux terres de la fille, et tenoit Jamets assiégé. Ce n'estoit donc que pour endommager M. de Lorraine, et luy faire la guerre de gayeté de cœur. Encore, s'il y fust esté contraint, ou de force, ou de crainte, ou de parenté, ou d'obligation, ou autre chose, ou bien que de longtemps avant il eust esté chargé de ceste tutelle, certainement il avoit quelque occasion et raison de s'en acquitter et faire valoir, et s'ayder des raisons des jurisconsultes, qu'il allègue tant en sa déclaration; par lesquelles le tuteur est obligé et lié estroictement pour son pupil ou pupille. Mais, sur la plus chaude colle qu'il venoit de recep-

---

1. Voyez *Déclaration*, p. 459.
2. En 1587. Voyez de Thou, liv. LXXXVII.

voir des bienfaicts de M. de Lorraine, il s'est allé charger de ceste charge, afin d'avoir meilleure couleur pour couvrir sa mécognoissance.

Il est bien vrai qu'il monstra, par apparence et quelques effects feincts, qu'il vouloit faire accord entre ces deux maisons de Lorraine et Bouillon, qui de longue main s'en veulent à cause de leurs biens naturels de Bouillon, jadis aliénez si honnorablement par leur brave ayeul Godefroy[1] pour la guerre saincte; mais soubs main il entretenoit toujours le brazier, comme il parut : car luy estant recherché par M. de Lorraine du vray moyen pour à jamais rendre ces deux maisons amyes et unies, de faire le mariage entre M. de Vaudemont[2], troisiesme fils de M. de Lorraine, beau et gentil jeune prince, il en fit response telle qu'elle luy pleut, par un très maigre mot; mais pourtant après il ne se peut engarder de dire qu'il seroit bien à desloysir[3] d'accorder ce mariage, veu qu'ilz estoient divers de religion, et que jamais il ne l'accorderoit à personne quelconque qu'il ne fust de la sienne. S'il fust esté accordé avec ce prince de Vaudemont pourtant, il eust fait un œuvre bon et pie, pour avoir mis en paix ces deux maisons. Voilà les raisons que M. de Lorraine allègue.

Quant à M. de Guyse, M. de La Noue confesse et advoue dans sa déclaration luy avoir pareille obligation qu'à M. de Lorraine. Il le peut bien dire, se-

---

1. Godefroi de Bouillon.
2. Charles de Vaudemont, second fils de Charles II, duc de Lorraine.
3. *Desloysir*, loisir.

lon les effects qui s'en sont ensuivis. Et croy que ç'a esté luy qui le premier en a ouvert le propos de sa délivrance, et le premier travaillé, et vais dire comment. Environ deux ans devant qu'il sortist, estoit allé un gentilhomme italien aux bains de Spa, lequel estoit à M. de Guyse, non pour besoing qu'il eust d'y aller, mais pour y conduire une maistresse dont il estoit serviteur. Je ne puis pas bien me souvenir du nom, je l'ay oublié; mais il estoit de haute taille et noiraud. Son chemin fut de passer par Limbourg où estoit M. de La Noue prisonnier. Il luy prit envie de sonder s'il pourroit entrer dans le chasteau; et ayant fait sçavoir au capitaine que c'estoit un gentilhomme qui estoit à M. de Guyse, et Ferrarois, et qu'il demandoit à luy baiser les mains et voir le chasteau, si son plaisir tel estoit, le capitaine ayant entendu ses qualitez le fist entrer aussytost; car s'il fust esté François ou à un autre que M. de Guyse, la porte luy eust été fermée. Estant donc entré, après avoir salué le capitaine et l'avoir entretenu, et veu à plaisir le chasteau et la forteresse qui est très-belle, que le duc Charles, dernier de Bourgogne, avoit faict bastir, il le mena voir M. de La Noue, lequel pour lors avoit esté eslargy, et ne tenoit si estroicte prison ny cruelle comme auparavant. Et, s'estant mis à l'arraisonner, M. de La Noue, sçachant qu'il estoit à M. de Guyse, le pria de luy dire qu'il eust pitié de luy et qu'il l'aydast à le tirer de ces ténèbres et misères, s'asseurant qu'il n'y avoit ny roy ny prince en la chrestienté qui le peust faire, sinon luy, pour la belle opinion et estime qu'avoit le roy catholique de luy; et la grande faveur et amitié qu'il luy portoit;

que bien difficile seroit la chose s'il ne l'obtenoit de luy, car il le sçavoit bien, et que s'il luy plaisoit Sa Majesté supplier pour luy et sa liberté, qu'il l'obtiendroit facilement : que si sa bonté estoit telle et si généreuse envers luy que de l'obliger de ceste délivrance, qu'à tout jamais il employeroit sa vie, ses moyens pour luy faire service; et que quand il auroit parlé à luy, qu'il luy monstreroit au doigt et qu'il ouvriroit les moyens par lesquelz il luy en pourroit faire beaucoup.

Ce gentilhomme ne faillit, aussytost tourné en France et à la cour (qui estoit alors à Sainct-Maur), rapporter toutes ces paroles à M. de Guyse, lesquelles mondict seigneur me fit cest honneur de me dire, à moy, dis-je, Branthôme, qui escris cecy, d'autant qu'il m'aymoit et me tenoit pour son serviteur assez privé, et me le dit de telle façon. Un jour qu'il entroit en la chambre de la reyne mère du roy, et ce gentilhomme après luy, l'huyssier de chambre de ladicte reyne, nommé M. de Virard, autrement dict Gorge, qui avoit esté à madame de Nemours, me dit : « Voilà un gentilhomme qui vient de voir M. de
« La Noue vostre grand amy, qui vous en dira des
« nouvelles, et ce qu'il a apporté de sa prison à
« M. de Guyse. »

Alors moy, voyant M. de Guyse à la ruelle du lit de la reyne, et fort à desloysir, je vins à luy et dis : « Monsieur, vous avez sceu des nouvelles de M. de
« La Noue par un gentilhomme qui l'a veu? —
« Ouy, mon fils (encore que je fusse bien esté son
« père; mais il m'appeloit ainsi quelquefois), me
« respondit M. de Guyse fort familièrement, j'en ay

« sceu ; » et me raconta tous ces mesmes propos que j'ay cy-dessus escrits. Alors je luy dis librement : « Monsieur, et vous qui estes si généreux, « brave et vaillant, ne voulez-vous pas faire quelque « chose pour vos semblables? M. de La Noue l'est « tel : vous le sçavez, vous l'avez veu aux affaires ; « obligez-le à vous par un tel bienfaict. » Il me respondit : « Je le voudrois bien, mon grand amy, car « le pauvre homme, qui est un si grand capitaine, « me fait pitié ; mais je m'asseure que le roy m'en « voudroit mal ; car il ne l'ayme point, et se plaint « fort de luy, et si s'entend avec le roy catholique « pour la grande longueur et détention de sa prison. « — Vous avez raison, monsieur, luy répliquay-je, « car je suis esté si hardy d'en parler à Sa Majesté, « qui m'a rabroué bien loing, me disant que c'es-« toit un ingrat, et qu'il estoit bien là où il estoit et « là où il luy falloit, et que je ne luy en parlasse « plus. » Toutesfois continuay-je à M. de Guyse luy dire : « Ne laissez pour cela, monsieur, à vous em-« ployer pour cest honneste homme ainsy captif « misérablement ; Dieu et le monde vous en sauront « bon gré, et si l'obligerez à vous immortellement ; « et pourrez faire cela soubs bourre, si finement et « excortement que l'on n'en sentira que le vent. » M. de Guyse, alors me regardant d'un bon œil : « Laissez faire, dit-il, nous ferons quelque chose si « nous vivons. » Et despuis me disoit souvent : « Je « croy, monsieur de Bourdeille (car il m'appeloit « tousjours ainsy), que nous ferons quelque chose « pour nostre homme ; j'y ai mis déjà de bons fers « au feu. »

Je crois qu'il s'y employa bien aussy pour M. de La Vallée, qui avoit esté gentilhomme de la chambre de M. le cardinal de Lorraine, et son grand gouverneur autrefois, et appartenoit de quelque chose à M. ou à Mme de La Noue : et si, quelque temps avant, il avoit employé ledict M. de Guyse, au massacre de la Sainct-Barthélemy, pour les enfants dudict M. de La Noue qui avoient esté faicts prisonniers, pour lesquels le dict M. de Guyse s'employa, ainsi qu'il me le dit une fois aux Thuilleries. J'allègue tous ces noms et circonstances, afin qu'on ne me trouve point menteur ou controuveux [1].

Enfin tant y a, mondict sieur de Guyse a si bien servy M. de La Noue en cecy, qu'il le faut dire le premier autheur, et M. de Lorraine. Je ne sçay comment il n'a recognu ce bienfaict à l'endroict de M. de Guyse despuis. Je pense qu'il n'eut loysir de luy estre cognoissant [2]; car le pauvre prince vint à estre tué à Blois. Bien est vray que MM. de Lorraine et de Guyse estoient si proches, si unis, si alliez en ceste guerre, que qui frappoit l'un frappoit l'autre : et, à ce que j'ay ouy dire à une personne, mondict sieur de Guyse n'en estoit guières content; mais il ne publioit pas, car il estoit très-sage et retenu prince. Il n'y a eu que M. de Lorraine qui s'en soit ressenty, et M. d'Aumale à la bataille de Senlis, où M. de La Noue luy cousta bon. Voilà, en sommaire, les bienfaicts de ces deux princes et les mescontentemens de l'un et de l'autre.

1. *Controuveux*, diseur de choses controuvées.
2. *Cognoissant*, reconnaissant.

Sur ce discours, il y eut un gentilhomme en la compaignie que j'ay dit qui prit la parole, car il sçavoit très-bien dire, et avoit un très-bon esprit, qui, alléguant les raisons de M. de La Noue qu'il met en sa *Déclaration*, se mit à proposer une question, et à la deffendre fort et ferme : à quoi l'on est plus tenu, ou à son bienfacteur, et à faire pour luy, ou à sa patrie et à son roy, et pour eux s'employer. M. de La Noue, dit-il, a porté pour ses plus belles raisons qu'il sçait bien qu'on l'accusera d'estre ingrat envers son bienfacteur, à cause qu'il porte les armes contre luy; mais c'est en deffense qu'il ne peut abandonner sans estre convaincu de plus grande ingratitude à son pays et à son roy. Voylà donc comment il se convainc d'ingratitude, puisqu'il nomme l'autre plus grande ingratitude : et allègue ce brave bastard d'Orléans, la Hire et Poton, qui deffendirent si bravement le royaume de France qui estoit tout en bransle et combustion. « Vraiement! il en doit bien
« faire la petite bouche, de sa patrie et de son
« roy », dit le gentilhomme. « Cela seroit bon si jamais
« il n'avoit porté les armes et contre sa patrie et
« contre l'un et l'autre, et contre son roy qu'il faut
« chèrement chérir, et luy qui estoit des plus vail-
« lans et meilleurs chefs de la trouppe, s'il n'eust
« aydé à les ruyner, et les mettre du tout en bransle.
« Sans cela, ses raisons seroient très-bonnes et nul-
« lement dissimulées, et luy digne de s'accomparer
« en loyauté à ces braves capitaines, qu'il a mis en
« avant pour son mirouer, s'il eust fait comme eux,
« qui, de leur vie, ne desgainèrent l'espée contre leur
« roy et leur patrie; comme a faict M. de La Noue,

« qui, par l'espace de vingt ans, n'a faict que trem-
« per la sienne dans les entrailles de ses plus fidèles
« nourrissons. » Et, quand tout est bien dict, il
n'avoit si grande obligation, ny à son roy, ny à sa
patrie, qu'il le chante si haut; car, l'un et l'autre l'ont
désiré cent fois mort, s'il eust eu autant de vies. Et
croy fermement que, sans feu M. de Martigues, aux
deux batailles que j'ay dict ci-devant, où il fut pris,
il eust passé le pas; mais M. de Martigues disoit toujours au roy, qui estoit alors Monsieur, nostre général : « Monsieur, vous savez que je vous ay toujours
« dict que jamais je ne vous parlerois ny importune-
« rois pour huguenot du monde, sinon pour mon
« Breton (ainsy appeloit-il tousjours M. de La
« Noue). Sur tout je vous demande sa vie, » qui luy
estoit librement octroyée, pour les mérites dudict
sieur de Martigues : par quoy, tout ainsy que Monsieur estoit la cause efficiente à luy sauver la vie,
M. de Martigues estoit la mouvante : et pour récompense, sur la fin de ses jours il entreprit et prit la
charge du roy pour aller en Bretaigne faire la guerre
à outrance à sa femme, et à sa fille et à son gendre[1];
que j'ay ouy dire[2] à plusieurs de sa religion, lesquels
sçachant l'obligation qu'il avoit à ce seigneur, ne devoit pour tous les biens du monde prendre ceste
charge du roy, ainsy s'en excuser justement, et
ailleurs aller faire la guerre. Aussy dit-on que par

1. Philippe-Emmanuel de Lorraine, duc de Mercœur, qui avait épousé en 1575 Marie de Luxembourg, fille de Sébastien de Luxembourg, duc de Penthièvre, vicomte de Martigues (mort en 1569) et de Marie de Beaucaire.

2. C'est-à-dire : et comme j'ay ouy dire.... il ne devoit....

juste jugement de Dieu, comme par fatale punition, il fut tué à la première ville qu'il entreprit, qui estoit du principal patrimoine dudict seigneur de Martigues, qu'on nomme Lamballe. Aussi on dit qu'il en prophétisa sa mort, allant en ce voyage; « car, di- « soit-il, je m'en vais mourir en mon giste, comme « le bon lièvre. » Son coup luy fut à la teste, qui estoit une harquebusade, et n'en faisoit compte; mais au bout de trois jours il mourut. Vous diriez que les mânes toutes guerrières et bouillantes de M. de Martigues, comme il estoit quand il vivoit, s'irritèrent et s'armèrent de telle façon contre luy.

Or, pour tourner à nostre question entreprise, après avoir tout bien considéré, quelle obligation pouvons-nous avoir à nostre patrie si grande, qu'elle nous fasse tant oublier toutes les autres, ou nos bienfacteurs surtout? car, et qui sommes-nous en nostre natale terre, sinon un vray excrément d'ycelle, qui nous produit et jette hors de ses entrailles comme un vray excrément? Y a-t-il donc tant à nous autres de luy estre obligez? Je voudrois bien sçavoir quelle obligation peut avoir une ordure (en révérence parlant de ceux et celles qui m'oyent) à nostre corps, pour l'avoir jetté hors de soy? Tant s'en faut, que le corps est plus obligé à l'estron de s'en estre jetté librement, que d'estre demeuré dedans pour l'infecter davantage et luy porter et causer quelque grosse maladie. Estans donc tels excrémens, telles ordures et pourritures jettées de là, nous ne luy avons pas plus d'obligation pour nous jeter dehors, que pour nous repcevoir dedans quand nous sommes morts. Encore sommes-nous plus tenus à elle lorsqu'elle nous reçoit et nous enterre, pour nous délivrer de tant de maux que nous pâtissons en ce monde, que lorsqu'elle nous y produit, pour y tant endurer, pâtir et travailler.

Les législateurs et les rois, les communautez et respubliques, pour se conserver, sont allez trouver ces inventions, qu'il n'y avoit rien si beau et si honorable que deffendre la patrie et mourir pour elle et pour eux. Certainement il est vray, et rien n'est plus doux, comme dit Horace[1], *dulce pro patria mori*, c'est-à-dire, *mourir pour le pays*. Mais aussi d'y estre si estroictement liez que l'on en doive quitter tous autres debvoirs et obligations, ce sont abus.

Les Romains qui ont été les premiers qui ont fait valoir ceste coustume, et qui l'ont tant louée et approuvée, s'en sont bien fourvoyez autrefois; tesmoings Coriolanus, Sertorius, Sylla, Marius, César, Pompée, Anthoine, Brutus, Cassius, et une infinité d'autres autheurs et fauteurs de guerres civiles; non que je veuille dire qu'ilz firent bien de destruire et ruyner leur patrie; mais, plusieurs en ont eu très-grandes occasions de faire à l'encontre d'elle, qui a esté autant subjecte aux mescognoissances et ingratitudes que tous autres pays; tesmoings ces pauvres Coriolanus, Sertorius, Lucullus, Scipion, et une infinité d'autres, desquels les noms seroient trop longs à descrire.

Ce que je dis des patries, il s'en peut dire de mesme des roys, lesquels, pour le plus grand artifice qu'ils sont allez trouver pour se maintenir et agran-

---

1. Dulce et decorum est pro patria mori.
(Horace, Odès, liv. III, ii.)

dir, c'est d'avoir inventé que nos vies estoient à eux, desquelles ilz s'en servent, et de nous, comme de monnoye d'or et d'argent, qu'ilz font trotter, aller, virer, tourner, depositer¹ de la mesme façon les uns comme les autres; et, après qu'ilz en ont faict, ilz nous plantent là, et ne s'en soucient plus. Ainsy que je me plaignois d'un prince qui m'estoit tenu et à qui j'avois faict deux bons services. « Ne sçavez-vous « pas, dit-il, que ces grands, quand ilz ont faict des « personnes, ilz les quittent? » Ce qui ne se doit pas faire pourtant; car roy et subjects sont *nomina relata*, en françois noms relatifs, ce disent les dialectitiens; c'est-à-dire qui sont conjoincts et qui se rapportent ensemble; car, tout ainsy que le subject est tenu de servir son roy, aussi le roy est tenu d'aymer, maintenir et caresser son subject.

Il est bien vray pourtant, et pour en parler plus sainement, que le subject est plus estroictement lié à son roy. Toutesfois, le roy ne le doit abandonner en sa nécessité, ny gourmander ou tyranniser; autrement il met en désespoir le subject de faire beaucoup de choses qu'il ne devroit ni ne voudroit; ainsy que fut contrainct ce grand prince de Melfe², lequel, après avoir faict, luy premier et quasi le dernier du royaume de Naples, ce que bon, loyal et vaillant subject pouvoit faire, assailly dans sa ville pillée et forcée, et luy pris prisonnier, jamais ne pouvant obtenir de l'empereur un seul denier pour payer sa rançon, fut contrainct d'avoir recours au

1. *Depositer*, déposer; de l'espagnol *depositar*.
2. Voyez son article, tome II, p. 226.

roy François, de la luy demander et la gaigner ainsy, en se soubmettant à son service, et, se desgageant du gage, du debvoir et hommage de fidélité qu'il debvoit à son prince, porter les armes pour luy, qu'il porta si heureusement et si vaillamment et fidèlement, qu'il en fut faict mareschal de France et gouverneur de Piedmont, le principal pays pour lors de la France, et autant scalabreux, et où il debvoit estre commis un des fidèles subjects natifs propres de la France; qui estoit cause qu'on trouvoit estrange une telle eslection, là en un pays estrange; et pourtant luy s'en acquitta mieux et avec plus de loyauté qu'un naturel et propre françois. Si telle occasion de se révolter ne fust esté juste, et qu'on l'eust trouvée pour ingratitude ou trahison, jamais le roy ne s'en fust servy de ceste façon.

Un peu auparavant luy, en avoit fait de mesmes don Pedro de Navarre[1], qui le prit dans Melfe; lequel, après avoir faict beaucoup de services à sa patrie et à ses roys, tant en Barbarie contre les infidèles que contre les chrestiens, venant à estre pris à Ravenne, n'ayant pu finer d'un seul denier pour se délivrer de captivité, il fut contrainct de quitter son party, embrasser celuy du roy François. J'en alléguerois un' infinité d'autres exemples, et mesmes de ceux de Milan et de Naples, lorsque nos derniers roys les tenoient. Quand ilz les sont venus à perdre et à changer de fortune, ont changé de volontez, et pris l'occasion de victoire; et n'ont point advisé si Naples et Milan appartenoient de juste droict à nos

---

1. Voyez tome I, p. 157 et suivantes.

roys; car et qu'eussent-ilz faict? Ilz eussent quitté leur pays et leurs maisons, et s'en fussent venus mourir de faim en France, ainsy que j'ay veu les princes de Salerne, les ducs de Somme, d'Atrie, le comte de Gajazze, le seigneur Julio Brancazzo, et une infinité d'autres que j'ay veus à nostre cour, faisans à tout le monde plus de pitié que d'envie, et qui mouroient quasi de faim, comme mourut ainsy le prince de Salerne, qui mourut ne laissant après soy pour se faire enterrer, comme je vis. Et n'eust-il pas mieux valu qu'ilz n'eussent bougé de leur patrie et maisons, et s'accommoder au temps et au vouloir du sort?

Lorsque le petit roy Charles VIII prit Naples, le seigneur Ursin[1], qui avoit receu une infinité de plaisirs de la maison d'Arragon, estoit abstrainct de plusieurs liens de foy, d'obligation, d'honneur et de conjonction de sang, estant général de toute l'armée royalle, et connestable de tout le royaume de Naples; néanmoins, voyant qu'il ne pouvoit pas bien sauver le roy son bienfacteur, ny se garantir des armes victorieuses de France, et ne trouvant expédient à s'engarder d'aller en ruyne avec luy, consentit, avec une grande merveille des François mesmes, que ses enfans s'accordassent avec les François, et fissent service au roy de France. A cela nécessité les y contraignoit; estans ces propres interests de telle nature, qu'ilz font oublier les plaisirs, tant grands qu'ilz soient, pour remédier à eux.

---

1. Virginio Orsini ou Orsino, comte de Tagliacozzo, connétable du royaume de Naples, mort en janvier 1497.

Peu après, ledict roy Charles venant à perdre ledict royaume, Fabricio et Prospero Colonna, qui avoient receu tant de biens et d'honneurs du roy Charles, contraincts de la mesme nécessité, et du désir de se conserver en leurs Estats et biens, ilz s'accordèrent avec Ferdinand et l'allèrent servir, et luy aidèrent à conquérir son royaume, aymans mieux laisser leur bienfacteur seul que se perdre avec luy, dont pourtant n'en furent trop estimez. Encor que ces ingratitudes que je viens d'alléguer ne fussent licites, elles furent excusables.

Autant en firent les Angevins, c'est-à-dire ceux qui tenoient le party d'Anjou ou de France à Naples, lesquels contraincts s'accommodèrent au temps et à la fortune, suivirent le party d'Arragon; qui pourtant, quelques années après, n'en furent pirement traictez du roy Louy XII lorsqu'il les reconquit; ains les reprit tous en grace et en faveur, voyant bien qu'ilz n'avoient desvoyé par malignité ny par bon gré; car tels ingrats faillans ainsy sont abhorrables partout. Par ainsy, M. de La Noue fust esté excusable s'il eust esté pressé de ces nécessitez, comme ces autres que je viens d'alléguer pour exemples. J'en alléguerois plusieurs autres, mais je n'aurois jamais faict.

Parquoy, pour retourner encor aux obligations, qu'aucuns publient et cellèbrent tant, que nous devons à nos pays et à nos souverainetez, en quoy peuvent-elles estre si grandes? Ventre-non pas de ma vie! nous ne sommes pas plus tost nays que nous en recepvons plus de maux, de misères, de tourmens, que de plaisirs et bienfaicts. Si nous sommes en la guerre, il faut prodiguer nos vies et nos biens pour un mourceau de pain : si nous les perdons, nous n'en avons autre chose que cela ; si nous eschappons, la pluspart du monde en demeure chetifve et misérable, sans aucune récompense. Avons-nous eschappé la guerre, et la paix soit, voilà la justice qui nous fait consommer tous nos biens en procès. Le moindre délict que nous faisons, nous sommes exécutez ignominieusement; nous sommes bourellez par mille tourmens, nous sommes bannis, et nos biens proscrits et confisquez; bref, nous sommes subjects à mille injures ; et si nous avons fait quelques services, les voilà oubliez, comme furent ceux de Thémistocles, Coriolanus, Sertorius, Lucullus, Scipion, et une infinité d'autres.

Que feroit donc là-dessus un gallant homme, brave, vaillant et courageux ? c'est de faire comme eux, et prendre les armes, et s'en repentir[1], et user de mesme ingratitude. Il n'y eut que le bon homme Scipion, lequel, je croy, s'il eust eu la mesme vigueur et force, lorsqu'en sa belle et fleurissante jeunesse il entreprit le voyage d'Affrique, il en eust fait dire dans Rome et ailleurs; et eust bien autant remué que Coriolanus et Sertorius, et leur eust bien fait maudire leur ingratitude. Et pour parler d'exemples de nostre temps, que pouvoient moins faire ces quatre braves frères Estrozzes, et ces vaillans hommes les seigneurs Petro, Paolo, Toussin, les capitaines Mazin, Bernardo, San-Petro Corso, Jehan de Thurin, bref un' infinité d'autres bannis, tant de Fleurance

---

1. Il faut probablement lire : *les faire s'en repentir*.

que d'ailleurs, sinon de faire ce qu'ilz firent, que de se retirer en France et faire au pis qu'ilz purent contre leur nation, et là chercher leur vivre, et là le trouver, puisque leur patrie leur desnyoit, et sauver leur vie qu'on vouloit leur oster par cruels tourmens?

Je sçay bien qu'il y a aucuns zélateurs de la patrie, cérimonieux et conscientieux, qui ont tenu ceste proposition : que certainement ilz pouvoient esviter le danger préparé, et fuyr la fureur de la patrie et de la souveraineté irritée, qui ne dure pourtant pas toujours, et se tenir coy, et vivre en repos, et tenir les mains liées, afin de donner occasion à leur supériorité[1] de s'appaiser et leur user après de clémence, voyant la débonnaireté de leur doux naturel et paisibles actions. Vrayment, voylà de braves philosophes scrupuleux! Leurs fièvres quartaines! et cependant que je feray ainsy du sot et du réformé, qui me nourrira? Au lieu qu'exposant mon espée au vent, elle me donne bien à manger, et une très-belle et bonne réputation; et, la tenant à l'abry et couverte d'un fourreau, je meurs de faim et vis comme une beste, sans gloire et sans honneur.

Qu'eust faict M. de Bourbon, s'il n'eust faict ce qu'il fit? Enfin il fust esté prisonnier, et luy eust-on faict son procès et couper la teste, comme on avoit faict au connestable de Sainct Paul, et déshonnoré pour jamais, et luy et les siens : au lieu qu'il est mort

---

1. *Supériorité*, supérieur. Brantôme emploie ce mot comme plus haut il a usé du mot *souveraineté* dans le sens de souverain.

très-glorieux, si jamais grand mourut, ayant vengé ses injures et offenses, pris son roy en bataille rangée, qui le vouloit faire mourir ; et fut bien receu, et trouva des courtoisies aux pays estrangers, que le sien propre luy avoit desnyées. En quoy est bien vray ce qu'on disoit anciennement :

Omne solum forti patria est, ut piscibus æquor [1].

c'est-à-dire : « Toute terre est terre, et tout pays est pays, et pareil et tel, à un homme généreux, comme toute mer l'est aux poissons. »

Ces exemples pourtant que je viens d'alléguer, ce n'est pas pour une maxime que je veuille tenir qu'à chaque coup on doive estre ingrat à sa patrie et à ses supérieurs, et se révolter pour la moindre mousche qui leur vole devant le nez. Mais il faut meurement songer et considérer les occasions et les subjects, et faire comme fit le feu prince de Condé, Charles[2] de Bourbon, tué à la bataille de Jarnac, lequel, lorsqu'il cuyda estre attrapé dans sa maison de Noyers, que M. de Tavannes disoit tenir la beste dans les toiles[3], et ne restoit qu'à la lancer et la prendre, il se sauva à grandes traittes avec toute sa famille, se retirant tant qu'il pouvoit, et sans s'arrester à La Rochelle ; et là commença à tourner teste et prit les armes ; et, pour sa deffense, il disoit que tant qu'il avoit peu, et qu'il avoit trouvé terre, il avoit fuy ; mais, ayant trouvé la mer, et ne la pouvant traver-

---

1. Ovide, *Fastes*, liv. I, vers 15.
2. Louis et non Charles. Voyez tome V, p. 115.
3. Voyez tome V, p. 115.

ser ny nager comme les poissons, il avoit esté contrainct de s'arrester, de peur de se noyer passant plus outre, et se revirer au mieux qu'il put. Il eust bien mieux valu possible qu'il n'eust tenté l'hazard, et se fust embarqué et tiré plus outre, car il ne fust pas esté tué six mois après, comme il fut. Bienheureux sont aucuns qui peuvent patienter en ces choses-là, et d'autres bien malheureux sont-ilz aussy.

C'est assez parlé de ces ingratitudes, parlons un peu de recognoissances, et comme elles sont plus louables. J'ay ouy raconter à une personne grande que le grand roy François, grand certes en tout, ne fut point si rigoureux, ny ne voulut point tant de mal, comme l'on diroit bien, aux serviteurs de M. de Bourbon qui le suivirent hors de France en son adversité. Quand on les luy amenoit pris, ainsy qu'ilz passoient pays pour suivre leur maistre, il les interrogeoit simplement où ilz alloient, et, après leurs responses, qu'ilz suivoient leur maistre, sans autrement s'estomaquer, il disoit à ceux qui les avoient pris, ou bien à d'autres qui crioient *Tolle, tolle, crucifige!* (comme il y en a tousjours de telles gens, et s'en trouvent assez pour faire de bons valets) : « Ce « seroit charge de faire mal à ces pauvres gens; ce sont « pauvres serviteurs et officiers de leur maistre, qui « les nourrit très-bien; ilz le vont trouver pour vi- « vre; que s'ilz l'abandonnoient, ilz mourroient de « faim ailleurs : moy-mesme ne leur en donnerois « pas, n'en estant la raison, ny aussy pour l'oster aux « miens pour le donner à eux. Parquoy, qu'ilz se « retirent; ilz sont à louer pour leur loyauté. » Et par ainsy, se fondant sur de très-bonnes raisons, il n'exerça que peu de rigueurs de justice envers eux, ny mesmes envers les plus coupables, ny les plus grands, auxquels il pardonna, comme au seigneur de Sainct-Vallier, estant sur l'eschaffaut, et de La Vauguyon[1] et Louys d'Ars.

Qui plus est, il s'en servit d'aucuns, comme il fit de M. de Pomperant, lequel estoit tenu grandement à M. de Bourbon, à cause qu'il avoit tué à Amboise le seigneur de Chissay, l'un des gallands et mignons de la cour[2]. Et ainsy que ledict Pomperant fut cherché partout, n'estant bon à donner aux chiens, pour la hayne que luy portoient le roy et les seigneurs et dames de la cour, à cause de ce meurtre, M. de Bourbon le recéla dans son logis (car lors les logis des grands princes estoient sacrez) et le fit esvader secrettement, si bien qu'on n'en entendit plus parler, sinon au bout de quelque temps, qu'il fallut à M. de Bourbon luy-mesme s'esvader et s'enfuyr de France. Ledict seigneur de Pomperant le servit et le seconda si bien, qu'il le sauva hors de France heureusement par sa vaillance, résolution et prévoyance, ainsi que le récite très-bien M. du Bellay en ses *Mémoires*[3]; si que, possible, sans luy M. de Bourbon eust couru une très-grande fortune. Et par ainsy, luy, brave et généreux, recognut le bien de sa vie à l'endroict de son bienfacteur par un service signalé, avec plusieurs autres, ne l'abandonnant jamais en ses guerres et adversitez. Après la bataille de Pavie,

1. François des Cars, seigneur de la Vauguyon.
2. Voyez tome I, p. 255-256.
3. Voyez du Bellay, année 1523.

le roy ayant cognu et esprouvé sa grande loyauté après l'avoir envoyé deux fois en Espagne pour sa prison vers l'empereur, M. de Bourbon vivant pourtant, le roy le prit en grâce et en son service, le remit en ses biens et luy donna honneurs et grades; car il le pourveut d'une compaignie d'hommes d'armes, de laquelle il s'acquitta très-honnorablement et vaillamment au royaume de Naples, où il mourut en servant son roy loyaument, et aussy fidèlement en portant la croix blanche comme il avoit faict M. de Bourbon portant la croix rouge.

Voilà l'humeur de ce grand roy de se servir d'un tel serviteur, si plein de gratitude et si recognoissant. Il n'en fit pas de mesmes à l'endroict d'un serviteur dudict M. de Bourbon, chéry et très-aymé et favory de son maistre; je ne le nommeray point [1]. Il estoit père d'un grand d'aujourd'huy, et qui a un bon grade en France. Cestuy serviteur, et son premier valet de chambre, sçachant tous les secrets de son maistre, d'autant qu'il se fioit en luy comme en Dieu, alla descouvrir au roy toutes les menées et manigances de son maistre de poinct en poinct, en luy monstrant le double de tous ses mémoires et instructions; de telle façon que, si le roy n'eust esté bon et sage roy, il mettoit la teste de son maistre sur un eschaffaut : mais le roy le voulut gaigner par douceur, comme il fit à Chantelle, lorsqu'il luy parla à son lict, faisant du malade. Certainement du pre-

---

1. C'est Jacques I, sire de Matignon, pannetier de François Ier, mort en 1537. Il fut père de Jacques II, sire de Matignon, maréchal de France.

mier abord le roy fit bonne chère à ce serviteur ingrat, et l'estima pour ce coup; mais despuis et luy et toute sa cour l'estimèrent meschant, ingrat, ingratissime, importun et très-odieux. Se trouvant une fois eux dans la chambre de la reyne, luy et Pomperant, et devisans ensemble, le roy, les seigneurs, les gentilshommes et les dames les regardans, disoient tous d'une voix assez haute : « Il y a bien différence
« de ces deux-là, l'un pour avoir esté traistre et très
« ingrat à son maistre, et l'autre très-loyal et reco-
« gnoissant, et très-homme de bien. » Et n'y avoit ny petit ny grand qui n'abhorrast l'un et n'estimast beaucoup l'autre et ne l'admirast.

Et si le roy a bien estimé le sieur de Pomperant pour sa générosité de bon et recognoissant naturel, l'empereur, de son costé, en fit bien de mesme à plusieurs serviteurs et honnestes gentilshommes dudict M. de Bourbon ; car, ayant perdu leur bon maistre, ne sçachant où se retirer, luy ayant recognu en eux leur fidellitez, loyales actions et amitié envers leur maistre, les retira à soy et s'en servit, et s'en trouva très-bien ; et si bien les rescompensa tous, qu'il n'y eut aucun qui demeura pauvre. Cesdits gentilshommes, des plus remarquez, estoient les sieurs de La Mothe des Noyers[1], Le Peloux, l'Allière[2], Montbardon, Luringe, des Guerres[3] et

1. Charles de Chocques, seigneur de la Mothe des Noyers.
2. Jean de Vitry, l'aîné, sieur de Lallière.
3. Dans le procès du connétable figurent, parmi les accusés, Antoine des Guières, seigneur de Charency, et Barthélemy de Guerre, châtelain de Moulins. (Voyez Ms. Dupuy, n° 434, f° 413.) Je ne sais duquel des deux veut parler Brantôme.

La Chapelle-Montmoreau; de tous ceux-là je n'ay veu que le seigneur des Guerres à Naples, la première fois que j'y fus, et qu'il vint faire la révérence à feu M. le grand-prieur de Lorraine, fort honneste gentilhomme certes. Il avoit bien six mille escus d'intrade à Cazé, et estoit marié à Naples. Ce La Chapelle-Montmoreau estoit un gentilhomme, mon voisin, que je n'ay point veu; mais j'ay ouy raconter à deux de ses frères qui l'allèrent veoir en Espaigne par cinq ou six fois, et l'y virent si honoré et si enrichy, que, les voyant, il les pria de ne se dire ses frères, à cause qu'ilz étoient très-mal en poinct, car je croy qu'ilz n'avoient pas tous ensemble deux cents livres de rente, et donna à sesdicts frères assez de moyens; mais c'estoient des desbauchez qui brouillèrent et consommèrent tout à leur retour. Du despuis j'ay veu aucuns titres de luy, par lesquelz il paroissoit qu'il avoit, ou en estat chez l'empereur, ou en pensions, ou en banques, plus de douze mille ducats de revenus. Il mourut à Nancy, ayant esté envoyé ambassadeur par l'empereur son maistre vers l'altesse de madame sa niepce[1], et est enterré audict Nancy aux Cordelliers, dans une petite chapelle à droite en entrant, ainsy que m'ont dict ses frères, lesquelz ont laissé perdre tout par faute d'aller sur les lieux, et aussy qu'ilz n'avoient point trop d'esprit : leur frère leur avoit tout emporté avec luy.

1. Chrétienne de Danemark, femme de François, duc de Lorraine, morte en 1590. Elle était fille de Christiern II, roi de Danemark et d'Élisabeth ou Isabelle d'Autriche, sœur de Charles-Quint.

J'y ay veu d'aussy beaux papiers et titres, que, s'ilz fussent tombez entre les mains d'un habile homme, il fust esté riche de plus de cinquante mille escus.

Voylà comme l'empereur sceut très-bien remarquer et recognoistre les bons cœurs de cês gens de bien : que s'ilz fussent esté autres, il ne s'en fust jamais servy ny ne les eust jamais estimez ; car ces grands, encor qu'ilz fassent pour le commancement bonne chère aux traistres et aux ingrats à leurs bienfacteurs, et leur monstrent quelques signes de bénivolance[1], si est-ce que puis après ilz s'en mocquent, ilz ne s'y fient point et ne les estiment jamais.

Je me soubviens que, lorsque M. de Montmorency d'annuy[2] fut contraint de s'armer contre le roy en Languedoc, lorsqu'il tourna de Poulogne, il dict à ses serviteurs et gentilshommes : « Messieurs, vous voyez
« comme je suis pressé et contraint de prendre les
« armes contre mon roy, ce que j'ay fuy tout ce que
« j'ay peu ; je les prends certes à mon grand regret,
« non pour agresser, mais pour me deffendre. Je
« sçay que parmy vous autres il y en peut avoir
« quelqu'un à qui l'âme et la conscience peuvent
« picquer de faire comme moy et de s'armer à l'en-
« contre de son roy, chose fort difficile à digérer ;
« parquoy tous ceux qui sont atteints de ces re-
« mors et qui ne voudront demeurer avec moy
« et s'en aller, je les puis asseurer que pour cela je ne

---

1. *Bénivolance*, bienveillance ; de l'italien *benivolenza*.
2. Le maréchal Damville.

« leur voudray mal, ny leur feray aucun tort ny
« desplaisir, et en serois bien marry. Tant s'en
« faut, que je les feray conduire seurement où
« ilz voudront : et à ceux qui voudront demeurer
« avec moi et courir ma fortune, je leur auray une
« grande obligation, et se ressentiront de moy en tout
« ce que je pourray de la bonne fortune qui me vou-
« dra rire. »

De ceux qui voulurent demeurer avec luy le nombre en fut plus grand que des autres qui s'en ostèrent d'avec luy et s'en allèrent ; dont il y en eut deux que je ne nommeray point, qu'il y avoit longtemps qui avoient esté de sa maison ; entre autres un (je ne dirai point de quelle nation, car on le pourroit cognoistre et le blasmer, ce que je ne veux, car il estoit fort mon amy), il y avoit trente ans qu'il servoit le maistre. Quand ilz vindrent à la cour et se présenter au roy, luy donnant à entendre que, comme ses très-humbles subjects et serviteurs, ilz s'estoient despartis d'avec leur maistre et de ses factions, veu qu'il se bandoit contre Sa Majesté, le roy les receut certes avec un bon visage ; mais je sçay bien ce que je luy en vis dire par après, et se mocquer d'eux à part, et les tenir par trop ingrats et de peu de cœur : et non luy seulement, mais toute la cour, les blasma et les monstra au doigt, pour avoir ainsy abandonné leur maistre en son bon besoing, soubs cette légère couleur qu'ilz ne vouloient point avoir le renom et nom de révoltez contre leur maistre.

Lorsque Monsieur s'en alla mescontent de la cour, j'en sçay plusieurs qui en firent de mesmes, et ne le voulurent suivre ny courir sa fortune, alléguans tousjours ce vieil dicton, qu'ilz ne vouloient aller contre le roy. Quand il alla aussy en Flandres la première fois contre l'opinion du roy, il y en eut aussy qui l'abandonnèrent et qui ne le voulurent suivre, disans qu'ilz ne vouloient aller contre la volonté du roy; mais je vous jure que le roy, ny la reyne, ny toute la cour, ne les en estimèrent nullement et n'en firent nul cas, et se mocquoient d'eux : car je sçay bien que la reyne m'en nomma un qui se fit deffendre au roy exprès, dont il en fut bien mocqué et fouetté de belles parolles, à mon advis. J'ay veu fort bien tout cela et en parle comme très-certain, car j'estois de la partie moy-mesme pour leur donner des fessées; et les appelions les *conscientieux d'eau douce*, et les *dévots et religieux réalistes*[1], et les *bons secoureurs de leurs maistres et bienfacteurs en leurs nécessitez*.

C'est aussy une vraie follie d'avoir ces sottes scrupules, que d'estre ainsy du tout fidelle au service du roy et si attaché qu'on le préfère à tout autre; car je voudrois bien sçavoir : voylà un pauvre diable qui n'est cognu du roy non plus que le plus estranger de Turquie, qu'il vinst laisser et abandonner son bienfacteur qui l'ayme, le cognoist, pour aller au service du roy qui n'en fera compte : que doit-on dire de luy, sinon que c'est un sot? Aussy à la bataille de Jarnac fut pris un brave et vaillant gentilhomme appellé M. de Corbozon, frère second de M. le comte de Montgommery. Ainsy que Monsieur, nos-

---

1. *Réalliste*, royaliste.

tre roy Henry despuis, luy eut dit qu'il falloit qu'il quittast son party et fist service au roy, il luy respondit : « Certainement, monsieur, du temps « que M. le prince de Condé mon maistre vivoit, « j'eusse plustost choisy mille morts que de l'avoir « quitté et luy et son party, encor que je voyois « bien que je faillois, et luy aussy grandement, de se « bander ainsy contre son roy : et me pardonnez « si je le dis; mais à ceste heure, puisqu'il est « mort et que je n'ay plus de maistre ny de bien- « facteur qui me doibve tenir lié à soy par ces pe- « tites obligations, s'il plaist au roy me pardonner, « et à vous aussy, monseigneur, de me prendre pour « serviteur, je vous serviray aussy fidèlement comme « j'ay faict mon premier maistre. » Il dit cela à Monsieur, et devant tout le monde, qui luy en sceut un très-bon gré ; et luy et toute l'assistance l'en estimèrent fort ; si bien que Monsieur le prit à son service, avec beaucoup de protestation de le bien servir. Et quant à moy, je pense qu'il est permis de Dieu de prendre et suivre son mieux là où on le trouve.

Quelques années avant, aux premières guerres, un gentilhomme de Xainctonge, nommé Saincte-Foy, ayant esté faict créature de M. le Prince et son lieu-tenant de sa compaignie de gens-d'armes, et à qui il avoit desparty de ses honneurs et beaucoup de ses moyens, et encor qu'il fust riche gentilhomme, si est-ce que M. le Prince l'ayant advancé, poussé et faict cognoistre et valloir, il le vint à quitter à Orléans, soubs le prétexte de dévot réalliste, et vint trouver le roy au bois de Vincennes, avec d'autres que je ne nomméray point, mais non obligez audict prince. Il y fut si malvenu et trouvé si odieux, et du roy de Navarre, pour avoir ainsy abandonné son frère[1], et de tout le monde, et on en fit si peu de cas, que de despit il se retira en sa maison avec sa patente et sauve-garde du roy, que personne ne vouloit voir, au moins peu, non pas ses amys. Et quant à ceux de son party, ilz luy portèrent une telle hayne et inimitié, qu'ilz ne cessèrent jamais, jusques à ce qu'un jour, retournant de La Rochelle, où il estoit maryé avec la fille héritière de madame de Laneret, bourgeoise, le guettèrent en chemin et le tuèrent.

Voylà enfin comme il en prend aux ingrats; car, quelque belle couleur qu'ilz puissent trouver en leur faict, ilz sont tousjours rejettez de toutes bonnes et honnestes compaignies : et faut bien dire qu'ilz sont en rancune de tout le monde, qu'eux-mesmes se hayssent et ne se peuvent aymer; et le plus grand desplaisir qu'on leur sçauroit faire, c'est de les appeller ingrats; et confesseront plustost qu'ilz sont subjects à toutes autres imperfections que tachez de ce vice. Ce qui n'advient pour autre chose, sinon de ce que l'ingratitude est inexcusable : car, faillir à l'obligation que l'on a, ce vice est trop déshonneste et ne sçauroit se couvrir d'aucune chose. Ainsy demeure tousjours toute nue, si bien qu'elle est contraincte de monstrer partout sa honte et sa vergogne; au lieu que les autres vices se peuvent quelquefois pallier et couvrir de quelque manteau, sinon vray, du moins approchant de quelque couverture.

1. Le prince de Condé, frère d'Antoine, roi de Navarre.

Et ce qui est cause aujourd'hui qu'il y a tant d'ingrats et que l'on ne se soucie point de ce vice et péché, c'est qu'il ne porte point de punition quant et soy, comme plusieurs autres, et aussy qu'un tel mesfaict ne peut recebvoir peine qui le puisse esgaller. Les Égyptiens jadis en sont esté fort ennemys de telles gens, et ne les punissoient autrement, sinon qu'ilz les faisoient cryer et publier partout pour infâmes, afin que personne ne leur fist plus aucuns plaisirs, estimant peine condigne à l'ingratitude d'un amy de les luy faire perdre. Tous les Perses, comme dit Zénophon[1], ne trouvoient parmi eux aucun vice plus blasmable que ceste maudicte ingratitude, et chastioient fort rigoureusement ceux qui en estoient touchez.

Il y en a aucuns qui tiennent que, comme la trahison ne peut estre assez punie, aussi l'ingratitude ne peut estre assez blasmée et en horreur à tout le monde, estimans ces deux vices si conjoincts ensemble, que l'on peut dire que tout traistre est ingrat; car, comme le traistre n'est autre chose que faillir de foy promise ou deue à une personne, aussy estre ingrat n'est autre chose que faillir à l'obligation que l'on a et se doibt à cause d'un plaisir. Ce malheureux Judas, qui trahit Jésus-Christ son bon maistre, fut et traistre et ingrat tout ensemble; ingrat, pour avoir si mal recognu le bien et l'honneur qu'il luy avoit faict de l'avoir receu en sa tant honorable, belle et saincte compaignie, là où il estoit plus heureux qu'il ne lui appartenoit; et traistre, pour l'avoir

---

1. Voyez *Cyropédie*, liv. I, chap. II.

trahi et livré à la mort. Que gaigna-il par là, sinon pour le monde, que les Juifs, après s'en estre servis, se mocquèrent de luy, l'eurent en mespris et horreur? Et quand il leur rendit leur argent, ilz n'en firent compte comme[1] de ce qu'il estoit. Et quant à Dieu, il fut condamné de luy aussytost, et misérablement envoyé aux enfers.

Je voudrois bien sçavoir quelle tant grande louange acquit Brutus pour avoir tué Cæsar son bienfacteur, qui l'avoit tant aymé, tant favorisé et monstré ce qu'il sçavoit de la guerre en celle de la Gaule. Encor dict-on qu'il estoit son fils, pour l'avoir engendré de Servillia, qu'il entretenoit. Ce ne fut pas tout, il luy sauva la vie dans la battaille de Pharsale, l'ayant recommandé à tous ses soldats et ceux de son camp surtout de luy sauver la vie et le luy emmener vif; ce qui fut faict, dont il eut une joye extresme : et pour rescompense de tant de biens, luy conjura sa mort, luy bailla quasy les premiers coups, se fondant sur une sotte opinion qu'il y alloit du service de la patrie et de la respublique et de son grand intérest. Vrayment ouy! Que la patrie puis après luy fit de grands biens et rescompenses! Il s'en alla de la ville comme un meurtrier et banny, seul et desguisé, et luy et ses compaignons, l'un passant par une porte, et l'autre par l'autre. Toutesfois, au bout de quelque temps, ilz assemblèrent quelques grandes forces, qui furent cause du livrement de la battaille de Philippes, où luy se tua misérablement; et avecques luy de tous les autres conjurez n'en eschappa un qui ne mourust

---

1. *Comme*, que.

misérablement. Voylà la rescompense de mes ingrats, quelque prétexte qu'ilz ayent d'estre tant zellez à leur patrie; et n'y eut à la fin aucun qui ne les mésestimast tous. Comme, certes, un si galant homme que Cæsar ne debvoit estre ainsy traicté par les siens; et pour un si lasche traict Brutus en eut de belles offrandes de sa patrie pour rescompense de son ingratitude envers son bienfacteur.

Charles I, roy des deux Sicilles, duc d'Anjou et frère au roy sainct Louys, ayant en sa prison Henry d'Espaigne[1], qui luy avoit esté très-ingrat des bienfaicts receus de luy, et l'ayant recueilly qu'il ne sçavoit où aller (car son frère l'avoit chassé d'Espaigne), pour rescompense le quitta, et s'alla accoster de Corradin, et l'assister le jour de la bataille qu'il perdit; ne le voulut punir de mort, pour luy avoir donné la vie, par les prières de l'abbé de Mont-Cassin, sainct religieux, mais le fit attacher par le col comme une beste, et mettre dans une cage de fer, et le fit pourmener par toutes les villes du royaume, servant de spectacle à tout monde, et de risée. Ainsy fut-il rescompensé de son ingratitude, et hay et mocqué d'un chascun.

De nostre temps, en nos guerres civilles troisiesmes, il y eut un certain Montravel[2], natif de la Brye, gentilhomme (à ce que l'on disoit), mais en cela pourtant dérogea-il à sa noblesse, lequel, pen-

---

1. Henri, infant de Castille, sénateur et gouverneur de Rome, fils de Ferdinand III, roi de Castille. Voyez Collenuccio, édit. de Naples, 1563, lib. IV, p. 116 et suiv.
2. Maurevel. Voyez tome IV, p. 300, et t. V, p. 216-247.

sant faire un grand service au roy, entreprit et résolut de tuer M. de Mouy, qui l'avoit nourri page et eslevé et poussé aux armes; et de faict il le fit; car après la battaille de Montcontour perdue pour les huguenots, ainsy que M. de Mouy eut choisy pour soy la ville de Nyort, comme d'autres firent d'autres villes pour rompre le cours de la victoire de leurs ennemys, et s'estant allé pourmener hors de la ville pour la contempler et voir la force et la foiblesse, voicy venir ce Montravel, monté sur un bon cheval, résolu, qui donna un coup de pistolle à son maistre, le trouvant tout désarmé; et puis se sauve au camp de Monsieur, nostre général, auquel il se présente et raconte son beau coup. A l'instant il fut assez bien venu, et de Monsieur et d'aucuns du conseil, et autres; mais pourtant si fut-il abhorré de tous ceux de nostre armée; si bien que personne ne le vouloit accoster pour avoir ainsy si perfidement et proditoirement tué son maistre et son bienfacteur, encor qu'il eust fait un grand service au roy et à la patrie pour leur avoir exterminé un ennemy très-brave et très-vaillant, et qui, après M. l'admiral (car M. d'Andelot estoit mort), n'y en avoit point de pareil pour leur nuire. Et luy fut commandé de se retirer en sa maison, comme ne se fiant nullement en luy (car qui fait de tels coups en faict plusieurs autres) jusques à ce qu'on l'envoya quérir pour tuer M. l'admiral, comme assassineur; mais il le faillit; et ne fut pas mort de sa main sans d'autres qui réparèrent sa faute au massacre de la Sainct-Barthélemy.

Que devint-il, pour fin, ce Montravel? Il eut deux compagnies telles quelles au siège de La Rochelle, où il perdit ses escrimes, et ne put pas bien jouer de celle du garde-derrière, car je ne vis jamais homme si estonné en siège que cestuy-là; et peu se trouvoit en factions, sinon à garder quelque chétif quartier qui lui estoit donné; et quand il vouloit se fourrer parmy les autres compaignies, un chascun le fuyoit comme la peste. Après il vint à la cour, où il demandoit tousjours quelque chose, et par importunité l'obtenoit, craignant qu'il ne fist aux autres ce qu'ilz lui avoient faict faire; et de faict il eut pension, comme si ce fust esté le tueur du roy, non pas pour tuer le roy, mais gagé par Sa Majesté pour tuer les autres. Il eut de plus le privilège d'aller dans Paris et le Louvre, jusques dans la chambre du roy, tousjours couvert et armé de pistolles, luy sixiesme, d'autant qu'il estoit menacé; mais pourtant quand il entroit dans la chambre du roy nul ne le vouloit accoster. Un chacun le détestoit et abhorroit, mesmes le roy dernier Henry III, si bien qu'il lui fit deffendre sa chambre; et n'y vint plus, sinon dans le Louvre, mais estonné, la veue basse et la carre d'un tel homme qu'il estoit. Enfin M. de Mouy aisné fils, brave et courageux gentilhomme, ne pouvant plus traisner si longtemps la mort du père sans estre vengée, trouvant ce Montravel dans la rue, l'attaqua si furieusement qu'il le tua; mais le malheur fut qu'un des satellites dudict Montravel tira un coup de pétrinal audict M. de Mouy, dont il mourut, et n'eut le loysir de jouyr du fruit de la vengeance, sinon que la gloire luy en demeura immortelle après sa mort. Voylà comme il en prend à telles gens et fort justement.

Or, advant que finir ce discours d'ingrats, et comme il ne leur est bienséant d'oublier et ne recognoistre leurs bienfacteurs, pour le plus beau de tous exemples j'allégueray cestuy-cy, qui se trouve aux histoires de Savoye. Le comte Edouard de Savoye, le jour de la bataille de Varey[1], qui fut donnée entre luy et le Dauphin de Viennois, où il fut pris par un seigneur de Dauphiné, nommé Auberjour de Maleys[2]; mais, parce qu'il ne pouvoit le garder seul, le seigneur de Tournon[3] aperceut comme ledict comte se vouloit deffaire de luy et combattoit tousjours, courut avec sa trouppe, et arrestèrent tous deux ledict comte prisonnier; lequel, comme ilz se mettoient en debvoir de le désarmer et luy oster son armet, le jeune seigneur de Boselet[4], accompaigné du seigneur d'Antremont, le recourut d'entre les mains d'Auberjour et du seigneur de Tournon; lesquelz, voyans leur proye s'enlever de leurs mains, s'escryèrent à haute voix qu'on leur donnast secours, et envoyèrent une trompette à messire Albert, seigneur de Sassonnage[5], luy dire qu'il picquâst avec sa trouppe pour ayder à reconquérir le comte de Savoye leur prisonnier qu'on avoit recouru. Mais le seigneur de Sassonnage, portant grande amitié et

---

1. Varey (Ain) et non Varcy, comme on lit dans les précédentes éditions. En 1325, Édouard, comte de Savoie, y fut défait par Guigues XIII, dauphin de Viennois. Le récit de Brantôme est tiré de la *Chronique de Savoie* de Paradin, liv. II, chap. cxix, p. 207.
2. Auberjon de Maleys ou de Mailles.
3. Guillaume de Tournon.
4. Hugues de Bocsozel, seigneur de Roche.
5. Albert, baron de Sassenage.

debvoir au comte Edouard, fit la sourde oreille, feignant d'estre empesché ailleurs contre ses ennemys; dont fut recouru ledict comte, et emmené en lieu de seureté par ses gens. Or faut noter qu'un peu de temps auparadvant, ledict seigneur de Sassonnage, estant ambassadeur en France, avec charge de demander une fille au roy en maryage pour M. le Dauphin son seigneur [1], tumba en un grand inconvénient et danger de sa vie, pour avoir tué le seigneur d'Aigreville, grand-maistre d'hostel de France, qui avoit respondu audict de Sassonnage, que le roy n'estoit délibéré de donner sa fille à un tel pourceau qu'estoit le Dauphin son maistre; pour laquelle responce ledict de Sassonnage mit l'espée au poing et tua ledict grand-maistre : dequoy le roi indigné commanda aussytost de le prendre et en faire l'exécution du meurtre; ce qui eust esté faict, et eust eu ledict Sassonnage la teste trenchée, n'eust été le comte Edouard de Savoye, qui pour lors estoit à la cour de France, qui le fit esvader et sauver, et luy donna moyen d'esviter la fureur du roy [2]. Ainsy le seigneur de Sassonnage, ne voulant estre ingrat à l'endroit de celuy dont il tenoit la vie, donna aussy moyen audict comte de se sauver de la battaille. Et n'est, par ainsy, nul plaisir perdu entre les gens de bien. Je croy que guières ne se trouvera un plus beau exemple de belle reconnaissance que cestuy-là, et ne sçauroit-on assez louer ledict seigneur de Sassonnage.

1. Guigues XIII, dauphin de Viennois, qui épousa Élisabeth de France, fille de Philippe le Long.
2. Voyez Paradin, p. 207.

Un autre bel exemple avons-nous de Noradin, soudan de Damas, lequel, un jour que Baudoin, roi de Hiérusalem eut faict quelques courses sur les Sarrazins et Arabes, et eut faict un grand butin sur eux, tant de biens que de personnes, dont entre autres s'y trouva la femme du soudan; et ainsy qu'il se retiroit chargé de son butin, ladicte femme vint à accoucher en plein chemin. Il luy fit assister de tout ce qu'il put en ses couches, et luy fit alletter (ne pouvant mieux) son enfant par une chamelle qui ne venoit que d'avoir un fan, et puis la fit reconduire et rendre en seureté à son mary. Ce soudan, au bout de quelque temps, recognoissant ceste gracieuseté et courtoisie, sauva la vie audict Baudouin dans une place assiégée desdicts Arabes; et si fit bien mieux, car, quelques années après, ledict Baudouin venant à mourir sans enfants, ordonna par sa dernière volonté que son corps fust porté de Baruth à Hiérusalem pour y estre inhumé, là où il fut fort pleuré et regretté, tant des siens que des estrangers qui s'y trouvèrent. Aucuns des principaux du conseil de Noradin s'efforcèrent de luy persuader de courir sus aux chrestiens, et qu'il n'y fit jamais meilleur, cependant qu'ilz s'amusoient aux pleurs et à l'enterrement de leur roy; mais Noradin ne le voulut jamais, tant pour les vertus de ce grand roy qu'il admiroit, et qu'il ne vouloit qu'on le perturbast en son enterrement, que pour la recognoissance de la courtoisie passée : et ainsy laissa aux vivans célébrer les obsèques de leur roy[1]. Quelle bonté de barbare, qui ef-

1. Voyez Guillaume de Tyr, liv. XVIII.

face force chrestiens que je sçay! A grand peine M. de La Noue eust-il fait à l'endroict de M. de Lorraine comme fit ledict sieur de Sassonnage, quand il l'eust tenu ainsy à sa mercy, veu que de loing il l'abbayoit et luy nuysoit le plus qu'il pouvoit.

En nos guerres civilles, en la battaille de Jarnac, le feu comte Gayasse[1] brave et gallant gentilhomme italien, qui s'estoit trouvé en plusieurs bons affaires pour le service du roy, et mesmes au siége de Sienne avec M. de Montluc, et mourut en Dauphiné (lorsque le roy Henry III tourna de Poulogne) en titre de mareschal de camp, et fut tué en une rencontre; il fut soupçonné, et non à tort, d'avoir sauvé M. de Téligny, qui par cas estoit tumbé entre ses mains; mais, d'autant qu'il avoit receu plaisir de luy, le voulut recognoistre en une si belle occasion : parquoy le fit esvader, sans sonner mot, tout bellement du champ de battaille, et le conduisit hors du vainqueur, sans en vouloir faire sa parade au général et à l'armée, comme plusieurs pleins de vanité et ingrats eussent faict, ny sans crainte d'en estre repris ny en estre en peine; car il ne luy alloit rien moins que de la teste pour le droict de la guerre. Monsieur, nostre général, le sceut comme par une suspicion sourde; car il y avoit joué son jeu seur et sans bruit, si bien que par aucune vive apparence ny conjecture vraye on n'en eust rien sceu juger sainement; si n'en fut-il inquiété nullement du général, ains en fut loué, et de luy et des gallants de l'armée, et fort estimé, pour avoir esté si bien à l'endroict de son amy.

1. Jean Galéas de Saint-Séverin, comte de Cajasso.

Le marquis de Richebourg, autrement de Renty, n'en fit de mesme à l'endroict dudict M. de La Noue; car encor qu'il luy eust obligation de tout ce qu'il sçavoit de la guerre dès-lors qu'il alla en Flandres (j'ay escrit cecy, s'il me semble, ailleurs[1]), quand il fut pris on ne le recognut nullement, jusques à faire fort peu de cas de luy et le rudoyer, et parler fort braveschement à luy, et s'en servir au lieu où il le mena en forme de triomphe, non de magnificence, mais de risée et de desdain; et dict-on que, luy ayant esté remonstré par aucuns de ses privez à le traicter plus honnorablement, et selon son mérite et sa fortune, et l'obligation qu'il luy avoit, il n'en fit aucun cas, sinon, je pense, que tout ainsy que ledict M. de La Noue avoit faict à sa patrie et à son roy et autres, il estoit nécessaire et très-juste qu'on luy en fist de mesmes.

Pompée usa de pareil à l'endroict de Perpenna[2], lequel, après qu'il luy fut mené prisonnier, le fit mourir tout incontinent; ne méritant en cela d'estre blasmé ny condamné d'ingratitude, comme mal recognoissant des bons services, tours et plaisirs que ledict Perpenna luy avoit faicts en Sicille, ainsy comme aucuns le chargeoient; mais plustost doibt estre loué de grande magnanimité, pour avoir sauvé toute une respublique que ce meschant homme accusoit par des papiers qu'il montra à Pompée, qu'il ne voulut voir pourtant, qu'il avoit retiré de Sertorius; aussy que ce maraut ne méritoit de vivre, pour avoir

---

1. Voyez plus haut, p. 211.
2. Voyez Plutarque, Vie de Pompée, ch. XXIX.

tué son général et son capitaine, qui valoit plus que luy, et duquel il avoit receu une infinité de plaisirs et de courtoisies.

Il faut que je fasse ce petit conte d'un de nos françois, qui fut le cardinal Balue, du temps du roy Louis XI. Son premier advancement fut qu'il fut simple valet de l'évesque d'Angers[1], de la maison de Beauveau, dont j'en ay cognu la race bonne et noble. Il fut eslevé par luy en biens et grandeurs, et puis le donna au roy Louis XI, qui aymoit fort les gens subelins d'esprit; et, pour ce qu'il le trouva à son gré, le fit évesque d'Evreux et puis cardinal. Estant monté si haut, comme ingrat s'oublia, et en son Dieu et ses maistres. Il commença premièrement en Dieu, et puis en son maistre premier, dont il fit de si meschants rapports faux au roy, qui croyoit légèrement, qu'il adjousta foy à ses parolles; et, par frauduleuses informations qu'il fit faire, il fit desclarer inhabile à l'évesché, et se fit par conséquent (cela s'entend) conférer par le roy ladicte évesché[2]. Ainsi il deffit son premier maistre et bienfacteur; et puis il fut traistre au roy, son second maistre, par mille trahisons qu'il luy fit, et intelligences qu'il avoit avec le duc de Bourgoigne et autres ses ennemys; dont il luy fit espouser une prison fort estroicte et rigoureuse pour onze ans, non sans soupçon de poison, à la mode de ce roy, qui sçavoit ainsy chastier ses gens traistres et desloyaux; ce qui fut bien employé : et ainsy devroit-on faire à tous les infidèles et ingrats; le monde en seroit plus net qu'il n'est.

1. Jean II de Beauvau. — 2. En 1468.

Or, voylà comme il prend mal aux ingrats, et très-bien aux recognoissans, et selon la volonté et permission de nostre Dieu, lequel abhorre et maudict les uns, et ayme et bénit les autres, mesmes que nous encourons son indignation et courroux lorsque nous luy sommes ingrats, et ne recognoissons les biens qu'il nous a faicts ; et gaignons sa grâce lorsque nous les recognoissons, en nous recommandant fort dans ses sainctes loix ; et sa saincte Église aussy nous commande expressément de prier Dieu pour nos bienfacteurs. Et aussy que de tout temps immémorial, voire après la création du monde, les bienfacteurs sont advant les roys, cela est assez notoire, et, d'autant que l'antiquité va devant les roys. J'alléguerois force autres authoritez et exemples sur ce subject ; mais je n'aurois jamais faict, et aussy que le champ en est si beau, si plantureux, qu'il y faut un meilleur agriculteur et plus excellent que moy, pour le bien cultiver, agencer, adorner et embellir de belles parolles.

Voylà le discours qu'en fit ceste honneste personne que j'ay nommée. Et quant à moy, Branthôme, qui escrips et fais ce livre, certainement je puis bien dire que j'ay eu ma part des mescognoissances de M. de La Noue aussy bien que les autres ; car je me puis vanter qu'il n'a eu pas un de ses amys qui l'ait plus servy durant sa prison, ny plus sollicité, ny pris mieux la parolle pour luy, que moy, et, n'en desplaise à feu M. d'Estrozze[1], son intime amy, qui n'en

---

1. « En ce temps (juin 1580), dit l'Estoile, passèrent par Paris quelques courriers espagnols, ausquels Strozzi dit que si le roy

osa jamais parler au roy ny à autres grands comme moy; et que si encor M. de La Noue veut dire la vérité[1], il pourra confesser comment un soir, en se voulant retirer du Louvre fort tard, quelque temps advant qu'il allast en Flandres, l'ambassadeur d'Espaigne qui avoit bien sceu comment il vouloit aller là faire quelque chose qui ne valloit guières contre le roy son maistre, ayant dressé une fricassée et une partie pour le faire tuer, en allant de là l'eau au fauxbourg Sainct-Germain, en son logis, et luy en ayant sceu l'avis très-certain, il ne fut accompaigné d'aucuns que de moy et mes gens, encore qu'il eust là des amys; mais ilz firent les sourds et recreus; et le menay sain et seur en sondict logis delà l'eau, sans qu'on osast nous attaquer nullement, encor que nous trouvasmes quelques gens de rencontre, qui n'estoient là pour bien faire. Enfin je pense qu'il n'a trouvé amy plus fidelle que moy, ny qui luy ait plus aydé et servy, ny durant, ny dehors sa prison.

Pour rescompense, en estant hors, il vint à la cour pour faire sa révérence à son roy et luy parler des conditions de sa liberté; et moy, ny estant pas pour lors, ne me fit qu'envoyer des simples recommandations par M. du Préau, aujourd'huy gouverneur de Chastelleraud, que j'ay nourry page, fort

---

d'Espagne ou les siens faisoient à la Noue autre traitement que ne méritoit un brave gentilhomme et vrai prisonnier de guerre, il écorcheroit autant d'Espagnols qu'il en tomberoit entre ses mains. »

1. Cet appel à la Noue prouve que le *Discours* a été composé en plusieurs fois; car, à la page 231, Brantôme, qui ne s'en est pas souvenu, parle de la mort de la Noue.

brave et vaillant jeune homme, et bien accomply en plusieurs vertus, et qui a conquis son gouvernement par son espée. Il est vray qu'il luy dit que, mais qu'il se fust recognu et revenu à soy, estant encore tout estonné en France, qu'il m'escriroit et me remercieroit des offices que luy avois faicts en prison; mais ç'a esté celuy-là duquel despuis n'ay sceu aucunes nouvelles, suivant en cela son naturel. Si faut-il que je l'excuse pourtant, et que je die de luy qu'il ne luy faut imputer cette imperfection à défectuosité du cœur, car il n'en fut oncques un si noble et généreux; mais tel est-il nay, et aussy que le grand zelle qu'il portoit à sa religion luy avoit tellement atteint l'ame, qu'il eust oublié toutes choses pour la servir et maintenir, ainsy que plusieurs autres religieux de ceste mesme ordre comme luy en ont faict de mesmes, jusqu'à oublier le respect des pères et mères qu'ilz leur doibvent; non que je les veuille tous comprendre en général soubs cette règle et opiniastreté d'hérésie, car il y en a prou qui ne l'ont observée.

Entre lesquelz j'en ay cognu un qui estoit un gentilhomme du Languedoc, brave et vaillant s'il en fut oncques, nommé M. de Grémian, qui fut celuy qui prit Aigues-Mortes [1], le roy estant en Avignon à son retour de Poulogne, et à sa barbe, et à sa plus grande colère, qu'il vouloit du tout exterminer ceux du Languedoc, pour l'inimitié qu'il portoit à M. de Montmorency. Je l'ay veu autrefois cornette de

---

1. Antoine du Pleix, seigneur de Grémian et de Lucques. Il s'empara d'Aigues-Mortes par surprise en 1575.

M. d'Acier[1], lorsqu'il mena cette grande trouppe de gens de guerre à M. le Prince en Xainctonge. Ce M. Gremian donc, encor qu'il fust jeune fou, scalabreux et huguenot à bander et racler, et ennemy mortel des catholiques, si est-ce qu'il porta tel respect et honneur à son père, que jamais il n'entreprit guerre là où il sçavoit son père M. de Gremian (qui estoit aussy un brave et vaillant gentilhomme) estre en présence. Si bien qu'une fois ayant entrepris sur une ville du Languedoc, dont ne me soubviens du nom, et de faict l'ayant prise par escallade, ainsy qu'il entroit dans la place de la ville, il sceut que son père estoit dans ladicte place, qui rallioit ses gens pour rembarrer ses ennemys : aussytost ayant sceu que le père estoit là, il ramassa ses gens, et les en retourne par le mesme chemin qu'ilz estoient tous venus, disant qu'il aymeroit mieux mourir que se trouver en aucun endroict où il pourroit nuire à son père le moins du monde, ou à son honneur ou à sa vie; et par ainsy se retire, encor que son père ne l'espargnast point là où il pouvoit luy faire guerre; non pourtant qu'il ne l'aymast comme père, mais il estoit si bon catholique qu'il fermoit les yeux à tout; ce que ne faisoit pas le filz, du moins à l'endroict de son père; en quoy il est fort à louer, autant pour cela que pour ses vaillantises. Je croy qu'il est encor en vie et dans Aigues-Mortes, qu'il a fort bien gardé despuis encontre plusieurs entreprises ; car c'est une des aussy fortes villes de France, et d'aussy grande conséquence.

1. Jacques de Crussol, baron d'Acier.

J'ay faict ceste disgression pour servir de fin, et pourtant, estant venue à propos, je ne l'ay voulu oublier, car possible une autre fois ne m'en fussè-je pas souvenu si bien; et, en matière d'escrire, il faut prendre les traictz de la plume, soit au bond, soit à la volée, ainsy qu'ilz viennent, sans en perdre l'occasion, car elle ne se recouvre quand on veut; aussy que la mémoire tergiverse si deçà, si delà, qu'elle ne vient pas tousjours au giste comme l'on veut. Voicy donc la fin de ce discours que je crains estre par trop long.

FIN DE M. DE LA NOUE.

DISCOURS

D'AUCUNES RETRAICTES DE GUERRE

QU'ONT FAICTES AUCUNS GRANDS CAPITAINES

ET COMMENT ELLES VALENT BIEN AUTANT QUELQUEFOIS QUE LES COMBATS[1].

J'ay souvent ouy dire à de grands capitaines et généraux d'armées, que les retraictes belles et les demeslemens de combats méritent bien autant de louanges que les exécutions, chose n'estant si difficile en guerre que celle-là. Et le capitaine qui faict une belle retirade devant son ennemy, est bien autant à estimer que celuy qni le combat ; d'autant, disoient-ilz, que le moindre capitaine qui aura du cœur peut combattre et bien se retirer. Sur lequel subject nous en avons une infinité d'exemples, tant antiques que modernes. Et d'autant que j'ay protesté de n'en produire point d'antiques, pour estre trop communs et sceus d'un chascun, je n'en produiray que de nos modernes ; et pour le premier, j'en

---

1. Nous n'avons point trouvé de manuscrit de ce discours. Nous reproduisons le texte des anciennes éditions.

prendray un du marquis de Pescayre, don Fernando d'Avalos. Ce brave marquis donc ayant chassé les François de l'estat de Milan, avecques M. de Bourbon, et ayant esté persuadé et fort pressé par luy pour passer en France, il vint à son très-grand regret en Provence, quasy en despit de luy, *porque sabia bien, decia el, que la naturaleza de todos los desterrados es tal, que combidados de una muy pequeña esperança, facilmente se embuelven en qualquiera difficultad; y que, en los principios de las cosas, no miden ningun peligro con la razon, y que mayor locura no pódia ser que, con un capitan desterrado, que en publico juyzio avia sido condenado por traydor, y con tan poco exercito, emprender de combatir un reyno riquissimo; en donde, los Franceses, afficionados al nombre real, estaban acostumbrado, no solamente por amor natural, pero casi por servil obediencia, a serle fieles; y aun casi adorar el rostro de su rey, como si fuesse una gran deidad occulta; abominando grandemente del nombre de traydor, y no aviendose jamas rebelado alguno de ellos contra su rey legitimo. Pero confiado en el valor de sus soldados y animo emprendio la guerra, y paso*[1]. C'est-à-dire : « Parce que, disoit-il, le naturel des hommes bannis de leur patrie est tel, que, conviez d'une petite espérance, facilement s'embrouillent en quelque difficulté que ce soit, et jamais, au commencement des choses, ne mesurent les périls avec la raison ; et qu'il n'y avoit folie plus grande qu'avec un capitaine banny et de-

---

[1]. Ce passage, à quelques mots près, et sauf la dernière phrase, est tiré de Vallès, liv. III, ch. II.

claré en plein jugement traître, et avec petites forces, s'embarrasser et entreprendre de faire la guerre dans un royaume où les François, très affectionnez au nom royal, avoient accoustumé, non-seulement par amour naturel, mais quasi par vile servitude et commandement, à estre fidelles, voire quasi adorer le visage de leur roy, comme si c'estoit quelque déité occulte ; abominant grandement le vilain nom de traistre, desquels n'en avoit eu d'aucune mémoire qui se fust rebellé de son roy légitime. Toutesfois, se confiant en la valeur et courage de ses soldats, il entreprit la guerre et passa. »

« Et d'abordade allèrent assiéger Marseille, gardée si bien par ceux qui estoient dedans qu'ilz y firent très-mal leurs besoignes. Et s'y voulant opiniastrer, le roy eut loisir de s'armer et aller à l'encontre d'eux, faisant si bonne diligence, y ayant premièrement envoyé M. de Longueville et luy après, qu'il fallut à M. de Bourbon et au marquis songer à faire leur retraicte et à grands pas pour estre si vivement poursuivi par le roy et ses forces, que ce fut à eux à faire si grandes et vilaines traictes par ces chemins raboteux de ces hautes et horribles à voir seulement montaignes des Alpes, qu'on en ouyt jamais parler de telles.

De tal manera, dicen los Españoles[1], *que los soldados, en veinte y tres dias de viage, hicieron su camino con tanta presteza y paciencia, que estando casi todos sin çapatos, se cubrieron los pies desolados con cueros*

---

1. Ce passage est composé de phrases empruntées aux ch. IX et X du liv. IV de Vallès.

recientes de animales. Y, porque la artilleria non podia caminar, el marques con un fuego hizo romperla, y puso los pedazos del metal en bestias de carga; y por eso, aunque trajese consigo mas de doze mil caruajes o bestias de carga, no dexo aun solo un bagaje de soldado en camino tan largo y tan enojoso, y asi todos sanos y salvos llegaron a Pavia, lugar de toda seguridad, y pasaron el Po[1]. C'est à dire : « De telle manière, disent les Espaignols, que les soldats, en vingt-trois journées de voyage, firent leur chemin avec tant de prestesse et de nécessité, qu'estans tous quasi sans souliers, étaient contraincts d'envelopper et couvrir leurs pauvres pieds, tout espinez[2] et esgratignez, de quelques cuirs faicts de fraisches peaux de bestes. Et, parce que l'artillerie ne pouvoit suivre, le marquis la fit rompre avec du feu, et en fit mettre les pièces du metal sur des bestes de charge : et, encore qu'il eust en son camp et tirast après lui plus de douze mille bestes de charge et de carréage, il ne demeura en chemin un seul chétif bagage de soldat; et ainsi sains et sauves arrivèrent à Pavie, lieu de seureté, et passèrent le Pô. »

Toute ceste diligence et belle retraicte est digne à estimer en la façon de laquelle le roi les pressoit, et telle qu'entrant par une porte dans Milan, son ennemy passoit par l'autre. Le marquis se monstra là un très-habile et grand capitaine. Aussi dit-on de luy que de sa nature n'estoit grand vanteur, mais ne se peut en garder qu'il ne s'en vantast et

---

1. Voyez Vallès, liv. IV, ch. x.
2. *Espinez*, déchirés par les épines.

fist une grande ostentation, comme disent les Espainols : *De esta sola hazaña y retirada, que en ninguna cosa fue semejante a huyda, de gran admiracion dicen que acostumbrava gloriarse el marques de Pescara, siendo en otra manera muy comedido a blasonar de si mesmo, callando con singular modestia las cosas que le trayan loor; dando a entender que el estava contento solo con aquel fructo de gloria que tenia puesto en la propria consciencia, el qual florescia dichosamente mas en boca agena que en su propria*[1]. C'est à dire : « De ce seul faict et retirade, qui en nulle chose ne fut pareille à une fuite, comme d'une chose de grande admiration, on dit que le marquis de Pescayre s'en souloit fort glorifier; estant autrement fort arresté à parler et blasonner de soy-mesme, taisant avec une grande modestie les choses qui luy tiroient à louange; donnant à entendre qu'il estoit assez seul content avec le fruit de gloire qu'il tenoit en sa propre conscience, lequel fleurissoit mieux et plus heureusement en la bouche d'autruy qu'en la sienne. »

Et certes, il falloit bien que ce brave marquis estimast bien ceste retraicte pour un grand exploict de guerre, puisque ses beaux combats il taisoit, et en ceste retraicte ne se pouvoit garder qu'il ne se louast grandement, comme tous grands capitaines l'ont louée, et surtout M. le connestable[2], qui aydoit fort à luy donner la chasse pour ce coup.

Une autre belle retraicte fit ce brave Philibert de

1. Voyez Vallès, liv. IV, ch. x, f° 122.
2. Anne de Montmorency.

Chaslon, prince d'Orange, le non-pair de la Flandres de ce temps-là, lorsqu'il se retira si bravement après avoir faict tous les beaux debvoirs de guerre avecques une fort petite armée sortie du sac de Rome ; car encor qu'elle y fust entrée grande, si n'en sortit-elle de mesmes, estant le naturel des soldats, après s'estre enrichis d'un grand butin, se desbander et s'en aller ; pour attirer au combat de M. Lautrecq, deux fois plus fort et plus puissant que luy, s'estant campé devant sa barbe à Troye[1], dans la Pouille, pour luy empescher le chemin de Naples, et M. de Lautreq ne l'ayant voulu combattre ny recevoir à la battaille, encor qu'il eust très-grande apparence de la victoire, et eust respondu : « Je ne puis donner la battaille, « sans y perdre beaucoup de gens de bien, mais je « les aurai la corde au col; » d'autant qu'il attendoit Horace Baglion, qui amenoit les vieilles bandes noires de Jehan de Médicis, qui estoient le principal, voire tout le nerf de son armée. Ce qu'ayant sceu Philibert, la nuict d'entre un vendredy et samedy, fit mettre toutes les campanes[2] des mulets dans les coffres, et sans sonner trompettes ny tambours, deslogea, prenant le chemin des bois droict vers Naples ; et laissa M. de Lautreq planté et campé avec sa bravade et jactance gasconne et son altier rudoyement, qui portoient grands dommages certes à ses grandes vertus, en jurant son *obé*[3], car c'estoit son serment ordinaire. Il envoya après quelque gendarmerie et cavalerie ; et donnèrent sur la queue, et en deffirent quelques-uns,

---

1. Troja, dans la Capitanate.
2. *Campanes*, cloches. — 3. *Obé*, oui-bien.

mais bien peu. Pour ce coup, il[1] fit la leçon à ce grand capitaine. Encor dict-on que, sans qu'il s'apperceut d'une apparence de mutinerie parmy les Espaignols, et lansquenets demandans leurs payes, ainsi qu'ilz firent en arrivant à Naples, ledict prince eust pris une autre résolution ; mais possible ne fust-elle esté si louable que ceste retraicte.

J'ay ouy dire à aucuns anciens que, lorsqu'il fallut à l'admiral Bonnivet abandonner du tout l'estat de Milan, y ayant esté très-mal mené de messieurs de Bourbon et de Pescayre, et des soldats impériaux, à la retraicte qu'il luy fallut faire à Romagnano, que firent messieurs de Bayard et Vandenesse qui en avoient la charge, estant ledict amiral Bonnivet blessé et se faisant porter en litière, s'ilz n'y fussent esté tuez, que la retraicte s'en alloit estre des plus signalées. Dès qu'ilz furent morts, un chascun perdit cœur, ayant perdu leur principaux chefs et appuys, et s'en allèrent tous à la desbandade et en désordre ; de sorte que les impériaux en eurent tel marché qu'ilz voulurent. Et disent les Espaignols[2] qu'ilz leur prirent sept pièces d'artillerie, que les soldats menèrent dans Milan, bien ramées[3] et couvertes de feuilles d'arbres, en signe de grand triomphe. Tant que messieurs de Bayard et Vandenesse demeurèrent en vie, tout alla bien, et se retiroient nos François tousjours en fuite de loup ; mais leur mort apporta tout deuil, tout malheur et toute confusion. On dit[4] que

1. *Il*, Philibert. — 2. Les Espagnols, c'est-à-dire Vallès.
3. *Ramées*, couvertes de branches.
4. *On dit*, c'est-à-dire Vallès. Brantôme a déjà raconté tout

M. l'admiral en ayant donné totale charge de ceste retraicte à M. de Bayard (M. du Bellay y met M. de Sainct-Pol, mais l'Espaignol ne faict mention que de messieurs de Bayard et Vandenesse), luy recommandant surtout l'artillerie qu'elle ne fust prise, M. de Bayard luy respondit : « Monsieur, j'eusse fort de-
« siré que le roy et vous m'eussiez donné ceste
« charge en fortune plus prospère et heureuse que
« l'advanture me traicte; je feray en sorte que tant
« que j'auray la vie, je la deffendray si bien que
« l'ennemy n'en triomphera point. »

Et ainsy qu'il le dit, il le tint très-bien, demeurant tousjours serré, sur la queue, et rendant tousjours quelque gentil combat. Mais le malheur fut qu'il eut une grande mousquetade dans l'espaule, qui le força de la douleur de mettre pied à terre : et soudain, ayant esté assisté des siens, et le voulant désarmer et porter sur des picques (car il n'y avoit soldat qui ne l'aimast et ne l'honorast plus que le général), il pria chascun de se retirer et sauver. « Car, quant à
« moy, dit-il, je veux mourir dans le champ où j'ay
« combattu, n'estant bien séant à un grand homme
« de guerre de mourir autrement qu'armé de toutes ses armes. »

Et ainsy que les soldats espaignols, poursuivant la victoire, le voyant estendu, lui demandèrent qui il estoit, et qu'il se rendist : « Ouy, dit-il, je me
« rends à M. le marquis de Pescayre; » dont tous les Espaignols commencèrent à le louer grandement di-

ceci dans l'article consacré à Bayard (voyez t. II, p. 382 et suivantes).

sans : *Que se maravillaban mucho del gran juyzio de tan valeroso hombre, el qual sabiendo muy bien que la suprema autoridad del govierno estava en poder de don Carlos de Lanoy y del duque de Borbon, quisiesse antes rendirse al marques que a ellos; dando à entender que el nombre de la guerra ganado con valor verdadero, y con hechos illustres, era muy mas noble y honrado, que no el que se gana con el juego de la fortuna amorosa, y con el soberbio favor de los reyes del mundo*[1], c'est-à-dire : « Qu'ilz s'émerveilloient fort du grand jugement d'un si valeureux homme, lequel sçachant bien que la suprême authorité du gouvernement appartenoit à don Charles de Lanoy et M. de Bourbon, néanmoins il aima mieux se rendre au marquis qu'aux autres, sçachant bien que le renom de la guerre, gaigné par une vraie vertu et par illustres faictz, est plus honnorable que celuy qui se gaigne par le jeu de la fortune amoureuse, ou par la superbe faveur des roys. »

M. le marquis aussi le receut fort honnorablement, et luy bailla des gardes pour l'avoir en recommandation *a que no recibiese ninguna violencia ni injuria de ninguno soldado avariento o ignorante, porque era menester que persiguiese los enemigos*[2], c'est-à-dire : « Qu'il ne receut nulle violence ni injure d'aucun soldat, avare ou ignorant de l'art de la guerre; car il luy falloit poursuivre l'ennemy. »

Ledict marquis le voyant en tel estat, s'escria aux soldats : *Ea! soldados, victoria tenemos; porque es*

---

1. Vallès, liv. III, ch. xi, f° 106.
2. Vallès, *ibid.*

*muerto el capitan Bayardo*⁵. « Soldats, nous avons la victoire, puisque le capitaine Bayard est mort. » Et luy fit tous les honneurs du monde pour si peu de vie qu'il luy restoit, et les meilleurs traictemens; ayant commandé luy faire tendre un pavillon fort superbe sur le champ mesme, et un lict pour se reposer; et mourut ainsy sans jamais se désarmer. *Y asi murio armado en el campo, como lo habia siempre deseado* : « Et ainsi mourut tout armé dans le camp, comme il l'avoit toujours souhaité. »

Après sa mort, le marquis honora son corps de superbes obsèques, et le renvoya aux siens honorablement, qui l'emmenèrent en France. Ce fut lors qu'il dict à M. de Bourbon ces belles parolles que M. du Bellay a mises dans ses *Mémoires*. Car, ainsy que M. de Bourbon poursuivoit l'ennemy, et passant auprès de M. de Bayard et le voyant en si piteux estat, lui dict : « Monsieur de Bayard, j'ay grand'-
« pitié de vous. » Lequel luy respondit : « Mais moy,
« Monsieur, de vous, qui combattez contre vostre
« Dieu, vostre roy et vostre patrie; et moy, je meurs
« les armes à la main pour les deffendre¹. »

Je suis esté un peu long en cet incident, et crains qu'on ne me coulpe² de m'estre ainsy extravagué. Toutesfois, parlant si bien de ce grand personnage, tout peut passer sous ceste belle monstre.

Et, pour retourner encore à nos retraictes, auxquelles tend nostre discours, pour en parler de celle

---

1. Le texte de du Bellay a été arrangé par Brantôme qui l'avait déjà modifié ailleurs. Voyez t. II, p. 386.

2. *Coulper*, reprocher.

que le feu roy François fit devant Landrecy : Landrecy ayant esté assiégé par l'empereur fort furieusement d'une très-grande puissance (car il avoit dix-huit mille Espaignols des vieilles bandes, six mille Anglois, selon le concordat entre luy et le roy d'Angleterre, et treize mille chevaux, tant de ses vieilles ordonnances de Naples, des Pays-Bas et des Clévois), le roy résolut de secourir ceux de dedans, qui avoient si bien faict que rien plus, tant à se bien deffendre qu'à bien assaillir. Aussy léans y avoit-il deux bons chefs, le capitaine La Lande et M. d'Essé. Il dresse donc une armée, mais non si forte que celle de l'empereur, et vient à sa barbe avitailler et renforcer sa place; et non sans en advertir l'empereur; car le jour advant, assez près de Landrecy, fit tirer une volée de canon à toute son artillerie, pour faire signal à la ville qu'il n'en estoit pas loing, et leur donner courage. Et, s'approchant le lendemain, envitaille, renforce, faict ce qu'il veut; et puis se met sur sa retraicte, menant l'avant-garde, et laissant sur la queue et l'arrière-garde M. le Dauphin son fils, qui pensant une fois donner battaille comme il désiroit (car il estoit du tout courageux et homme de main), Sadicte Majesté tourna bride soudain pour secourir : mais il n'en eut grand besoing, car l'empereur, ayant desbandé Ferdinand de Gonzague, son lieutenant général, pour aller après avecques toute sa cavallerie légère, et quelque harquebuserie espaignolle, pour les amuser en attendant le gros qu'il menoit, ne fut rien faict, sinon quelque petite escarmouche, où le seigneur d'Andouin, fort favorisé de M. le Dauphin, fut tué, et quelques autres, pour s'estre adventurez mal à propos, comme un jour je l'ouys conter à M. l'admiral. Nonobstant, le roy se retira parmy les bois à Guyse, ayant faict ce qu'il avoit voulu fort heureusement, et n'ayant rien perdu. Et ce fut à l'empereur à se retirer en son camp, et puis à lever totalement le siège de Landrecy. Pour conclusion, le roy secourut sa ville à la barbe d'un grand empereur, et enfin se démesla de battaille, et se retira : ce qui ne fut peu de resputation pour luy, toutes choses bien pensées ; et fut estimé, non-seulement des siens, mais des estrangers, qui affirmoient avoir esté la plus belle chose qu'il fit jamais.

En quoy faut noter une chose de ces deux grands princes, en laquelle ilz trompèrent tous ceux de leur armée ; car l'un et l'autre publioient parmy leurs gens qu'ilz vouloient donner battaille : le roy, pour dire tout haut qu'il vouloit voir si l'empereur estant en personne seroit aussy heureux en battaille comme il avoit esté par ses lieutenans à La Bicoque et à Pavye, et que c'estoit chose qu'il avoit le plus souhaicté de l'y voir, et de s'attaquer de sa personne à la sienne, s'ilz se pouvoient rencontrer. De l'autre costé, l'empereur, au partir de Gueldres, avoit faict du brave, et s'estoit vanté qu'il iroit jusques à Paris pour voir ce qu'on y faisoit ; mais ny l'un ny l'autre ne firent ce qu'ilz avoient dict. Voyez quelles ostentations de princes qui ne firent que donner dans le vent ! Aussy faut-il bien souvent qu'en telles choses ilz bravent plus et fassent peu, tiennent mines bravasches et pleines de vanité : car cela importe, ainsy que j'ay ouy dire à de grandz capitaines, encor que la honte leur tombe sur le front de n'avoir joint leur effet avec leurs parolles. Mais ces princes et les grandz sont subjects à boire plus de honte en telles chose que les petits; et ne leur en chaut mais en quelle façon, ou en honneur, ou en déshonneur, ilz parviennent à leurs fins; et qui gaigne est le plus honnoré.

J'ay ouy dire à plusieurs que feu M. le connestable avoit projetté son dessein de la retraicte de Sainct-Quentin du tout sur cest exemple du roy que je viens de dire, s'y voulant du tout conformer : mais il ne la fit pas de nuict, ains de plein jour; qui fut sa perte, si l'on veut croire les grands capitaines, et mesmes M. de Montluc, qui en a très-bien escrit dans son livre[1], où il tient la maxime que le capitaine qui se retire de nuict n'en est pas pour cela subject à la honte, mais plustost son ennemy, qui, pensant le trouver le lendemain au matin, n'y trouve que la place vuide, et demeure avec autant de nez, et bien trompé. J'ay veu plusieurs en excuser M. le connestable, mettant un grand blasme sur le mareschal de camp qui estoit pour lors, que je ne nommeray point, pour n'avoir jetté mille ou douze cens arquebusiers sur quelque passage, qui eussent donné à songer au comte d'Aiguemont, qui n'avoit que de la cavallerie, et mesmes des pistoliers qui craignent l'arquebuserie, que le roy avait refusée par l'opinion de M. le connestable qui les desdaigna fort; mais ce furent eux qui aydèrent beaucoup et servirent à nous battre. Si mondict sieur le connestable se fust gouverné comme le roy François, il

---

1. Voyez *Commentaires*, tome I, p. 470.

eust acquis toute pareille louange, pour avoir envitaillé Sainct-Quentin bravement à la teste d'une grande armée, et beaucoup plus foible que son ennemy[1].

La route de M. le mareschal d'Estrozze, l'un des grands capitaines de nostre temps, à Sienne, faisans la retraicte, advint, pour ne l'avoir faicte de nuict, ainsy que M. de Monluc luy avoit très-bien conseillé[2].

La retraicte de M. de Montejan et de Boissy, à Brignolles, pour n'estre faicte à propos, ni à chaux ny à sable, comme l'on dit, les fit tomber entre les mains de Ferdinand de Gonzague, à leur honte et perte de leurs gens.

M. l'admiral d'Annebaut, après avoir envitaillé Thérouanne, avoit faict un très-beau coup, si les jeunes gens qu'il avoit menez avec luy, des gallants de la cour, n'eussent voulu taster ce que sçavoit faire l'ennemy jusques dans leur camp, qui se mit en armes, les mit en route, et prit le chef, M. d'Annebaut, prisonnier, et autres.

Longtemps advant en estoit arrivé de mesmes du règne du roy Louis XII, en ceste mesme place, et pour mesme subject d'envitaillement, qui fut très-bien faict et au contentement et louange de tous. Mais au retour des matines, comme l'on dit, et à la retraicte, pensant estre invincibles et que l'ennemy ne les oseroit suivre veu la vaillance qu'ilz avoient monstrée, et le desdaignant, se mirent à se retirer joyeusement,

---

1. C'est-à-dire ayant en tête une grande armée, et lui étant beaucoup plus faible que son ennemi.

2. Voyez *Commentaires*, tome I, p. 457.

chantans, causans et ayant laissé leurs grands chevaux pour monter sur des haquenées et bestes d'amble pour aller mieux à leur ayse estant fatiguez de la course. Lors ilz furent chargez de l'ennemy si à l'improviste et si furieusement, qu'ilz furent contraints, non de se retirer, mais de fuyr à bon escient : dont le mot qu'on en dict, *la journée des esperons*, d'autant que leurs esperons leur servirent plus que leurs lances, où furent pris M. de Longueville, dict M. de Dunois, M. de Bayard et d'autres grands capitaines, qui trestous oublièrent leurs leçons. M. de Piennes, gouverneur de Picardie, en estoit chef.

Si faut-il que je fasse un conte, cependant qu'il m'en soubvient, pour descendre du majeur au mineur, qui est assez plaisant. Du temps de nos guerres civilles que Poictiers fut assiégé par les princes huguenots et M. l'admiral[1], il y eut un certain jeune gentilhomme de par le monde, que je ne nommeray point; car il m'appartient, et de fort grande maison. Il estoit en sa jeunesse fort coustumier de faire tousjours un peu du sot, et autant qu'homme qui fust en sa contrée et pays de vaches; mais pourtant avec cela estoit très-vaillant. Il avoit eu la compaignie de son père, au moins la moitié, par résignation. Pour envie qu'il eut de faire parler un peu de luy à son commancement de gendarme, il demanda à Monsieur, frère du roy, pour lors nostre général, d'aller jusques au camp de l'ennemy pour le recognoistre et y faire quelque raflade. Monsieur, qui se

---

1. En 1569.

doubtoit de quelque traict de son mestier, luy donna licence. Il y va de fort gaye humeur, et de faict donna bien rafle de quelques gens, fait quelques légères rapines, si bien pourtant et avec tel esclandre, qu'il mit tout le camp huguenot en allarme, et en armes et à cheval. Il fut enfin poursuivi d'une grosse troupe de François et de reystres; mais luy, au lieu de faire une belle tirade et grande cavalcade, s'en alla repaistre et dormir à trois petites lieues du camp seulement, pensant avoir fait un beau coup. Les poursuivans, en ayant eu sitost nouvelles, le pensant aller lancer jusqu'à sept ou huit lieues, en eurent très-bon marché, le trouvèrent et le prindrent dans le lict très-aysément à trois lieues; dont la risée en fut très-grande au camp de l'un et de l'autre. Et quand on lui demandoit ce qu'il pensoit faire, il respondoit seulement : « Je pensois faire ce « que j'ay faict, et ne pensois pas qu'on me deust « suivre plus loing qu'à une lieue de là, m'es- « tant approché si près d'eux. » Si vous asseurè-je pourtant que despuis il s'est rendu vaillant et bon homme de guerre, car il en est de race. Voilà une belle retirade, ou, pour mieux dire, coyonade ou caguade[1].

Or, si nous louons les grandes armées et conducteurs d'icelles pour leurs retraictes en un grand bloc général, nous en avons aussy aucuns particuliers, c'est-à dire en petite troupe. Et commançons à une poignée de sept à huict cens Espaignols, qui se sauvèrent de la battaille de Ravenne, lesquelz, après

---

1. *Caguade*, cacade.

qu'ilz eurent veu la totale fin de la battaille à leur très-grand dommage, résolurent de se retirer et sauver leur vie; et marchant en bon ordre, serrez et résolus, M. de Nemours qui ne se sentoit encor bien assouvi du grand past et festin qu'il avoit faict tout le long du jour sur le sang répandu de tant d'ennemys, voyant que le dessert de ces Espaignolz s'en alloit tout entier sans en taster, et à sa veue, part la teste baissée avec seulement vingt ou vingt-cinq qui estoient restez avec; et quoiqu'aucuns luy criassent : « Monseigneur, soubvenez-vous de ce que « vos bons capitaines, qui ont suivi la victoire, vous « ont priez de les attendre, et de ne bouger du camp, « et de tenir ferme jusqu'à leur retour, et que vous « leur avez si sainctement juré et promis, » il n'en voulut rien croire ni faire; mais tout courageusement et tout haut cria : « Ah! qui m'aymera si me « suive, » et donne. Ces Espaignols, qui le virent venir, luy crièrent :

Ea! monseñor, somos pobra gente desbaratada. Dexadnos ir por nuestra mala ventura, y se contente vuestra excelencia de la victoria, que no sera mas illustre por nos perder y matar. C'est-à-dire : « Ah! monseigneur, nous sommes pauvres gens, à demy perclus et sans puissance. Laissez-nous aller par notre male adventure, et contentez-vous de la victoire, que vous ne rendrez pas plus illustre pour nous deffaire, tuer et perdre. »

Mais M. de Nemours, ne se contentant, donne dedans, où il fut tué et plusieurs des siens, et les autres blessez à mort et trouvez entre les morts, comme M. de Lautreq.

Cela faict, lesdicts Espaignols, sans s'estonner et s'amuser, tirent de longue, et enfilent le chemin le long d'un grand canal, marchant en très-bon ordre, et vindrent à rencontrer messieurs Louys d'Ars et de Bayard tournans de la chasse, lesquelz bien las, et ne sachant rien de leur général, s'advancèrent à ces Espaignols, faisant bonne mine; car ilz n'eussent sceu leur faire grand mal, d'autant qu'eux et leurs chevaux estoient si recreus d'avoir chassé si loing, qu'ilz furent très-ayses quand aucuns capitaines espaignols s'advancèrent, qui dirent les mesmes parolles qu'ilz avoient dictes à M. de Nemours, celant pourtant sa mort. M. de Bayard, qui parloit bon espaignol, et qui les avoit longtemps pratiquez, et estoit la mesme courtoisie, et qu'ilz n'en pouvoient aussy plus, leur dit : « Allez-vous-en donc, messieurs, à la bonne « heure. Vous aurez la courtoisie jusques au rendre; « mais ouvrez-vous et fendez, et laissez-nous passer, « et si nous voulons avoir vos enseignes, » qu'ilz luy donnèrent aussytost et à grande joye. Et passant tous au travers, et s'entresaluant les uns les autres très-courtoisement, s'entredirent adieu, et chacun tira son chemin. Mais les nostres arrivant dans le champ de battaille, et sçachant la mort de M. de Nemours donnée par lesdicts Espaignols, se repentirent bien de la courtoisie donnée[1].

Il n'est pas possible d'ouyr parler d'une plus belle retiradè, quasy semblable à celle que firent six ou sept mille soldats romains (encor faut-il parler un

---

1. Brantôme a tiré son récit, mais en l'arrangeant et en y ajoutant, du ch. LIV du *Loyal Serviteur*.

peu des antiques puisqu'ilz ont esté si braves, et les mesler un peu parmy nous autres) eschappez de la sanglante battaille de Cannes; lesquelz, après avoir faict jusqu'au dernier debvoir, et combattu jusques à l'extrémité, considérans ne pouvoir plus servir, sinon d'autant augmenter les morts et ensanglanter d'autant la battaille, se résolurent de se démesler du combat et se retirer où bon la fortune les conduiroit; comme ilz firent en très-bel ordre, sentant mieux leurs vainqueurs que leurs vaincus. Ce que pourtant ceux de leur ville n'approuvèrent, ayant esté loing des coups et sous la cheminée, jugeant à leur ayse les choses autrement qu'elles ne se conduirent là à l'œil et à l'effect; et, comme résolus censeurs et réformateurs jusques au bout des ongles, ces messieurs firent de grandes indignitez à ces pauvres soldats, leur faisant faire, advant que tourner à leur service, plus de pénitences que ne firent jamais les hermites du Calvaire, de Spolette, ou du Mont-Serrat. Et pourtant telz gentilz soldats estoient beaucoup à estimer de s'estre ainsy retirez; et ne faut doubter qu'Annibal, s'il les eust peu tous faire massacrer, l'eust faict très-volontiers; mais les voyant se retirer en si belle contenance, reigle et ordre, il les laissa là; possible, s'ilz fussent allez en déroute, les eust-il chargez et mis en pièces[1].

En nos seconds troubles, après la journée de Meaux par les huguenots au roy, et qu'ilz se furent jettez dans Sainct-Denys, le roy commanda à M. d'Estrozze, maistre de camp tant seulement des dix en-

1. Voyez Tite-Live, liv. XXV, ch. VI et VII.

seignes de la garde du roy, lesquelles pourtant alors n'estoient point près sa personne, mais les avoit envoyées aux frontières de Picardie en garnison, de les aller querir et mener dans Paris à son secours, où il estoit à demi assiégé. M. d'Estrozze y alla; et d'autant que ses dix compaignies estoient la force principale du roy, et sur laquelle il s'appuyoit le plus, pour estre tous vieux soldats choysis et quasy la pluspart qui avoient commandé ou dignes de commander, comme quasy tous ont faict despuis, M. le Prince et M. l'admiral, encor qu'ilz aymassent naturellement M. d'Estrozze, détachèrent aussytost M. de Mouy Saint-Fal avec douze cens chevaux pour l'aller deffaire, quoy qu'il fust; car c'estoit une dangereuse petite troupe pour eux. M. de Mouy ne faillit pas de les aller rencontrer entre Abbeville et Amyens; et les trouvant marchans en vrais gens de güerre, serrez, résolus et entournoyez de tous costez de bons chariots qui marchoient tousjours en forme de barricade, ne les osa attaquer ny nullement enfoncer, encore qu'il se fist quelque petite et légère escarmouche de chevaux huguenots pour les attirer hors de leurs charrettes. Mais ces braves capitaines et soldats, tirant tousjours arquebusades bien à propos, ne laissoient à marcher, et M. de Mouy de les cavaller en attendant son bon, ou qu'il les trouvast le moins du monde desbandez ou estonnez. Enfin M. d'Estrozze et ses capitaines et soldats se retirèrent si bien, en tournant tousjours la teste vaillamment l'espace de huict jours, qu'approchant de Paris, M. de Mouy fut contrainct de les quitter à huict lieues de là et les donner au diable, et s'en aller d'un costé et eux de l'autre; et ainsy arrivèrent à Paris, n'estant que cinq cens seulement, cinquante par compaignie. M. d'Estrozze m'a dict que beaucoup ét une infinité de soldats de Picardie s'estoient voulu jetter dans sa trouppe, si bien qu'il l'eust agrandie de plus de mille hommes; mais il ne le voulut jamais, pour ostentation qu'il vouloit avoir d'estre si bravement passé, et s'estre retiré avec une si petite troupe, et aussy qu'il avoit si grande fiance et asseurance de la valeur de ces cinq cens soldats, qu'il pensoit estre invincible, et qu'il n'en tenoit pas un de tous eux pour lasche et poltron, et qu'ilz eussent combattu jusqu'à la dernière goutte de leur sang. Au lieu que s'il en eust pris d'autres nouveaux, il n'eust fallu que quelques poltrons pour gaster tout et mettre tous les bons en peine et en désordre, ainsy que cela s'est veu souvent. Enfin les voylà arrivez à Paris par la Porte-Neuve [1], avec un grand estonnement du roy, de sa cour, de son armée et de ceux de Paris, pensant résolument qu'ilz avoient esté tous deffaicts, ainsy que les nouvelles fausses en avoient couru, et qu'on avoit sceu qu'on estoit allé au-devant d'eux pour les despescher et deffaire.

Voilà une très-belle retraicte pour n'estre que arquebusiers et quelque peu d'hâlebardiers (car les compaignies en portoient lors), faicte à la barbe de douze cens choysis, conduicts par un des vaillans hommes de France parmy les plaines de Picardie, favorables pour les chevaux, et mal pour l'arquebu-

---

[1]. Près du Louvre. Elle était, suivant Hurtaut (*Dict. de Paris*, t. IV, p. 125), presque sur l'alignement de la rue Saint-Nicaise.

serie, et chevallez l'espace de huict jours. L'admiration en fut très-grande et une joie extresme au roy, qui les voulut voir tous, et les fit passer dedans le Louvre, les embrasser et faire bon visage; et leur ayant commandé leur logis, voulut qu'ilz se rafraischissent et de deux jours n'allassent à la guerre qu'ilz ne fussent reposez; mais le lendemain allèrent voir l'ennemy, qui les cognut aussytost au son et bruict de leurs bonnes arquebuses et à leur valeur; et trois jours après il partit de Sainct-Denys, tirant vers la Lorraine, et nous les suivismes.

J'ay ouy dire depuis à M. de Mouy que jamais il n'avoit veu de plus braves capitaines et soldats, ny plus asseurez que ceux-là; louant surtout M. d'Estrozze qu'il n'eust jamais peu croire en son jeune aage qu'il eust pu conduire si bien une telle retraicte. Et d'autant que les capitaines méritent estre nommez, cognus et recommandez à la postérité, je les vais nommer : M. d'Estrozze, maistre de camp; le capitaine Bordas, de Dacs[1], son lieutenant; le capitaine Charrion; le capitaine Cosseins; le capitaine Torcez; le capitaine Nevillian; le capitaine Gouas l'aisné; le capitaine Cadillan; le capitaine Gouas le jeune; tous Gascons; le capitaine Cabanes, Auvergnac, et le capitaine Hirromberry, Basque; qui sont, je pense, tous morts à ceste heure, et pense les avoir veuz tous quasy mourir. Je croys que le capitaine Bordas vit encor.

Aux premières guerres, les bons soldats se rangeoient la pluspart du costé des huguenots, à cause

---

1. *Dacs*, Dax.

de quelque bandon qui fut fait à la cour contre les capitaines qui demandoient leurs payes dues et rescompense des services passez ; de sorte que, pour un temps, ilz nous surpassèrent en nombre de soldats vieux et bons. De Metz partirent un jour cinquante soldats de la religion (car ilz y fleurissoient fort), en dessein et résolution de se rendre dedans Orléans, quoy qu'il fust. Quand ilz furent vers Verdun, M. d'Espan[1] eut langue comme cinquante soldats estoient partis de Metz, et s'en venoient passer dans son gouvernement (car il estoit lieutenant du roy en l'absence de M. de Nevers, auparadvant comte d'Eu), et tiroient droict vers Orléans. Il amasse soudain ce qu'il peut et à la haste pour les aller deffaire. Ces pauvres cinquante soldats en ayant eu le vent, résolurent, quoy qu'il fust, de passer ; marchant nuict et jour, font de grandes traictes, de petits repas et courts repos. M. d'Espan les suit tant qu'il peut, et les attrape. Eux le voyant venir se jettent dans un moulin qu'ilz trouvèrent à propos et à la bonne advanture (fortune ayde tousjours aux vaillans et courageux), se rembarrent[2], se fortifient, tirent force harquebusades, et si vaillamment, que quelques petits arquebusiers qui estoient là, pensez quelques fiollans[3], n'osèrent approcher, ny la cavallerie non plus. Enfin la nuict arrive et sépare le combat. M. d'Espan se retire à quelque bourg prochain

---

1. Est-ce Charles de Cominges, seigneur d'Espaon, mort en 1615 ?
2. *Se rembarrer*, se barricader.
3. *Fiollans*, bravaches.

pour reposer et repaistre, laisse quelque chétif corps de garde, pensant les attraper le lendemain. Nonobstant ilz sortent, combattent, faussent le corps de garde qui s'estoit mis au devant d'eux, marchent toute la nuict. Le lendemain au jour rencontrent aucuns paysans assemblez avec leur tocsin, les raflent, comme un foudre et orage rafle un champ de bled. Enfin, après avoir bien eu trente allarmes et rencontres, se retirent, et arrivent à Orléans tous sains et sauves, fors trois qui demeurèrent tuez; et racontant leur fortune à M. le Prince, à MM. l'Admiral et d'Andelot, leur couronnel, les ravirent, et un chascun qui les ouyt, en une merveilleuse admiration de leur fortune, et de leur vaillance, et de leur retraicte.

Ainsy sauvez, ilz furent par après si bien venus, traictez et respectez, que j'ay ouy dire à feu M. de Téligny qu'un jour le bandon estant faict de ne toucher plus à la démolition de l'église de Saincte-Croix[1], qui est un œuvre très-admirable, ainsy que M. d'Andelot passoit devant et en ouyt le bruit, il entra dedans et y trouva trois soldats faisans encor ravage, et, de colère, leur remonstra la deffense qui en avoit esté faicte, et qu'ilz seroient tous pendus. Ainsy que le bourreau fut venu pour l'exécution, il y en eut deux des trois qui dirent : « Monsieur, sau-« vez-nous la vie. Nous sommes des cinquante sol-« dats de Metz qui vous sommes venus trouver, et « avons si bien faict et tant pâty et combattu pour « l'amour de vous. » M. d'Andelot dist aussytost : « Estes-vous de ceux-là? la vie vous est sauve. » Et

---

1. A Orléans.

le tiers, qui n'en estoit pas, fut pendu pour donner exemple.

Voylà une retraicte belle celle-là, et de grand hazard et de grand'peine, veu le petit nombre de gens qu'ilz estoient, et tous compaignons ensemble sans avoir aucun qui leur commandast, sinon un caporal que d'eux-mesmes ilz esleurent.

Dernièrement en ceste guerre de la ligue que le baron Dona vint en France[1] avec ceste grosse armée composée de cinquante mille estrangiers, tant Allemandz que Suisses et autres, plus qu'il y a longtemps que pour un coup entra en France, et quelques François parmy eux, tous menaçant, plus que ne fit jamais Rodomont quand il passa de la Barbarie vers nous, de la destruire et ruyner de fonds en comble, comme il parut à son commencement par les grandz feux qu'il alluma en la Lorraine et Bourgogne; si s'en fallut-il beaucoup de son espérance et furieuses menaces; car ce vaillant M. de Guyse, luy faisant maintenant teste, maintenant le costoyant, le mena si beau et par tant de fatigues qu'il luy donna, et par les combatz, comme auprès de Montargis et Auneau, que tout ce grand peuple qu'il avoit conduit fut réduit à rien; et fut contraint, avec MM. de Bouillon et de La Marche, frères, de composer avec le roy, et tirer vers leur pays avec une composition telle qu'elle. J'ay veu un homme qui estoit alors avec M. de La Noue. Il les vit arriver avec cinq cens chevaux seulement à Genesve, bien mallotreux[2], du reste de leur naufrage.

1. En 1587. — 2. *Mallotreux*, misérables.

Or, M. de Chastillon, filz de ce grand admiral, et qui commençoit déjà à le suivre de près en ses valeurs et vertus, si par trop tost il ne fust esté prévenu de sa mort naturelle, qui pourtant fut advancée d'un coup qu'il avoit receu au siège de Chartres, ne voulut jamais signer cette composition : tant s'en faut, qu'il répugna et contredit tout ce qu'il peut, jusqu'à leur faire de grandz affronts et reproches d'honneur, à ce que j'ay ouy dire à ceux de leur party. Il se résolut de les laisser jouyr à pleine joye de leur composition, et la solemniser par beaux festins et carroux dans le camp du roy, et luy prend quelques cens chevaux des siens qu'il avoit menez du Languedoc, et autant d'harquebusiers, et se met sur sa retraicte, et tire chemin sur le passage de Loyre, et advise gaigner d'où il estoit party, nonobstant qu'il fust poursuivi et couru à force, car on luy en vouloit à cause du père. M. de Mandelot[1], gouverneur de Lyon, se trouve à l'audevant, et l'assaut. M. de Chastillon le soutient, et combat si vaillamment que la perte va plus grande du costé de Mandelot que du sien, passe la rivière et se conduit là où il vouloit, après avoir battu les fanges et combattu le mauvais temps l'espace de dix ou quinze jours.

Certes, j'ay ouy parler à de grandz capitaines que ceste retirade est des plus signalées, et qu'il paroissoit bien qu'il avoit estudié la vie de M. l'admiral son père ; lequel, en tant de battailles qu'il a données en nos guerres civiles, et perdues quant et quant, en a fait ses retraictes si belles et si signalées, et mesmes

---

1. François de Mandelot, mort en 1588.

en celle de Montcontour, tout blessé qu'il estoit, que quasy on ne sçavoit que plus louer, ou les beaux exploitz d'armes qu'il y faisoit, ou ses retirades. Ceux qui ont veu les retraites de Dreux, de Sainct-Denis, de Jarnac, de Montcontour, en sçauront bien que dire; et que si la fortune lui estoit contraire en la bataille, pour le moins la démesloit-il bien, et s'en retiroit si honnorablement, qu'on ne sçauroit lui reprocher qu'il eust pris l'espouvante et s'en fust fuy, comme ont faict beaucoup de capitaines après leur bataille perdue, dont les livres sont tous pleins. Tant s'en faut, qu'après la bataille de Dreux, ainsi que nous pensions tout gaigné pour nous et tout perdu pour eux, les voicy venir sur les quatre heures du soir, huict jours avant Noël, à nous, environ cinq cens chevaux seulement qu'ilz estoient, que, sans la vaillance et sage prévoyance de M. de Guyse, je ne sçay que c'en fust esté, et y en eut bien d'estonnez. Et après le coup fait, et voyant qu'il n'y faisoit bon, prindrent congé de nous (et qui avoit mal, à son dam), et puis se retirèrent. Je m'estonne que nos histoires de nostre temps sont esté si desloyales ou ignorantes qu'elles n'ayent touché ces choses.

M. le mareschal de Bié[1] est fort à louer que, quand les Anglois sortirent de Boulongne pour luy donner la bataille auprès du fort de Montreau, il y avoit avec luy le régiment du comte Reingrave, celuy des François et des Italiens. Comme les ennemis chargèrent nostre cavallerie, elle se mit en route; et voyant ledict sieur le désordre des gens de cheval,

1. Du Biez.

il s'en courut au battaillon des gens de pied, et leur dit : « O! mes amys, ce n'est pas avec la cavallerie « que j'espérois de gaigner la battaille, car c'est avec « vous; » et mit pied à terre; et prenant une picque d'un soldat auquel il bailla son cheval, se fit oster ses esperons, et commença sa retraicte droict à Ardelot. Les ennemys ayant chassé la cavallerie, tournans à luy, il demeura quatre heures ou plus sur sa retraicte, ayant les gens de cheval l'une fois devant, une autre à costé, et leurs gens de pied sur la queue : mais ilz ne l'osèrent jamais enfoncer; et jamais il ne fit cinquante pas qu'il ne fist teste aux ennemis, estant en l'aage de soixante et dix ans.

Ce brave, vaillant, et le plus accompli prince du monde, M. de Nemours, en fit de mesmes à la journée de Meaux, où le roy fut assailly du prince de Condé, de M. l'admiral, jusques à quinze cens chevaux, bons et bien choisis; qui, mettant pied à terre, dit aux Suisses : « C'est avec vous, mes amis, que je « veux combattre et mourir. Sus, marchons, et ne « vous souciez. Ilz ne sont pas gens pour nous, car « nous nous retirerons en despit d'eux, et si sauve- « rons nostre roy et maistre. » Ce qu'ilz firent par la traite d'un bon jour entier, et jamais les autres, ny à costé, ny devant, ny derrière, ne les osèrent attaquer. Ilz ont dit despuis qu'ilz ne le vouloient (mais ainsy dit le renard des poulles); c'est à sçavoir, car ilz n'estoient pas là pour enfiler des perles. Et aucuns m'ont bien dit que bien servit la contenance de M. de Nemours.

Nous avons de frais un très-beau traict du prince de Parme. Après avoir levé le siège de Rouen et pris

Caudebec (ce que j'espère déduire ailleurs), il n'y eût homme du party du roy qui ne dist, affirmast et jurast que Sa Majesté ayant recueilly toutes ses forces qui luy accouroient et affluoient de toutes partz, montant à neuf mille chevaux, le prince de Parme estoit acculé et perdu et réduict du tout à demander, pieds et bras liez, au roy miséricorde ou passage. J'ay veu une infinité de gens qui me faisoient enrager de ces propos; et m'estonnois contre eux qui faisoient profession de porter les armes, d'estre si grossiers d'avoir ceste opinion. Et là-dessus ledict prince se mocque d'eux, fait un pont de batteaux sur ceste large rivière de Seyne, qui semble là plustost une petite mer qu'une rivière (cas esmerveillable!), et passe, luy et toute son armée; et tout blessé qu'il estoit se retire dans Paris avec si belle ordonnance de battaille qu'on ne luy sceut jamais que faire, sinon luy donner sur la queue et deffaire quelque cent chevaux, et ravager un assez grand bagage qui ne pouvoit suivre le camp. Je ne sçay comment l'on doit appeler cela, sinon une très-belle retraicte d'un grand capitaine, et fort louable. J'en dirois une infinité d'autres, mais je n'aurois jamais faict. Il ne se faut pas tant opiniastrer et durer sur un mesme subject; faut varier.

Or, pour faire une belle fin et la bien couronner, j'achèveray par une très-belle retraicte que fit M. de Guyse à ceste entrée de grosse armée du baron Dona que j'ay dict cy-devant, lequel, pour un grand capitaine qu'on sçait qu'il estoit, fit un grand pas de clerc. Car tout conquérant qui entre en un pays pour conquérir doit toüsjours, quoy qu'il en soit, chercher à combattre ; et celuy qui est pour la deffense, à ne la[1] recevoir, quand mesmes il verroit un très-beau jeu, si ce n'est par contrainte ou nécessité, ou apparence de grande victoire. Aussy M. de Guyse, qui estoit grand capitaine, luy faisoit oublier sa leçon et à tous ses reystres.

Le faict est donc tel de M. de Guyse duquel je veux parler[2]. Luy, voulant, recognoistre, quoy qu'il fust, leur armée, et ayant envoyé MM. de Rosne[3] et de La Routte pour aller charger quelques reystres qui avoient passé un pont, du haut d'une colline il vit clairement l'armée ennemie et la retraicte des siens, avec apparence qu'ilz ne se démesleroient pas aysément ; et estoit conseillé de tous ceux qui estoient avec luy de se retirer, n'ayant forces bastantes pour recueillir ses chevaux-légers, ny mesmes pour soustenir un si grand faix, n'estant point armé ny bien monté (car il estoit allé seulement sur un courtaut, et tout désarmé, en dangier de se perdre, loing de deux lieues de son armée, demeurée sans chef ni commandement), et qu'il verroit plus tost l'ennemy sur ses bras prest à le charger, que d'avoir

1. *La recevoir*, recevoir la bataille.
2. Le récit de Brantôme est conforme à celui de de Thou (liv. LXXXVII). Tous deux l'ont emprunté, et Brantôme presque textuellement, au *Discours ample et très véritable contenant les plus mémorables faitz avenuz en l'année mil cinq cens quatrevingt et sept, tant en l'armée commandée par monsieur le duc de Guyse qu'en celle des huguenotz conduite par le duc de Bouillon, envoyé par un gentilhomme françois à la royne d'Angleterre.* Imprimé l'an de grâce MDLXXXVIII, 150 p. in-8°. — Ce Discours est attribué à la Chastre.
3. Chrétien de Savigny, seigneur de Rosne.

receu[1] le commandement de se mettre en ordonnance. A toutes ces remonstrances il fit lors response d'un très-brave guerrier, et plein de hardiesse. « Je « sçay, dit-il, adressant la parole à M. de La Chastre, « et recognois en quelz termes sont nos affaires ; à « quoy il se peut pourvoir par hardiesse et prudence. « Je feray un traict que j'ay en la fantaisie. Je prends « la charge de faire ceste retraicte ; et vous, allez « donner ordre à l'armée, et retirez nos forces dans « ce destroict du pont à Sainct-Vincent[2] ; et l'ordon- « nez pour me recevoir, et l'ennemy aussy, s'il nous « suit jusques-là. »

Or, il faut noter que comme c'est la coustume, principalement des François plus que de nulle autre nation, de s'advancer tousjours sans commandement et à la desbandade, qui sur bidet, qui sans armes, il s'en trouva alors assez qui cuydèrent apporter de la confusion et du désordre ; et à la vérité, sans la présence de M. de Guyse, il y en eust eu à bon escient. Mais ce prince n'estant pas moins heureux que valeureux, avec tel amour et affection parmy les siens, se présenta à la teste de ses chevaux-légers, l'espée au poing, en pourpoint, sur un courtaut, parlant aux uns en italien, aux autres en françois, nommant et appelant les capitaines par leurs noms, les exhortant de ne s'estonner point et de croire qu'il les conserveroit ou qu'il se perdroit avec eux, et qu'ilz fissent seulement ce qu'il diroit.

---

1. *Que d'avoir receu*, c'est-à-dire que son armée eût reçu.
2. Pont-Saint-Vincent, village de l'arrondissement de Nancy (Meurthe).

Sa présence et son authorité eut tant de pouvoir sur toute ceste trouppe, que chascun demeura ferme, sans crainte du dangier, et attentif à ses commandemens, se retirant auprès de luy sur le haut d'un costeau, faisant teste à l'armée ennemye qui passoit à la file sur le pont de Peligny[1]; et firent par leur bonne mine et contenance tenir bride aux plus advancez jusques à ce qu'il fist sa retraite, poussé par un gros ost de sept cornettes de reystres qui marchoient furieusement, et devant eux trois cens chevaux françois et six ou sept vingts harquebusiers à cheval qui commençoient à monter la colline, qui estoit si roide qu'un cheval qui l'eust montée au trot se fust mis hors d'haleine; ce qui donna temps et loisir audict seigneur de Guyse d'effectuer ce traict dont il avoit parlé. Se retirant environ dix ou douze pas en arrière, les ennemys perdant veue de luy, et prenant temps à propos, il tourna tout court sur la main gauche, à la droite des ennemis, et gaigna par un petit vallon un gué de la rivière de Modon[2], où il y avoit un moulin, et passa la rivière sur le costé d'où venoit et marchoit l'armée des huguenots, s'estant toute leur cavallerie tellement advancée pour venir à l'allarme et secours des premiers, qu'il ne restoit à ceste queue que des Suisses qui ne le pouvoient ny arrester, ny suivre, ny offenser. Et, coulant le long de la rivière, se mit au pas à faire sa retraicte à son aise, repassant vers les siens à un gué à cinq cens pas de sa place de battaille.

1. Pulligny sur le Madon (Meurthe).
2. Le Madon.

Les huguenots ayant gaigné le haut de la colline d'où estoit party M. de Guyse, et voyant ceste cavallerie si près de leurs Suisses de là la rivière d'où ilz venoient, furent bien estonnez, et ne se peurent de prime face imaginer que ce fussent autres que les leurs. Néanmoins, la chose bien recognue, ilz se mirent à les poursuivre; mais arrivant au gué où avoit passé mondict sieur de Guyse, il s'y trouva dix ou douze harquebusiers du sieur de La Chastre, qu'il avoit mis dans un moulin, qui servirent grandement, le débattant et gardant avec telle résolution et opiniastreté, qu'ayant tué quelques hommes qui s'advancèrent d'essayer de passer les premiers, les autres tindrent bride, attendans leurs harquebusiers; lesquelz mettans pied à terre, forcèrent le moulin, prirent ou tuèrent tout ce qui estoit dedans; et y moururent ces braves soldatz bravement et honnorablement, vendans bien leur vie et chèrement à leurs ennemys, faisans un grand service, donnans loisir par leur perte audict sieur de Guyse de gaigner plus de chemin. Si M. le connestable, à sa retraicte de Sainct-Quentin, eust mis aussy des harquebusiers dans un moulin qui estoit là près, il ne se fust perdu. C'est ce que les grandz capitaines tiennent aussy qu'il faut faire, quelquefois perdre et hazarder une petite trouppe; et ne la faut espargner pour en sauver une grande.

Et ainsy se rendit M. de Guyse, sans aller plus vite que le pas, à la place de battaille de son armée, qui estoit fort bien logée en un estroit entre les vignes et la rivière de Modon, ayant le logis du Pont-Sainct-Vincent à dos. Et notez que l'armée de mondict sieur de Guÿse ne montoit pas à plus de six mille hommes, ayant en teste à combattre ceste grosse armée composée de cinquante mille hommes, et à leur barbe et nez se retirer si bravement. En quoy faut admirer l'asseurance, le jugement, la résolution, la vaillance et la conduicte de ce grand capitaine, qui n'avoit pas encore atteint l'aage de quarante ans. Que maudites soient les misérables et détestables mains qui le massacrèrent et l'ostèrent à nostre France! Que s'il estoit ores en vie, elle ne seroit la proie des estrangiers, comme elle est maintenant, et mesmes des Allemands, qu'il avoit si bien estrillez.

Mais où trouvera-on et lira-on une telle retraicte faicte par le beau mitan de ses ennemis? Encor que le grand feu M. de Guyse, son père, en fist quasy une pareille devant Paris, aux premières guerres, lorsque les huguenotz le vindrent par forme assiéger : et nous voulans faire parade de leurs reystres, que M. d'Andelot avoit amenez de frais, conduicts par le mareschal Daix[1], il fut donné charge à M. de Genlys d'en prendre quelques quinze cens, et venir charger quelques compaignies de gendarmes qui estoient pour lors en garde, et quelques harquebusiers et chevaux-légers, vers les faubourgs de Sainct-Marceau et de Sainct-Jacques. Je ne nommeray point les compaignies, car elles y firent très-mal, et fuirent très-bien, au grand regret et despit de M. de Guyse, qui, ayant fait mettre ses Suisses en bataille par de

---

1. *Le mareschal Daix.* C'est Frédéric de Roltzhausen, maréchal de Hesse.

là ses tranchées, et bordées d'harquebusiers, et M. le prince de Joinville, son fils, laissé avec eux, qui estoit tant jeune que rien plus; mais pourtant il suivoit partout M. son père (tant dès-lors monstroit-il ce qu'il debvoit estre un jour) : et, sortant de la tranchée, alla faire une grande cerne¹, et, prenant les ennemis en queue, les chargea si furieusement, n'ayant seulement que deux cens chevaux des gentilzhommes de la cour, de sa suite et de sa cornette, qu'il les fausse, les ouvre, les escarte, et passe par le mitan, et fait halte après; et puis se retire froidement, sans que les autres s'osèrent rallier pour les venir charger, ainsy qu'il les attendoit : et se retira le petit pas dans sa tranchée, où il parla bien à ces messieurs les gendarmes et chevalliers fuyards, leur reprochant leur fuite, et leur disant tout haut (car j'estois avec luy et l'ouys) : « Ah! gens-d'armes « de France, prenez la quenouille, et laissez la « lance. »

Il estoit lors monté sur son bon cheval morel², des beaux genetz et bons qui sortist il y a longtemps du royaume de Naples; et, en descendant, il le loua fort, et dit que pour le jour de la battaille il n'en vouloit pas de meilleur, ny d'autre. Ce que l'ennemy avoit sceu, et pensant qu'il y fust monté, mirent tous leurs esprits et leurs efforts pour le tuer à la battaille de Dreux : mais il avoit changé d'opinion; car il prit le bay Samson, grand coursier fort, qui avoit servi plus de trois ans d'estallon à Esclairon³,

---

1. *Cerne*, cercle; d'où le verbe *cerner*. — 2. *Morel*, moreau.
3. *Esclairon*, Eclaron près de Vassy (Haute-Marne).

où il tenoit son haras : et son escuyer italien, nommé Hespany, estoit monté sur le morel, qui pour avoir esté pris pour feu M. de Guyse, mourut de plus de vingt coups de pistollets.

Ceste disgression pourroit estre fascheuse à aucuns, et à d'autres possible que non : mais je veux mettre toutes les circonstances, afin qu'on ne me trouve menteur. Ce fut lors qu'il dit aussy aux Parisiens, qui estoient un peu effrayez de se voir à demy assiégez : « Je vous garderay, mes amys, du « mal; mais de peur je ne puis : » tenant ce mot du roy François, qui dit de mesmes aux Parisiens, lorsque l'empereur Charles V vint et s'approcha d'eux vers Chasteau-Thierry.

Mais pour retourner à la retraicte de M. de Guyse dernier, qu'il l'apprist de M. son père, ou qu'il l'ait faicte ou inventée de sa teste, c'est la plus belle qui se fit et se fera jamais. Et croy que cela luy vint de sa seule teste et de son seul esprit; car il en avoit tout ce qu'il falloit, voire pour en revendre, et de vaillance; de quoy à une autre fois nous en parlerons. Je fais donc fin, après avoir dit qu'il me semble qu'à la battaille de Trebie [1], il y eut dix mille soldatz romains, qui, ayant perdu la battaille, passèrent au travers et au beau mitan de leurs ennemis, et se sauvèrent et se retirèrent bravement, à leur barbe, dans la ville de Plaisance. Possible que mondict sieur de Guyse, qui lisoit et estudioit tous les jours, ou se souvenoit de loing, ou avoit leu de frais le conte, qui luy ayda bien à propos pour le coup à

---

1. Voyez Tite-Live, liv. XXI.

sa vaillance, à sa conduitte et à son gentil esprit et brave courage.

Froissart racontant de la battaille de Nicopoly[1], que donnèrent les Ongres et les François, dit que, parmy les François, il y eut deux escuyers de Picardie très-vaillans, qui, puis après, se peurent bien dire vrais chevalliers. Ilz s'estoient trouvez en maintes rencontres, et en estoient partis en leur honneur. L'un s'appelloit Guillaume de Bu[2], et l'autre Le Borgne de Monquel. Ces deux donques, combattans par force d'armes et vaillance, passèrent outre les battailles, et retournèrent à la battaille par deux fois bravement et vaillamment, où ilz firent force apertises d'armes (ainsy parle-il); mais, voulant mourir en un si sainct conflit, se firent là tuer. Il est à présumer que, puisqu'ilz avoient ainsy passé et repassé par ces deux fois outre les battailles en bien combattant, qu'ilz pouvoient faire une aussy honorable retraicte que là mourir. Voilà comment ces Romains ne firent pas si bien que ces deux François, encore pourtant qu'ilz soient fort à louer.

Or c'est assez de ceste matière et subject parlé.

1. Voyez Froissart, liv. IV, ch. lii.
2. Les précédentes éditions portent par erreur : Guillaume Den.

FIN DU DISCOURS D'AUCUNES RETRAICTES DE GUERRE.

RECUEIL

DES DAMES

DES DAMES[1].

PREMIÈRE PARTIE.

DISCOURS I.

SUR LA REYNE ANNE DE RRETAGNE[2].

Puisqu'il me faut parler des dames, je ne veux m'amuser aux anciennes, dont les histoires sont

---

1. Dans le catalogue de ses écrits (voy. t. I, p. 2), c'est sous le simple titre de *Recueil des Dames* que Brantôme a désigné les deux ouvrages intitulés par les éditeurs anciens et modernes : *Vies des Dames illustres*; *Dames galantes*, et qui ont été publiés pour la première fois en 1665. Nous leur avons conservé le titre que Brantôme leur avait donné. Il n'en existe plus, à notre connaissance du moins, aucun manuscrit original ; mais les copies en sont fort nombreuses, et, comme nous l'avons fait précédemment, nous avons adopté celle qui est conservée dans la collection Dupuy et qui nous semble avoir servi de type aux autres. Elle présente un certain nombre de changements que Dupuy a faits de son chef et qui avaient pour but de rendre le texte plus clair ou plus correct. Nous n'avons guère tenu compte que de ceux qui nous ont paru motivés par une erreur de copiste.

2. Anne de Bretagne, fille de François II, duc de Bretagne, et

toutes pleines : et ne seroit qu'en chaffourer le papier en vain ; car il y en a assez d'escrit, et mesmes ce grand Boccace en a faict un beau livre à part[1]. Je me contenteray donc d'en escrire d'aucunes particulières, et principalement des nostres de nostre France, et de celles de nostre temps ou de nos pères qui nous en ont peu raconter.

Je commenceray donc par nostre reyne Anne de Bretagne, la plus digne et honorable reyne qui ait esté depuis la reyne Blanche, mère du roy sainct Louis, et si sage et si vertueuse, jusques à son règne.

Ceste reyne Anne donc fut riche héritière de la duché de Bretagne, qu'on tient une des belles de la chrestienté, et pour ce fut fort recherchée des plus grandz. M. le duc d'Orléans, qui depuis fut le roy Louis XIIe, en ses jeunes ans la rechercha fort, et pour elle fit de beaux faictz d'armes en Bretagne, et mesmes en la bataille de Sainct-Aubin, où il fut pris combattant à pied à la teste de son infanterie. J'ay ouy dire que ceste prise fut cause qu'il ne l'espousa alors ; sur laquelle entrevint[2] Maximilian, duc d'Austriche, depuis empereur, qui l'espousa par les mains

---

de Françoise de Foix, née au château de Nantes le 26 janvier 1476. Elle avait douze ans quand son père mourut en octobre 1488. Elle épousa 1° Charles VIII le 6 décembre 1491, 2° Louis XII le 8 janvier 1499, et mourut le 9 janvier 1514. — L'ouvrage le plus complet que l'on ait sur cette princesse est sa *Vie* publiée par M. Le Roux de Lincy, 1861, 4 vol. petit in-8°.

1. C'est le traité *De Claris mulieribus* dont la première édition est de 1473, in-fol., goth.

2. *Entrevint*, intervint.

de son oncle le prince d'Orange¹, dans la grand'église de Nantes; mais le roy Charles VIIIᵉ aiant advisé avec son conseil qu'il n'estoit pas bon d'avoir un si puissant seigneur ancré et empiété dans son royaume, rompit le mariage qui s'estoit faict entre lui et Marguerite de Flandres, et osta ladicte Anne à Maximilian son compromis, et l'espousa; de sorte qu'aucuns² ont conjecturé là-dessus que leur mariage de l'un et l'autre, ainsi noué et desnoué, fut malheureux en lignée.

Or, si elle a esté désirée pour ses biens, elle l'a esté autant pour ses vertus et mérites; car elle estoit belle et agréable, ainsi que j'ay ouy dire aux anciens qui l'ont veue, et selon son portraict, que j'ay veu au vif; et resembloit en visage à la belle damoiselle de Chasteauneuf³, qui a esté à la court tant renommée en beauté; et cela suffise pour dire sa beauté, ainsi que je l'ay veue figurer à la reyne mère.

Sa taille estoit belle et médiocre. Il est vray qu'elle avoit un pied plus court que l'autre, le moins du monde, car on s'en appercevoit peu, et malaisément le cognoissoit-on; dont pour cela sa beauté n'en estoit point gastée; car j'ay veu beaucoup de très-belles femmes avoir ceste légière deffectuosité, qui estoient extresmes en beauté, comme madame la princesse de Condé⁴, de la maison de Longueville.

1. Jean de Chalon, prince d'Orange. Le mariage eut lieu en 1490.
2. *Aucuns*, c'est-à-dire Commines. Voyez ses *Mémoires*, liv. VII, ch. IV.
3. Renée de Rieux. Voyez t. II, p. 181.
4. Françoise d'Orléans-Longueville, mariée en 1565 à Louis Iᵉʳ de Bourbon, prince de Condé, morte le 11 juin 1601.

Encor dit-on que l'habitation de telles femmes en est fort délicieuse, pour quelque certain mouvement et agitation qui ne se rencontre pas aux autres. Voilà la beauté du corps de cette reyne.

Pour celle de l'esprit, elle n'estoit pas moindre; car elle estoit très-vertueuse, sage, honneste, bien disante, et de fort gentil et subtil esprit. Aussi avoit-elle esté nourrie par madame de Laval [1], très-habille et accomplie dame, qui lui avoit esté donnée par le duc François son père pour gouvernante. Au reste elle estoit très-bonne, fort miséricordieuse et fort charitable, ainsi que j'ay ouy dire aux miens. Vray est qu'elle estoit fort prompte à la vengeance, et pardonnoit malaisément quand on l'avoit offensée de [2] malice, ainsi qu'elle le monstra au mareschal de Gié, pour l'affront qu'il luy fist lorsque le roi Louis, son seigneur et mary, fust si fort malade à Blois, dont on le tenoit pour mort [3]. Elle, voulant pourveoir à son faict, en cas qu'elle vinst à estre vefve, fit charger sur la rivière de Loire trois ou quatre bateaux de ses plus précieux meubles, bagues, joyaux et argent, pour les transporter en sa ville et chasteau de Nantes. Ledict mareschal, rencontrant les bateaux entre Saumur et Nantes, les fit arrester et saisir, comme par trop curieux de vouloir contrefaire le bon officier et bon vallet de la couronne; mais la fortune voulut que le roy, par les bonnes prières de son peuple, duquel il estoit le vray père, en eschapa.

---

1. Françoise de Dinan, de la maison d'Albret, dame de Châteaubriand et de Laval.

2. *De*, par. — 3. En 1503.

La reyne, despitée de ce traict, ne chauma pas sur sa vengeance, et l'aiant bien couvée, le faict chasser de la court. Ce fut lors que le dit mareschal, aiant achevé de faire ceste belle maison du Verger¹, et s'y retirant, dict qu'à bonne heure la pluye l'avoit pris pour se mettre si à propos à couvert soubz ceste belle maison qui ne venoit que d'estre faicte. Ce ne fut pas tout que ce bannissement de court; mais par des grandes recherches qu'elle fit faire partout où il avoit commandé, il fut trouvé qu'il avoit faict des fautes et concussions et pilleries (ainsi qu'aucuns gouverneurs y sont sujets); si bien que lui, aiant récusé aucunes courtz de parlement, il eut celui de Toulouze, où son procès avoit esté renvoié et évoqué pour ces raisons, et aussi que ceste cour de longtemps a esté fort justiciable², et point corrompue. Là, son procès veu, fut convaincu; mais la reyne ne voulut pas sa mort, d'autant, disoit-elle, que la mort est le vray remède de tous maux et douleurs et qu'estant mort, il seroit trop heureux; mais elle voulut qu'il vescut bas et ravalé ainsi qu'il avoit esté paravant grand, afin que, par sa fortune changée de grande et haute où il s'estoit veu, en un misérable estat bas, il vescust en marrissons, douleurs et tristesses, qui lui feroient plus de mal cent fois que la mort mesmes; car la mort ne lui duroit qu'un jour, voire qu'une heure, et ses langueurs qu'il auroit le feroient mourir tous les jours.

1. En Anjou.
2. *Justiciable*, pratiquant la justice. Le mot a été biffé dans le manuscrit par Dupuy et remplacé par ceux-ci : *juste et équitable*, qui depuis ont été adoptés dans les autres manuscrits et dans les éditions.

Voilà la vengeance de ceste brave reyne. Elle fut un jour fort marrie contre M. d'Orléans, de telle façon qu'elle ne s'en peut appaiser de longtemps, d'autant que la mort de M. le Dauphin son filz estant survenue[1], le roy Charles son mary et elle en furent si désolez, que les médecins, craignans la débilité et foible habitude[2] du roy, eurent peur que telle douleur pût porter préjudice à sa santé; dont ils conseillarent au roy de se resjouir, et aux princes de la court d'inventer quelques nouveaux passe-temps, jeux, dances et momeries, pour donner du plaisir au roy et à la reyne : ce qu'aiant entrepris, M. d'Orléans fit au chasteau d'Amboise une masquarade avec une dance, où il fit tant du fou, et y dança si gayement, ainsi qu'il se dit et se list[3], que la reyne, cuydant qu'il démenast telle allégresse pour se voir plus près d'estre roy de France, voyant M. le Dauphin mort, luy en voulut un mal extrême, et lui en fit une telle mine, qu'il fallut qu'il s'ostast d'Amboise où estoit la court, et s'en allast à son chasteau de Blois. On ne peut objecter rien à cette reyne, sinon ce seul sy de vengeance, si la vengeance est un sy, puisqu'elle est si belle et si douce ; mais d'ailleurs elle avoit des parties très-louables.

Quand le roy son mary alla au royaume de Naples, et tant qu'il y fut, elle sceut très-bien gouverner le royaume de France avec ceux que lui avoit

---

1. Le dauphin Charles-Orland mourut dans sa quatrième année, le 6 décembre 1495.
2. *Habitude*, complexion.
3. Dans Commines. Voyez ses *Mémoires*, liv. VIII, ch. xx.

donné le roy pour l'assister ; mais elle vouloit tousjours garder son rang, sa grandeur et primauté, et estre crue, toute jeune qu'elle estoit, et s'en faisoit bien accroire ; aussi n'y trouva l'on rien à dire.

Elle eust un très-grand regret à la mort du roy Charles, tant pour l'amitié qu'elle lui portoit que pour ne se veoir qu'à demy reyne, n'aiant point d'enfans. Et ainsi que ses plus privées dames, comme je tiens de bon lieu, la plaignoient de la voir vefve d'un si grand roy, et malaisément pouvoir retourner en un si haut estat, car le roy Louis estoit marié avec Jeanne de France, elle respondoit qu'elle demeureroit plustost toute sa vie vefve d'un roy que de se rabaisser à un moindre que luy ; toutesfois qu'elle ne désesperoit tant de son bonheur, qu'elle ne pensast encor estre un jour reyne de France régnante, comme elle avoit esté, si elle vouloit. Ses anciennes amours lui faisoient dire ce mot, et qu'elle vouloit ralumer en sa poitrine eschaufée encor un peu ; ce qui arriva : car le roy Louis, ayant répudié Jeanne sa femme, se souvenant de ses premières amours qu'il avoit porté à ladicte reyne Anne, et n'en aiant encor perdu la flamme, la prit en mariage, comme nous avons veu et leu. Voylà sa prophétie accomplie, qu'elle fondoit sur le naturel du roy Louis, qui ne se put jamais engarder de l'aimer toute mariée qu'ell' estoit ; et la regardoit de bon œil tousjours, estant M. d'Orléans ; car malaisément se peut-on défaire d'un grand feu quand il a une fois saisy l'ame.

Il estoit très-beau prince, et fort aimable, et pour ce elle ne l'hayssoit pas. L'aiant prise estant roy, il l'honnora beaucoup, lui laissant jouir de son bien et de sa duché, sans qu'il y touschast et en prit un seul sou : aussi elle l'employoit bien, car elle estoit très-libéralle. Et d'autant que le roy ne faisoit des dons immenses, pour lesquelz entretenir il eust fallu qu'il foullast son peuple, ce qu'il fuyoit comme la peste, elle suppléoit à son défaut : car il n'y avoit grand capitaine de son royaume à qui elle ne donnast des pensions, et fist des présens extraordinaires, ou d'argent ou de grosses chaisnes d'or, quand ilz alloient en quelque voyage, ou en retournoient; et de mesmes en faisoit des petits, selon leur qualitez; aussi tous couroient à elle, et peu en sortoient d'avec elle mal contens. Surtout elle a eu ceste réputation d'avoir aimé ses serviteurs domestiques, et à eux faicts de bons biens.

Ce fut la première qui commença à dresser la grande court des dames, que nous avons veue depuis elle jusques à cest' heure; car elle en avoit une très-grande suitte, et de dames et de filles, et n'en refusa jamais aucune; tant s'en faut, qu'elle s'enquerroit des gentilzhommes leurs pères qui estoient à la court, s'ilz avoient des filles, et quelles elles estoient, et les leur demandoit. J'ay eu une tante de Bourdeille[1], qui eut cet honneur d'estre nourrie d'elle; mais elle mourut en sa court en l'aage de quinze ans, et fut enterrée derrière le grand autel des Cordelliers à Paris; et en ay veu le tumbeau et la subscription avant que l'église fust bruslée.

Sa court estoit une fort belle escole pour les dames,

1. Louise de Bourdeille; voyez plus haut, p. 190-193.

car elle les faisoit bien nourrir et sagement; et toutes, à son modelle, se faisoient et se façonnoient très-sages et vertueuses : et d'autant qu'elle avoit le cœur grand et haut, elle voulut avoir ses gardes, et si institua la seconde bande des cent gentilshommes; car auparavant n'y en avoit qu'une : et la plus grand' part de sa dicte garde estoient Bretons, qui jamais ne failloient, quand elle sortoit de sa chambre, fust pour aller à la messe ou s'aller promener, de l'attendre sur cette petite terrasse de Blois qu'on appelle encor la Perche aux Bretons [1], elle-mesmes l'ayant ainsi nommée. Quand elle les y voyoit : « Voilà mes « Bretons, qui sont, disoit-elle, sur la Perche qui « m'attendent. » Asseurez-vous qu'elle ne mettoit point son bien en réserve, mais qu'il estoit bien employé en toutes choses hautes.

Ce fut elle qui fit bastir par une grand'superbeté ce beau vaisseau et grande masse de bois, qu'on appelloit *la Cordellière*, qui s'attaqua si furieusement en plaine mer contre *la Régente d'Angleterre*, et s'accrocha tellement avecq' elle, qu'ilz se bruslèrent et se périrent, si bien que rien n'en eschapa, fust des personnes, fust de ce qui estoit dedans; dont on [n']en peust tirer des nouvelles en terre, et dont la reyne en fut très-marrie [2].

1. La Perche aux Bretons est représentée (voyez pl. III) dans l'*Histoire du château de Blois*, par M. de la Saussaye, 1840, gr. in-4°.

2. Le combat et l'incendie de *Marie-la-Cordelière* et du *Régent* eurent lieu le 10 août 1512 à la hauteur de l'île d'Ouessant, et ont été célébrés par Germain Brice dans un poëme latin (1513, in-4°) dont une traduction en vers français due à P. Choque,

Le roy l'honoroit de telle sorte, que lui estant raporté un jour que les clercs de la basoche du Palais, et les escolliers aussi, avoient joué des jeux où ils parloient du roy, de sa court et de tous les grandz, il n'en fist autre semblant, sinon de dire qu'il falloit qu'ilz passassent leur temps, et qu'il leur permettoit qu'ils parlassent de luy et de sa court, non pourtant desreglement, mais surtout qu'ils ne parlassent de la reyne sa femme en façon quelconque; autrement qu'il les feroit tous pendre. Voilà l'honneur qu'il lui portoit.

De surplus, il ne venoit jamais en sa court prince estranger, ou ambassadeur, qu'après l'avoir veu et ouy qu'il ne l'envoyast faire la révérence à la reyne, voulant qu'on lui portast le mesme respect qu'à luy, et aussi qu'il cognoissoit en elle une grande suffisance pour entretenir et contenter telz grandz personnages, comme très-bien elle sçavoit faire; et y prenoit très-grand plaisir, car elle avoit très-bonne et belle grâce et magesté pour les recueillir, et belle éloquence pour les entretenir; et si, quelquesfois, parmy son parler françois, estoit curieuse, pour rendre plus grande admiration de soy, d'y entremesler quelque mot estranger qu'elle apprenoit de M. de Grignolz[1], son chevalier d'honneur, qui estoit un fort gallant homme, et qui avoit bien veu son monde, et pratiqué et sceu fort bien les langues estrangères, et avec cela de fort bonne et plaisante

roi d'armes d'Anne de Bretagne, a été publiée par M. Jal, 1845, in-8°.

1. Grignols ou Grignaux. Voyez plus haut, p. 197-199 et tome II, p. 224, note.

compagnie, et qui rencontroit bien. Sur quoy un jour la reyne luy aiant demandé quelques mots en espagnol pour les dire à l'embassadeur d'Espagne, et luy aiant dit quelque petite sallaudrie en riant, elle l'apprit aussitost : et le lendemain, attendant l'ambassadeur, M. de Grignaux en fit le conte au roy, qui le trouva bon, cognoissant son humeur gaye et plaisante; mais, pourtant il alla trouver la reyne, et luy descouvrit le tout, avec l'advertissement de se garder de ne prononcer ces motz. Elle en fut en si grande colère, quelque risée qu'en fit le roy, qu'elle cuida chasser M. de Grignaux, et luy en fit la mine, sans le voir pour quelques jours; mais M. de Grignaux lui en fit ses humbles excuses, disant ce qu'il en avoit faict n'estoit que pour faire rire le roy et lui faire passer le temps, et qu'il ne fust pas esté si mal advisé de ne l'en advertir, ou le roy, comme il avoit faict, lorsque l'ambassadeur eust voulu venir : et ainsi, par les prières du roy, elle s'appaisa.

Or si le roy l'a aimée et honorée vivante, comme vous voyez, il faut croire qu'estant morte il luy en a faict de mesmes. Et pour manifester le deuil qu'il en fit, en faict foy les superbes et honorables funérailles et obsèques qu'il fit d'elle, lesquelles j'ay leu dans une vieille histoire de France que j'ay veu traisner en un cabinet de nostre maison, dont l'on n'en faisoit cas; et l'aiant amassée je les y ay remarquées[1]. Et

---

1. Je n'ai pu retrouver l'*Histoire de France* d'où Brantôme a tiré cette relation. Il est facile de voir que, dans les passages qu'il en cite, il a intercalé plusieurs phrases de son cru, comme la dernière du second alinéa et la première du troisième. Cf. p. 320, note 1.

d'autant que c'est une chose qu'on doit noter, je l'ay voulu mettre icy de mot à mot comme dit le livre, sans en rien changer; car, encor qu'il soit vieux, le parler n'en est trop mauvais; et de la vérité de ce livre j'en suis esté confirmé par ma grand'mère, madame la séneschale de Poitou, de la maison du Lude, qui estoit lors à la court. Ce livre donc conte ainsi :

« Ceste reine estoit une honorable et vertueuse reine et fort sage, la vraye mère des pauvres, le support des gentilshommes, le recueil[1] des dames et damoiselles et honnestes filles, et le refuge des sçavans hommes : aussi tout le peuple de France ne se peut saouler de la plorer et regretter.

« Elle mourut au chasteau de Blois le vingt et uniesme de janvier, l'an mil cinq cens et treize[2], sur l'accomplissement d'une chose qu'elle avoit la plus desirée, qu'estoit l'union du roy, son seigneur, et du pape et de l'église romaine, en aborrant fort le scisme et la diversion[3]. Aussi elle ne cessa jamais après le roy, qu'il ne s'y remist; dont elle estoit fort aymée et révérée grandement des princes et prélatz catholiques, autant que le roy en estoit hay.

« J'ay veu à Sainct-Denys d'autresfois une grand'chape d'église, toute couverte de perles en broderie, qu'elle avoit faict faire exprès pour en faire un présent au pape; mais la mort la prévinst. Après son trespas, son corps demeura, par l'espace de trois jours, dans sa chambre, le visage tout descouvert, qui ne se monstroit nullement changé par l'hydeuse mort, mais aussi beau et agréable que durant son vivant. Et à l'entour de ce corps y avoit douze gros cierges de cire blanche, tous allumez tousjours jusques à

---

1. *Recueil*, asile. — 2. Lisez : le 9 janvier 1514.
3. *Diversion*, séparation. — Dupuy a biffé ce mot et mis à la place *division*.

ce qu'il fust embaumé et mis en un très-riche cercueil ; et puis fut mise en la grand'salle pour aucuns jours, accompagnée tousjours de cierges et flambeaux, et de toutes sortes de prestres.

« Le vendredy vingt-septiesme du mois de janvier[1], fust son corps tiré hors du chasteau, fort honnorablement accompagné de tous les prestres et religieux de la ville, porté par gens vestus de deuil et chapperons en testes, avec vingt-quatre autres plus grosses torches que les autres, portées par vingt-quatre officiers de l'estat de ladicte dame; et, en chacunes d'icelles toutes, avoit deux riches escussons armoyez des armes et honneste blason d'icelle noble dame. En amprès lesdictes torches, estoient les révérends seigneurs et prélatz, évêques, abbez, et M. le cardinal de Luxembourg[2], pour faire ledict office, lequel leva le corps de ladicte dame, du chasteau de Blois. Puis marchoient les huissiers en ordre, tous vestus de robes noires, et chaperons de dueil.

« En après marchoient le capitaine, messire Gabriel de la Chastre, et ses archiers, les seigneurs de Concressault, Chastaing et La Tour[3], accompagnez de leurs archiers.

« Après estoient les roys et hérauts d'armes revestus de leurs cottes et blasons d'armoirie. A la main droicte marchoient le premier maistre d'hostel et les autres ; à la main senextre estoient les maistres des requestes ; et conséquemment[4] marchoient le grand escuyer de ladicte dame ; (car elle avoit sa grand'escuyrie et son grand escuyer, comme le roy, ainsi que l'on list qu'il accompagna le roy

1. Le 3 février.
2. Philippe de Luxembourg qui fut évêque du Mans de 1477 à 1507 et de 1509 à 1519.
3. Alexandre de Menipeny, seigneur de Concressaut, chevalier d'honneur de la reine Marie d'Angleterre. — Guillaume de Bonneval, seigneur de Chastain. — Antoine de la Tour, vicomte de Turenne, chambellan de Charles VIII et de Louis XII.
4. *Conséquemment*, à la suite.

Charles au royaume de Naples; mais il [1] n'espécifie point le nom). Son corps estoit porté de ses gentilshommes et officiers. Les coings ou carrez du drap qui estoient sur le corps estoient portez par le seigneur de Sainct-Pol, le seigneur de Lautreq, le sieur de Laval [2], et Louys M. de Nevers. Ceux qui portoient le poisle dudict corps, estoient le seigneur de Pontièvre, le seigneur de Chasteaubriand, Pierre M. de Candalle, et le seigneur de Montafilant [3]. Et après estoit le seigneur de Grignaux, chevalier d'honneur de ladicte reyne. Et à mener le grand deuil estoient : Le seigneur d'Angoulesme, le seigneur d'Allançon, le seigneur de Vandosme, la dame de Bourbon, la dame d'Angoulesme et la dame d'Allançon [4]; et après icelle, la dame de Mailly [5], dame d'honneur de ladicte reyne. Et après alloient toutes les dames et damoiselles et filles d'honneur, honnestement vestues de robes noires et de dueil.

« En après marchoit le duc d'Albanie [6] avec les ambassadeurs, les seigneurs barons de Bretaigne, et autres plusieurs notables seigneurs, chambellans et officiers, ainsy qu'ils devoient aller, et chacun mis en son ordre. Enfin, fut ledict corps ainsi porté en l'église de Sainct-Sauveur;

---

1. *Il*, l'auteur de la relation; cette parenthèse est évidemment une intercalation de Brantôme.

2. François de Bourbon, comte de Saint-Pol. — Odet de Foix, seigneur de Lautrec. — Gui XVI, comte de Laval, mort en 1531.

3. René de Brosse, dit de Bretagne, comte (nominal) de Penthièvre. — Jean de Laval, seigneur de Châteaubriant. — Pierre de Foix, fils de Gaston II de Foix, comte de Candale. — Pierre de Laval, seigneur de Montafilant.

4. François de Valois, comte d'Angoulême, depuis François Ier. — François, duc d'Alençon. — Charles de Bourbon, comte de Vendôme. — Anne de France, duchesse de Bourbon. — Louise de Savoie, duchesse d'Angoulême. — Marguerite, duchesse d'Alençon.

5. Jacqueline d'Astarac, femme d'Antoine de Mailly, mort après 1549.

6. Jean Stuart, duc d'Albany.

et là ne prist aucun sa place, fors qu'il estoit ordonné par ceux qui en avoient la charge, et les maistres des cérémonies ; et furent dittes vigilles. Et le lendemain, qui estoit sabmedy, fut fait un service fort solemnel par plusieurs prélats ; et ne furent à l'offrande, fors M. d'Angoulesme et M. d'Allançon, auxquels furent portez leurs offrandes par les roys d'armes Montjoye et Bretagne.

« Et après le service accompli, chascun s'en alla disner ; et après disner partist le corps hors la ville avec tout le luminaire et estat dessusdict, et tousjours ainsi honnorablement accompagné en ce beau et dévot ordre jusques au lieu de la sépulture ; et tousjours vigilles ; et le lendemain messes en tous les lieux et villes et places où ledict corps et la compagnie arrivoient le soir au giste, et tant que le dimanche septuagésime, douziesme de febvrier ; parvindrent jusques en l'église de Nostre-Dame-des-Champs aux fauxbourgs de Paris, là où le corps fust gardé par deux nuicts avec moult grand'quantité de luminaires ; et le service dévot faict. Le mardy ensuivant, quatorziesme de febvrier, furent au devant du corps les processions avec les croix de toutes les églises et religions de Paris, et toute l'université ; ensemble aussi les présidens et conseillers de la souveraine court de parlement, et généralement toutes les autres courts et jurisdictions, officiers et advocats, procureurs, bourgeois, marchands et habitans, et autres menus officiers de la ville, lesquels eux tous accompagnèrent icelluy corps moult révéremment, avec les très-nobles seigneurs et dames de l'estat dessus-dict, ainsi qu'ils partirent de Bloys ; et chascun tousjours en bél ordre entre eux, tous selon leurs degrez. Et devant le corps entrèrent à Paris par la porte de Sainct-Jacques, les pages d'honneur, nuds testes, tous vestus de vellours noir et chapperons de deuil, montez sur les courciers et chevaux bardez de vellours jusques en terre, à grandes croix de satin blanc dessus ; et puis un cheval d'honneur et hacquenée, accoustrez de mesmes, estoient ainsi menez et conduicts par les laisses, qui est à dire menés en main, et le chariot qui avoit emmené le corps de ladicte dame jusques ausdicts faulxbourgs de Paris, avecques six chevaux enharnachez et couverts de mesmes vellours, à grandes croix de satin blanc. Le charriot estoit aussi couvert de vellours, à une grande croix de mesmes, et les quatre coings honnestements portez par quatre seigneurs ; et si estoient les charretiers et pallefreniers vestus de vellours, et chapperons de deuil.

« L'effigie et représentation de la reyne estoit posée dessus son corps, et tout porté par plusieurs gentilshommes dessus une littière de bois toute couverte d'un riche drap d'or, traict et eslevé, fourré et enrichy d'hermines. Ladicte effigie estoit moult richement accoustrée, vestue dessoubz d'une cotte de drap d'or, et dessus un grand sercot[1] de vellours cramoisy de pourpre, fourré d'hermines; une couronne mise en son chef dessus ung coissin[2] de drap d'or; ung sceptre estoit en sa main droicte, et en sa senextre tenoit une main de justice ; et au dessus estoit porté ung riche poisle bleuf[3] en manière de ciel, semé à l'entour d'escus de France et de Bretagne ; et estoit porté par les quatre présidens de la court de parlement, et des dessusdicts seigneurs et dames, portans le deuil après le corps. Et ainsy fut conduit jusques à la grand'église de Nostre-Dame de Paris, où fut faict un moult solempnel service. Le lendemain, qui estoit mardy quinziesme de febvrier, fut ainsy continuellement porté hors Paris, en l'ordre et manière que dessus, pour estre sépulturé en la dévote église de Sainct-Denys en France ; et ainsy furent les processions de Paris, pour conduire le corps jusques à une croix qui est un peu par de là le lieu où l'on faict la foyre du landy[4] ; et en ce lieu où est la croix, le révérend

---

1. *Sercot*, surcot. — 2. *Coissin*, coussin.
3. *Bleuf*, bleu.
4. Sur le territoire de la Chapelle-Saint-Denis.

père en Dieu abbé[1] et vénérables religieux, avec les prestres des églises et parroisses de Sainct-Denis, vestus de leurs grandes chappes, avec leurs croix, ensemble les manans et habitans de ladicte ville, vindrent en procession pour recevoir le corps de ladicte reyne, lequel fut porté en l'église de Sainct-Denys, et tousjours accompaigné honorablement des dessus nommez très-nobles princes et princesses, seigneurs, dames et damoiselles, et le train, ainsy que dessus.

« Le divin service fut faict pour l'âme de ladicte dame par le cardinal du Mans[2]; et firent l'office de diacre et soubsdiacre les archevesques de Lyon et de Sens[3], accompagnez des abbez de Saincte-Geneviefve et Sainct-Magloyre[4]. Et en ce dévot service assistarent tousjours les dessusdicts nommez princes et princesses, seigneurs, dames et damoiselles, ung chacun selon l'ordonnance des maistres et conducteurs des cérémonies. Et, amprès le service, fut faict et presché un beau sermon par le vénérable confesseur du roy, maistre Parvy[5], docteur fameux ès sacrez volumes[6]. Et le tout deuement accomply, le corps de ladicte dame, madame Anne, en son vivant très-noble reyne de France, duchesse de Bretagne et contesse

---

1. Pierre Gouffier de Boisy, abbé de Saint-Denis de 1503 à 1517.

2. Philippe de Luxembourg. Voyez plus haut p. 319, note 2.

3. François Ier de Rohan, archevêque de Lyon de 1501 à 1536. — Tristan de Salazar, archevêque de Sens de 1475 à 1519.

4. Charles de Villiers-L'Isle-Adam, abbé de Sainte-Geneviève. — Gui de Montmirel ou Montmirail, abbé de Saint-Magloire.

5. Guillaume Petit ou Parvi, dominicain, confesseur de Louis XII et de François Ier, évêque de Troyes (1517), de Senlis (1527), mort le 8 décembre 1536. On a de lui ; *Viat de Salut*, 1527, in-8°, goth., souvent réimprimé; *La Formation de l'homme et son excellence*, 1538, in-8°.

6. *Sacrez volumes*, saintes Écritures.

d'Estampes, fut honorablement inhumé et ensépulturé dedans le sépulchre à elle préparé.

« Après, le hérault d'armes, dict Bretaigne, appella tous les princes, officiers d'icelle dame, c'est assavoir, le chevallier d'honneur, le grand maistre d'hostel et autres, pour, eux tous et un chacun d'eux, accomplir leurs offices envers ledict corps, ce qu'ilz firent moult piteusement, et jettans larmes de leurs yeux. Et, ce faict, le prénommé roy d'armes cria par trois fois à haulte voix moult piteusement : *La très-chrestienne reyne de France, duchesse de Bretaigne, nostre dame souveraine, est morte;* et puis un chacun s'en alla. Le corps demeura en sépulture.

Durant sa vie et après sa mort, elle fut honorée de tels titres comme j'ay dict : la vraye mère des pauvres, le confort des nobles gentilshommes, le recueil des dames et damoiselles et honnestes filles, et le refuge des sçavans hommes et de bonne vie; si bien que, parlant d'elle morte, on disoit que c'estoit autant renouveller de deuilz et regrets pour toutes ces personnes, et aussi pour ses serviteurs domestiques, qu'elle aymoit uniquement. Elle fut fort religieuse et dévote. Ce fut elle qui la première fit la fondation des Bons-Hommes, dits autrement Minimes; et en accommença l'église désdicts Bons-Hommes près de Paris [1], et puis après celle de Rome, qui est si belle et noble, et où j'ay veu qu'il n'y avoit de receus aucuns religieux que François.

Voylà, de mot en mot, les superbes obsèques de ceste reyne, sans rien en changer de l'original, de peur de faillir, ne pouvant dire mieux. Elles sont

---

1. Le couvent des Minimes de Nigeon ou Chaillot.

toutes pareilles à celles de nos roys que j'ay leu et veu, et à celles du roy Charles IXe où j'estois[1], que la reyne sa mère voulut faire belles et magnifiques, encores que les finances de France fussent lors courtes pour y despendre tant, à cause de la partance du roy de Poulongue, qui en avoit avec sa suitte beaucoup gasté et emporté.

Certes, je trouve ces deux enterremens quasy tous semblables, fors en trois choses : L'une, que celuy de la reyne Anne fust plus superbe; l'autre, que le tout alla si bien d'ordre et si sagement qu'il n'y eust aucune division ny contestation de rangs, ainsy qu'il arriva à celuy du roy Charles ; car, son corps estant prest à partir de Nostre-Dame, la court de parlement eust quelque picque de presséance avec la noblesse et l'Église, d'autant qu'elle alléguoit tenir place de roy qu'elle représentoit du tout en tout en l'absence du roy, qui estoit hors du royaume. Sur quoy il y eust une grande princesse de par le monde[2], que je sçay bien, et qui lui touchoit de fort près, et ne la veux nommer, qui alla arguer et dire « qu'il ne se falloit esmerveiller si, durant le « vivant du roy, les séditions et troubles avoient eu « si grand' vogue, que tout mort qu'il estoit il es- « mouvoit, brouilloit et troubloit encores. » Hélas ! il n'en pouvoit mais, le pauvre prince ny mort ny vivant. On sçait assez qui ont esté les autheurs des

---

1. Le transfert du corps de Charles IX à Saint-Denis eut lieu le 12 juillet 1574. Voyez le *Trespas et obsèques du très chrestien roy de France, Charles IX*, dans le tome VIII (première série) des *Archives curieuses de l'Histoire de France*.

2. Il s'agit bien évidemment de Marguerite de Valois.

séditions et de nos guerres civilles. Cette princesse, qui prononça ces mots, despuis l'a trouvé bien à dire, et l'a bien regretté. L'autre chose et dernière, est que le corps du roy fust quitté, estant à l'église de Sainct-Ladre, de tout le grand convoy, tant des princes, seigneurs, court de parlement, et ceux de l'église et de la ville, et ne fust suivy ny accompagné que du pauvre M. d'Estrozze, de Fumel[1] et moy, et deux autres gentilshommes de la chambre, qui ne voulusmes jamais habandonner nostre maistre tant qu'il seroit sur terre. Il y avoit aussi quelques archiers de la garde, chose qui faisoit grand' pitié à voir, dans les champs. Sur le tard, et huict heures du soir en juillet, en fallut porter le corps et ceste effigie si mal accompagnée.

Estant à la croix[2], nous y trouvasmes tous les religieux de Sainct-Denys qui l'attendoient; et, avec cérémonies de l'église à ce requises, fut honnorablement mené à Sainct-Denys, où ce grand M. le cardinal de Lorraine le receut fort dévotieusement et honnorablement, ainsy qu'il sçavoit bien faire.

La reyne[3] fut fort en colère de quoy tout ce grand convoy n'avoit passé outre, ainsy qu'elle entendoit, fors Monsieur, son filz, et le roy de Navarre, qu'elle tenoit comme prisonniers. Le lendemain pourtant, ils ne faillirent pas, avec très-bonne garde, en coche, et capitaine des gardes avec eux, de se trouver au grand service solemnel, avec le grand convoy et

---

1. Probablement Charles de Belleville, baron de Fumel, tué à la bataille de Coutras (1587).
2. Voyez plus naut, p. 322, note 4. — 3. La reine mère.

compagnie d'auparavant; chose qui fut fort pitoyable à voir.

Après disner, la court de parlement envoia dire et commander à M. le grand aumosnier, M. Amyot, de leur aller dire grâces après disner, comme au roy; lequel leur fit responce qu'il n'en feroit rien, et que ce n'estoit point devant eux qu'il les debvoit dire. Ils luy en firent faire deux commandements consécutifs et menasses; ce qu'il refusa encores, et s'alla cacher pour ne leur respondre plus : mais ils jurarent qu'ils ne partiroient de là qu'ils ne vinst; mais, ne s'estant peu trouver, ils furent contraincts de les dire eux-mesmes, et se lever avec des menaces grandes qu'ils firent, et injures qu'ils débagoularent contre ledict aulmosnier, jusques à l'appeller maraut et filz de bouchier. J'en vis tout le progrez; et sçay bien tout ce que Monsieur me commanda d'aller parler à M. le cardinal pour appaiser le tout, d'autant qu'ils avoient faict commandement à Monsieur, comme eux représentans le roy, de leur envoyer le grand aumosnier qui ne se pouvoit trouver, et M. le cardinal leur en alla parler; mais il n'y gaigna rien, se tenans tousjours sur leur opinion et royale majesté et authorité. Je sçay ce que m'en dict M. le cardinal et me dict ce que je ne diray point : que c'estoient des vrais sots[1]. « M. le premier président de Thou[2] présidoit alors, (grand sénateur certes), mais il avoit de l'humeur. Voylà une autre esmeute qui fit dire encor à cette princesse et autres, de ce prince

---

1. Ces huit derniers mots sont biffés sur le manuscrit.
2. Christophe de Thou, le père de l'historien.

vivant et mort, sur terre et en terre, que ce corps esmouvoit encor le monde, et le mettoit en sédition. Hélas! il n'en pouvoit mais.

J'ay faict ce petit incident possible plus long qu'il ne falloit, et me pourra l'on reprendre : mais je respondray que je l'ay faict et mis ainsi qu'il m'est venu en fantaisie et en souvenance; qu'il est ainsy assez bien à propos, et que je le pourrois oublier, me semblant estre une chose assez remarquable.

Et pour retourner encor à nostre reyne Anne, il parest bien, par ce beau debvoir dernier de funérailles, qu'elle estoit bien aimée et du monde et du ciel, et bien autrement que ne fust cette pompeuse et orgueilleuse reyne Ysabeau de Bavières, femme du feu roy Charles VI°, laquelle estant morte à Paris, son corps fust tant mesprisé qu'il fut mis de son hostel dans un petit batteau sur la rivière de Saine, sans autre forme de cérimonie et pompe; et fust passé par une si petite poterne, et si estroicte, qu'à grand peine y pouvoit-il passer; et fut ainsi porté à Sainct-Denys en son sépulchre, ny plus ny moins qu'une simple damoyselle. Il y avoit bien aussi de la différence de ses actions à celles de la reyne Anne; car elle mist les Anglois en France et dans Paris, mist le royaume en combustion et division, et l'apauvrist et ruina du tout : et la reyne Anne le tint en paix, et l'agrandist et l'enrichist de sa belle duché et biens qu'elle y apporta. Dont il ne se faut esbayr si le roy la regretta, et en démena un tel dueil qu'il en cuyda mourir au bois de Vincennes, et s'habilla fort longtemps de noir et toute sa court; et ceux qui venoient autrement les en faisoit chasser; et n'eust point ouy ambassadeur, quel qu'il fust, qu'il ne fust habillé de noir. Et dict bien plus ceste vieille histoire que j'ay alléguée, que, « lorsqu'il donna sa fille aisnée à « M. d'Angoulesme, despuis le roy François, le deuil « ne fut nullement quicté ne laissé en sa court; et le « jour qu'ils furent espousez dans la chappelle de « Sainct-Germain-en-Laye, le marié et la mariée « n'estoient vestus et habillez, ce dit l'histoire, que « de drap noir, honnestement et en forme de deuil, « pour le trespas de la susdicte reyne madame Anne « de Bretagne, mère de la mariée, en présence du « roy son père, accompaigné de tous les princes du « sang et nobles seigneurs et prélats, princesses, « dames et damoiselles, tous vestus de drap noir en « forme de deuil. » Voylà comment le livre en parle; qui est une austérité estrange de dueil qu'il faut noter, que le jour propre des nopces n'en peut estre dispensé pour après avoir esté repris le lendemain. Par là cognoist-on si ceste princesse estoit aymée et digne d'estre aymée du roy son mary, qui quelquesfois, en ses goguettes et gayetez, l'appelloit le plus souvent *sa Bretonne*.

Si elle eust vescu plus longtemps, elle n'eust jamais consenty à ce mariage dessusdict; et souvent y avoit bien répugné et desdit le roy son mary, d'autant qu'elle hayssoit mortellement madame d'Angoulesme, despuis madame la régente, n'estant leurs humeurs guières semblables, et peu accordantes ensemble; aussi qu'elle vouloit colloquer sa dicte fille avec Charles d'Austriche, lors jeune, et le plus grand seigneur de la chrestienté, qui despuis fut empereur, encor qu'elle vist bien M. d'Angoulesme s'approcher fort de la couronne; mais elle ne songeoit pas en cela, ny ne y vouloit songer, se fiant d'avoir encor des enfants; car lorsqu'elle mourut elle n'avoit que trente-sept ans.

De son temps et règne, régnoit ceste grande et sage reyne Isabeau de Castille, bien accordante en mœurs avec nostre reyne Anne. Aussi elles s'entr'aymoient fort, et se visitoient souvent par ambassades, lettres et présents; et c'est ainsi que la vertu recherche tousjours la vertu.

Le roy Louis fut après content de se marier pour la troisiesme fois avec la reyne Marie, sœur du roy d'Angleterre, très-belle princesse, jeune, et trop pour luy, dont mal lui en prist. Et se maria plus par nécessité et pour faire paix avecques l'Anglois, et mettre son royaume en repos, que pour autre chose, ne pouvant oublier jamais sa reyne Anne : aussi commanda-il à sa mort qu'ils fussent couverts tous deux soubs un mesme tombeau, ainsi qu'on le voit à Sainct-Denys, tout de marbre blanc, aussi beau et superbe qu'il en soit point là.

Or, je m'arreste en ce discours, et ne passe plus outre, m'en remettant aux livres qui ont escrit mieux de ceste reyne que je ne sçaurois faire : toutesfois, pour me contenter, j'ay faict ce discours.

Je diray encor ce petit discours, que c'est d'elle que noz reynes et princesses ont tiré l'usage de mettre à l'entour de leurs armoyries et escussons la cordellière, les portant auparavant nullement entournez, mais toutes vagues; et ladicte reyne fust la première qui mist cette cordellière.

Or, je n'en dis plus, n'aiant esté de son temps;

toutesfois, je proteste bien n'avoir parlé qu'en la vérité, pour l'avoir apprise et d'aucuns livres, comme j'ay dict, et de madame la séneschalle ma grand'mère, et de madame de Dampierre ma tante, un vray registre de la court, et aussi habille, sage et vertueuse dame qui entra à la court il y a cent ans, et qui sçavoit aussi bien discourir de toutes choses. Aussi dès l'aage de huict ans y avoit-elle esté nourrie, et n'avoit rien oublié; et la faisoit bon ouyr parler, ainsi que j'ay veu nos roys et reynes y prendre ung singulier plaisir de l'ouyr, car elle sçavoit tout, et de son temps et du passé : si bien qu'on prenoit langue d'elle comme d'un oracle. Aussi le roy Henri IIIe dernier la fist dame d'honneur de la reyne sa femme. Des mémoires et leçons que j'ay appris d'elle je me suis servi, et espère m'en servir beaucoup en ce livre.

J'ay veu l'épitaphe de ladicte reyne ainsy faict :

Cy gist Anne, qui fust femme de deux grands roys;
En tout grande cent fois, comme reyne deux fois.
Jamais reyne comme elle n'enrichist tant la France.
Voylà que c'est d'avoir une grande alliance.

DISCOURS II.

SUR LA REYNE, MÈRE DE NOS ROYS DERNIERS, CATHERINE DE MÉDICIS[1].

Je me suis cent fois estonné et esmerveillé de tant de bons escrivains que nous avons veus de nostre temps en la France, qu'ilz n'ayent esté curieux de faire quelque beau recueil de la vie et gestes de la reyne mère, Catherine de Médicis, puisqu'elle en a produict d'amples matières, et taillé bien de la besogne, si jamais reyne tailla; ainsi que dict l'empereur Charles à Paulo Jovio une fois, à son retour de son triumphant voyage de la Goullette, voulant faire la guerre au roy François : qu'il fist seulement provision d'ancre et papier, qu'il lui alloit bien tailler de la besoigne[2]. Aussi de vray ceste reyne en a taillé de si belle, qu'un bon et zellé escrivain en eust faict une Illiade entière : mais ou ils sont esté paresseux ou ingrats; car elle ne fust jamais chiche à l'endroict des sçavans, et qui escrivoient quelque chose. J'en

---

1. Catherine de Médicis, fille unique de Laurent de Médicis, duc d'Urbin, et de Magdeleine de la Tour, comtesse d'Auvergne et de Lauraguais, née à Florence le 13 avril 1519, mariée à Henri II, le 27 octobre 1533, morte au château de Blois le 5 janvier 1589. Elle était nièce de Clément VII.

2. Expedire te, inquit, Jovi, calamos oportet, ut quæ jam gesta sunt in historiis tempestive perscribas; nam hoc armorum motu, magnus profecto tibi novi operis labor paratur. (P. Jove, l. XLIII, Florence, 1550-1552, t. II, p. 439.)

nommerois plusieurs qui en ont tiré de bons biens, en quoy d'autant ils sont accusez d'ingratitude.

Il y en a eu un pourtant qui s'en est voulu mesler d'en escrire; et de faict en feist un petit livre qu'il intitula la *Vie de Catherine*[1]; mais c'est un imposteur et non digne d'estre creu, puisqu'il est plus plain de menteries que de vérité, ainsi qu'ellemesmes le dict l'ayant veu, comme telles faussetez sont apparentes à un chacun, et aisées à noter et rejetter. Aussi celui qui l'a faict luy vouloit mal mortel, et estoit ennemy de son nom, de son estat, de sa vie, et de son honneur et humeur; voylà pourquoy il est à rejetter. Quand à moy, je désirerois fort sçavoir bien dire, ou que j'eusse un bonne plume, et bien taillée à commandement, pour l'exalter et louer comme elle le mérite. Toutesfois, telle qu'elle est, je m'en vais l'employer à l'azard.

Ceste reyne donc est extraicte, du costé du père, de la race de Médicis, l'une des nobles et illustres maisons, non-seulement de l'Italie, mais de la chrestienté, quoi qu'on en die. Elle estoit estrangère de ce costé, comme les alliances des grands ne se peuvent prendre communément dans leurs royaumes : aussi n'est-ce pas quelquesfois le meilleur; car les alliances estrangères vallent bien autant ou plus que les prochaines. La maison toutesfois de Médicis a quasi tousjours esté alliée et confédérée avec la couronne

---

1. C'est l'écrit intitulé : *Discours merveilleux de la vie, actions et déportemens de la reine Catherine de Médicis*, dont la première édition est de 1575, in-8, et qui a été réimprimé un très-grand nombre de fois, soit séparément soit dans des recueils. On l'attribue généralement, mais sans preuves, à Henri Estienne.

de France, dont encores en porte les fleurs de lys que le roy Louis XIe donna à ceste maison en signe d'alliance et confédération perpétuelle. De la génération maternelle, elle est sortie originellement de l'une des plus nobles maisons de France, vraye françoise de race, de cœur et affection, de ceste grande maison de Boulongne et conté d'Auvergne : de sorte qu'on ne sçauroit dire ny juger en quelle des deux maisons y a eu plus de grandeur et actes plus mémorables. Or, voicy ce qu'en dict M. l'archevesque de Bourges, de la maison de Beaune[1], un aussi grand sçavant et digne prélat qui soit en la chrestienté (encor qu'aucuns le disent un peu légier en créance, et guières bon pour la ballance de Monsieur Sainct-Michel où il poise les bons chrestiens au jour du jugement, ainsi qu'on dict), en l'oraison funèbre qu'il fit pour ladicte reyne à Blois :

« Du temps que ce grand capitaine gaulois, Brennus, mena son armée par toute l'Italie et Grèce, estoient avec luy en sa trouppe deux gentilshommes françois, l'un nommé Felsinus, l'autre nommé Bono, qui, voyant le mauvais desseing que prenoit Brennus, après ses belles conquestes, d'aller envahir le temple de Delphe, pour se souiller, soy et son armée, du sacrilège de ce temple, ils se retirarent tous deux, et passarent en Asie avec leurs vaisseaux et hommes; où ils pénétrèrent si avant, qu'ils entrèrent en la terre des Mèdes, qui est proche de la Lydie et de la Perside; où aiant faict plusieurs conquestes et obtenu de grandes victoires, se seroient enfin retirez; et, passans par l'Italie, espérans revenir en France, Felsi-

---

1. Renaud de Beaune de Semblançay, archevêque de Bourges de 1580 à 1602.

nus s'arresta en un lieu où est à présent situé Florence, le long du fleuve d'Arne, qu'il recogneut assez beau et délectable, et de semblable assiete qu'une qui lui avoit pleu en ce pays de Mède une autre fois ; et y bastit une cité qui est aujourd'huy Florence ; comme aussi son compagnon Bono bastit la ville de Bononia, appellée Boulongne, toutes deux voisines : et, dès lors, pour les conquestes et victoires que ce Felsinus avoit eu en ce pays des Mèdes, fut appellé *Medicus* entre les siens, dont depuis le surnom a demeuré en la famille ; comme nous lisons de Paulus [1], qui fut surnommé *Macedonicus* pour avoir conquis Macédoine sur Perseus, et Scipion, qui fut appellé *Affriquain* pour avoir faict de mesmes de l'Affrique. »

Je ne sçay d'où a pris ceste histoire ledict M. de Beaune ; mais il est vraysemblable que, devant le roy et une telle assemblée qui estoit là pour le convoy de la reyne, il ne l'eust voulu alléguer sans bon authéur. Voilà comme cette descente [2] est bien esloignée de cette moderne que l'on suppose et attribue sans propos à ceste famille de Médicis, ainsi que faict ce livre menteur que j'ay dit de la vie de ladicte reyne. Puis, dict davantage ledict sieur de Beaune : qu'on list dans les chroniques, qu'un nommé Everard de Médicis, sieur de Florence, amprès plusieurs années, au voyage et expédition que fist Charlemaigne en Italie contre Didier, roy des Lombardz, alla à son secours avec plusieurs de ses subjects ; et, l'ayant fort vertueusement secouru et assisté, fut confirmé et investy en ladite seigneurie de Florence. Plusieurs années après, un Anemond de Médicis,

---

1. Paul-Émile. — 2. *Descente*, descendance.

aussi sieur de Florence, passa avec plusieurs de ses subjects au voyage de la Terre-Saincte avec Godeffroy de Buillon, où il mourut devant le siège de Nicée en Asie [1]. Ceste grandeur a tousjours continué en ceste maison jusques à ce que Florence, réduicte en république par guerres intestines en Italie d'entre les empereurs et les peuples, les personnes illustres de ceste maison ont manifesté leur valleur et grandeur de temps en temps : comme nous voyons par ces derniers siècles le grand Cosme de Médicis, qui, par ses armes, ses navires et vaisseaux, a espouvanté les Turcs jusques au fonds de l'Orient et mer Méditerranée; si bien que nul de son temps, tant grand qu'il fust, ne l'a surpassé ny en force ny en valeur ny en richesse, ainsy qu'en a escript Raphaël Volateran [2].

Les temples et lieux sacrez par luy bastis, les hospitaux par luy fondez jusques en Jérusalem, font ample preuve de sa piété et magnanimité.

Il y a eu aussi Laurent de Medicis [3], surnommé le Grand pour ses actes vertueux ; ces deux grands et honnorables papes Léon et Clément, tant de cardinaux si grands personnages de ce nom, et puis ce grand duc de Toscane, Cosme de Médicis, sage et advisé s'il en fust oncq. Il [4] a paru à se maintenir en

1. Je n'ai pas besoin de dire que tout ce qui précède n'est qu'un tissu de fables.
2. Raphaël Maffei de Volterra, dans ses *Commentarii urbani*, Bâle, 1530, in-fol., liv. V, f⁰ˢ 55 et 56 v⁰.
3. Laurent Iᵉʳ de Médicis, prince de Florence, mort le 8 avril 1492.
4. *Il a paru*, il a paru tel.

son estat, qu'il trouva et envahist, fort troublé au commancement.

Bref, on ne sçauroit rien desrober à ceste maison de Médicis qu'elle ne fust illustre, très-noble et grande de toutes parts.

Quant à la maison de Bouloigne et d'Auvergne, qui ne dira qu'elle ne soit très-grande, estant sortie originairement de ce grand Eustache de Bouloigne, dont le frère, Godefroy de Buillon, a porté les armes et armoyries avec un si grand nombre de princes, seigneurs, chevalliers et soldats chrestiens, jusques dedans Hiérusalem sur la sépulture de nostre Sauveur, et se seroit rendu et faict roy par son espée et ses armes avec la faveur de Dieu, roy non-seulement de Hiérusalem, mais d'une grand' partie de l'Orient, à la confusion de Mahommet, des Sarrazins et mahométans, tant et si avant, qu'il auroit donné estonnement à tout le reste du monde, aiant replanté le christianisme en Asie, qui estoit du tout à bas? Au reste ceste maison a esté recherchée d'alliance quasi de tous les royaumes de la chrestienté et grandes maisons, comme de celle de France, d'Angleterre, d'Escosse, d'Ongrie, de Portugal; jusques là que le royaume[1] luy appartenoit de droict, ainsi que j'ay ouy dire au premier président de Thou[2], et que la reyne mesme me fit cest honneur de me le dire à Bourdeaux, lorsqu'elle sceut la mort du roy Sébastien dernier mort[3]; et fut receue à débattre son droict par

---

1. Le royaume de Portugal.
2. Christophe de Thou, le père de l'historien.
3. En 1578.

justice en la dernière assemblée d'estatz tenue audict Portugal, auparavant le décès du dernier roy cardinal[1]; et ce fust aussi pourquoy elle arma soubz M. d'Estrozze pour y fère une brèche, le roy d'Espaigne lors l'aiant usurpé; et ne s'en fut arrestée en si beau chemin sans des raisons que j'allégueray ailleurs une autre fois.

Je vous laisse doncq' à penser si ceste maison de Boulongne estoit grande : ouy, telle qu'une fois j'ouy dire au pape Pio quarto, estant à table, ainsi qu'il bailla à disner après sa création aux cardinaux de Ferrare et de Guise, ses créateurs[2], qu'il tenoit ceste maison si grande et si noble qu'il n'en sçavoit en France, telle qu'elle fust, qui la surpassast en ancienneté, ny valeur, ny grandeur.

C'est bien contre les malheureux détracteurs, qui ont dict que ceste reyne estoit une Florantine et de bas lieu : on peut voir le contraire. Au reste, elle n'estoit si pauvre qu'elle n'ayt porté en mariage à la France des terres qui vallent aujourd'huy six vingts mille livres comme sont les contez d'Auvergne, de Lauragais, les seigneuries de Leverons, Donsenac, Boussac, Gorrèges, Hondecourt, et autres terres, toutes de la succession de sa mère; et encor pour son dot heut plus de deux cens mil escuz ou ducatz, qui vaudroient aujourd'huy plus de quatre cens

---

1. Le cardinal Henri de Portugal.
2. Dupuy a changé, et bien à tort, le mot *créateurs* que porte le manuscrit en celui de *créatures* qui offre un sens complétement opposé et est en désaccord avec l'histoire. En effet le cardinal de Guise fut l'un des principaux auteurs de l'élévation de Pie IV au trône pontifical (26 décembre 1559). Voyez de Thou, liv. XXIII.

mille, avecques grande quantité de meubles, richesses et précieuses pierreries et joyaux, comme les plus belles et plus grosses perles qu'on ait veu jamais pour si grande quantité, que despuis elle donna à la reyne d'Escosse sa nore[1], que lui ay veu porter ; outre cela, forces seigneuries, maisons, actions et prétentions, qu'elle avoit en Italie. Outre plus que tout cela, pour son mariage, les affaires de France, qui estoient si esbranlées par la prison du roy et ses pertes de Milan et Naples, s'en commançareut à s'affermir.

Le roy François aussi le sçavoit bien dire, que tel mariage avoit beaucoup servi à ses affaires. Aussi donna-on à ceste reyne ceste devise de l'arc-en-ciel qu'elle a portée tant qu'elle a esté mariée, avecq ces motz grecz : φῶς φέρει, ἠδὲ γαλήνην[2], qui est autant à dire que, tout ainsi que ce feu et arc-en-ciel apporte et signifie le beau temps après la pluye, aussi ceste reyne estoit vray signe de clarté, sérénité et tranquilité de paix. Le grec est ainsi traduict : *ignis adfert serenitatem*[3].

D'avantage, l'empereur n'osa pousser plus avant son ambitieuse devise *plus outre* ; car encor que les trefves fussent entre luy et le roy François, si cou-

---

1. *Nore*, bru ; *nurus*.

2. Je porte la lumière et la sérénité. — Les précédents éditeurs, les anciens comme les nouveaux, ont mis à la place de la phrase grecque, estropiée dans le manuscrit et que Dupuy a rétablie, une suite de syllabes qui n'ont aucun sens.

3. Dupuy a biffé cette mauvaise traduction et l'a remplacée par celle-ci : *Lucem fert et serenitatem*, qui est la bonne, et que tous les éditeurs ont reproduite.

voit-il tousjours son ambition soubz dessein de gaigner toujours sur la France ce qu'il eust peu ; et s'estonna fort de ceste alliance avec le pape, le cognoissant habille, courageux et vindicatif de sa prison faicte par son armée impériale au sac de Rome. Et tel maryage luy despleust tellement, que j'ay ouy dire à une dame de vérité, lors à la court, que s'il ne fust esté marié avec l'impératrice, qu'il eust prins l'alliance dudict pape, et eust espousé sa niepce, tant pour estre appuyé d'un si grand party, que parce qu'il craignoit que le pape luy aydast à perdre Naples, Milan et Gênes, ainsi qu'il l'avoit promis au roy François, lorsqu'il luy fit livrer l'argent du dot de sa niepce et ses bagues et joyaux ; qu'oultre tout cela, pour faire le douaire digne d'un tel mariage, il luy avoit promis, par instrument autentique, trois perles d'inextimable valeur, de l'excessiveté[1] desquelles les plus grands roys estoient fort envieux et convoiteux, qu'estoient Naples, Milan et Gênes. Et de faict ne fault doubter que si ledict pape eust vescu ses ans naturels, qu'il lui eust vendue bonne, et lui eust faict couster cher sa prison, pour agrandire sa niepce et le royaume où elle avoit esté colloquée ; mais il mourut fort jeune[2] : encores pourtant tout ce profict nous demeura pour ce coup.

Voylà donc nostre reyne, ayant perdu sa mère Madelayne de Bouloigne, et Laurens de Médicis son père, duc d'Urbin, en bas aage, mariée après par le bon oncle en nostre France, où elle fut menée par

1. *Excessiveté*, grand prix.
2. En 1534, à cinquante-quatre ans.

mer à Marseille en grand triumphe, et ses nopces pompeusement faictes, à l'aage de quatorze ans. Elle se fit tellement aimer du roy son beau-père, et du roy Henry son mary, que, demeurant dix ans sans produire lignée, il y eust forces personnes qui persuadarent au roy et à M. le Dauphin son mary de la répudier; car il estoit besoing d'avoir de la lignée en France : jamais ny l'un ny l'autre n'y voulurent consentir, tant ils l'aymoient : aussi dans les dix ans, selon le naturel des femmes de la race de Médicis qui sont tardives à concepvoir, elle commança à produire le petit roy François deuxiesme : dont sur ce j'ay ouy faire un conte, que, lorsqu'il fut né, il y eut une dame de la court, qui estoit de bonne compagnie, et disoit bien le mot, qui vint présenter un placet à M. le Dauphin, par lequel elle le prioit de luy faire donner l'abbaye de Sainct-Victor qu'il avoit rendue vaccante. Dont il fut fort estonné de tel mot; mais, d'autant qu'on disoit à la court qu'il ne tenoit pas tant à Madame la Dauphine comme à Monsieur le Dauphin pourquoy ils n'avoient d'enfans, parce qu'on disoit que mondict sieur le Dauphin avoit son faict tort[1], et qui n'estoit pas bien droict, et que pour ce la semence n'alloit pas bien droict dans la matrice, ce qui empeschoit fort de concepvoir; mais, après que cest enfant fut né, on dict qu'il ne tenoit plus à M. le Dauphin, et qu'il avoit faict dire qu'il n'avoit son v.. tort : et par ainsy ceste dame aiant expliqué son placet à M. le Dauphin, tout fut tourné en risée, et dict qu'il avoit rendu

1. *Tort*, tors.

l'abbaye de Sainct-Victor vaccante, faisant allusion d'un mot à l'autre, que je laisse imaginer au lecteur sans que j'en face plus ample explication.

Puis, la reyne d'Espagne nasquit, et après consécutivement ceste belle et illustre lignée que nous avons veu, et quasi aussitost née, aussitost perdue, par trop grand malheur : ce qui fut cause que le roy son mary l'en ayma davantage, encor qu'il l'aymast bien fort et de telle façon, que luy, qui estoit d'amoureuse complexion, et aymoit fort à faire l'amour et aller au change, il disoit souvent que, sur toutes les femmes du monde, il n'y avoit que la reyne sa femme en cela, et n'en sçavoit aucune qui la valût. Il avoit raison de le dire, car c'estoit une princesse belle et très-aymable.

Elle estoit de fort belle et riche taille, de grande majesté, toutesfois fort douce quand il falloit, de belle apparance, bonne grâce, le visage beau et agréable, la gorge très-belle et blanche et pleine, fort blanche aussi par le corps, et la charnure[1] belle, et son cuir net, ainsi que j'ay ouy dire à aucunes de ses dames, et ung enbonpoinct très-riche, la jambe et la grève[2] très-belle, ainsi que j'ay ouy dire aussi à de ses dames, et qui prenoit grand plaisir à la bien chausser, et à en voir la chausse bien tirée et tandue; du reste, la plus belle main qui fut jamais veue, si crois-je. Les poëtes jadis ont loué Aurore pour avoir de belles mains et de beaux doigts; mais je pense que la reyne l'eust effacée en tout cela; et si l'a tousjours gardée et maintenue telle jusques à sa mort.

1. *Charnure*, carnation. — 2. *Grève*, cuisse.

Le roy son fils, Henry III*e*, en hérita de beaucoup de ceste beauté de main.

De plus, elle s'habilloit tousjours fort bien et superbement, et avoit tousjours quelque gentille et nouvelle invention. Bref, elle avoit beaucoup de beautez en soy pour se faire fort aymer. Sur quoy il me souvient qu'elle estant ung jour allée voir à Lyon un peintre, qui s'appelloit Corneille [1], qui avoit peint en une grand'chambre tous les grands seigneurs, princes, cavalliers, et grandes reynes, princesses, dames, filles de la court de France, estant donc en ladicte chambre de ces paintures, nous y vismes cette reyne parestre painte très-bien en sa beauté et en sa perfection, habillée à la francèze d'un chapperon avec ses grosses perles, et une robe à grandes manches de toille d'argent fourrées de loups cerviers ; le tout si bien représenté au vif avec son beau visage qu'il n'y falloit rien plus que la parolle, aiant ses trois belles filles auprès d'elle. A quoy elle prist fort grand plaisir à telle veue, et toute la compagnie qui y estoit, s'amusant fort à la contempler et admirer et louer sa beauté par dessus toutes : elle-mesmes s'y ravist en la contemplation, si bien qu'elle n'en peust retirer ses yeux de dessus, jusques à ce que M. de Nemours luy vint dire : « Madame, « je vous trouve là fort bien pourtraicte, et n'y a rien « à dire; et me semble que vos filles vous portent « grand honneur; car elles ne vont point devant

---

[1]. Claude Corneille, peintre et graveur de Lyon. On connaît entre autres de lui : *Epitome des rois de France*, 1546, in-4°. Voy. Robert-Dumesnil, *Le Peintre-graveur français*, t. VI, p. 7 et suivantes.

« vous, et ne vous surpassent point. » Elle luy respondict : « Mon cousin, je croy qu'il vous ressou-
« vient bien du temps, de l'aage et de l'habillement
« de ceste painture : vous pouvez bien juger mieux
« que pas un de ceste compagnie, vous qui m'avez
« veue ainsy, si j'estois estimée telle que vous dic-
« tes, et que suis estée comme me voylà. » Il n'y
eust pas un en la compagnée qui ne louast et estimast infiniment ceste beauté, et ne dist que la mère
estoit digne des filles, et les filles dignes de la mère :
et telle beauté luy a duré, et mariée et vefve, jusques
quasi à sa mort; non qu'elle fust si fresche comme
en ses ans plus fleurissans, mais pourtant bien entretenue et fort désirable et agréable.

Au reste, elle estoit de fort bonne compagnie et
gaye humeur, aymant tous honnestes exercices,
comme la dance, où elle avoit très-belle grâce et
majesté. Elle aymoit la chasse fort aussi : sur quoy
j'ay ouy faire le conte à une dame de la court d'alors,
que le roy François aiant choisy et faict une trouppe,
qui s'appelloit la *petite bande*, des dames de sa court,
des plus belles, gentilles et plus de ses favorites,
souvant se dérosbant de sa court, s'en partoit et
s'en alloit en autres maisons courir le cerf et passer
son temps, et y demeuroit là quelquesfois ainsi retiré huict jours, dix jours, quelquesfois plus, quelquesfois moins, ainsi qu'il lui plaisoit, et l'humeur
l'en prenoit. Nostre reyne, qui estoit lors madame
la Dauphine, voyant telles partiés se faire sans elle,
mesmes que mesdames ses belles-sœurs[1] en estoient,

---

1. Madeleine et Marguerite.

et elle demeuroit au logis, elle fit prière au roy de la mener tousjours quant et luy, et qu'il luy fist cest honneur de permettre qu'elle ne bougeast jamais d'avec luy. On dict qu'elle, qui estoit tousjours fine et habile, le fist bien autant pour veoir les actions du roy, et en tirer les secrets, et escouter et sçavoir toutes choses, autant pour cela que pour la chasse, ou plus.

Le roy François lui en sceut si bon gré d'une telle prière, voyant la bonne volonté qu'il voyoit en elle d'aymer sa compagnie, qu'il luy accorda de très-bon cœur : et, outre qu'il l'aymoit naturellement, il l'en ayma tousjours davantage; et se délectoit à lui faire donner plaisir à la chasse, en laquelle elle n'abandonnoit jamais le roy, et le suivoit tousjours à courir : car elle estoit fort bien à cheval et hardie, et s'y tenoit de fort bonne grâce, ayant esté la première d'avoir mis la jambe sur l'arçon, d'autant que la grâce y estoit bien plus belle et apparoissante que sur la planchette; et a tousjours fort aymé d'aller à cheval jusques en l'aage de soixante ou plus, qui pour la foiblesse l'en privarent, en ayant tous les ennuis du monde; car c'estoit l'un de ses grands plaisirs, et à faire de grandes et vistes traictes, encor qu'elle en fust tumbée souvent au grand dommage de son corps; car elle en fust blessée plusieurs fois, jusques à rompure de jambe et blesseure à la teste, dont il l'en falust trépaner : et, lorsqu'elle fust vefve, et heut la charge du roy et du royaume, accompagnoit toujours le roy et le menoit avec elle et tous ses enfans; et quand le roy son mary vivoit, elle alloit quasy ordinairement avec luy à l'assemblée du cerf et autres chasses.

S'il jouoit au palle-mail, elle le voyoit le plus souvent jouer, et y jouoit elle-mesme. Elle le voyoit jouer à la paulme. Elle aymoit aussi fort à tirer de l'harbaleste à jalet[1], et en tiroit fort bien : et tousjours, quand elle s'alloit pourmener, faisoit porter son harbaleste; et quand elle voyoit quelque beau coup, elle tiroit.

Elle invantoit tousjours quelques nouvelles danses ou quelques beaux ballets. Quand il faisoit mauvais temps, elle invantoit aussi des jeux, et y passoit son temps avec les uns et les autres, estant fort privée, mais aussi fort grave et austère quand il falloit; aymoit fort à veoir jouer des commédies et tragédies; mais despuis *Sofonisba,* composée par M. de Sainct-Gelays[2] et très-bien représentée par mesdames ses filles et autres dames et damoiselles et gentilshommes de sa court, qu'elle fit jouer à Bloys aux nopces de M. de Cipière et du marquis d'Albeuf, elle eust opinion qu'elle avoit porté le malheur aux affaires du royaume, ainsi qu'il succéda; elle n'en fist plus jouer, mais ouy bien des commédies et tra-

1. On appelait ainsi une espèce d'arbalète avec laquelle on lançait soit des *jalets* ou galets, c'est-à-dire de petits cailloux ronds soit des balles de métal.
2. Le titre de la première édition de la traduction faite par Mellin de Saint-Gelais de cette tragédie du Trissin, dont il a été parlé ailleurs (voyez tome III, p. 257), nous donne la date de la représentation : *Sophonisbe, tragédie très-excellente, représentée et prononcée devant le roy en sa ville de Blois,* Paris, in-8°, 1559. (comme l'année ne commençait qu'à Pâques, peut-être faut-il lire 1560). La cour séjourna deux fois à Blois, en 1559, d'abord au commencement de novembre, puis dans la seconde moitié de décembre.

gi-commédies, et mesmes celles des *Zani* et *Panthalons*, y prenant grand plaisir, et en rioit son saoul comme un autre; car elle rioit volontiers; aussi de son naturel elle estoit jovyale et aymoit à dire le mot, et rencontroit fort bien, et cognoissoit bien où il falloit jetter sa pierre et son mot, et où il y avoit à redire.

Elle passoit fort son temps, les après-disnées, à besongner après ses ouvrages de soye, où elle y estoit tant parfaicte qu'il estoit possible. Bref, ceste reyne aymoit et s'adonnoit à tous honnestes exercices; et n'y en avoit pas un, au moins digne d'elle et de son sexe, qu'elle ne voulust sçavoir et pratiquer. Voylà ce que je puis dire pour parler briefvement et fuir prolixité, de la beauté de son corps et de ses exercices.

Quand elle appelloit quelqu'un *mon amy*, c'estoit qu'elle l'estimoit sot, ou qu'elle estoit en collère : si bien qu'elle avoit un gentilhomme servant, nommé M. de Bois-Février, qui disoit bien le mot, quand elle l'appeloit *mon amy* : « Ha! madame, respondoit-« il, j'aymerois mieux que vous me dissiez vostre « *ennemy*, car c'est autant à dire que je suis un sot, « où qu'estes en colère contre moy, ainsi que je « cognois vostre naturel de longtemps. »

Quand à son esprit, il a esté très-grand et très-admirable, ainsy qu'il s'est monstré en tant de beaux et signalez actes desquels sa vie est illustrée pour jamais. Le roy son mary et son conseil l'estimarent telle, que, lorsque le roy alla en son voyage d'Allemagne, hors de son royaume, il l'establit et l'ordonna pour régente et gouvernante en tout son royaume pendant son absence, par déclaration solemnellement faicte en plain parlement de Paris[1]. Et en ceste charge se conduisist si sagement, qu'il n'y eut aucun remuement, changement ny altercation en cest estat, pour l'absence du roy; mais, au contraire, pourveust si bien aux affaires, qu'elle fit assister le roy d'argent, de moyens et de gens, et de tout autre sorte de secours, qui lui servist beaucoup à son retour, et mêmes en la conqueste des villes qu'il fist en la duché de Luxembourg, comme Yvoy, Montmédy, Dampvillers, Simay[2] et autres.

Je vous laisse donc à penser si celuy qui a escrit cette belle vie que j'ay dict a bien détracté de dire que jamais le roy son mary n'avoit voulu qu'elle mist le nez sur les affaires de son Estat. La faisant ainsy régente en son absence, n'estoit-ce pas occasion ample d'en avoir plaine cognoissance, et comme elle faisoit en l'absence du roy son mary parmy tous ses voyages qu'il faisoit tous les ans, allant en ses armées?

Que fit-elle après la bataille de Saint-Laurens, et que l'Estat estoit en bransle, et le roy estant allé à Compiègne pour redresser nouvelle armée? Ell'espousa tellement les affaires, qu'ell'excita et esmeut messieurs de Paris à faire un prompt secours à leur roy, qui vint très-bien à propos, et pour l'argent, et autres choses nécessaires pour la guerre.

---

1. Le 12 février 1552. — Brantôme oublie de dire que le roi avait adjoint à Catherine de Médicis un conseil qui la laissait presque sans autorité.

2. Chimay.

Or, le roy son mary blessé, ceux qui estoient de ce temps, et qui l'ont veu, ne peuvent ignorer le grand soucy qu'elle prist pour sa guérison, et les veilles qu'elle fist auprès de luy sans se coucher, les grandes prières dont elle importunoit Dieu coup sur coup, et les processions et visitations d'églises qu'elle fist, et les postes qu'elle envoia partout pour quérir médecins et chirurgiens. Mais son heure estant venue, et aiant passé de ce monde en l'autre, elle en fist de telles lamentations, en jetta de telles larmes, que jamais elle ne les a taries; et pour sa souvenance, et lorsqu'on parloit de luy, tant qu'elle a vescu, elle en a jetté tousjours quelqu'une du profond de ses yeux : dont elle en prit ceste devise propre et convenable à son dueil et à ses pleurs, qui estoit une montagne de chaux vive, sur laquelle les gouttes d'eaue du ciel tumboient à foison; et disoient les mots tel en latin : *Ardorem extincta testantur vivere flamma.* « Les gouttes d'eaue et de larmes monstrent bien leur ardeur, encor que la flamme soit estaincte, » telle devise prenant son allégorie sur le naturel de la chaux vive, laquelle estant arousée d'eau brusle estrangement, et monstre son ardeur encor qu'elle ne face point apparoir de flamme et qu'elle soit estaincte.

Par ainsy nostre reyne monstroit son ardeur et son affection par ses larmes, encore que sa flamme, qui estoit le roy son mary, fust estaincte, qu'estoit autant à dire que, tout mort qu'il estoit, faisoit bien paroistre par ses larmes qu'elle ne le pouvoit oublier, et qu'elle l'aymoit tousjours.

Une quasy semblable devise portoit jadis madame

Valantine de Milan, duchesse d'Orléans, après la mort de son mary tué à Paris, dont elle eust un si grand regret, que, pour tout soulas et confort en ses gémissemens, elle print un chantepleure ou arrousouer pour sa devise, sur le hault de laquelle estoit une S en signe, ainsi qu'on dict, que seulle souvant se soucioit et souspiroit; et autour dudict chantepleure estoient escrips ces mots :

> Rien ne m'est plus,
> Plus ne m'est rien.

On voit encor ceste devise dans l'église des Cordeliers à Bloys, en sa chapelle.

Le bon roy René de Scicille, ayant perdu sa femme Ysabeau de Lorraine, en porta si grand deuil, qu'il ne se peut jamais guières bien resjouir, et ainsi que ses plus privez amis et favoris luy remontroient quelque consolation, il les menoit en son cabinet, et là il leur monstroit painct de sa main, car il estoit excellent peintre, un arc turquois[1] duquel la corde estoit brisée et rompue, et au dessoubs estoit escript : *Arco per lentare piaga non sana*[2].

Puis leur disoit : « Mes amis, par ceste peinture « je responds à toutes vos raisons; car, ainsi que, « pour destandre un arc, ou briser ou rompre sa « corde, la playe qu'il a faicte de sa flesche n'en est « rien de plus tost guérie; aussi la vie de ma chère « espouse est par mort estaincte et brisée; pour ce

---

1. *Turquois*, turc.
2. L'arc, pour être détendu, ne guérit pas la blessure.

« n'est pas guérie la playe du loyal amour, dont elle
« vivante me navra le cœur. »

En plusieurs lieux à Angiers on voit en peinture
ces arcs turquois et ces cordes rompues, et au dessoubs ces mots : *Arco per lentare*, et mesmes aux
Cordelliers, en la chappelle Sainct-Bernardin qu'il a
faict édifier : et prist ceste devise après la mort de sa
femme, car de son vivant il en portoit un' autre [1].

Or, nostre reyne, autour sa devise que je viens de
dire, y avoit faict mettre des trophées de mirouers
cassez, d'esvantailz et pennaches rompus, des carquans brisez et ses pierreries et perles espandues par
terre, les chesnes toutes en pièces ; le tout en signe
de quitter toutes bombances mondaines puisque son
mary estoit mort, duquel n'a jamais peu arrester le
deuil. Et, sans la grâce de Dieu et sa constance dont
il l'avoit douée, elle eust succumbé à ceste grande
tristesse et ennuy : et aussi qu'elle voyoit que ses
enfans fort jeunes et la France avoient grandement
besoing d'elle, comme nous l'avons veu despuis par
expérience; car, comme une Sémiramis, ou un' autre
Atalia, elle entreprist, sauva, et garantist et préserva
sesdits enfans et leur règne de plusieurs entreprises
qui leur estoient préparées en leur bas aage, avec
telle prudence et industrie, que tout le monde la
trouva admirable. Et aiant la régence de ce royaume
après la mort du roy François son fils, pendant la
minorité de nos roys, par l'ordonnance des estatz
d'Orléans, s'en fit bien accroire sur le roy de Navarre, qui, commé prince premier du sang, vouloit

---

1. Ce passage sur René est tiré de Bourdigné, part. III, ch. XVI.

estre régent en sa place et gouverner tout; mais elle gaigna si bien et si dextrement lesdicts estats, que, si ledict roy de Navarre eust passé plus outre, elle le faisoit déclarer attainct de crime de lèze-majesté. Et possible l'eust-elle faict sans madame de Montpensier, qui la gouvernoit fort, pour les menées qu'on disoit avoir faict faire à M. le prince de Condé sur l'Estat; si bien que ce fut audict roy de se contenter d'estre soubz elle; et voilà un des subtils et habiles traicts qu'elle fit pour son commencement.

Puis amprès, elle sceut entretenir son grade et auctorité si impérieusement, que nul n'y osoit contredire, tant grand et remueur fust-il, jusques au bout de trois mois amprès, que la cour estoit à Fontainebleau, ledict roy de Navarre, voulant ressentir son cœur, prit mescontentement sur ce que M. de Guyse se faisoit porter les clefz du logis du roy tous les soirs, et les gardoit toutes les nuictz en sa chambre comme grand-maistre, car c'est l'une de ses charges, et nul n'osoit sortir hors sans luy[1] : ce qui faschoit fort au roy de Navarre, les voulant garder; mais, en estant refusé, se despita et mutina de telle façon, que, pour un matin vint prendre congé du roy et de la reyne pour s'en aller hors de la court, et emmenoit avecq luy tous les princes du sang qu'il avoit gaignez avec M. le connestable et ses enfans et nepveuz. La reyne, qui ne s'attendoit nullement à cela, fut fort estonnée du commencement, et s'estant essayée tout ce qu'elle avoit peu de rompre ce coup, et donné bonne espérance audict roy de Navarre

---

1. *Sans luy*, sans avoir recours à lui.

qu'en patientant il seroit un jour contant; mais par belles parolles elle ne peut rien tant gaigner sur ledict roy qui ne se mist en son partement. Sur ce, ladicte reyne s'advise de ce point subtil : c'est qu'elle envoye faire commandement à M. le conestable que, comme le principal, premier et plus vieux officier de la couronne, il eust à demeurer près du roy son maistre, ainsi que son debvoir et sa charge luy commandoit, et n'eust à laisser le roy. M. le connestable, sage et advisé qu'il estoit, et fort zélé à son maistre, et curieux de sa grandeur et son honneur, ayant un peu songé en son debvoir et au commandement que on lui avoit faict, le va trouver et se présenter à luy, prest de faire sa charge, son debvoir et estat, et ne bouger d'auprès de sa personne : ce qui estonna fort le roy de Navarre estant sur le point de monter à cheval, n'attendant que M. le conestable, qui lui alla remonstrer son commandement et sa charge, et lui persuada de ne bouger lui-mesme et ne partir; autrement, qu'il s'en pouvoit aller sans lui, ne le pouvant suivre, pour son honneur et debvoir : si bien qu'il alla trouver le roy et la reyne à la suscitation de mondict sieur le conestable; et, aians conférez ensemble avec Leurs Majestez, le voyage du roy navarrois fut rompu, et ses muletz envoiez querir et contremandez, qui estoient desjà arrivez à Melun. Et le tout s'apaisa, au contentement dudict roy de Navarre : non que M. de Guise en diminuast rien de sa charge, ny en desmordist rien de son honneur, car il garda tousjours sa prééminence et ce qui lui appartenoit, sans s'estonner de rien, encor qu'il n'y fust le plus fort, estant l'homme du monde en ces choses-là qui s'estonnoit le moins, mais qui sçavoit très-bien braver et tenir son rang, et garder ce qu'il avoit. Il ne faut doubter, ainsi que tout le monde le tenoit, que si ladicte reyne ne se fust advisée de ceste ruse à l'endroit de M. le conestable, que toute ceste troupe ne fust allée à Paris remuer; chose qui n'eust guières valu : en quoy il faut donner grand los à ladicte reyne de ce traict. Je le sçay, j'y estois, et qu'aucuns tenoient alors que ce n'estoit de son invention, mais du cardinal de Tournon, sage et advisé prélat; mais c'est menterie, car, tout vieil routier de prudence et conseil qu'il estoit, ma foy, ladicte reyne en sçavoit plus que lui, ny que tout le conseil du roy ensemble; car, bien souvent, quand il estoit en deffaut, elle le relevoit et le mettoit à la trace et aux voyes, ainsi que j'en alléguerois plusieurs exemples; mais ce sera assez que je dise cettuy-cy, qui est frais, qu'elle-mesme me fist cest honneur de discourir. Il est tel :

Quand elle vint en Guienne et à Cognac dernièrement[1], pour accorder les princes de la relligion et de la ligue et mettre le royaume en paix, qu'elle voyoit s'aller ruiner par telles divisions, elle s'advisa, pour traicter ceste paix, de faire publier une trefve premièrement, de laquelle le roy de Navarre et le prince de Condé furent très-mal contens et amutinez; d'autant, disoient-ils, que ceste publication leur portoit un très-grand préjudice à cause de leurs estrangers, qui l'ayant entendue, se pourroient refroidir de leur voyage, ou le retarder, croyans que ladicte

---

1. A la fin de décembre 1586.

reyne l'eust faict à ces desseins. Et dirent et se résolurent nommément de ne veoir la reyne, ny traicter avec elle, que ladicte trefve ne fust descriée[1]; ce que trouvant son conseil, qu'elle avoit pour lors près d'elle (encor qu'il fust composé de bonnes testes, fort ridicule et peu honorable, voire quasi impossible de trouver moyen de la faire descrier, la reyne leur dit : « Vrayement, vous estes bien esbays
« sur ce remède. N'y sçavez-vous autre chose? Il n'y
« a qu'un point pour cela. Vous avez à Maillezays le
« régiment de Neufvy et de Sorlu, huguenots. Faictes-
« moy partir d'icy, de Nyort, le plus d'harquebusiers
« que vous pourrez, et allez-les-moy tailler en piè-
« ces; et voilà aussitost la trefve descriée et descou-
« sue, sans autrement se pener[2]. » Ainsi comm' elle le commanda aussitost exécuté; et les harquebuziers levez, et menez soubz la conduitte du capitaine L'Estelle, allarent si bien forcer leur fort et leurs barricades, que les voilà tous desfaictz, Sorlu tué, qui estoit un vaillant homme, et Neufvy pris, avec forces autres mortz, et pris tous leurs drappeaux aussi, et ainsi menez à Niort à la reyne[3]; laquelle usant en leur endroict de ses tours accoutumez de clémence, leur pardonna à tous et les renvoya avec leurs enseignes et drapeaux mesmes, ce que guières peu s'est veu pour lesdicts drapeaux, et chose rare; mais elle voulust faire ce traict par dessus la rareté, ce me dict-elle,

1. *Descriée*, nous dirions aujourd'hui dénoncée.
2. *Pener*, peiner.
3. Voyez l'*Histoire universelle* de d'Aubigné, année 1587, liv. I, ch. vii.

aux princes qui congneurent bien qu'ils avoient affaire avec une très-habile princesse, et que ce n'estoit à elle d'adresser une telle moquerie de lui faire descrier une trefve par la mesme trompette qui l'avoit criée : et lui pensant faire recevoir ceste honte, elle tumba sur eux-mesmes, leur aiant mandé par les prisonniers que ce n'estoit à eux de la désespérer en demandant choses desraisonnables et mal séantes, puisqu'il estoit en sa puissance de leur faire mal.

Et bien ! voilà comment ceste reyne sceut donner et apprendre la leçon à ceux de son conseil. J'en dirois bien d'autres, mais j'ay à traicter d'autres points, dont le premier sera cettuy-cy, pour respondre à aucuns que j'ay veu dire souvent, qu'elle avoit esmeu les premières armes, ou estoit cause de nos guerres civilles. Qui en veut voir la source il ne le croira pas ; car le Triumvirat, et le roy de Navarre par dessus, aiant esté créé, elle, en voyant les menées qui se préparoient, et le changement que faisoit ledict roy de Navarre de lui, qui, auparavant de longtemps huguenot si fort réformé, s'estoit rendu catholique, et que par un tel changement ell' eust peur du roy, du royaume et de sa personne qu'il ne leur mésadvinst, songea et s'esmaya[1] à quoy pouvoient tendre tant de menées, parlemens et collocutions[2] qui se faisoient en secret : et n'en pouvant au vray tirer le fonds du pot, comme on dit, elle s'advisa un jour, ainsi que tout le conseil secret se tenoit en la chambre du roy de Navarre, d'aller en la chambre d'en hault

---

1. *S'esmayer*, s'étonner. — 2. *Collocutions*, colloques.

dessus la sienne; et par le moien d'un sarbacaine qu'elle avoit faict couler subtilement tout le long de la tapisserie, sans estre apperceue ouyt tous leurs propos. Entre autres, elle en ouyt un qui lui fut trèsterrible et amer, car il y eust le mareschal de Sainct-André, l'un du Triumvirat, qui opina qu'il falloit jetter la royne avecq un sac dans l'eau, et que autrement ils ne pourroient jamais bien besongner en leur affaire : mais feu M. de Guise, qui estoit tout bon et généreux, dit qu'il ne falloit pas, et que c'estoit chose par trop injuste de faire mourir ainsi misérablement la femme et la mère de leurs roys, et s'y opposa du tout : de quoy ladite reyne l'a aimé tousjours, et le monstra bien à ses enfans après sa mort, leur donnant tous ses estatz[1]. Je vous laisse à penser qu'elle sentence ce fut pour ceste reyne, et, l'aiant ouye ainsi de ses oreilles, si ell' eust occasion d'avoir peur, encor qu'elle s'asseurast de M. de Guise; mais, à ce que j'ay ouy dire à une de ses plus privées, elle craignoit qu'ilz fissent le coup sans le sceu dudict M. de Guise, comme elle avoit raison; car, en un acte détestable tel, il se faut doubter d'un homme de bien tousjours, et jamais ne lui communiquer. Ce fut doncq à elle à adviser à sa salvation, et employer ceux qu'elle voyoit desjà aux armes[2], et les prier d'avoir pitié de la mère et des enfans[3]. Voilà toute la cause qu'elle [elle] est de la guerre civile. Car elle ne voulut jamais aller à Orléans avecq les

1. *État*, charge, dignité.
2. Les huguenots.
3. Voyez de Thou, liv. XXIX.

autres, ny leur donner le roy et ses enfans, comme elle pouvoit; mais elle fust très-aise que soubs le grabouil et rumeur d'armes, elle fust en sauveté, et le roy son fils et ses enfans, comme de raison. Toutesfois, elle pria et tira parolle d'eux que toutesfois et quantes qu'elle les sommeroit de poser les armes bas, qu'ilz le feroient; ce que néantmoins ne voulurent faire quand il fust au joindre, quelques allées et venues qu'elle fist vers eux, et la peine qu'elle prist et le grand chaud qu'elle endura vers Talsy[1], pour les persuader à entendre à la paix qu'elle avoit desjà faicte bonne et seure pour toute la France, s'ilz y eussent voulu entendre dès lors : et ce feu, et tant d'autres que nous avons veu allumez du reste des tizons premiers fussent estaints pour tout jamais en France, s'ils l'eussent voulu croire. Je sçay ce que je luy en vis dire la larme à l'œil, et de quel zèle elle y procéda.

Voylà donc en quoy on ne la peut taxer du premier brandon de guerre civile, non plus que de la seconde qui fut à la journée de Meaux; car alors elle ne songeoit qu'à la chasse, ny que donner plaisir au roy à sa belle maison de Monceaux. L'advertissement vint que M. le Prince et tous ceux de la relligion estoient en armes et en campagne, pour surprendre le roy, soubs couleur de luy présenter une resqueste. Dieu sçait alors qui fut cause de ceste nouvelle esmeute : et, sans les six mille Suisses qui avoient esté nouvellement levez, on ne sçait ce que s'en fust esté. Sur la levée desquelz ils prindrent au-

---

1. Talcy (Loir-et-Cher); à la fin de juin 1562.

cunement le prétexte de l'eslévation de leurs armes[1], disans et publians qu'on les avoit faict lever et venir pour leur faire la guerre; et ce furent eux pourtant les premiers (je le sçay pour estre alors à la court), qui en sollicitarent le roy et la reyne, sur le passage du duc d'Albe et de son armée, craignans que, soubs couleur de trajetter[2] en Flandres, elle ne vinst fondre sur la frontière de France, et disans que c'estoit la coustume d'armer tousjours les frontières lorsqu'on voyoit son voisin s'armer. On ne peut ignorer quelle instance pour cela on fit au roy et à la reyne et par lettres et par ambassades; et mesmes M. le Prince et M. l'admiral vindrent trouver le roy à Sainct-Germain-en-Laye pour cet effect, comme je les vis. Je voudrois bien sçavoir aussi (car tout ce que j'escris en cecy je l'ay veu), qui fit prendre les armes au mardy gras[3], et qui suborna et sollicita Monsieur, frère du roy, et le roy de Navarre, d'entendre aux entreprises pour lesquelles La Molle et Coconas furent deffaicts à Paris? Ce n'estoit pas la reyne; car par sa prudence elle empescha qu'elles ne prindrent feu, tenant Monsieur et le roy de Navarre si serrez dans le bois de Vincennes qu'ils ne peurent sortir; et après la mort du roy Charles, les ressarra si bien dans Paris et le Louvre, et grilla si bien pour un matin leurs fenestres, au moins celle du roy de Navarre qui estoit logé le plus bas (je sçay ce que m'en dict le roy de Navarre, la larme à l'œil), et les surveilloit-on si bien qu'ils ne peurent jamais eschapper, comme

1. De leur prise d'armes. — 2. *Trajetter*, passer.
3. Le 22 février 1574.

ils en avoient la volonté : ce qui eust grandement brouillé l'Estat et empesché le retour de Pologne au roy, car ils tendoient fort là (je le sçay bien pour avoir esté convié à la fricassée); qui est encores un des beaux traicts qu'aye faict la reyne. Et, au partir de Paris, les mena à Lyon au devant du roy, si dextrement et vigillamment qu'on ne les eust sceu juger prisonniers qui les eust veu, et aller en coche avec elle; et toustesfois elle les remist entre les mains du roy qui, pour sa venue, pardonna tout.

En après, qui est-ce qui desbaucha encores Monsieur, frère du roy, de partir de Paris de belle nuict, sortir de la compaignie du roy son frère qui l'aymoyt tant, et se deffaire de son amitié, pour prendre les armes et brouiller toute la France? M. de La Noue sçait tout cela[1], et les menées qui s'en commençarent dès le siège de La Rochelle, et ce que je luy en dis. Ce ne fust donc pas la reyne mère; car, par un tel et si inopiné deslogement de son fils, elle en prist un tel regret de voir le frère bandé contre le frère et son roy, qu'elle jura qu'elle mourroit en la peine, ou elle les remettroit et rejoindroit comme devant; ce qu'elle fist; car je luy vis dire à Blois, estant sur le parlement avec Monsieur, qu'elle ne supplioit rien tant Dieu que de luy envoier cette grâce de réunion, et après qu'il luy envoiast la mort, et qu'elle la recevroit du meilleur de son cœur; ou bien qu'elle se vouloit retirer en ses maisons de Monceaux et Chenonceaux, sans jamais se mesler plus des affaires de France, voulant para-

1. Voyez plus haut, p. 208.

chever le reste de ses jours en tranquillité. Et de faict, le vouloit faire ainsy; mais le roy la pria de ne s'en oster, car luy et son royaume avoient grand besoing d'elle. Je m'asseure que si elle n'eust faict ce coup, la paix, que c'estoit faict alors de la France; car il y avoit lors cinquante mille estrangiers, tant d'un costé que d'autre, qui eussent bien aydé à l'abbattre et ruyner.

Ce ne fut pas donc elle, ce coup, qui fit prendre les armes, non plus qu'aux premiers estats à Bloys, lesquelz ne vouloient qu'une seule relligion, et proposer d'abolir l'autre contraire à la leur; et par ce demandarent que si on ne la pouvoit abolir par le glaive spirituel, qu'il y falloit apporter le temporel. Aucuns ont dict que la reyne les avoit gaignez; ce sont abus, car d'aucunes provinces il y en eut force qui apportarent des cayers qui ne faisoient rien pour elle. Je ne dis pas qu'elle ne les gaigna par après; ce qui fut un bon coup de partie et d'esprit; aussi que ce ne fust pas elle qui demanda lesdicts estats : tant s'en fault, les réprouva du tout, d'autant qu'ils diminuoient fort l'authorité du roy et la sienne. Ce furent ceux de la relligion qui les avoient demandez, il y avoit longtemps, et voulurent nommément, et le requerirent par les articles de la paix dernière, qu'ils fussent appellez et tenus; à quoy la reyne y répugnoit fort, prévoyant des abus. Toutesfois, pour les contenter et qu'ils crioient tant après, ils les eurent à leur confusion et dommage, non à leur proficts et contantement, comme ils pensoient; si bien qu'ils en prindrent les armes. Ce ne fut pas la reyne encor qui en fit le coup.

Bref, ce ne fut pas elle aussi qui les fit prendre lorsqu'on prist Mont-de-Marsan, La Fère en Picardie, et Cahors[1]. Je m'en rapporte à ce que dict le roy à M. de Miossans, qui l'estoit venu trouver de la part du roy de Navarre, qui le rabroua fort, et luy dict ce pendant qu'on le paissoit de belles parolles, prenoit-on les armes et prenoit-on ses villes.

Voylà donc comment ceste reyne a esté motrice de toutes nos guerres et nos feux, lesquels, encores qu'elle ne les eust allumez, elle employoit tousjours ses peines et tous ses labeurs pour les estaindre, abhorrant de voir tant de noblesse et gens de bien mourir. Et sans cela et sa commisération, tels l'ont haye à mal mortel qui s'en fussent très-mal trouvez, et seroient maintenant en terre, et leur party ne fleuriroit tant qu'il faict : ce qu'il faut imputer à sa bonté, dont nous aurions maintenant grand besoing; car, ainsy que tout le monde le dict, et le pauvre peuple le crie : « nous n'avons plus de « reyne mère pour nous faire la paix. » Il ne tint pas à elle qu'elle ne se fist[2], lorsqu'elle vint en Guienne dernièrement pour en traicter à Cougnac, à Jarnac, avec le roy de Navarre et le prince de Condé. Je sçay ce que luy en vis dire les larmes aux yeux et les regrets au cœur, à quoy ces princes n'y vouloient condescendre; et possible ne verrions-nous les malheurs que nous avons aujourd'hui.

On l'a voulue accuser aussi d'avoir esté complice en la guerre de la ligue. Pourquoy donc eust-elle entrepris ceste paix que je viens de dire, si elle en fust

---

1. En 1580. — 2. En 1586. Voyez plus haut, p. 354.

esté? Pourquoy eust-elle appaisé le tumulte des barricades de Paris, et réconcilié le roy avec M. de Guise, pour le faire mourir et tuer, ainsi que nous avons veu?

Or, pour fin, qu'on desbagoule contre elle tout ce qu'on voudra, jamais nous n'en aurons une telle en France si bonne pour la paix.

On l'a fort accusée du massacre de Paris : ce sont lettres clauses pour moy quand à cela, car alors j'estois à nostre embarquement de Brouage; mais j'ay bien ouy dire qu'elle n'en fut la première autrice[1]. Il y a trois ou quatre autres, que je nommerois bien, qui furent plus ardans qu'elle et qui l'y poussarent fort, luy faisant accroire que, pour les menaces que l'on faisoit à cause de la blesseure de M. l'admiral, on tueroit le roy, et elle et ses enfans, et toute sa court, ou qu'on seroit aux armes pis que jamais. En quoy certes ceux de la relligion eurent grand tort de faire telles menaces qu'on dict qu'ils faisoient; car ils en empirarent le marché du pauvre M. l'admiral, et luy en procurarent la mort. Que s'ils se fussent tenus coys et n'eussent sonné mot, et laissé guérir M. l'admiral, il s'en fust allé après hors de Paris tout bellement et à son aise, et n'en fust esté autre chose.

M. de La Noue a esté bien de ceste opinion; et sçay bien que lui et M. d'Estrozze et moy en avons parlé, luy n'aiant jamais approuvé ces bravades, ces audaces et menaces, et mesmes en la cour de son roy et sa ville de Paris, que l'on fist; et en blasma mesme

---

1. *Autrice*, auteur.

fort M. de Theligni son beau-frère, qui en estoit des eschauffez, l'appellant et ses compaignons de vrays folz et mal habilles. M. l'admiral n'usa jamais de ces parolles, ainsy que j'ay ouy dire à aucuns, au moings tout hault. Je ne dis pas qu'en secret et en privé avec ses plus familiers qu'il n'en parlast hautement. Et voylà la cause de la mort de M. l'admiral et du massacre des siens, et non pas la reyne, ainsy que j'ay ouy dire à aucuns qui le sçavent bien, encor qu'il y ait plusieurs qu'on ne leur sçauroit oster l'opinion de la teste que ceste fusée n'eust esté fillée de longue main, et ceste trame couvée. Ce sont abus : les moins passionnez le croient ainsi ; les plus obstinez et passionnez le croient autrement ; et bien souvent nous donnons cet honneur aux roys et aux grands princes que quelquesfois pour l'évènement des choses, et qu'elles sont arrivées, nous les disons prudens et providens, et qui ont bien sceu dissimuler ; à quoy y ont autant songé qu'en tridet[1].

Pour retourner encores à nostre reyne, ses ennemis luy ont mis à sus qu'elle n'estoit pas bonne françoise. Dieu le sçait, et de quelle affection je la vis pousser pour chasser les Anglois hors du Havre de Grâce, et ce qu'elle en dict à M. le Prince, et comme elle l'y fit aller avec forces gentilshommes de son party, et les compaignies couronnelles de M. d'Andelot, et autres huguenottes, et comment elles mesme en personne mena l'armée, estant montée ordinairement à cheval comme une seconde belle reyne Marfise, et s'exposant aux harquebusades et

---

1. *Tridet*; je n'ai pu trouver la signification de ce mot.

canonnades comme ung de ses capitaines, voyant faire tousjours la batterie, disant qu'elle ne seroit jamais à son aise qu'elle n'eust pris ceste ville et chassé ces Anglois de France, hayssant plus que poison ceux qui la leur avoient vendue. Aussi fit-elle tant qu'enfin elle la rendist françoise.

Lorsque Rouen estoit assiégé, je la vis en toutes les collères du monde quand elle y vist entrer le secours des Anglois, qui entrarent par la gallère françoise qui avoit esté prise un an devant, craignant que ceste place, faillant à estre prise par nous, vint en la domination des Anglois : aussi poussa-elle fort à la roue, comme l'on dict, pour la prendre ; et ne failloit tous les jours à venir au fort Saincte-Catherine tenir conseil et voir faire la batterie. Que je l'ay veue souvant passant par ce chemin creux de Saincte-Catherine ! Les canonnades et harquebusades pleuvoient entour d'elle, qu'elle s'en soucioit autant que rien.

Ceux qui lors y estoient l'ont veu aussi bien que moy. Il y a encor aujourd'huy forces dames ses filles qui luy accompagnoient, ausquelles le jeu ne plaisoit trop ; je le sçay et les y ay veues ; et quand M. le connestable et M. de Guise luy remonstroient qu'il luy en arriveroit du malheur, elle n'en faisoit que rire et dire pourquoy elle s'y espargneroit non plus qu'eux, puisqu'elle avoit le courage aussi bon qu'eux, mais non la force que son sexe luy desnioit ; car pour la peine elle l'enduroit très-bien, fust à pied ou à cheval. Et pense que dès longtemps ne fut reyne ny princesse mieux à cheval, ny s'y tenant de meilleure grâce ; ne sentant pour cela sa dame hommasse en forme et façon d'amazonne bisarre, mais sa gente princesse, belle, bien agréable et douce.

On a dict d'elle, qu'elle estoit fort espaignolle. Certainement, tant que sa bonne fille a vescu, elle a aymé l'Espagne; mais après qu'elle a esté morte on sçait, au moins aucuns, si elle a eu occasion de l'aymer, et la terre et la nation. Bien est vray qu'elle a esté tousjours si prudente jusques là, qu'elle a voulu tousjours entretenir le roy d'Espaigne comme son bon gendre, affin qu'il en traictast mieux sa belle et bonne fille, comme est la coustume des bonnes mères, aussi affin qu'il ne nous vint troubler la France, ny faire la guerre, selon son brave cœur et naturel ambitieux. D'aucuns aussi ont voulu dire qu'elle n'aymoit point la noblesse de France, et en desiroit fort le sang respandu. Je m'en rapporte à tant de paix par elle faictes, combien elle l'a espargné : et, outre cela, qu'on prenne esgard à elle, tant qu'elle a esté régente et ses enfans en minorité, si l'on a veu à la court tant de querelles et combats comme il s'en est veu despuis; car elle n'y en a jamais voulu voir; et tousjours a faict expresses deffences de ne venir là, et faict chastier ceux qui y contrevenoient. Du despuis, je l'ay veue bien souvent à la court, quand le roy alloit quelquesfois dehors pour y séjourner quelques jours, et qu'elle demeuroit absolue et seule à la court, du temps que les querelles commançarent à se rendre communes, et les combats. Jamais elle n'en voulut permettre ung, et soudain commandement faict aux capitaines des gardes de faire les deffences, et aux mareschaux et capitaines de les accorder : aussi, pour dire vray, on la craignoit plus que le roy en cela; car elle sçavoit bien parler à ces désobéissans et desreglez, et les ravaudoit terriblement.

Je me souviens qu'une fois, le roy estant aux bains de Bourbon[1], feu mon cousin de La Chastigneraye eut une querelle contre Pardailhan[2]. Elle le fist chercher partout pour lui deffendre de ne se battre, sur la vie; mais, ne s'estant peu trouver par deux jours entiers, elle le fit guetter si bien, que, par un dimanche matin, luy, estant en l'isle de Louviers, attendant son ennemy, le grand prévost le vint surprendre là et l'emmena prisonnier, par le commandement de la reyne, dans la Bastille; mais il n'y demeura qu'une heure pourtant; et après l'envoya querir, et lui en fit la réprimande moitié aigre, moitié douce, ainsy qu'elle estoit toute bonne et rude quand elle vouloit. Je sçay bien ce qu'elle m'en dict aussi, d'autant que j'estois pour seconder mondict cousin : que comme le plus aagé je debvois estre le plus sage.

L'année que le roy tourna de Polongne[3], il s'esmeut une querelle entre messieurs de Grillon et d'Entraguet, tous deux braves et vaillans gentilshommes; et s'estans appellez et prests à se battre, le roy leur fit faire deffence par M. de Rambouillet, l'un de ses capitaines des gardes lors en quartier, de ne se battre; et fit commandement à M. de Nevers et mareschal de Retz de les accorder, à quoy ils faillirent.

1. Bourbon-l'Archambaut (Allier).
2. Charles de Vivonne, baron de la Chastaigneraie. — Hector de Gondrin, seigneur de Pardaillan.
3. En 1574.

La reyne les envoya querir le soir en sa chambre; et d'autant que leurs querelles touchoient deux grandes dames des siennes, elle leur commanda en toute rigueur, et pria après en toute douceur, de se rapporter à elle tous deux de leur différent, puisqu'elle leur faisoit l'honneur de s'en mesler, et, puisque les princes, mareschaux et capitaines, avoient failly à leur accord, qu'elle en vouloit avoir la cognoissance et la gloire : parquoy elle les rendist amis, et les fist embrasser sans autre forme, en prenant le tout sur elle; si bien que, par sa prudence, le subject de la querelle, qui touchoit un peu l'honneur de ses deux dames et estoit escabreux, ne fut jamais sçeu ny publié. Voylà une grande bonté de princesse! Et puis dire qu'elle n'aymoit point la noblesse! Ha! si faisoit; elle la cognoissoit et l'extimoit trop. Je croy qu'il n'y avoit grande maison en son royaume qu'elle ne cogneut, et disoit l'avoir appris du grand roy François, qui sçavoit toutes les généalogies des grandes familles de son royaume, et aussi du roy son mary, lequel avoit cela, que, quand il eut veu une fois un gentilhomme, il le cognoissoit tousjours, fust en sa face ou en ses faicts ou en sa réputation.

J'ay veu ceste reyne, souvent et ordinairement, lorsque le roy son fils estoit mineur, prendre la peine de lui présenter elle-mesme les gentilshommes de son royaume, et luy ramentevoit : « Un tel a faict « service au roy vostre grand père, en tels et tels « endroicts, un tel à vostre père, » et ainsy de tous les autres; et commander de s'en ressouvenir, et de les aimer, et de leur faire du bien, et de les recognoistre une autre fois : ce qu'il sceut très-bien faire puis après; car, par telle instruction, ce roy cognoissoit fort bien les gens de bien, de race et d'honneur, qui estoient en son royaume.

Ces détracteurs aussi ont dict qu'elle n'aymoit point son peuple. Il y a paru. Fust-il jamais tant tiré de tailles, subsides, imposts et autres deniers, tant qu'elle a demeuré gouvernant la minorité de ses enfans, comme il en a esté tiré depuis en une seule année? Luy a-on trouvé tant d'argent caché, et aux banques d'Italie, comme l'on crioit tant? Tant s'en faut, qu'après sa mort on ne luy a trouvé un seul sol : et, ainsi que j'ay ouy dire à aucuns de ses financiers et aucunes de ses dames, qu'elle s'est trouvée après sa mort endebtée de huict cens mill' escus, les gages de ses dames, gentilshommes et officiers de sa maison, deubs d'une année, et son revenu d'un an mangé; si bien que, quelques mois avant mourir, ses financiers luy remonstrarent cette nécessité; et elle en rioit, et disoit qu'il falloit louer Dieu de tout et trouver de quoy vivre. Voylà son avarice et le grand trésor qu'elle amassoit, comme l'on disoit. Elle n'avoit garde d'en faire; car elle avoit le cœur tout noble, tout libéral et tout magnifique, et tout pareil à celui de son grand oncle le pape Léon[1], et du magnifique le seigneur Laurens de Médicis; car elle despensoit et donnoit tout, ou faisoit bastir, ou despensoit en d'honnorables magnificences; et prenoit plaisir de donner tousjours quelque récréation à son peuple ou à sa court, comme en festins, balz, dances, combats, couremens de bagues dont elle en

1. Léon X.

a faict trois fort superbes en sa vie : l'un qui fut faict à Fontainebleau au mardy gras après les premiers troubles, où il y eut et tournois et rompement de lances, combats à la barrière, bref toutes sortes de jeux d'armes, avec une commédie sur le subject de la belle Genièvre de l'Arioste, qu'elle fit représenter par madame d'Angoulesme et par ses plus honnestes et belles princesses, et dames et filles de sa court, qui certes la représentarent très-bien, et tellement qu'on n'en vist jamais une plus belle; puis à Bayonne, à l'entreveue de la reyne sa bonne fille, où la magnificence fut telle en toutes choses que les Espagnolz, qui sont fort desdaigneux de toutes autres, fors des leurs, jurarent n'avoir rien veu de plus beau, et que le[1] roy n'y sçauroit pas approcher; et s'en retournarent ainsi édiffiez.

Je sçay que plusieurs en France blasmarent ceste despence par trop superflue; mais la reyne disoit qu'elle le faisoit pour monstrer à l'estranger que la France n'estoit si totalement ruinée et pauvre, à cause des guerres passées, comme il l'estimoit; et que, puisque pour tels esbatz on sçavoit despendre, que pour les conséquences et importances on leur sçauroit encore mieux faire; et que d'autant plus la France en seroit mieux estimée et redoubtée, tant pour en voir ses biens et richesses, que pour voir tant de gentilshommes si braves et si adroicts aux armes, ainsy que certes il s'y en trouva là beaucoup, et qu'il fit très-bon veoir, et dignes d'estre admirez.

Davantage il estoit bien raison que pour la plus

---

1. *Le,* leur.

grande reyne de la chrestienté, la plus belle, la plus honneste et la meilleure, on fist quelque solemnelle feste par dessus les autres; et vous asseure que si elle ne se fust faicte telle, l'estrangier se fust fort mocqué de nous, et s'en fust retourné en opinion de nous tenir tous en France pour de grands gueux. Ce n'est donc pas sans une bonne et juste considération que cette sage et advisée reyne fist ceste despense, comme ell' en fist aussi une fort belle à l'arrivée des Poulonnois à Paris[1], qu'elle festina fort superbement en ses Tuilleries : et après souper, dans une grand' salle faicte à poste et toute entournée d'une infinité de flambeaux, elle leur représenta le plus beau ballet qui fut jamais faict au monde (je puis parler ainsy), lequel fust composé de seize dames et damoiselles des plus belles et des mieux apprises des siennes, qui comparurent dans un grand roch tout argenté, où elles estoient assises dans des niches en forme de nuées de tous costez. Ces seize dames représentoient les seize provinces de la France, avecques une musique la plus mélodieuse qu'on eust sceu voir; et après avoir faict dans ce roch le tour de la salle par parade comme dans un camp, et après s'estre bien faict voir ainsi, elles vindrent toutes à descendre de ce roch, et s'estant mises en forme d'un petit bataillon bizarrement invanté, les violons montans jusques à une trentaine, sonnans quasy un air de guerre fort plaisant, elles vindrent marcher soubs l'air de ces violons, et par une belle cadance sans en sortir ja-

---

1. Les Polonais, envoyés pour offrir au duc d'Anjou le trône de Pologne, firent leur entrée à Paris le 19 août 1573.

mais, s'approcher et s'arrester un peu devant Leur Majestez, et puis après danser leur ballet si bizarrement invanté, et par tant de tours, contours et destours, d'entrelasseures[1] et meslanges, affrontements et arrests, qu'aucune dame jamais ne faillit de se trouver à son poinct ny à son rang : si bien que tout le monde s'esbahit que, parmi une telle confusion et un tel désordre, jamais ne faillirent leurs ordres, tant ces dames avoient le jugement solide et la retentive bonne, et s'estoient si bien apprises. Et dura ce ballet bizarre pour le moins une heure, lequel estant achevé, toutes ces dames, représentans lesdictes seize provinces que j'ay dict, vindrent à présenter au roy, à la reyne, au roy de Polongne, à Monsieur, son frère, et au roy et reyne de Navarre, et autres grands et de France et de Polongne, chacune à chacun une placque toute d'or, grande comme de la paulme de la main, bien esmaillé et gentiment en œuvre, où estoient gravez les fruicts et les singularitez de chasque province, en quoy elle estoit plus fertile, comme : la Provence des citrons et oranges, en la Champaigne des bledz, en la Bourgongne des vins, en la Guyenne des gens de guerre (grand honneur certes celuy-là pour la Guyenne), et ainsy consécutivement de toutes autres provinces.

A Bayonne, tels quasy semblables présens se firent en un combat qui s'y fist, que je représenterois bien, et tous lesdicts présens et les dames qui les receurent (mais cela est long); mais les hommes les donnoient aux dames et icy les dames aux hommes. Et

---

[1] *Entrelasseures*, entrelacements.

nottez que toutes ces inventions ne venoient d'autre boutique ny d'autre esprit que de la reyne; car elle y estoit maistresse et fort inventive en toutes choses. Elle avoit cela que, quelques magnificences qui se fissent à la court, la sienne passoit toutes les autres. Aussi disoit-on qu'il n'y avoit que la reyne-mère pour faire quelque chose de beau. Et si telles despenses coustoient, aussi donnoient-elles du plaisir; disant en cela souvent qu'elle vouloit imiter les empereurs romains qui s'estudioient d'exhiber des jeux au peuple et luy donner plaisir et l'amuser autant en cela sans luy donner loisir à mal faire.

D'ailleurs, et outre ce qu'elle se délectoit à donner plaisir à ce peuple, elle leur donnoit bien à gaigner; car elle aymoit fort toutes sortes d'artizans et les payoit bien, et les occupoit souvent chacun en son art, et ne les faisoit point chaumer, et surtout les massons et architectes ainsi qu'il parest en ses belles maisons des Thuilleries, imparfaictes pourtant, de Sainct-Mor, Monceau et Chenonceaux. Et aimoit aussi fort les gens sçavans et si lisoit volontiers, ou se faisoit lire leurs œuvres qu'ilz luy présentoient, ou qu'elle avoit sceu qu'ils avoient escript, et les faisoit achepter, jusques à lire les belles invectives qui se faisoient contre elle, dont elle se mocquoit et s'en rioit sans s'en altérer autrement, les appellant des bavards et des donneurs de billevesées; ainsy usoit elle de ce mot, et elle vouloit tout sçavoir.

Au voyage de Lorraine des seconds troubles, les huguenots avoient avec eux une fort belle et grande coullevrine et la nommoient la reyne mère. Ils furent contraincts l'enterrer à Villenozze¹, ne la pouvant traisner à cause de leurs grandes traictes, mauvais atelage et pesanteur, qui jamais pourtant ne peut estre descouverte ny trouvée. La reyne sçachant qu'on luy avoit ainsi donné son nom, elle voulut sçavoir pourquoy. Il y eust quelqu'un, après en avoir esté fort pressé d'elle de le dire, il respondit : « C'est, « madame, parce qu'elle avoit le calibre plus grand « et plus gros que les autres. » Elle n'en fist que rire la première.

Elle n'espargnoit point sa peine à lire quelque chose qu'elle eust en fantaisie. Je la vis une fois, estant embarquée à Blaye pour aller disner à Bourg, tout du long du chemin lire en parchemin, comme un rapporteur ou advocat, tout un procès verbal que l'on avoit faict de Dardois, basque, secrétaire favory de feu M. le connestable, sur quelques menées et intelligences dont il avoit esté accusé et constitué prisonnier à Bayonne. Elle n'en osta jamais la veue qu'il ne fust achevé de lire, et si avoit plus de dix pages de parchemin. Quand elle n'estoit point empeschée, elle-mesme lisoit toutes les lettres de conséquence qu'on luy escrivoit, et le plus souvent de sa main en faisoit les despesches, cela s'appelle aux plus grandes et ses privées personnes. Je la vis une fois, pour une après-disnée, escrire de sa main vingt paires de lettres et longues.

Elle disoit et parloit fort bien françois, encor

---

1. Il y a deux Villenoxe, tous eux en Champagne : Villenoxe-la-Grande dans l'Aube et Villenoxe-la-Petite dans Seine-et-Marne.

qu'elle fust italienne. A ceux de sa nation pourtant ne parloit que bien souvent françois, tant elle honnoroit la France et sa langue, et faisoit fort paroistre son beau dire aux grands, aux estrangiers et aux ambassadeurs qui la venoient trouver tousjours après le roy. Elle leur respondoit fort pertinemment, avec une fort belle grâce et majesté, comme je l'ay veue aussi parler aux courts de parlement, fût en public, fût en privé; et qui bien souvent les menoit beau, quand ils s'estravaguoient ou faisoient trop des retenus, et ne vouloient condescendre aux édicts faicts en son conseil privé ou ordonnances du roy et les siennes. Asseurez-vous qu'elle parloit bien en reyne et se faisoit bien redouter en reyne. Je la vis une fois à Bourdeaux, lorsqu'elle mena la reyne de Navarre sa fille au roy son mary (elle m'avoit commandé dès la court d'aller avec elle) bien parler à ces messieurs, qui ne vouloient abolir quelque certaine confrairie par eux invantée et observée, ce qu'elle vouloit nommément casser, prévoyant qu'elle apporteroit quelque queue à la fin qui ne vaudroit rien et préjudicieroit à l'Estat[1]. Ils la vindrent trouver à l'évesché dans le jardin où elle estoit se pourmenant, un dimanche matin. Il y en eust un qui porta la parolle pour tous, pour lui donner à entendre le fruict de ceste confrairie et l'utilité qu'elle apportoit pour le public. Elle, sans estre préparée, respondit si bien par de si belles parolles et apparentes raisons et propres pour la randre mal fondée et

---

1. Il a déjà été question de l'abolition de cette confrérie, t. III, p. 382-383.

odieuse, qu'il n'y eut là pas un qui n'admirast l'esprit de ceste reyne et ne demeurast estonné et confus; d'autant, que pour la dernière parolle, elle dict : « Non; je veux, et le roy mon filz, qu'elle soit ex- « terminée, et qu'il n'en soit jamais plus parlé, « pour des raisons secrettes que je ne vous veux « dire, outre celles que je vous ay dict; autrement « je vous ferai ressentir que c'est que de désobéir au « roy et à moy. » Par ainsy chacun calla, et plus jamais n'en fust parlé.

Elle faisoit de ses tours bien souvent à l'endroict des princes et des plus grands, quand ils avoient failly grandement, et qu'elle prenoit sa collère, et qu'elle faisoit de l'altière; n'estant rien au monde si superbe et brave qu'elle, quand il falloit, n'espargnant nullement les véritez à un chacun.

J'ay veu feu M. de Savoye[1], qui avoit accoustumé l'empereur, le roy d'Espaigne, et veu tant de grands, la craindre et la respecter plus que si ce fust esté sa mère, et M. de Lorraine de mesmes, bref tous les grands de la chrestienté. J'en alléguerois plusieurs exemples; mais à une autre fois, et à leur tour, je les diray : pour ce coup, me suffira de ce que j'en ay dict.

Entre toutes ses perfections, elle estoit bonne chrestienne et fort dévote, faisant souvent ses pasques, et ne faillant jamais touts les jours au service divin, à ses messes et ses vespres, qu'elle rendoit fort agréables autant que dévotes, par les bons chantres de sa chappelle, qu'elle avoit été curieuse de

1. Emmanuel-Philibert.

recouvrer des plus exquis : aussi naturellement elle aymoit la musique, et en donnoit souvent plaisir à sa court dans sa chambre, qui n'estoit nullement fermée aux honnestes dames et honnestes gens, voire à tous et à toutes, ne la voulant resserrer à la mode d'Espagne, ny d'Italie son pays, ny mesmes comme nos autres reynes Elizabeth d'Austriche et Loyse de Lorraine ont faict; mais disoit que, tout ainsy que le roy François son beau-père, qu'elle honnoroit fort, la luy avoit dressée et faicte libre, qu'elle la vouloit ainsy entretenir à la vraye françoise, sans en rien innover ni réformer, et qu' ainsi aussi le roy son mary l'avoit voulu : aussi sa chambre estoit tout le plaisir de la court.

Elle avoit ordinairement de fort belles et honnestes filles, avec lesquelles tous les jours en son antichambre on conversoit, on discouroit et divisoit[1], tant sagement et tant modestement que l'on n'eust osé faire autrement; car le gentilhomme qu'y failloit en estoit banny et menacé, et en crainte d'avoir pis, jusques à ce qu'elle luy pardonnoit et faisoit grâce, ainsi qu'elle y estoit propre et toute bonne de soy.

Pour fin, sa compagnie et sa court estoit un vray paradis du monde et escolle de toute honnesteté, de vertu, l'ornement de la France, ainsi que le sçavoient bien dire les estrangiers quand ils y venoient; car ils y estoient très-bien receus, et commandement exprès à ses dames et filles de se parer, lors de leur venue, qu'elles paroissoient déesses, et les entretenir sans s'amuser ailleurs; autrement elles estoient

---

1, *Divisoit*, devisait.

bien tancées d'elle, et en avoient bien la réprimande.

Bref, sa court a esté telle, que, quant elle a esté morte, on a dict par la voix de tous que la court n'estoit plus la court, et que jamais plus il n'y auroit en France une reyne mère. Mais quelle court estoit-ce? telle que je crois que jamais emperière de Rome de jadis n'en a tenu, pour dames, une pareille d'ordinaire, ny nos roys de France. Bien est-il vray que ce grand empereur Charlemagne et roy de France, de son vivant prist grand plaisir faire et dresser des courts grandes et planières, tant des pairs, ducs, contes, paladins, barons et chevaliers de France, que de dames leurs femmes et damoiselles leurs filles, et plusieurs autres de toutes contrées, pour tenir compagnie et court, ainsy que disent les vieux romans de ce temps, à l'impératrice et reyne, pour voir les belles jouxtes, tournois, magnificences qui s'y faisoient très-superbes par une grande trouppe de chevaliers errans venans de toutes parts. Mais quoy! ces belles et grandes assemblées et compagnées ne se faisoient ny se voyoient que trois ou quatre fois de l'an, et puis au partir de la feste se despartoient et se retiroient en leurs terres et maisons, jusques à une autre fois, encores qu'aucuns disent que ce Charlemagne fut, sur sa vieillesse, fort adonné aux femmes, mesmes que ses filles furent bonnes compagnes, et que Louys le Débonnaire, à l'advènement de la couronne, fut contrainct de bannir ses sœurs en certains lieux pour avoir esté trop escandalisées de l'amour avec les hommes, et si chassa une infinité de dames qui estoient de la joyeuse bande. Ces courts pourtant dudict Charlemagne n'estoient de durée, je dis du temps de ses beaux ans; car il s'amusoit lors aux guerres, selon noz vieux romans; et sur ses jours, sa court estoit ainsy par trop desbordée, comme j'ay dict; mais la court de nostre roy Henry IIe et de nostre reyne estoit ordinaire[1], fust en guerre, fust en paix, fust ou pour résider ou demeurer en un lieu pour quelques mois, fust qu'elle se remuast en autres maisons de plaisance et chasteaux de noz roys, qui n'en ont point de faute, et en ont plus que roys du monde. Ceste belle et grande compagnie tousjours, au moins la majeure part, marchoit et alloit avec sa reyne; si que d'ordinaire pour le moings sa court estoit plaine de plus trois cens dames ou damoiselles.

Aussi les mareschaux des logis et fourriers du roy affirmoient qu'elles tenoient tousjours la moitié des logis, ainsy que j'ay veu l'espace de trente-trois ans que j'ay pratiqué tousjours la court sans guère l'abandonner, fors aux voyages de nos guerres et autres estrangiers : mais, estant de retour, j'y estois d'ordinaire; car le séjour m'en estoit fort agréable, comme n'en aiant jamais veu ailleurs plus beau; et pense que par le monde, depuis qu'il est faict, on n'en a jamais veu de pareil : et d'autant que le beau nom de ces belles dames qui assistoient à nostre reyne à décorer sa court ne se doibt taire, j'en mettray icy aucunes, selon qu'il m'en souviendra, que j'ay veu sur la fin du mariage de la reyne, car paravant j'estois trop jeune, et durant sa viduité.

1. *Ordinaire*, habituelle.

Premièrement, il y avoit mesdames les filles de France. Je les mets les premières; car jamais elles ne perdent leur rang et vont devant toutes autres, tant ceste maison est grande et noble, sçavoir[1] :

Madame Elizabeth de France, despuis reyne d'Espagne;

Madame Claude, despuis duchesse de Lorraine;

Et madame Marguerite, despuis reyne de Navarre;

Madame la sœur du roy, despuis duchesse de Savoye;

La reyne d'Escosse, despuis reyne dauphine, et reyne de France;

La reyne de Navarre, Jeanne d'Allebret;

Madame Catherine sa fille, aujourd'huy Madame la sœur du roy;

Madame Diane, fille naturelle du roy[2], despuis légitimée, et madame de Castres, et en secondes nopces madame de Montmorency, et puis madame d'Angoulesme[3];

Madame d'Anguien, de la maison de Sainct-Pol et Touteville, héritière[4];

---

1. Le Laboureur, qui, dans les Additions aux Mémoires de Castelnau, a été le premier à faire connaître Brantôme dont il a donné de nombreux extraits, a publié, entre autres, la notice de Catherine de Médicis. Il a accompagné cette énumération des dames de la cour de notes dont nous avons profité, et où il a corrigé quelques erreurs commises par notre historien.

2. Henri II.

3. Comme on le verra dans ce volume et dans le suivant, Brantôme a consacré une notice à toutes ces princesses, à l'exception de Jeanne d'Albret et de sa fille Catherine qui devint duchesse de Bar.

4. Marie de Bourbon, comtesse de Saint-Pol, femme 1° de Jean

Madame la princesse de Condé,¹ de la maison de Roye¹ ;

Madame de Nevers, de la maison de Vandosme² ;

Madame de Guise, de la maison de Ferrare³ ;

Madame Diane de Poictiers, duchesse de Valantinois ;

Mesdames les duchesses d'Aumalle et de Bouillon, ses filles⁴ ;

Madame la marquise de Rothelin, de la maison de Rohan⁵ ;

Madame de Montpensier, de la maison de Longvi ou Givry⁶ ;

Madame l'admiralle de Brion, sa sœur⁷ ;

Madame de Rieux, sœur de M. de Montpensier⁸ ;

Madame la marquise d'Elbeuf, sa fille, de la maison de Rieux⁹ ;

de Bourbon, comte d'Enghien ; 2° de François de Clèves, duc de Nevers ; 3° de Léonor d'Orléans, duc de Longueville.

1. Léonore de Roye, première femme de Louis de Bourbon, prince de Condé.

2. Marguerite de Bourbon, femme de François de Clèves, duc de Nevers.

3. Anne d'Este, femme du duc François de Guise.

4. Louise de Brezé, femme de Claude de Lorraine, duc d'Aumale, et Françoise de Brezé, femme de Robert de la Marck, duc de Bouillon.

5. Jacqueline de Rohan, femme de François d'Orléans, marquis de Rothelin.

6. Jacqueline de Longwy, femme de Louis de Bourbon, duc de Montpensier.

7. Françoise de Longwy, femme de l'amiral Chabot, seigneur de Brion.

8. Suzanne de Bourbon, femme de Claude de Rieux.

9. Louise de Rieux, femme de René de Lorraine, marquis d'Elbeuf.

Madame la princesse de la Roche-sur-Ion, vefve du mareschal de Montejean [1];

Madame la mareschalle de Sainct-André, de la maison de Lustrac [2];

Madame la mareschalle de Strozzi, de la maison des Médicis, fort proche de la reyne [3];

Madame la contesse de Sommerive et de Tande, sa fille [4];

Madame la contesse d'Urfé, sa proche et grande confidente [5];

Madame la mareschalle de Brissac, de la maison d'Estellan en Normandie [6];

Madame la mareschalle de Termes, du Piedmont [7];

Madame la connestable [8];

Madame la mareschalle d'Amville, de la maison de Bouillon [9];

Madame l'admiralle de Chastillon, de la maison de Laval [10];

Madame de Roye, sœur de M. l'admiral [11];

---

1. Philippe de Montespedon, femme de René de Montejean.
2. Marguerite de Lustrac, femme du maréchal de Saint-André.
3. Madeleine de Médicis, femme de Pierre Strozzi.
4. Clarisse Strozzi, femme d'Honorat de Savoie, comte de Sommerive et de Tende.
5. Renée de Savoie, femme de Jacques, marquis d'Urfé.
6. Charlotte le Picart, dame d'Estelan.
7. N. de Saluces, femme du maréchal Paul de Termes.
8. Madeleine de Savoie, femme d'Anne de Montmorency.
9. Antoinette de la Mark, première femme du connétable Henri de Montmorency.
10. Charlotte de Laval, première femme de l'amiral de Coligny.
11. Madeleine de Mailly, femme de Charles de Roye, comte de Roucy.

Madame d'Andelot, de la maison de Laval, héritière[1] ;

Madame de Martigues, dite avant madamoiselle de Villemontays, grande favorite de la reyne d'Escosse[2] ;

Madame de Cursol, despuis duchesse d'Uzais[3] ;

Madame la contesse de la Rochefoucault, de la maison de la Mirande[4] ;

Madame de Randan, sa sœur[5] ;

Madame la contesse de la Rochefoucault en secondes nopces, de la maison de Roye, sœur de la princesse de Condé[6] ;

Bref, un' infinité d'autres belles dames avoit cette reyne, dont il ne me peut pas souvenir, quand elle estoit durant quelque temps[7] de son règne et de mariage ; puis estant vefve elle eust les deux reynes ses belles-filles, Élisabeth d'Autriche et Louyse de Lorraine ;

La reyne de Navarre, sa fille, le miracle du monde ;

Madame la princesse de Navarre, sa belle-sœur[8] ;

---

1. Claude de Rieux, femme de Fr. d'Andelot.

2. Marie de Beaucaire, femme de Sébastien de Luxembourg, vicomte de Martigues.

3. Louise de Clermont, mariée en secondes noces à Antoine de Crussol, premier duc d'Uzès.

4. Sylvia Pica de la Mirande, première femme de François de la Rochefoucauld.

5. Fulvia Pica de la Mirande, femme de Charles de la Rochefoucauld, comte de Randan.

6. Charlotte de Roye, seconde femme de François de la Rochefoucauld.

7. *Durant quelque temps*, dans les premiers temps.

8. *Sa belle sœur*, Catherine de Bourbon, belle-sœur de la reine Marguerite.

Madame la princesse de Condé, de la maison de Longueville[1];

Madame la princesse de Condé, sa belle-fille, de la maison de Nevers[2];

Madame de Nevers, sa sœur, héritière de la maison, et l'aisnée[3];

Madame de Guise, leur seconde sœur, mariée en premières nopces au prince Portian, et puis avec M. de Guise[4];

Madame de Nevers, de la maison de Montpensier, vefve du conte d'Eu, despuis M. de Nevers[5];

Madame de Nevers, de la maison de Bouillon, mariée au second M. de Nevers, et despuis avec M. de Clermont-Tallard, et avec M. de Sagonne après[6];

Madame de Montpensier, de la maison de Guize[7];

Madame de Bouillon, de la maison de Montpensier[8];

---

1. Françoise d'Orléans, seconde femme de Louis de Bourbon, prince de Condé.

2. Marie de Clèves, première femme de Henri de Bourbon, prince de Condé.

3. Henriette de Clèves, duchesse de Nevers, femme de Louis de Gonzague.

4. Catherine de Clèves, femme 1° d'Antoine de Croy, prince de Porcien, 2° du duc Henri de Guise.

5. Anne de Bourbon, femme de François de Clèves, duc de Nevers.

6. Diane de la Mark, femme 1° de Jacques de Clèves, duc de Nevers; 2° de Henri de Clermont, comte de Tonnerre; 3° de Jean Babou, comte de Sagonne.

7. Catherine de Lorraine, seconde femme de Louis de Bourbon, duc de Montpensier.

8. Françoise de Bourbon, femme de Henri-Robert de la Mark, duc de Bouillon.

Madame de Longueville, vefve de messieurs d'Anguien et Nevers[1] ;

Madame la Princesse Dauphine, de la maison de Mézières et d'Anjou[2] ;

Madame de Candalle, de la maison de Montmorency[3] ;

Madame d'Espernon, sa fille[4] ;

Madame de Joyeuse, sœur de la reyne[5] ;

Madame de Mercure, fille de M. de Martigues[6] ;

Madame la princesse de Conty, de la maison de Lussé[7] ;

Madame de Raix de la maison de Dampierre, vefve de feu M. d'Annebaut, et puis remariée à M. de Raiz[8] ;

Madame la contesse Fiasque, de la maison d'Estrozze, fille de Robert Strozze[9] ;

1. Marie de Bourbon, voyez page 380, note 4.
2. Renée d'Anjou, marquise de Mézières, femme de François de Bourbon, duc de Montpensier, dauphin d'Auvergne, dit le Prince Dauphin.
3. Marie de Montmorency, femme de Henri de Foix, comte de Candale.
4. Marguerite de Foix, femme du duc d'Espernon.
5. Marguerite de Lorraine, femme 1° d'Anne, duc de Joyeuse ; 2° de François de Luxembourg, duc de Piney.
6. Marie de Luxembourg, femme de Philippe-Emmanuel de Lorraine, duc de Mercœur.
7. Jeanne de Coesmes, dame de Lucé, première femme de François de Bourbon, prince de Conti.
8. Claude-Catherine de Clermont, femme 1° de Jean, seigneur d'Annebaut et de Raiz ; 2° d'Albert de Gondi, maréchal de Raiz.
9. Alfonsine Strozzi, femme de Scipion de Fiesque.

Madame la mareschalle de Biron, de la maison de Sainct-Blancquart[1];

Madame de La Vallette, de la maison du Bouchage[2];

Madame la mareschalle de Joyeuse, sa sœur aisnée[3];

- Madame de Nançay, son autre sœur[4];

Madame du Bouchage, de la maison de La Vallette[5];

Madame la duchesse d'Uzais la dernière, de la maison de Clermont-Tallard[6];

Madame de Montlor, sa sœur; et madame de Manou, son autre sœur[7];

Mesdames de Cypierre et Alluye, sœurs, de la maison de Pienne[8];

Mesdames de Barbezieux, de Pienne et de Chas-

---

1. Jeanne de Saint-Blancart, femme du premier maréchal de Biron.
2. Jeanne de Batarnay, femme de Bernard de Nogaret, seigneur de la Valette.
3. Marie de Batarnay, femme de Guillaume de Joyeuse, maréchal de France.
4. Gabrielle de Batarnay, femme de Gaspard de la Chastre, seigneur de Nancey.
5. Catherine de la Valette, femme de Henri, comte du Bouchage, duc de Joyeuse.
6. Françoise de Clermont, femme de Jacques de Crussol, duc d'Uzès.
7. Diane de Clermont, femme de Flory-Louis, seigneur de Montlaur. — Charlotte de Clermont, mariée en secondes noces à Jean d'O, seigneur de Manou.
8. Louise de Halluin, femme de Gilbert de Marcilly, seigneur de Cipierre. — Anne de Halluin, femme de Florimond Robertet, seigneur d'Alluye.

teauroux, toutes trois sœurs, de la maison de Brion[1];

Mesdames de Carnavallet, l'une de la maison de Vueil, et l'autre de la maison de La Baume[2];

Madame de Rouanays, de la maison de Sainct-Blansay, dicte avant madame de Chasteau-Briant, fort favorite de la reyne, sa maistresse[3];

Madame de Sauve, sa niepce[4];

Madame de Lenoncourt, despuis madame de Guimené[5];

Madame de Schomberg[6];

Madame de Sansac, de la maison de Montberon[7];

---

1. Françoise Chabot, femme de François de la Rochefoucauld, baron de Barbezieux. — Anne Chabot, femme de Charles Halluin, seigneur de Piennes. — Antoinette Chabot, femme de Jean d'Aumont, maréchal de France, comte de Châteauroux.

2. François de Kernevenoy, seigneur de Carnavalet, épousa 1° Anne Hurault de Vueil; 2° Françoise de la Baume. Le manuscrit porte à tort : « l'une de la maison de *Dinteville*. » Nous avons suivi la leçon de Le Laboureur. Il n'y a point eu de dame de Carnavalet du nom de Dinteville.

3. Claude de Beaune de Semblançay, femme 1° de Louis Burgensis, sieur de Montgauguier; 2° de Claude Gouffier, duc de Roannois.

4. Charlotte de Beaune, femme 1° de Simon de Fizes, seigneur de Sauve ; 2° de François de la Trémoille, marquis de Noirmoustier.

5. Françoise de Laval, femme 1° de Henri de Lenoncourt; 2° de Louis de Rohan, prince de Guéméné.

6. Jeanne Chastaigner de la Roche-Posay, femme 1° de Henri Clutin, seigneur de Villeparisis; 2° de Gaspard de Schomberg, comte de Nanteuil.

7. Louise de Montberon, femme de Jean Prévost, baron de Sansac.

Madame de Bourdeille, de la maison de Montberon aussi, fort proches parantes[1];

Mesdames de Lansac, l'une de la maison de Mortemart, et l'autre, la jeune, de la maison de Pothon de Saintrailles[2];

Madame d'Assigny et madame de Brissac sa fille[3];

Madame de Clermont d'Amboise, vefve de feu M. de l'Aubespine le jeune, de la maison d'Oysel ou Villeparisi[4];

Madame de Villeroy, sa belle-sœur, de la maison de l'Aubespine[5];

Madame de La Bourdezière, de la maison de Robertet[6];

Madame d'Estrée[7];

Madame la contesse de Sainct-Aignan[8];

1. Jacquette de Montberon, femme d'André, vicomte de Bourdeille.
2. Gabrielle de Rochechouart. Elle épousa en troisièmes noces Louis de Saint-Gelais, seigneur de Lansac, qui, devenu veuf, épousa N.... Raffin, dite Poton.
3. Jeanne du Plessis, femme en premières noces de Jean, marquis d'Acigné. — Judith d'Acigné, femme de Charles de Cossé, duc de Brissac.
4. Marie Clutin, fille de Henri, seigneur de Villeparisis et d'Oisel, femme 1° de Claude de l'Aubespine, 2° de Georges, seigneur de Clermont.
5. Madeleine de l'Aubespine, femme de Nicolas de Neufville, seigneur de Villeroy.
6. Françoise Robertet, mariée en premières noces à Jacques Babou de la Bourdaisière.
7. Françoise Babou, femme d'Antoine d'Estrées, marquis de Cœuvres.
8. Marie Babou, femme de Claude de Beauvillier, comte de Saint-Aignan.

Madame de Sourdis[1];

Madame d'Arvaut et madame de Montoyron, ses filles[2];

Madame de la Tour, despuis madame de Clermont d'Antragues, de la maison de Bon, de Marseilles[3];

Madame d'Antragues, la première, de la maison de Guimenay, et madame d'Entragues, la seconde, qui est annuit[4];

Madame de Villeclayr la jeune, de la maison de la Marche, ou Bouillon, et l'autre de la maison de la Bretesche[5];

Mesdames de Méru et Thoré, l'une de la maison de Cossé, et l'autre d'Humières[6];

Madame la contesse de Maullevrier, de la maison de Limeuil[7];

1. Isabeau Babou, femme de François d'Escoubleau, seigneur de Sourdis.
2. Madeleine Babou, femme d'Honorat Ysoré, baron d'Ervaut. — Diane Babou, femme de Charles Turpin, seigneur de Montoiron.
3. Hélène Bon, femme 1° de Charles de Gondi, baron de la Tour; 2° de Charles de Balsac, seigneur d'Entragues.
4. Jacqueline de Rohan, première femme de François de Balsac, seigneur d'Entragues, qui, devenu veuf, épousa Marie Touchet.
5. Françoise de la Mark, première femme de René de Villequier qui, en secondes noces, épousa Louise de Savonières.
6. Renée de Cossé, femme de Charles de Montmorency, seigneur de Méru. — Léonore de Humières, première femme de Guillaume de Montmorency, seigneur de Thoré.
7. Antoinette de la Tour, femme en secondes noces de Charles de la Mark, comte de Maulevrier.

Madame de Ragny, de la maison de Cypierre [1];

Madame la marquise de Maignelets, de la maison de Raix [2];

Madame de Fargis, de la maison de Pienne [3];

Madame de Senerpont et madame de Beaudiné, sa fille, de la maison d'Ouarty [4];

Madame de Lesigny [5];

Madame du Lude, de la maison de La Fayette [6];

Madame la comtesse de Sancerre, sa fille [7];

Madame de Fontaine-Guérin, de la maison de Sancerre [8];

Madame de Lavardin, de la maison de Negrepellisse [9];

---

1. Catherine de Marcilly, femme de François de la Magdelène, seigneur de Ragny.

2. Claude-Marguerite de Gondi, femme de Charles de Halluin, marquis de Maignelets. Le manuscrit porte à tort La Melleraye, erreur rectifiée par Le Laboureur.

3. Jeanne de Halluin, femme de Philippe d'Angennes, sieur du Fargis.

4. Madeleine de Suse, femme 1° de Joachim, seigneur de Warty; 2° de Jean de Monchi, seigneur de Sénarpont. Elle eut de son premier mariage Françoise de Warty, femme de Galiot de Crussol, seigneur de Beaudiner.

5. Jeanne Clausse, femme de Charles de Pierrevive, seigneur de Lezigny.

6. Jacqueline de la Fayette, femme de Gui de Daillon, comte du Lude.

7. Anne de Daillon, femme de Jean de Bueil, comte de Sancerre.

8. Anne de Bueil, femme d'Honoré de Bueil, seigneur de Fontaine-Guérin.

9. Catherine de Negrepelisse, femme de Jean de Beaumanoir, marquis de Lavardin, maréchal de France.

Mesdames la mareschalle de Matignon, de Ruffec, de Mallicorne, toutes trois sœurs, de la maison du Lude[1];

Madame de La Chastre[2];

Madame de Clermont de Lodesve, de la maison de Bernoy[3];

Madame Bourdin[4];

Madame de Bruslard[5];

Madame de Pinard.[6];

Tant d'autres y en a-il, qu'avant en achever le conte je m'en romprois la teste; et tant plus j'y songerois, la mémoire me varieroit : voylà pourquoy je les passe soubs sillence. Et si l'on m'inculpe que je ne les mets pas bien en leur rang, quand elles estoient avec leur reyne elles le gardoient assez bien sans avoir la peine de les ranger icy.

Il fault venir ast' heure aux filles que j'ay veu, tant avec la reyne mère qu'avecques Mesdames et les reynes ses belles-filles, et autres grandes princesses de la court, lesquelles, encores que je les aye veu toutes

---

1. Françoise de Daillon, femme du maréchal de Matignon; Françoise de Daillon, femme de Philippe de Volvire, marquis de Ruffec; Anne de Daillon, femme de Jean de Chources, seigneur de Malicorne.

2. Anne Robertet, mariée en secondes noces à Claude de la Chastre, seigneur de la Maisonfort.

3. Aldonce de Bernuy, mariée en premières noces à Gui de Castelnau, seigneur de Clermont-Lodève.

4. Marie Bochetel, mariée en premières noces à Jacques Bourdin, seigneur de Villaines.

5. Marguerite Chevalier, femme de Pierre Brûlart.

6. Marie de l'Aubespine, femme de Claude Pinart, secrétaire d'État.

quasy maryées, je ne les nommeray que filles, ainsi que dès le commancement elles ont esté avec leur maistresses. Et dirois bien et nommerois tous les gentilshommes avecques qui elles ont esté mariées; mais cela seroit trop long à lire et superflu. Aussi crois-je que le meilleur temps qu'elles ont eu jamais, et qu'on leur demande, c'est quand elles estoient filles ; car elles avoient leur libéral arbitre pour estre religieuses, aussi bien de Vénus que de Diane, mais qu'elles eussent de la sagesse et de l'habilité et sçavoir, pour engarder l'enflure du ventre.

En voicy doncques aucunes, et des plus anciennes, qui sont une vingtaine, et des premières :

Mademoiselle de Rohan [1] ;

Mademoiselle de Piennes [2] ;

Mademoiselle de Sourdis [3] ;

Mademoiselle de Bourlemont [4] ;

Mademoiselle de Tenie [5] ;

Mesdamoiselles de Cabrianne et Guionnière, sœurs [6] ;

Madamoiselle de Bourdeille [7] ;

Madamoiselle de Rouhot [8] ;

---

1. Françoise de Rohan.

2. Anne de Halluin. Voyez plus haut, p. 386, note 8.

3. Est-ce Charlotte d'Escoubleau de Sourdis, femme de Charles de Maillé, comte de Kerman ?

4. Françoise, fille de René d'Anglure, baron de Bourlemont.

5. Françoise Foucher de Thenies.

6. *N.* Cabriane, femme de *N.* le Voyer de Bonnefille ; *N.* Cabriane, femme de *N.* du Plantis, seigneur de la Guyonnière.

7. Jeanne de Bourdeille, mariée (1584) à Claude d'Espinay, comte de Duretal.

8. Est-ce Barbe Rouault, mariée à Nicolas de Montmorency, seigneur de Bours ?

Mesdamoiselles de Limeuil, sœurs, dont l'aisnée mourut à la court[1] ;

Madamoiselle de Charlus[2] ;

Madamoiselle de Brion[3] ;

Madamoiselle de Sainct-Boire, la belle, despuis madame la Grande[4] ;

Madamoiselle de Sainct-André, très-riche héritière, fille de M. le mareschal de Sainct-André[5] ;

Madamoiselle de Montbron, riche héritière de la maison d'Ausances[6] ;

Madmoiselle de Burlan, autrement Théligny[7] ;

Mesdamoiselles d'Inteville, trois sœurs[8] ;

Mesdamoiselles de Flammin, de Ceton, Beton, Leviston, escossoises ;

Madamoiselle de Fontpertuis[9] ;

Madamoiselle de Thorigny[10] ;

Madamoiselle de Noian ;

Mesdamoiselles de Riberac, autrement de Guitinières[11] ;

1. Elles étaient filles de Gilles de la Tour, seigneur de Limeuil ; la plus jeune, Isabeau, fut mariée à Scipion de Sardini.
2. Jeanne Gabrielle de Lévis de Charlus.
3. Françoise Chabot. Voyez plus haut, p. 387, note 1.
4. Marie de Gaignon de Saint-Bohaire, troisième femme de Claude Gouffier, grand écuyer de France.
5. Catherine d'Albon.
6. Jeanne de Montberon ou sa nièce Louise.
7. Est-ce Marguerite de Téligny, qui devint la femme de La Noue ?
8. Antoinette de Dinteville, femme de Claude de Bussy ; Agnès de Dinteville, femme de Joachim de Chastenay ; Renée de Dinteville qui dès 1563 était abbesse de Remiremont.
9. Suzanne de Constant de Fontpertuis.
10. Gilonne de Goyon.
11. Elles étaient filles de Geoffroy d'Aydie, baron de Guitinières.

Madamoiselle de Chasteauneuf[1] ;

Madamoiselle de Montal[2] ;

Madamoiselle de la Chastigneraye, l'aisnée[3] ;

Madamoiselle de Charansonnet ;

Madamoiselle de la Chastre[4] ;

Mesdamoiselles d'Estanay, les deux sœurs ;

Mesdamoiselles de Certau, les deux sœurs ;

Mesdamoiselles de Pons, les deux sœurs ;

Madamoiselle d'Atrie[5] ;

Madamoiselle de Caracce[6], sa cousine ;

Madamoiselle de la Mirande[7] ;

Mesdamoiselles de Brissac, les deux sœurs[8] ;

Madamoiselle Davilla, Cipriote, eschapée du sac de Chipre[9] ;

Madamoiselle de Cipierre[10] ;

Madamoiselle d'Ayelle[11] ;

Madamoiselle de la Motthe ;

Madamoiselle de Vitry[12] ;

1. Renée de Rieux.
2. Rose de Montal.
3. Héliette de Vivonne.
4. Anne de la Chastre, femme de François de l'Hospital, seigneur de Vitry.
5. Anna d'Aquaviva, fille de Jean-François, duc d'Atrie.
6. Ou Caratte.
7. La comtesse de Randan, nommée plus haut, p. 383, note 5.
8. Diane et Jeanne de Cossé.
9. La sœur de l'historien Davila.
10. Catherine de Marcilly, dont il a été question plus haut, p. 390, note 1.
11. Elle était Italienne et épousa un gentilhomme normand, Jean d'Hemeries.
12. Louise de L'Hospital, depuis Mme de Simiers.

Madamoiselle de Fouchaud[1];

Madamoiselle du Tiers[2];

Madamoiselle de la Vernay;

Madamoiselle de Beaulieu, de la maison de Brissac, bastarde[3];

Madamoiselle de Grandmont[4];

Madamoiselle du Lude[5];

Madamoiselle de la Bretesche[6];

Madamoiselle de Bouilly[7];

Madamoiselle de la Chastigneraye, la seconde[8];

Mesdamoiselles d'Estrée, Gabrielle et Diane[9];

Madamoiselle de Surgieres[10];

Madamoiselle de Rostain[11];

Madamoiselle de Faucheuse[12];

Madamoiselle de Rebours[13];

1. De la maison de Saint-Germain-Beaupré.
2. Fille de Jean du Thier, secrétaire d'État.
3. *N*. de Cossé, demoiselle de Beaulieu, fille naturelle du maréchal de Brissac.
4. Marguerite d'Aure qui devint la femme de Jean de Durfort, seigneur de Duras.
5. La comtesse de Sancerre, nommée plus haut, p. 390, note 7.
6. Louise de Savonnières, depuis dame de Villequier. Voy. plus haut, p. 389, note 5.
7. *N*. de Brouilly.
8. Marie de Vivonne.
9. Gabrielle, depuis duchesse de Beaufort; Diane, femme du maréchal de Balagny.
10. Hélène de Fonsèque, fille de René de Surgères.
11. Anne de Rostaing.
12. Françoise de Montmorency, fille du baron de Fosseux, dite la Fosseuse.
13. *N*. de Rebours qui fut maîtresse de Henri IV et mourut vers 1585.

Madamoiselle de Villesavin[1] ;

Mesdamoiselles de Barbezieux, les trois sœurs[2] ;

Madamoiselle de Lucé[3] ;

Madamoiselle de Cheronne[4] ;

Mesdamoiselles de Bacqueville ;

Et pour couronner la fin, madamoyselle de Guise[5], fraischement eslevée, très-belle et honneste princesse, et madamoiselle de Longueville, l'aisnée, de mesme vertu[6] ;

En nommeray-je encor davantage ? Non ; car ma mémoire n'y sçauroit fournir. Aussi il y en a tant d'autres dames et filles, que je les prie de m'escuser si je les fais passer au bout de la plume ; non que je ne les veuille fort priser et estimer ; mais je n'y ferois que resver et m'y amuser par trop. Pour vouloir faire fin, et dire que toute cette compagnie, que je viens à nommer, on n'y eust sceu rien reprendre de leur temps, car toute beauté y abondoit, toute majesté, toute gentillesse, toute bonne grâce ; et bienheureux estoit-il qui pouvoit estre touché de l'amour de telles dames, et bien heureux aussi qui en pouvoit *escapar*[7]. Et vous jure que je n'ay nommé nulles

---

1. De la famille de Phelypeaux.

2. Françoise, Antoinette et Charlotte de la Rochefoucauld, filles de Charles, seigneur de Barbezieux.

3. Jeanne de Coesme, fille de Louis, baron de Lucé.

4. Marie de Chaunoy, fille de Jean, seigneur de Cheronne.

5. Louise de Lorraine, fille de Henri de Guise, mariée à Louis de Bourbon, prince de Conti ; Antoinette d'Orléans, fille de François de Longueville, mariée à Charles de Gondi, marquis de Belle-Isle.

6. Les filles d'Antoine Martel, seigneur de Bacqueville.

7. *Escapar*, échapper.

de ces dames et damoiselles qui ne fussent fort belles, agréables et bien accomplies, et toutes bastantes pour mettre un feu par tout le monde. Aussi, tant qu'elles sont esté en leurs beaux aages, elles en ont bien bruslé une bonne part, autant de nous autres gentilshommes de court que d'autres qui s'approchoient de leur feux : aussi à plusieurs ont-elles esté douces, amiables et favorables et courtoises. Je parle d'aucunes, desquelles j'espère en faire de bons contes dans ce livre avant que je m'en desparte, et d'autres aussi qui ne sont y comprises ; mais le tout si modestement, et sans escandale, qu'on ne s'en apercevra de rien ; car le tout se couvrira soubs le rideau du silence de leur nom : si que possible aucunes qui en liront des contes d'elles-mesmes ne s'en désagréront[1] ; car puisque le plaisir amoureux ne peut pas tousjours durer, pour beaucoup d'incommoditez, empeschemens et changemens, pour le moins le souvenir du vieil passé contente encor.

Or, pour bien considérer combien il faisoit beau voir toute ceste belle troupe de dames et damoiselles, créatures plustost divines que humaines, il falloit se représenter les entrées de Paris et autres villes, les sacrées et superlatives nopces de noz roys de France, et de leurs sœurs filles de France, comme celles du roy dauphin, du roy Charles, du roy Henry IIIe, de la reyne d'Espagne, de madame de Lorraine, de la reyne de Navarre, sans forces autres grandes nopces de princes et princesses, comme celles de M. de Joyeuse, qui les a toutes surpassées,

---

1. Ne *s'en désagréront*, ne l'auront point pour désagréable.

si la reyne de Navarre y fut esté, puis l'entreveue de Bayonne, l'arrivée des Poulonnois et une infinité d'autres et pareilles magnificences que je n'aurois jamais achevé de dire, où l'on a veu ces dames parestre les unes plus belles que les autres, les unes plus braves et mieux en poinct que les autres ; car, en telles festes, outre leurs grands moyens, le roy et les reynes leur donnoient de grandes livrées, les unes plus gentilles que les autres, les unes plus agréables que les autres.

Bref, on n'eust rien veu que tout beau, tout esclatant, tout brave, tout superbe, que jamais la gloire de Niquée[1] n'en approcha : car on voyoit tout cela reluire dans une salle du bal, au Pallais ou au Louvre, comme estoilles au ciel en temps serain. Aussi leur reyne vouloit et leur commandoit tousjours qu'elles comparussent en hault et superbe appareil, encor que, durant sa viduité, elle ne se para jamais de mondaines soyes, sinon lugubres, mais tant bien proprement pourtant, et si bien accommodée, qu'elle parroissoit bien la reyne par-dessus toutes.

Il est vray que le jour des nopces de ses deux filz, Charles et Henry, elle porta des robes de vellours noir, voulant, disoit-elle, solemniser la feste par ce signal pardessus les autres ; mais, estant mariée, elle s'habilloit fort richement et superbement,

---

1. Niquée, l'une des héroïnes de l'*Amadis*, était fille du soudan de Babylone Zaïr. Une magicienne l'enferma dans un palais enchanté, au milieu d'une salle d'une magnificence sans égale. De là l'expression jadis si usitée : *La gloire de Niquée*. Voyez le huitième livre d'*Amadis de Gaule*, ch. XXIV.

et paroissoit bien ce qu'elle estoit. Et ce qui estoit très que beau à voir et à admirer, c'estoit aux processions générales qui se faisoient, fût à Paris ou autres lieux, quelque petit fût-il, que la court y fust, comme à celles de la Feste-Dieu, à celles des Rameaux, portans leurs palmes et rameaux d'une si bonne grâce, et le jour de la Chandelleur portans de mesmes leurs flambeaux, desquels les feux contendoient avec les leurs. En ces trois processions, qui sont les bien fort solemnelles, certes on n'y remarquoit que toute beauté, toute bonne grâce, tout beau port, tout beau marcher et toute braveté, si que les voyans en demeuroient tous ravis.

Il faisoit beau voir aussi quand la reyne alloit par pays en sa litière, estant grosse, lorsqu'elle estoit mariée, fust qu'elle allast à cheval à l'assemblée[1], ou par pays, vous eussiez veu quarante à cinquante dames ou damoiselles la suivre, montées sur de belles hacquenées tant bien harnechées, et elles se tenant à cheval de si bonne grâce, que les hommes ne s'y paroissoient pas mieux, tant bien en point pour habillemens à cheval, que rien plus; leurs chapeaux tant bien garnis de plumes, ce qui enrichissoit encor la grâce, si que ces plumes volletantes en l'air représentoient à demander amour ou guerre. Virgille, qui s'est voulu mesler d'escrire le hault appareil de la reyne Didon quand elle alloit et estoit à la chasse[2], n'a rien approché au prix de celuy de nostre reyne avec ses dames, et ne luy en desplaise.

1. *Assemblée*, rendez-vous de chasse. Voyez p. 345, *in fine*.
2. Voyez *Énéide*, lib. IV, vers 135-140.

Aussi comme j'ay dict cy-devant, ceste reyne faicte de la main de ce grand roy François, qui avoit introduict ceste belle et superbe boubance n'a voulu rien oublier ny laisser de ce qu'elle avoit apris, mais l'a voulu tousjours imiter, voire surpasser, et luy ay veu dire trois ou quatre fois en ma vie sur ce subject. Ceux qui ont veu toutes ces choses comme moy en sentent encor l'âme ravie comme moy; car ce que je dis est vray, car je l'ay veu. Voylà donc la court de nostre reyne. Que malheureux fust le jour que telle reyne mourut!

J'ay ouy conter que nostre roy d'aujourd'huy[1], quelques dix-huict mois après qu'il se vist un peu avant dans la fortune et espérance d'estre un peu roy assez universel, se mist un jour à discourir avec feu M. le mareschal de Biron des desseings et projects qu'il faisoit pour ung jour faire sa court planteureuse, belle, et du tout ressemblable à celle que nostre dicte reyne entretenoit; car alors elle estoit en son plus grand lustre et splandeur qu'elle fust jamais. M. le mareschal luy respondit : « Il n'est pas « en vostre puissance, ny de roy qui viendra jamais, « si ce n'est que vous fissiez tant avec Dieu qu'il « vous fist ressusciter la reyne mère, pour la vous « ramener telle. » Mais ce n'estoit pas cela que le roy demandoit, car il n'avoit rien, lorsqu'elle mourut, qu'il hayssoit tant qu'elle, et sans subject pourtant, comme j'ay peu veoir : mais il le doibt sçavoir mieux que moy.

Que malheureux fust encor le jour que telle reyne

---

1. Henri IV.

mourut, et sur le poinct que nous en avions plus de nécessité et en avons encores !

Elle mourut à Bloys de tristesse qu'elle conceut du massacre qui se fist, et de la triste tragédie qui s'y joua, et voyant que, sans y penser, elle avoit faict venir là les princes, pensant bien faire, ainsy que M. le cardinal de Bourbon luy dict : « Hélas ! ma-« dame, vous nous avez tous menez à la bouche-« rie sans y penser. » Cela luy toucha si fort au cœur, et la mort de ces pauvres gens, qu'elle se remit dedans le lit, aiant esté paravant malade, et oncques plus n'en releva.

On dict que, lorsque le roy luy annoncea le meurtre de M. de Guise, et qu'il estoit roy absolu, sans compagnon, ny maistre, elle luy demanda s'il avoit mis ordre aux affaires de son royaume avant que faire ce coup. Il respondit qu'ouy. « Dieu le veuille, dict-elle, mon fils. » Comme très-prudente qu'elle estoit, elle prévoyoit bien ce qui luy debvoit advenir, et à tout le royaume.

Il y en a aucuns qui ont parlé diversement de sa mort, et mesme de poison. Possible qu'ouy, possible que non ; mais on la tient morte et crevée de despit, comme elle avoit raison.

Elle fut mise en son lict de parade, ainsy que j'ay ouy dire à une de ses dames, ny plus ny moins que la reyne Anne, que j'ay dict par cy devant, et vestue de mesmes habits royaux qu'avoit ladicte reyne, qui n'avoient servy depuis sa mort à autres qu'à elle ; et fust portée après dans l'église hors du chasteau, en mesme pompe et solemnité que ladicte reyne Anne, où elle gist et repose encores ; le roy l'ayant voulue faire porter à Chartres et de là à Sainct-Denys, pour la mettre avec le roy son mary dans le mesme cercueil qu'elle luy avoit faict faire, bastir et construire, si beau et si superbe ; mais la guerre qui survint empescha le tout.

Voylà ce que je puis dire à cette heure de ceste grande reyne, qui a donné certes de si grands subjects pour parler dignement d'elle, que ce petit discours n'est assez bastant pour ses louanges. Je le sçay bien ; mais aussi la qualité de mon sçavoir n'y pourroit suffire, puisque les mieux disans y seroient bien empeschez. Toutesfois, pour tel discours qu'il est, je l'appends en toute humilité et dévotion à ses pieds, et ce aussi pour fuir la trop grand' prolixité, pour laquelle certes je ne me sens trop capable : mais j'espère bien ne me séparer d'elle tant en mes discours que je m'en taise du tout, et n'en parle lors qu'il faudra, ainsy que ses belles et non pareilles vertus me le commandent, et m'en donnent ample matière, aiant veu tout ce qu'ay escrit d'elle, et qui a passé de mon temps ; d'autres temps je l'ay appris de personnes fort illustres, ainsy que je le feray en tous ces livres.

> Ceste reyne qui fut de tant de roys la mère,
> Et des reynes aussi, ensemble de la France,
> Mourut lorsqu'on avoit d'elle le plus d'affaire ;
> Car nul qu'elle n'a peu luy donner assistance [1].

1. Ces vers, comme ceux de la page 448 sur Marie Stuart, sont probablement de Brantôme.

DISCOURS III.

SUR LA REYNE D'ESCOSSE,

JADIS REYNE DE NOSTRE FRANCE [1].

Ceux qui voudront jamais escrire de ceste illustre reyne d'Escosse en ont deux très-amples subjects, l'un celuy de sa vie, et l'autre celuy de sa mort; l'un et l'autre très-mal accompagnez de la bonne fortune, ainsy que j'en veux toucher quelques poincts en ce petit discours, par forme d'abrégé, et non en longue histoire; laquelle je laisse à descrire aux plus sçavans et mieux couchans par escript.

Cette reyne donc eust son père, le roy Jacques, fort homme de bien et de valeur, et fort bon françois; aussi avoit-il raison. Après qu'il fut veuf de

---

1. Marie Stuart, fille de Jacques V, roi d'Écosse, et de Marie de Lorraine, fille de Claude de Guise, née à Linlithgow (Écosse) le 5 décembre 1542, morte sur l'échafaud à Fotheringay le 18 février 1587. Envoyée en France (août 1548), elle y épousa, le 24 avril 1558, le dauphin François qui monta sur le trône l'année suivante. Devenue veuve (1560), elle retourna en Écosse (août 1561) et se remaria d'abord (1565) au fils du comte de Lennox, Darnley, puis (1567) à l'un des meurtriers de celui-ci, le comte de Bothwell. Réfugiée en Angleterre pour échapper à ses sujets révoltés (1568), et, retenue prisonnière, elle ne recouvra jamais la liberté. Elle fut condamnée à mort le 29 octobre 1586 comme coupable de conspiration contre Élisabeth. Des nombreux ouvrages publiés sur elle, nous citerons son *Histoire*, par M. Mignet et le *Recueil de ses Lettres*, par le prince Labanoff, 7 vol. in-8°. — Elle eut de Darnley un fils qui fut Jacques Ier d'Angleterre.

madame Magdelaine, fille de France[1], demanda au roy François quelque honneste et vertueuse princesse de son royaume pour se remarier, ne désirant rien tant que de continuer l'alliance de France.

Le roy François, ne sçachant mieux choisir pour contenter ce bon prince, luy donna la fille de M. de Guise, Claude de Lorraine, vefve pour lors de feu M. de Longueville, laquelle fust trouvée de ce roy si belle, sage et vertueuse et honneste, qu'il fust fort aise, et s'estima très-heureux de la prendre; et s'en trouva tel après qu'il l'eust prise et espousée, et tout le royaume d'Escosse, qu'elle gouverna fort sagement lorsqu'elle fust vefve, qui le fut en peu d'années après son mariage, n'y ayant demeuré guières avecques luy, non sans luy avoir produict une belle lignée, qui fut cette belle, et des plus belles pour lors princesses du monde, nostre reyne, de laquelle nous parlons. Icelle, n'estant quasy, par manière de dire, que née et estant aux mammelles tettant, les Anglois vindrent assaillir l'Escosse, et fallut que sa mère l'allast cachant, pour crainte de ceste furie, de terre en terre d'Escosse; et, sans le bon secours que le roy Henry y envoya, à grand peine eust-elle esté sauvée; et ce nonobstant la fallust mettre sur les vaisseaux et l'exposer aux vagues, orages et aux vents de la mer, à la passer en France pour sa plus grande seureté : où certes ceste malle fortune n'ayant peu passer la mer avec elle, ou ne l'osant pour ce coup l'attacquer en France, la laissa si bien que la bonne la prist par la main. Et, ainsy que son bel aage

---

1. Fille de François Ier.

croissoit, ainsy vist-on en elle sa grande beauté, ses grandes vertus, croistre de telle sorte que, venant sur les quinze ans, sa beauté commança à faire parestre sa lumière en beau plain midy et à en effacer le soleil lorsqu'il luysoit le plus fort, tant la beauté de son corps estoit belle. Et pour celle de l'âme, elle estoit toute pareille; car elle s'estoit faicte fort sçavante en latin[1]. Estant en l'aage de treize à quatorze ans, elle déclama devant le roy Henry, la reyne, et toute la court, publiquement en la salle du Louvre, une oraison en latin qu'elle avoit faicte, soubtenant et deffendant, contre l'opinion commune, qu'il estoit bien séant aux femmes de sçavoir les lettres et arts libéraux. Songez quelle rare chose c'estoit et admirable de voir cette belle et sçavante reyne ainsy orer[2] en latin, qu'elle entendoit et parloit fort bien; car je l'ay veue là : et fut si curieuse de faire faire à Anthoine Fochin[3], de Chauny en Vermandois, et l'addresse à ladicte reyne, une Réthorique en françois que nous avons encor en lumière, affin qu'elle l'entendist mieux et se fist plus éloquente en françois, comme elle a esté, et mieux que si dans la France mesmes eût pris sa naissance. Aussi la faisoit-il bon voir parler, fust

1. Il existe à la Bibliothèque nationale un petit volume in-12 contenant le recueil autographe d'un certain nombre de thèmes latins de Marie Stuart. Ce manuscrit que j'ai fait le premier connaître (voyez l'*Athenæum français*, 1853, p. 755) a été publié en entier, pour le Warton Club, par M. de Montaiglon, sous le titre de *Latin Themes of Mary Stuart*, Londres, 1855, in-8°.

2. *Orer*, parler, haranguer. Nous avons encore le composé *pérorer*.

3. Antoine Fouquelin, auteur d'une *Rhétorique françoise*, dédiée à Marie Stuart, 1557, in-8°.

aux plus grands ou fust aux plus petits. Et tant qu'elle a esté en France, elle se réservoit tousjours deux heures du jour pour estudier et lire : aussi il n'y avoit guières de sciences humaines qu'elle n'en discourût bien. Surtout elle aimoit la poësie et les poëtes, mais sur tous M. de Ronsard[1], M. du Belay[2], et M. de Maisonfleur[3], qui ont faict de belles poésies et élégies pour elle, et mesmes sur son partement de la France, que j'ay veu souvent lire à elle-mesmes en France et en Escosse, les larmes à l'œil et les souspirs au cœur.

Elle se mesloit d'estre poëte, et composoit des vers, dont j'en ay veu aucuns de beaux et très-bien faicts, et nullement ressemblans à ceux qu'on luy a mis à sus avoir faict sur l'amour du comte Baudouel[4] : ils sont trop grossiers et mal polis pour estre sortis de sa belle boutique. M. de Ronsard estoit bien de mon opinion en cela, ainsy que nous en discourions un jour, et que nous les lisions. Elle en composoit bien de plus beaux et de plus gentils, et promptement, comme je l'ay veue souvent qu'elle se

---

1. Voyez *Le premier livre des Poëmes de P. de Ronsard, dédiez à très illustre et très vertueuse princesse Marie Stuart, reyne d'Escosse*, dans les Œuvres de Ronsard, 1623, t. II, p. 1171 et suiv.

2. Voyez, entre autres, dans l'édition donnée par M. Marty-Laveaux (1866-67, 2 vol. in-12); t. I, p. 316; t. II, p. 454 et 463.

3. Je ne connais de Maisonfleur que treize cantiques dans un recueil intitulé : *Les Cantiques du sieur de Valagre et les Cantiques du sieur de Maizonfleur*, Paris, 1587, in-12; et en outre dans le ms 1663 du fonds français (f°s 89 et 122) trois pièces de vers. Il n'y est point question de Marie Stuart.

4. Le comte de Bothwell.

retiroit en son cabinet, et sortoit aussitost pour nous en monstrer à aucuns honnestes gens que nous estions là. De plus, elle escrivoit fort bien en prose, et surtout en lettres, que j'ay veues très-belles et très-éloquentes et hautes. Toutesfois, quand elle devisoit avec aucuns, elle usoit de fort doux, mignard et fort agréable parler, et avec une bonne majesté, meslée avec une fort discrette et modeste privauté, et surtout avec une fort belle grâce; mesmes que sa langue naturelle[1], qui de soy est fort rurale, barbare, mal sonnante et scéante, elle la parloit de si belle grâce, et la façonnoit de telle sorte, qu'elle la faisoit trouver très-belle et très-agréable en elle, mais non en autres.

Voyez quelle vertu avoit une telle beauté et telle grâce, de faire tourner ung barbarisme[2] grossier en une douce civilité et gratieuse mondanité! Et ne s'en faut esbahir de cela, qu'estant habillée à la sauvage (comme je l'ay veue) et à la barbaresque mode des sauvages de son pays, elle paroissoit, en un corps mortel et habit barbare et grossier, une vraye déesse. Ceux qui l'ont veue ainsi habillée le pourront ainsy confesser en toute vérité; et ceux qui ne l'ont veue en pourront avoir veu son pourtraict, estant ainsy habillée. Si que j'ay veu dire à la reyne mère et au roy, qu'elle se monstroit encor en celuy-là plus belle, plus agréable et plus désirable qu'en tous les autres. Que pouvoit-elle donc parestre se représentant en ses belles et riches parures, fût à la françoise ou espaignolle, ou avec le bonnet à l'italienne, ou en ses au-

---

1. L'écossais. — 2. *Barbarisme*, barbarie.

tres habits de son grand deuil blanc, avec lequel il la faisoit très-beau voir? car la blancheur de son visage contendoit avec la blancheur de son voile à qui l'emporteroit; mais enfin l'artifice de son voile le perdoit, et la neige de son blanc visage effaçoit l'autre : aussi se fit-il à la court une chanson d'elle portant le deuil, qui estoit telle :

> L'on voit soubs blanc atour,
> En grand deuil et tristesse,
> Se pourmener mainct tour
> De beauté la déesse,
> Tenant le traict en main
> De son fils inhumain;
> Et Amour sans fronteau [1],
> Volleter autour d'elle,
> Desguisant son bandeau
> En un funèbre voile,
> Où sont ces mots écrits :
> *Mourir ou estre pris.*

Voylà comment ceste princesse paroissoit belle en toutes façons d'habits, fussent barbares, fussent mondains, fussent austères. Elle avoit encor ceste perfection pour faire mieux embrazer le monde, la voix très-douce et très-bonne; car elle chantoit trèsbien, accordant sa voix avec le luth, qu'elle touchoit bien joliment de ceste belle main blanche et de ces beaux doigtz si bien façonnez, qui ne devoient rien à ceux de l'Aurore. Que reste-il d'avantage pour dire ses beautez? sinon ce qu'on disoit d'elle : que le soleil de son Escosse estoit fort dissemblable à elle;

---

1. *Fronteau*, bandeau.

car, quelquefois, de l'an il ne luyt pas cinq heures en son pays; et elle luysoit tousjours si bien, que de ses clairs rayons elle en faisoit part à sa terre et à son peuple, qui avoit plus besoing de lumière que tout autre, pour, de son inclination[1], estre fort esloigné du grand soleil du ciel. Ah! royaume d'Escosse, je croys que maintenant vos jours sont encores bien plus courts qu'ils n'estoient, et vos nuicts plus longues, puisque vous avez perdu cette princesse qui vous illuminoit. Mais vous en avez esté ingratz, ne l'ayant sceu recognoistre du debvoir de fidélité comme vous deviez, et comme nous en parlerons ailleurs.

Or ceste dame et princesse pleust tant à la France, qu'elle[2] pria le roy Henry d'en prendre l'alliance, et la donner à M. le Dauphin, son fils bien aymé, qui, de son costé, en estoit esperduement espris. Les nopces donc en furent solemnellement célébrées dans la grand' esglise et le Palais de Paris, où l'on vist cette reyne parestre cent fois plus belle qu'une déesse du ciel, fût au matin à aller aux espousailles en brave majesté, fust après-disner à se pourmener au bal, et fust sur le soir à s'acheminer d'un pas modeste et façon desdaigneuse, pour offrir et parfaire son veu au dieu Hyménée : si bien que la voix d'un chascun s'alloit espandant et résonnant par la court et parmy la grand' cité, que bien heureux estoit cent et cent fois le prince qui s'alloit joindre avec cette princesse; que si le royaume d'Escosse estoit quelque chose de prix, la reyne le valloit davantage;

1. *Inclination*, inclinaison. — 2. *Qu'elle*, que la France.

car, encores qu'elle n'eust ny sceptre ny couronne, sa seulle personne et sa divine beauté valloient un royaume; mais puisqu'elle estoit reyne, elle apportoit à la France et à son mary double fortune.

Voylà ce que le monde alloit disant d'elle; et par ainsi elle fut appellée la *reyne dauphine*, et le roy son mary *roy dauphin*, vivant tous deux en une très-grande amour et plaisante concorde.

Puis, venant ce grand roy Henry à mourir, vindrent à estre roy et reyne de France, roy et reyne de deux grands royaumes, heureux et très-heureux tous deux, si le roy son mary ne fust esté emporté par la mort, ny elle par conséquent restée vefve au beau avril de ses plus beaux ans, et n'aiant jouy ensemble de leur amour, plaisirs et félicitez, que quelques quatre années.

Voylà une félicité de peu de durée, et à qui la malle fortune pour ce coup devoit pardonner; mais, la malfaisante qu'elle est voulut ainsy traicter misérablement cette princesse, qui, de sa perte et de son deuil elle-mesme fist ceste chanson :

> En mon triste et doux chant,
> D'un ton fort lamentable,
> Je jette un deuil trenchant,
> De perte incomparable,
> Et en souspirs cuysans
> Passe mes meilleurs ans.
>
> Fut-il un tel malheur
> De dure destinée,
> Ny si triste douleur
> De dame fortunée,

Qui mon cœur et mon œil
Vois en bière et cercueil?

Qui, en mon doux printemps
Et fleur de ma jeunesse,
Toutes les peines sens
D'une extrême tristesse,
Et en rien n'ay plaisir,
Qu'en regret et desir?

Ce qui m'estoit plaisant
Ores m'est peine dure;
Le jour le plus luisant
M'est nuit noire et obscure,
Et n'est rien si exquis,
Qui de moy soit requis.

J'ay au cœur et à l'œil
Un portrâict et image
Qui figure mon deuil
En mon pasle visage,
De viollettes taint,
Qui est l'amoureux tainct.

Pour mon mal estranger[1]
Je ne m'arreste en place;
Mais j'ay eu beau changer,
Si ma douleur n'efface;
Car mon pis et mon mieux
Sont les plus déserts lieux.

Si en quelque séjour,
Soit en bois ou en prée,
Soit sur l'aube du jour,
Ou soit sur la vesprée,

---

1. *Estranger*, éloigner.

Sans cesse mon cœur sent
Le regret d'un absent.

Si parfois vers ces lieux
Viens à dresser ma veue,
Le doux traict de ses yeux
Je vois en une nue;
Soudain je voy en l'eau,
Comme dans un tombeau.

Si je suis en repos,
Sommeillant sur ma couche,
J'oy qu'il me tient propos,
Je le sens qu'il me touche :
En labeur, en recoy[1],
Tousjours est près de moy.

Je ne vois autre objet,
Pour beau qui se présente,
A qui que soit subject,
Oncques mon cœur consente,
Exempt de perfection,
A ceste affection.

Metz, chanson, icy fin
A si triste complainte,
Dont sera le refrain :
Amour vraye et non faincte
Pour la séparation,
N'aura diminution[2].

1. *Recoy*, repos.
2. Ces vers, avec une cinquantaine d'autres écrits par elle sur un livre d'heures et publiés par le prince de Labanoff (t. VII, p. 346 et suiv.), sont, je crois, les seuls authentiques que l'on ait de Marie Stuart. Quant à la pièce si connue : *Adieu, plaisant pays de France*, elle est d'un littérateur du dernier siècle, Meus-

Voylà les regrets qu'alloit jettant et chantant piteusement ceste triste reyne, qui les manifestoit encores plus par son pasle tainct; car, dès-lors qu'elle fust vefve, je ne l'ay veue jamais changer en un plus colloré, tant que j'ay eu cet honneur de la voir, et en France et en Escosse, où il luy fallut aller à son très-grand regret, au bout de dix-huict mois de sa viduité, pour pacifier son royaume, fort divisé pour sa religion. Hélas! elle n'y avoit aucune envie ny volonté. Je luy ay veu dire souvent, et appréhender comme la mort ce voyage; et désiroit cent fois plus de demeurer en France simple douayrière, et se contanter de son Tourayne et Poictou pour son douaire donné à elle, que d'aller régner là en ses pays sauvages; mais messieurs ses oncles[1], au moins aucuns et non pas tous, lui conseillarent, voir l'en pressarent (je n'en diray point les occasions), qui pourtant s'en repentirent bien plus après de la faute.

Sur quoy ne faut doubter nullement si, lors de son partement, le feu roy Charles, son beau-frère, fust esté en aage accomply comme il estoit fort petit et jeune, et aussi s'il fust esté en l'humeur et amour d'elle comme je l'ay veu, jamais il ne l'eust laissée partir, et résolument il l'eust espousée; car je l'en ay veu tellement amoureux, que jamais il ne regardoit son pourtraict qu'il n'y tînt l'œil tellement fixé et ravy, qu'il ne s'en pouvoit jamais oster ny s'en ressasier, et dire souvent que c'estoit la plus belle

---

nier de Querlon (mort en 1780), comme M. Rathery l'a démontré le premier dans un article de l'*Encyclopédie des gens du monde*.

1. Les Guises.

princesse qui nasquit jamais au monde : et tenoit le
feu roy son frère par trop heureux d'avoir jouy d'une
si belle princesse, et qu'il ne debvoit nullement regretter sa mort dans le tumbeau, puisqu'il avoit possédé en ce monde ceste beauté et son plaisir, pour
si peu d'espace de temps qu'il l'eust possédée; et
que telle jouissance valloit plus que celle de son
royaume. De sorte que, si elle fust demeurée en
France, il l'eût espousée : il y estoit résolu, encores
que ce fust esté sa belle-sœur; mais le pape d'alors
ne luy en eût jamais refusé la dispense, veu qu'il
l'avoit bien concédée à un sien subject, qui estoit feu
M. de Loué [1], pour espouser la sienne, et aussi que
despuis, en Espaigne, on a veu le marquis d'Aguilar
en avoir eu de mesmes, et forces autres en ce pays-
là, qui n'en font trop de difficulté, pour entretenir
leur maisons, et ne les gaster et dissiper, comme
nous faisons en France.

Tous ces discours ay-je veu faire pour ce subject à
luy et à plusieurs, lesquels j'obmettray pour ne varier en notredict subject de nostre reyne, laquelle
enfin estant persuadée, comme j'ay dict, d'aller en
son royaume, et son voyage aiant esté remis à
la prime[2], fit tant, que, le remettant de mois en
mois, elle ne partit que vers la fin du mois d'aoust.
Et faut noter que ceste prime, en laquelle elle pensoit partir, vint si tardive, si fascheuse, si froide,

1. Gilles de Laval, seigneur de Loué, avait épousé en premières noces Renée de Rohan, veuve de son frère René de Laval,
seigneur de Loué.

2. *Prime*, printemps.

qu'au mois d'avril n'y avoit pas aucune apparoissance[1] de se parer de sa belle robe verte, ny de ses belles fleurs. Si bien que les gallans de la court alloient augurant là-dessus, et publiant que ceste prime avoit changé sa belle et plaisante saison en un ord et fascheux yver, et n'avoit voulu se vestir de ses belles couleurs et verdures, pour le deuil qu'elle vouloit porter de la partance de ceste belle reyne, qui luy servoit totalement de lustre. M. de Maisonfleur, gentil cavalier pour les lettres et pour les armes, en fit pour ce subject une fort belle élégie.

Le commancement de l'autonne estant donc venu, il fallut que ceste reyne, après avoir assez temporisé, abandonnast la France; et s'estant acheminée par terre à Calais, accompagnée de messieurs tous ses oncles, M. de Nemours, et de la pluspart des grands et honnestes de la court, ensemble des dames, comme de madame de Guyse et autres, tous regrettans et pleurans à chaudes larmes l'absence d'une telle reyne, elle trouva au port deux gallères, l'une de M. de Meullon[2], et l'autre du capitaine Albize, et deux navires de charge seulement pour tout armement : et, six jours après son séjour de Calais, ayant dict ses adieux piteux et plains de souspirs à toute la grand' compagnie qui estoit là, despuis le plus grand jusques au plus petit, s'embarqua, ayant de ses oncles avec elle messieurs d'Aumalle, grand prieur, et d'Elbeuf, et M. d'Amville, aujourd'huy M. le con-

1. *Apparoissance*, apparence.
2. Meuillon. Voyez tome IV, p. 158-159.

nestable, et force noblesse que nous estions avec elle dans la gallère de M. de Meuillon, pour estre la meilleure et la plus belle[1].

Ainsi donc qu'elle commançoit à vouloir sortir du port, et que les rames commançoient à se vouloir mouiller, elle y vist entrer en plaine mer, et tout à coup à sa veue, s'enfoncer un navire devant elle et se périr, et la pluspart des mariniers se noyer, pour n'avoir pas bien pris le courant et le fond ; ce qu'elle voyant, s'escria incontinent : « Ah ! mon Dieu ! quelle « augure de voyage est cecy ! » Et la gallère estant sortie du port, et s'estant eslevé un petit vent frais, on commança à faire voile, et la chiorme se reposer. Elle, sans songer à autre action, s'appuye les deux bras sur la pouppe de la gallère du costé du timon, et se mist à fondre en grosses larmes, jettant tousjours ses beaux yeux sur le port et le lieu d'où elle estoit partie, prononceant tousjours ces tristes parolles : « Adieu France ! Adieu France ! » les répétant à chasque coup ; et luy dura cet exercice dolent près de cinq heures, jusques qu'il commença à faire nuict, et qu'on lui demanda si elle ne se vouloit point oster de là et souper un peu. Alors, redoublant ses pleurs plus que jamais, dict ces mots : « C'est « bien à ceste heure, ma chère France, que je vous « perds du tout de veue, puisque la nuict obscure « est jalouse de mon contentement de vous voir tant « que j'eusse peu, et m'apporte un voile noir devant « mes yeux pour me priver d'un tel bien. Adieu

---

[1]. Marie Stuart partit de Calais le 15 août 1561 et arriva en Écosse le 19.

« donc, ma chère France, je ne vous verray jamais
« plus ! » Ainsi se retira, disant qu'elle avoit faict
tout le contraire de Didon, qui ne fit que regarder
la mer quand Æneas se despartit d'avec elle, et elle
regardoit tousjours la terre. Elle voulut se coucher
sans n'avoir mangé qu'une sallade et ne voulut descendre en bas dans la chambre de pouppe ; mais on
luy fit dresser la traverse de la gallère en hault de la
pouppe, et luy dressa-on là son lict : et reposa peu,
n'oubliant nullement ses souspirs et larmes. Elle commanda au timonnier, sitost qu'il seroit jour, s'il
voyoit et descouvroit encor le terrain de la France,
qu'il l'esveillast et ne craignist de l'appeller. A quoy
la fortune la favorisa ; car le vent s'estant cessé, et
aiant eu recours aux rames, on ne fist guières de
chemin ceste nuict : si bien que, le jour paressant,
parut encor le terrain de France ; et, n'ayant failly
le timonnier au commandement qu'elle luy avoit
faict, elle se leva sur son lict, et se mit à contempler
la France encor, et tant qu'elle peut. Mais la gallère
s'esloignant, elle esloigna son contentement, et ne
vist plus son beau terrain. Adonc redoubla encor
ces mots : « Adieu la France ! Cela est faict. Adieu
« la France ! je pense ne vous voir jamais plus ! »

Si désira-elle cette fois qu'une armée d'Angleterre
parût, de laquelle nous estions fort menacez, afin
qu'elle eust subject et fût contrainte de relascher en
arrière, et se sauver au port d'où elle estoit partie ;
mais Dieu en cela ne la voulut favoriser à ses souhaits, car, sans aucun empeschement, nous arrivasmes au Petit-Lict ; dont sur le navigage je feray ce
petit incident : que le premier soir que nous feusmes

embarquez, le seigneur de Chastellard[1], qui despuis fust exécuté en Escosse par son outre-cuydance, et non pour crime, comme je diray (qui estoit gentil cavallier et homme de bonne espée et bonnes lettres), ainsi qu'il vist qu'on allumoit le fanal, il dict ce gentil mot : « Il ne seroit poinct besoing de ce « fanal ny de ce flambeau, pour nous esclairer en « mer, car les beaux yeux de ceste reyne sont assez « esclairans et bastans pour esclairer de leurs beaux « feux toute la mer, voire l'embraser pour un be- « soing. »

Faut noter qu'un jour avant, qui fut un dimanche matin, que nous arrivasmes en Escosse, il s'esleva un si grand brouillard, que nous ne pouvions pas voir despuis la poupe jusques à l'arbre de la gallère, en quoy les pilottes et comites[2] furent fort estonnez; si bien que par nécessité, il fallut mouiller l'ancre en plaine mer, et jetter la sonde pour sçavoir où nous estions. Ce brouillard dura tout le long d'un jour, toute la nuict, jusques au lendemain matin à huict heures, que nous nous trouvasmes environnez d'un' infinité d'escueilz; si bien que, si nous fussions allez en avant ou à costé, nous eussions donné à travers et nous fussions tous péris. De quoy la reyne disoit que, pour son particulier, ne s'en fust guières souciée, ne souhaittant rien tant que la mort; mais elle ne l'eust pas souhaittée ny voulu, pour le général, pour tout le royaume d'Escosse. Ayant donc re-

---

1. Pierre de Boscosel de Chastelard, Dauphinois, né vers 1540, décapité à Édimbourg en 1563. Voyez p. 451-453.
2. *Comite*, officier des galères.

cogneu et veu, le matin de ce brouillard levé, le terrain d'Escosse, il y en eut qui augurarent sur ledict brouillard, qu'il signifioit qu'on alloit prendre terre dans un royaume brouillé, brouillon et mal plaisant.

Nous allasmes entrer et prendre terre au Petit-Lit, où soudain les principaux de là et de l'Islebourg[1] accoururent pour recueillir leur reyne; et ayant séjourné deux heures seulement au Petit-Lict, fallut s'acheminer à l'Islebourg qui n'est qu'à une petite lieue de là. La reyne y alla à cheval, et ses dames et seigneurs sur des hacquenées guilledines du pays, telles quelles, et harnechées de mesmes; dont, sur tel appareil, la reyne se mist à pleurer et dire : que ce n'estoient pas les pompes, les apprestz, les magnificences ny les superbes montures de la France, dont elle avoit jouy si longtemps; mais puisqu'il luy falloit changer son paradis en un enfer, qu'il falloit prendre patience. Et qui pis est, le soir, ainsi qu'elle se vouloit coucher, estant logée en bas en l'abbaye de l'Ilebourg[2] (qui est certes un beau bastiment et ne tient rien du pays), vindrent soubs sa fenestre cinq ou six cens marauts de la ville luy donner l'aubade de meschans viollons et petits rebecz[3], dont il n'y en a faute en ce pays là; et se mirent à chanter des pseaumes tant mal chantez et si mal accordez, que rien plus. Hé! quelle musique et quel repos pour sa nuict!

Le lendemain matin, on luy cuida tuer son aumosnier devant son logis; et s'il ne se fust sauvé de

---

1. Édimbourg. — 2. L'abbaye d'Holyrood.
3. *Rebec*, espèce de violon.

vietesse dedans sa chambre il estoit mort, et en eussent faict de mesmes comme ils firent despuis à son secrétaire David[1], lequel, d'autant qu'il estoit d'esprit, la reyne l'aymoit pour le maniement de ses affaires : mais on le luy tua dedans sa salle, si près d'elle que le sang luy en rejalist sur sa robbe, et luy tumba mort à ses pieds.

Quelle indignité! Ils luy en ont bien faict d'autres; dont ne se faut estonner s'ils ont parlé mal d'elle. Ce tour faict à son aumosnier, elle en vint si triste et faschée qu'elle dict : « Voilà un beau commance-« ment d'obéissance et de recueil[2] de mes subjects ! « Je ne sçay quelle en sera la fin; mais je la prévois « très-mauvaise. » Ainsy que la pauvre princesse en cela s'est monstrée despuis une seconde Cassandre en prophétie, comme elle estoit en beauté.

Estant là, elle vesquit environ trois ans fort sagement en sa viduité; et y eust persisté, n'aiant nulment envie de violer les mânes de son mary; mais les Estatz de son royaume la priarent et la sollicitarent de se remarier, affin qu'elle leur peut laisser quelque beau roy enfanté d'elle, comme est cestuy-cy d'aujourd'huy.

Il y en a qui ont dit qu'aux premières guerres le roy de Navarre la voulust espouser, en répudiant la reyne sa femme à cause de la religion; mais elle n'y voulut consentir, disant qu'elle avoit une âme, et qu'elle ne la vouloit perdre pour toutes les grandeurs

---

1. David Rizzio, assassiné le 9 mars 1566. Voyez de Thou, liv. XL, et Lingard, règne d'Élisabeth, ch. ii.

2. *Recueil,* accueil.

du monde, faisant un grand scrupule d'espouser un homme marié.

Enfin elle se remaria[1] avec un jeune seigneur d'Angleterre de fort grande maison, mais non pareil à elle. Ce mariage ne fut guières heureux, ny pour l'un ny pour l'autre. Je ne veux icy raconter comment le roy son mary, après luy avoir faict un fort bel enfant, qui règne aujourd'huy, fut tué et mourut par une fougade dressée où il logeoit[2]. L'histoire en est imprimée et escripte, mais non au vray, pour l'accusation qu'on a suscité à la reyne d'y avoir esté consente[3]. Ce sont abus et menteries, car jamais ceste reyne ne fust cruelle : elle estoit du tout bonne et très-douce. Jamais en France elle ne fist cruauté, mesmes elle n'a pris plaisir ny eu le cœur de voir deffaire les pauvres criminelz par justice, comme beaucoup de grandes que j'ay cogneu; et alors qu'elle estoit en sa gallère, ne voulust jamais permettre que l'on battist le moins du monde un seul forçat et en pria M. le grand prieur son oncle et le commanda expressément au comite, ayant une compassion extrême de leur misère, et le cœur lui en faisoit mal.

Pour fin, jamais cruauté ne logea au cœur d'une si grande et douce beauté; mais ce sont esté des imposteurs qui l'ont dict et escrit, entre autres M. Buccanan[4]; en quoy il a mal recogneu les biens que sa

1. Son mariage avec Darnley se fit secrètement le 9 juillet 1565, et fut célébré solennellement quelque temps après.

2. Le 10 février 1567. — 3. *Consente*, consentante.

4. Georges Buchanan, poète latin et historien, mort en 1582. Bien qu'il eût reçu divers bienfaits de Marie Stuart, il l'a indignement traitée dans son *Rerum Scoticarum Historia* (1582), et dans

reyne luy avoit faictz en France et en Escosse, pour la grâce de sa vie et du relief de son ban [1]. Il eut mieux valu qu'il eust employé son divin sçavoir à parler mieux d'elle, ny des amours de Baudouet, jusques à y mettre quelques sonnetz qu'elle avoit faicts, que ceux qui ont cogneu sa poësie et son sçavoir diront bien tousjours qu'ils ne sont venus d'elle, ny moins jugeront de ses amours; car ce Baudouet estoit le plus laid homme, et d'aussi mauvaise grâce qui se peut voir. Mais si celuy-là n'en a bien dict, il y en a d'autres qui en ont escrit un fort beau livre de son innocence [2], que j'ay veu, qui l'a si bien déclarée et prouvée que les moindres esprits y mordroient, combien que ses ennemis n'y ayent eu esgard; mais la désirant faire perdre, comme ils ont faict à la fin, et comme obstinez, l'en ont tellement persécutée, qu'ils ne cessarent jamais qu'elle ne fust mise en prison dans un fort chasteau : on dit que c'est Sainct-André en Escosse [3]. Et ayant demeuré près d'un an misérablement captive, fut délivrée par le moyen d'un fort honneste et brave gentilhomme du pays et de bonne maison, nommé M. de Beton [4] que j'ay cogneu et veu, lequel m'en conta l'histoire lorsqu'il en vint porter la nouvelle au roy, ainsi que nous passions l'eaue devant le Louvre. Il estoit nep-

---

un violent pamphlet intitulé : *De Maria, regina Scotorum, totaque ejus contra regem conspiratione*, 1572, in-8°.

1. Et l'avoir fait relever de son ban.

2. *L'innocence de la très-illustre princesse Marie Stuart* (par F. de Belleforest), 1572, in-8°.

3. Au château de Lochlevin, en juin 1567.

4. Beaton. — L'évasion de Marie eut lieu le 2 mai 1568.

veu de l'évesque de Glasco[1], ambassadeur en France, un des hommes de bien et dignes prélats qui se voit point, et qui a esté fidelle serviteur de sa maistresse jusques à son dernier souspir, et luy est encor autant après son trespas.

Voylà donc ceste reyne en liberté, qui ne chauma pas; et en moins d'un rien eut amassé une armée de ceux qu'elle estimoit ses plus fidelles : et la menant, elle la première en teste, montée sur une bonne hacquenée, vestue d'un simple cottillon ou juppe de taffetas blanc, et coiffée d'une coiffe de crespe dessus; de quoy j'ay veu plusieurs personnes s'estonner, mesme la reyne mère, qu'une si tendre princesse, et si délicate qu'elle estoit et avoit esté toute sa vie, fût ainsi habituée aux incommoditez de la guerre. Mais aussi qu'est la chose que l'on n'endure et que l'on ne face pour régner absoluement, et de se vanger de son peuple rebelle, et le ranger à son obéissance?

Voylà doncques cette reyne, belle et généreuse, comme une seconde Zénobia, à la teste de son armée, la conduisant pour l'affronter à celle de ses ennemis, et livrer bataille; mais, hélas! quel malheur! Ainsy qu'elle pensoit les siens venir aux mains avec les autres, et ainsy qu'elle les exortoit et animoit pour ses belles et valeureuses parolles, qui eussent pu esmouvoir les rochiers, ils vindrent tous à hausser leur picques sans rendre combat; et, tant

---

1. Jacques Beaton, le dernier évêque de Glasgow, mort à Paris en 1603. Il fut l'un des fondateurs du collége des Écossais dans cette ville.

d'un costé que d'autre, vindrent mettre les armes bas, s'embrasser et se faire amis ; et confédérez et conjurez ensemble firent complot de se saisir de la reyne, et la prendre prisonnière, et la mener en Angleterre. M. de Cros, intendant de sa maison, gentilhomme d'Auvergne, en conta ainsi l'histoire à la reyne mère, en venant de là ; et le vis à Saint-Mor, qui nous la conta à aucuns de nous.

Enfin elle fust menée en Angleterre[1] où elle fust logée en un chasteau si estroictement et en telle captivité, qu'elle n'en a bougé de dix-huict à vingt ans jusques à sa mort, dont elle en eut sentence, par trop cruelle, fondée sur plusieurs raisons telles quelles, qui sont dans l'arrest ; mais une des principalles, à ce que je tiens de bon lieu, fut que la reyne d'Angleterre ne l'ayma jamais, et a esté tousjours et de longtemps jalouse de sa beauté, qu'elle voyoit surpasser la sienne (que c'est de jalousie !), et pour la relligion aussi. Or tant y a que ceste princesse après sa longue prison fut condamnée à la mort, et avoir la teste tranchée ; et son arrest luy fust prononcé deux mois advant qu'elle fust exécutée. Aucuns disent qu'elle n'en sceut rien, sinon quand on fust pour l'exécuter. D'autres disent qu'il luy fut prononcé deux mois advant l'exécution, ainsi que la reyne mère en eut l'advis estant à Congnac, qui en fut très-marrie ; et, mesmes luy dict-on ceste particularité : qu'aussitost que l'arrest fust prononcé on luy tendist

---

1. Après la défaite de ses troupes à Langside, le 13 mai 1568, elle voulut, malgré les instances de ses amis, se réfugier en Angleterre où elle arriva le 16.

sa chambre et son lict de noir. La reyne mère se mist là dessus à louer fort la constance de ladicte reyne d'Escosse, et qu'elle n'en avoit jamais veu ny ouy parler d'une plus constante en son adversité (j'estois présent alors), et croyoit pourtant que la reyne d'Angleterre ne la feroit point mourir, ne l'estimant cruelle tant jusques là, et que de son naturel elle ne l'estoit point; (mais elle le fut là), et aussi que M. de Bellièvre, que le roy avoit despesché pour luy sauver la vie, opéreroit quelque chose de bon; mais il n'y gaigna rien.

Pour venir donc à ceste mort piteuse, qu'on ne peut descrire qu'avec grande compassion[1], le dix-septiesme donc de febvrier l'an mil cinq cens quatre-vingt-sept[2], arrivant au lieu où estoit la reyne prisonnière, chasteau appellé Fodringhaye[3], les commissaires de la reyne d'Angleterre, par elle envoyez (je ne diray point leur nom, car il ne serviroit de rien), sur les deux ou trois heures après midy, et [estant en la présence de Paulet, son gardien ou geolier, font lecture de leur commission touchant l'exécution, à leur prisonnière, luy desclarant que le lendemain matin ils y procéderoient, l'admonestant de s'apprester entre sept ou huict. Elle, sans

---

1. La plupart des détails qui suivent sont tirés d'une relation contemporaine que Brantôme cite plus loin. Elle est intitulée : *Le Martyre de la reyne d'Escosse, douarière de France*, Édimbourg, chez Jean Nafeild, 1587, 510 p. in-8°. Nous mettons entre crochets les passages qu'il lui a empruntés textuellement.

2. Il y a par erreur *nonante un* dans le manuscrit; Dupuy a biffé ce chiffre et mis en marge 1587.

3. Fotheringay.

s'estonner aucunement, les remercia de leur bonnes nouvelles, disant qu'elles ne pouvoient estre meilleures pour elles, pour voir maintenant la fin de ses misères, et que dès longtemps elle s'estoit apprestée et résolue à mourir, despuis sa détention en Angleterre, suppliant pourtant les commissaires de lui donner un peu de temps et de loisir pour faire son testament et donner ordre à ses affaires, puisque cela gissoit[1] à leur volonté, comme leur commission portoit. A quoy le conte de Cherusbery[2] luy dit assez rudement : « Non, non, madame ; il faut mourir. « Tenez-vous preste demain entre sept et huict heu- « res du matin, On ne vous prolongera pas le délay « d'un moment »[3].] Il y en eut un plus courtois, ce luy sembloit, qui luy voulut user de quelques remonstrances pour estimer de luy donner quelque constance davantage à supporter cette mort. Elle luy respondit qu'elle n'avoit point besoin de consolation, pour le moins venant de luy ; mais que s'il vouloit faire ce bon office à sa conscience de luy faire venir son aumosnier[4] pour la confesser, que ce lui seroit une obligation qui surpasseroit toute autre ; car, pour son corps, elle ne croioit pas qu'ils fussent si inhumains qu'ils ne luy donnassent droict de sépulture. Lors il luy répliqua qu'il ne s'y falloit point attendre ; de façon qu'elle fust contrainete d'escrire sa confession, qui fut telle :

[« J'ay estée combattue aujourd'huy de ma relligion, et « de recevoir la consolation des hérétiques. Vous enten-

---

1. *Gissoit*, gisoit. — 2. Shrewsbury.
3. *Martyre*, p. 416. — 4. Il s'appelait Préau.

« drez par Bourgoing [1] et les autres, que j'ay faict fidelle-
« ment protestation de ma foy, en laquelle je veux mourir.
« J'ay requis de vous avoir pour faire ma confession et
« recevoir mon sacrement, ce qui m'a esté cruellement
« refusé, aussi bien que le transport de mon corps, et de
« pouvoir tester librement, ou rien escrire que par leurs
« mains. A faute de cela, je confesse la griefveté de mes
« péchez en général, comme j'avois délibéré de faire à
« vous en particulier, vous priant, au nom de Dieu, de
« prier et veiller ceste nuict avec moy pour la satisfaction
« de mes péchez, et m'envoyer vostre absolution et pardon
« de toutes les offences que j'ay faictes. J'essayray de vous
« voir en leur présence, comme ils m'ont accordé du
« maistre d'hostel; et s'il m'est permis, devant tous je vous
« demanderay pardon. Advisez-moy de plus propres priè-
« res pour ceste nuict et pour demain matin, car le temps
« est court et je n'ay loisir d'escrire ; mais je vous recom-
« manderay comme le reste, et surtout vos bénéfices vous
« seront asseurez, et vous recommanderay au roy. Je n'ay
« plus de loisir; advisez-moy de tout ce que vous penserez
« de bon pour mon salut par escrit [2].]

Après cela faict et pourveu au salut de son âme avant toutes choses, elle ne perdist point temps, et si peu qu'il luy restoit (bien long pourtant et suffisant pour esbranler une constance des plus asseurez, mais en elle on n'y cogneut aucune crainte de la mort, mais beaucoup de contentement de sortir des misères mondaines), l'employa à escrire à nostre roy, à la reyne mère qu'elle honnoroit beaucoup, à monsieur et à madame de Guise, et à autres particuliers, lettres certes fort piteuses, mais du tout tendantes à

---

1. Son médecin. — 2. *Martyre*, p. 418.

leur faire cognoistre que jusques à la dernière heure, elle n'avoit perdu la mémoire d'eux, et le contentement qu'elle recevoit de se voir délivrée de tant de maux, desquels il y avoit vingt et ung an qu'elle estoit accablée; et leur envoia à tous des présens qui estoient de la valeur et pris que le pouvoit consentir une pauvre reyne captive et mal fortunée.

Après envoya quérir sa maison, despuis le plus grand jusques au plus petit, et fit ouvrir ses coffres, et regarda combien elle pouvoit avoir d'argent; leur despartit à chacun selon son moyen et le service qu'elle avoit tiré d'eux; et à ses femmes leur partagea ce qui luy pouvoit encor rester de bagues, de carquans, de lytestes[1] et acoustremens; leur disant à tous que c'estoit avec beaucoup de regret qu'elle n'avoit davantage pour leur donner et les récompenser, mais qu'elle s'asseuroit que son fils satisferoit à sa nécessité : et pria son maistre d'hostel de le faire entendre à sondict fils, à qui elle renvoyoit sa bénédiction, le priant de ne venger point sa mort, laissant le tout à Dieu à en ordonner selon ses divines volontez; et leur dict adieu à tous sans larmoyer aucunement; mais au contraire les consolloit, et leur disoit qu'il ne falloit pas qu'ils pleurassent sur le poinct de la voir bienheureuse en contr'eschange de tant de malheurs qu'elle avoit eu; puis les fit tous sortir de la chambre, réservé ses femmes.

Or il estoit desjà nuict; et se retira en son oratoire, où elle pria Dieu plus de deux heures, les genoux tous nuds contre terre, car ses femmes s'en ap-

---

1. *Lyteste*, ruban de tête.

perçeurent; puis elle s'en revint en sa chambre, et leur dict : « Je croy qu'il vault beaucoup mieux, « mes amies, que je mange quelque chose, et que « je me couche après, afin que demain je ne face « chose indigne de moy, et que le cœur ne me faille. » Quelle générosité et quel courage! Ce qu'elle fist; et, prenant une rostie au vin seulement s'en alla coucher, et dormit fort peu, et employa la plus grand' partie de la nuict en prières et oraisons.

Elle se leva deux heures devant jour, et s'habilla le plus proprement qu'elle peut, et mieux que de coustume, et print une robbe de vellours noir, qui estoit tout ce qu'elle s'estoit réservé de ses accoustremens, disant à ses femmes : « Mes amies, je vous eusse « laissé plustost ceste accoustrement que celuy d'hier, « sinon qu'il faut que j'aille à la mort un peu honno- « rablement, et que j'aye quelque chose plus que le « commun. Voylà un mouchouer que j'ay réservé « aussi, qui sera pour me bander les yeux quand je « viendray là, que je vous donne, ma mie (parlant à « une de ses femmes), car je veux recevoir ce der- « nier office de vous. »

Après, elle se retira en son oratoire, leur aiant dict de rechef à Dieu en les baisant; et leur dict tout plain de particularitez pour dire au roy, à la reyne et à ses parens, non chose qui tendist à la vengeance, mais au contraire plustost; et fist là ses pasques par le moyen d'une hostie consacrée que le bon pape Pie V^e luy avoit envoyée pour s'en servir à sa nécessité, et qu'elle avoit tousjours fort curieusement et sainctement gardée et conservée.

Après avoir dict toutes ses oraisons, qui furent

bien longues, car il estoit desjà grand matin, elle s'en vint dans sa chambre; elle s'assist auprès du feu, parlant toujours à ses femmes et les consolant, au lieu que les autres la debvoient consoler; leur disant que ce n'estoit rien que des fœlicitez de ce monde, et qu'elle en debvoit bien servir d'exemple aux plus grandes de la terre jusques aux plus petites; qu'elle, qui avoit esté reyne des royaumes de France et d'Escosse, de l'un par nature, de l'autre par fortune, après avoir triumphé pesle-mesle dans les honneurs et grandeurs, la voilà réduicte entre les mains d'un bourreau, innocente toutesfois; ce qui la consoloit pourtant; mesmement le plus beau de leur prétexte estoit pris pour la faire mourir sur sa religion catholique, bonne, saincte, qu'elle n'abandonneroit jamais jusques au dernier souspir, puisqu'elle y avoit esté baptisée, et qu'elle ne vouloit autre gloire après sa mort, sinon qu'elles publiassent sa fermeté par toute la France, quand elles y seroient retournées, comme elle les en prioit; et qu'encores qu'elle sçavoit qu'elles auroient beaucoup de crève-cœur de la voir sur l'eschaffaut pour jouer une telle tragédie, si vouloit-elle qu'elles fussent les tesmoings de sa mort, sçachant bien qu'elle n'en pourroit avoir de plus fidelles, pour en faire le rapport de ce qui en adviendroit.

Ainsy qu'elle achevoit ces parolles, l'on vint heurter fort rudement à la porte. Ses femmes, se doubtant que c'estoit l'heure qu'on la venoit quérir, voulurent faire résistance d'ouvrir; mais elle leur dict : « Mes amies, cela ne sert de rien, ouvrez. »

Et entra premièrement un compagnon, avec un

baston blanc en la main, lequel, autrement sans s'adresser à personne, dict en se pourmenant, par deux fois : « Me voicy venu, me voicy venu. » La reyne se doubtant qu'il l'advertissoit de l'heure de l'exécution, prist en la main une petite croix d'hyvoire.

Puis après vindrent les commissaires susdicts, et estans entrez la reyne leur dict : « Et bien! mes« sieurs, vous m'estes venue querir. Je suis preste et « très-résolue de mourir ; et trouve que la reyne, ma « bonne sœur, faict beaucoup pour moy, et tous vous « autres particulièrement, qui en avez faict ceste re« cherche. Allons donc. » Eux, voyans ceste constance accompagnée d'une si grande douceur et extrême beauté, s'en estonnarent fort ; car jamais on ne la vist plus belle, aiant une couleur aux joues qui l'embellissoit.

Ainsy Boccace escript de Sophonisba[1], laquelle estant en son adversité après la prise de son mary et de sa ville, et parlant à Massinissa : « Vous eussiez « dict, raconte-il, que son propre malheur la rendoit « plus belle ; et luy favorisoit la douceur de son vi« sage, pour la rendre plus désirable et agréable. »

Ces commissaires furent grandement esmeuz à quelque compassion. Toutesfois, ainsy qu'elle sortoit, ils ne voulurent pas permettre à ses femmes de la suivre, craignans que, pour leurs lamentations, souspirs et haults cris, l'acte de l'exécution en fut aucunement troublé ; mais elle leur dict : « Et quoy ! « messieurs, me voulez-vous user tant de rigueurs

---

1. Voyez Boccace, *De Claris mulieribus*, ch. LXVIII : *De Sophonisba regina Numidiæ*.

« que de ne permettre seulement ou consentir que
« mes femmes m'accompagnent au suplice? Au moins
« que j'obtienne ceste faveur de vous autres. » Ce
qu'ils luy accordarent, en leur promettant qu'elle
leur imposeroit silence quand ils les feroient venir
lorsqu'il faudroit.

[Le lieu de l'exécution estoit dans la salle, au
milieu de laquelle on avoit dressé un eschaffaut large
de douze piedz en quarré, et hault de deux, tapissé
de meschante revesche noire. [1]]

Elle entra donc dans ceste salle, avec pareille majesté et grâce comme si elle fût entrée dans une salle
du bal, où on l'avoit veue d'autrefois si excellemment paroistre, sans jamais changer de contenance.
Et ainsy qu'elle fut auprès de l'eschaffaut, elle appella
son maistre d'hostel et luy dict : « Aydez-moy à
« monter; c'est le dernier office que je recevray de
« vous; » et luy réitéra tout ce qu'elle luy avoit dict
en sa chambre pour dire à son fils. Puis, estant sur
l'eschaffaut, elle demanda son aumosnier, priant les
officiers qui estoient là de permettre qu'il vinst; [ce
qui luy fut refusé tout à plat, luy disant le comte de
Kent, qu'il la plaignoit grandement de la voir ainsy
adonnée aux superstitions du temps passé, et qu'il
falloit porter la croix de Christ en son cœur et non
en la main. A quoy elle fist response qu'il estoit mal
aisé de porter tel et si beau object en la main, sans

---

1. *Martyre*, p. 420. « La revesche, dit le Dictionnaire de Trévoux, est une étoffe de laine qui n'est point croisée, mais qui est une espèce de frise ou de ratine frisée à poil long et qui est moins serrée. »

que le cœur en fût touché de quelque esmotion et souvenance; que la chose la plus séante à toute personne chrestienne, c'estoit de porter la vraye marque de sa rédemption lorsque la mort la menaçoit. Et, voyant qu'elle ne pouvoit avoir son aumosnier, elle pria de faire venir ses femmes, ainsy qu'ils luy avoient promis; ce qu'ils feirent : l'une desquelles, à son entrée dans la salle, appercevant sa maistresse sur l'eschaffaut en tel équipage parmi les bourreaux, ne se peut engarder de crier, gémir et perdre contenance; mais incontinent la reyne luy aiant faict signe du doigt contre la bouche, elle se se retint[1].]

Sa Majesté alors commancea à faire des protestations que jamais elle n'avoit attenté ny à l'estat, ny à la vie de la reyne, sa bonne sœur; ouy bien d'avoir voulu rechercher sa liberté, comme tous captifs sont obligez; mais qu'elle voyoit bien que la cause de sa mort estoit la relligion, dont elle s'estimoit très-heureuse de terminer sa vie pour ce subject; et prioit la reyne sa bonne sœur d'avoir pitié de ses pauvres serviteurs qu'elle tenoit captifs, en considération de l'affliction dont ils avoient esté meus à rechercher la liberté de leur maistresse, puisqu'elle en devoit pâtir pour tous.

On luy emmena un ministre pour l'exorter; mais elle luy dict en anglois : « Ah! mon amy, donne-« moy patience; » [luy déclarant qu'elle ne vouloit communiquer avec luy, ny avoir aucuns propos avec ceux de sa secte, et qu'elle estoit apprestée à

---

1. *Martyre*, p. 421.

mourir sans son conseil, et que telles gens que luy ne luy pouvoient apporter aucune consolation ou contentement d'esprit. Ce néantmoins, voyant qu'il continuoit ses prières en son barragouin, elle ne laisse de dire les siennes en latin, eslevant sa voix par dessus celle du ministre[1]; et puis redit qu'elle s'extimoit [beaucoup heureuse de respandre la dernière goutte de son sang pour sa relligion, plus que de vivre si longuement, et qu'elle ne pouvoit attendre que nature parachevast le cours ordonné de sa vie, et qu'elle espéroit tant en celuy qui estoit représenté par la croix qu'elle tenoit en sa main, et devant les pieds duquel elle se prosternoit, que ceste mort temporelle, soufferte pour son nom, luy seroit le passage, le commancement et l'entrée de la vie éternelle avec les anges et les âmes bienheureuses, qui recevroient d'elle son sang, et la représenteroient devant Dieu en dévotion de toutes ses offenses, les priant de luy estre intercesseurs pour obtenir pardon de grâce.]

[Telles estoient ses prières, estant à genoux sur l'eschaffaut, lesquelles elle faisoit d'un cœur fort ardent, y adjoustant plusieurs autres pour le pape, les roys de France, d'Espaigne, et mesmes pour la reyne d'Angleterre, priant Dieu la vouloir illuminer[2] de son sainct esprit[3]]; pria aussi pour son fils, et pour l'isle de la Bretagne et d'Escosse, pour les vouloir convertir.

Cela faict, elle appella ses femmes pour luy aider

---

1. *Martyre*, p. 425.
2. Il y a *enluminer* dans la relation. — 3. *Martyre*, p. 424.

à oster son voyle noir, sa coiffure et ses autres ornemens; et ainsy que le bourreau y vouloit toucher, elle luy dict : « Ha! mon amy, ne me touche point. » [Toutesfois, elle ne peut engarder qu'il n'y touchast; car après qu'on eut abbaissé sa robbe jusques à la ceinture, ce villain la tira par le bras assez lourdement, et luy osta son pourpoint. Son corps de cotte avoit le collet bas, de manière que son col et sa belle gorge, plus blanche qu'albastre, paroissoient nuds et découverts. Elle-mesme s'accommoda le plus dilligemment qu'elle pouvoit, disant qu'elle n'estoit pas accoustumée de se despouiller devant le monde, ny en si grand' compagnie (on dict qu'il y pouvoit bien avoir quatre à cinq cens personnes), ne se servir de tels vallets de chambre.]

[Le bourreau se mist à genoux et luy demanda pardon, à quoy elle dict qu'elle luy pardonnoit, et à tous ceux qui estoient autheurs de sa mort, d'aussi bon cœur qu'elle désiroit ses péchez luy estre pardonnez de Dieu[1].]

Puis elle dict à sa femme à qui elle avoit donné auparavant le mouchoir, qu'elle luy portast ledict mouchouer.

[Elle portoit une croix d'or, où il y avoit du bois de la vraye croix[2] avec l'image de Nostre-Seigneur, qu'elle vouloit bailler à l'une de ses damoiselles; mais le bourreau l'en empescha, nonobstant que Sa Majesté l'eust prié de ce faire, luy pro-

1. *Martyre*, p. 423.
2. Les mots *où il y avoit du bois de la vraye croix* ne se trouvent point dans la relation.

mettant que la damoiselle luy payeroit trois fois la valeur.]

[Ainsy s'estant toute aprestée, après avoir baisé les damoiselles, elle leur donna congé de se retirer avec sa bénédiction, leur faisant le signe de la croix sur elles. Et, voyant que l'une des deux ne se pouvoit contenir de plorer, elle luy imposa silence, disant qu'elle s'estoit obligée de promesse qu'elles ne feroient aucun trouble par leurs pleurs et gémissemens, leur commandant de se retirer doucement, de prier Dieu pour elle, et porter bon et fidelle tesmoignage de sa mort en la relligion ancienne, saincte et catholique.]

[L'une des deux luy aiant bandé les yeux avec son mouchouer, incontinent elle se jetta à genoux de grand courage, sans donner la moindre démonstration ou signe d'aucune crainte de la mort. Sa constance estoit telle, que toute l'assistance, mesmes ses ennemis, furent esmeus; et n'y eust pas quatre personnes qui se peurent garder de plorer, tant ils trouvàrent ce spectacle estrange, se condamnans eux-mesmes en leur conscience d'une telle injustice [1].]

[Et parce que le bourreau, ou plustost ministre de Sathan [2] l'importunoit, luy voulant tuer l'âme avecques le corps, et la troubloit en ses prières, en haussant sa voix pour le surmonter, elle dict en latin le pseaume, *In te, Domine, speravi: non confundar in æternum*, lequel elle récita tout au long. Aiant

---

1. *Martyre*, p. 426-27.
2. Il y a seulement dans la relation : Et parce que le ministre de Sathan.

achevé, se mist la teste sur le billot; et, comme elle répétoit de rechef, *In manus tuas, Domine, commendo spiritum meum*, le bourreau lui bailla un grand coup de hache, dont il luy enfoncea ses attiffets dans la teste, laquelle il n'emporta qu'au troisiesme coup, pour rendre le martyre plus grand et plus illustre, combien que ce n'est pas la peine mais la cause qui faict le martyre.]

[Ce faict, il prend la teste en la main, et la monstrant aux assistans, dit : « Dieu sauve la reyne Eli-« sabeth! Ainsy adviène aux ennemis de l'Evangille! » Et, en ce disant, la descoiffa, par manière de mespris, affin de monstrer ses cheveux desjà blancs[1],] qu'elle ne craignoit pourtant, estant en vie, de les monstrer, ny se les tordre et friser, comme quand elle les avoit si beaux, si blonds et cendrez; car ce n'estoit pas la vieillesse qui les avoit ainsy rendus changez en l'aage de trente-cinq ans, et n'aiant pas quasi quarante ans[2]; mais c'estoient les ennuits, tristesses et maux qu'elle avoit endurez en son royaume et en sa prison.

[Cette malheureuse tragédie finie, ces pauvres damoiselles, curieuses de l'honneur de leur maistresse, s'addressarent à Paulet, son gardien, et le priarent que le bourreau ne touchast plus au corps de leur maistresse, et qu'il leur fût permis de la despouiller, après que le monde seroit retiré, afin qu'aucune indignité ne fust faicte au corps, promettant de luy rendre la despouille et tout ce qu'il pourroit avoir et demander; mais ce maudit les renvoia fort lour-

---

1. *Martyre*, p. 428. — 2. Elle avait quarante-quatre ans.

dement, leur commandant de sortir hors de la salle.]

[Cependant le bourreau la deschaussa et la mania à sa discrétion [1].] On doubte s'il luy en fist de mesme comme ce misérable muletier fist, dans les *Cent Nouvelles* de la reyne de Navarre [2], à l'endroict de ceste pauvre femme qu'il tua. Il arrive des tentations aux hommes plus estranges que celles-là.

[Après qu'il heut faict ce qu'il vouloit, le corps fut porté en une chambre joignante celle de ses serviteurs, bien fermée, de peur qu'ils n'y entrassent pour luy faire aucun pie et bon office : ce qui leur augmenta et doubla leur ennui ; car ils la voyoient par un trou au travers, à demy couverte d'un morceau de drap de bure qu'on avoit arraché de la table du jeu de son billard [3].] Quelle mœquaniqueté [4], voire animosité et indignité, de ne luy en avoir voulu achepter ung noir un peu plus digne d'elle !

[Ce pauvre corps y fut assez longtemps en ceste sorte, jusques à ce qu'il commança à se corrompre, qu'enfin, ils furent contraincts de le saller et embaumer à la légière, pour espargner les frais ; et puis le mirent en un coffre de plomb, où il fut gardé sept mois, et puis porté en terre proffane du temple de

1. *Martyre*, p. 429.
2. Voyez la seconde *Nouvelle* de la première Journée.
3. *Martyre*, p. 430.
4. *Mæquaniqueté*, vilenie. Je n'ai trouvé ce mot que dans le dictionnaire français-anglais de Cotgrave (1611), où il est écrit *mécaniqueté*.

Petersbrouch[1]. Vray est que ceste église est dédiée soubz le nom de Sainct Pierre, et la reyne Catheriue d'Espagne[2] y est enterrée à la catholique; mais elle est aujourd'huy profane, comme sont toutes les églises d'Angleterre[3].]

Il y en a qui ont dict et escript, mesmes des Anglois qui ont faict un livre de ceste mort et de ses causes : [que la despouille de la reyne morte fut ostée au bourreau, en luy payant la valeur en argent de ses habits et ornemens royaux[4].]

Aucuns Espaignols en firent de mesmes lorsqu'ils firent mourir Francisque Pizarre, ainsi que j'ay dict en quelque part, parlant de luy[5].

[La revesche, dont l'eschaffaut estoit couvert, mesmes les aisses[6] d'iceluy, le pavé de la maison et toutes autres choses arrousées de son sang, furent incontinent, une partie bruslez, une partie lavez, de peur qu'au temps advenir ils ne servissent à superstition, c'est à dire, de peur qu'aucuns catholiques songneux ne les vinssent un jour à achepter ou recuillir avec respect, et honneur et révérence (quelle crainte, qui pourra servir possible de prophétie et augure!), comme les bons pères anciens avoient de coustume de garder les reliques, et observer avec dévotion les monumens des martirs. Ce n'est pas de ce temps que les hérétiques ont ainsy faict : *Qui omnia quæ martyrum erant, cremabant*, comme dit

---

1. Petersborough.
2. Catherine d'Aragon, première femme de Henri VIII.
3. *Martyre*, p. 430. — 4. *Ibid.*, p. 432.
5. Voyez plus haut, p. 97-98. — 6. *Aisses*, ais.

Eusèbe, *et cineres in Rhodanum spargebant, ut cum corporibus interiret eorum quoque memoria* ¹. Mais pourtant la mémoire de ceste reyne, en despit de toutes choses, vivra à jamais en gloire et en triumphe ².]

Voylà enfin le discours de sa mort, que je tiens par le rapport de deux damoiselles précédentes, bien honnestes certes et bien fidelles à leur maistresse, et obéissantes à son commandement, pour avoir porté tesmoignage de sa constance et de sa relligion. Elles s'en retournarent en France après l'avoir perdue, car elles estoient françoises : dont l'une estoit fille de madamoiselle de Raré ³, que j'avois veu en France l'une des dames de ladicte reyne. Je pense que ces deux honnestes damoiselles eussent faict plorer les plus barbares à les ouir faire si piteux conte, qu'elles rendoient du tout lamentable et par les pleurs et par leurs douces, dolentes et belles parolles.

J'en ay appris aussi beaucoup d'un livre qui a esté faict et imprimé, qui s'intitule : *Le Martyre de reyne d'Escosse, douairière de France* ⁴. Hélas! pour avoir esté notre reyne, cela ne luy a guières servi. Il me semble que, pour avoir esté telle, on debvoit

---

1. Qui brûlaient tout ce qui appartenait aux martyrs, et en jetaient les cendres dans le Rhône, afin qu'avec leur corps périt aussi leur mémoire.

2. *Martyre*, p. 433.

3. C'est probablement elle qui, dans un inventaire des objets appartenant à Marie et trouvés après sa mort entre les mains de ses serviteurs, est désignée ainsi : Renée Rallay, *alias* Beauregard. (Voyez Labanoff, t. VII, p. 259, 265, 268, 270, 272.)

4. Voyez plus haut, p. 425, note 1.

craindre à la faire mourir de peur de la vengeance : et y eût-on songé cent fois avant que venir là, si nostre roy en eust bien voulu prendre l'affirmative ; mais, d'autant qu'alors il hayssoit messieurs de Guise ses cousins, il s'en soucia fort peu, que par manière d'acquit. Hélas ! qu'en pouvoit mais la pauvre innocente ? Voilà ce qu'en disoient aucuns.

D'autres disent et asseurent qu'il s'en formalisa fort. Comme de vray il envoya à la reyne d'Angleterre M. de Bellièvre, l'un des grands et prudens sénateurs de France, et des plus suffisans, qui n'y faillist d'y apporter toutes ses raisons, prières de son roy, et menaces, et tout ce qu'il peut, et entre autres de luy alléguer qu'il n'appartenoit à un roy ou à un souverain de faire mourir un autre roy ou un autre souverain, sur lequel il ne pouvoit avoir aucune puissance, ny de Dieu ny des hommes : dont sur ce lui allégua d'un visage courroucé l'histoire de Corradin, mort et exécuté à Naples ; menaçant ladicte reyne d'une prophétie de vengeance, comme à l'autre qui fit faire l'exécution[1] : et d'autant que l'histoire est à propos, piteuse, et quasi semblable à celle de nostre reyne ; et pour mieux l'estendre je suis esté d'avis de la mettre icy par escript[2].

Conrradin donc de Suève[3], jeune gentilhomme qui fut fils d'Henry, aisné fils de Fédéric IIe, passa en

1. Voyez le discours de Bellièvre à Élisabeth, dans de Thou, liv. LXXXVI.

2. Tout ce qui suit jusqu'à la page 447 est tiré des livres IV et V de Collenuccio, et là, comme ailleurs, Brantôme s'est servi de la traduction de Sauvage.

3. *De Suève*, de la maison de Souabe.

Italie, accompaigné d'un sien parent de son aage, duc d'Austrie, et avec une fort grosse armée d'Allemands et autres, cuydant recouvrer Naples et Sicille, qu'il prétendoit luy appartenir par la succession de son ayeul et de ses oncles; et, de faict, mist aucunement Charles, duc d'Anjou, premier roy de Naples, pour lors paisible, en danger de le perdre; mais il vint à perdre la bataille; et, ses gens deffaicts, fut pris avec sondict parent (je ne diray la façon, ne servant à nostre propos), et menez devant le roy Charles, qui les fit très-bien garder prisonniers l'espace d'un an, au bout duquel, au vingt sixiesme d'octobre [1], l'on estendit des couvertures de velours cramoisy au milieu du marché de Naples, au lieu où fut mise despuis une colonne dans l'église des Carmes, que la mère de Conrradin fit bastir despuis. Et furent emmenez sur les couvertures estendues Conrradin et le duc d'Austrie et autres, en grand' presse de peuple, non seulement de François et de Néapolitains, mais de toutes les villes voisines, qui estoient accourues à si cruel spectacle; lequel aussi le roy Charles vist combien qu'il fut en une tour assez loing de là, regardant tout ce qui s'y faisoit.

Quand ils furent venus, maistre Robert de Barry, premier greffier du roy Charles, monta sur un perron que l'on avoit dressé tout exprès, et leust la sentence de mort contre les susdicts, pour avoir troublé la paix de l'Église, avoir faucement usurpé le nom de roy, voulu occuper et attenter contre la personne du roy mesmes. A quoy Conrradin dit en lan-

---

[1] 1268.

gue latine à celui qui la prononcea, la valeur de telles parolles : « Thraistre, paillard, meschant, tu as « condamné le fils du roy. Et ne sçais-tu pas qu'un « pareil sur son pareil n'a point de commandement « ny de puissance, et ne le peut condemner à la « mort ? »

Puis, il nia qu'il eust voulu offenser l'Église, mais seulement conquester le royaume qui luy appartenoit, et qu'on luy retenoit à tort, mais qu'il espéroit qu'on vengeroit sa mort : et, tirant un gand de sa main, le jetta vers le peuple comme un signe d'investiture, mais plustost de vengeance, disant qu'il laissoit son héritier dom Frédéric de Castille, filz de sa tante. Cedict gand fut recuilly d'un chevalier, et despuis pòrté au roy Pierre d'Arragon.

Cela faict, le premier fust le duc d'Austrie à qui la teste fut tranchée ; laquelle, toute séparée du corps, cria par deux fois : *Maria*. Et Conrradin l'ayant prinse, la baisa tendrement, et, la sarrant auprès de sa poictrine, pleura le malheur de son compaignon, s'accusant soy-mesmes qu'il avoit esté occasion de sa mort, l'aiant tiré d'avecques sa mère, et emmené avec soy à si cruelle fortune. Puis se mist à genoux, les mains levées au ciel et les yeux, demandant pardon : et, sur ce point, l'exécuteur de tel office luy fit voller la teste, et à d'autres après. Et, à ce ministre bourreau ung autre, pour cela appareillé, fist le semblable qu'il avoit faict aux autres, luy coupant incontinant la teste, afin qu'il ne se peut jamais vanter d'avoir espandu si noble sang.

Les corps sans teste demeurarent sur terre longtemps, et ne fut homme si hardy d'y toucher, jusques à tant que Charles eust commandé qu'ils fussent en-sepvelis.

Telle fut la fin misérable de ce jeune prince Conrradin, plaint et pleuré de tous ceux qui le virent mourir.

Plusieurs qui escrivoient de ce temps, ce dict l'histoire, blasmarent fort le jugement de Charles pour l'avoir faict mourir, ne leur semblant point chose royalle et crestienne d'user de la cruauté envers un tel seigneur, et de tel aage et de telle noblesse et fortune, d'autant que c'est chose autant belle et honnorable de garder les grands seigneurs comme de les vaincre, et qu'après la victoire on doibt mettre l'espée bas et ne l'arrouser plus de sang vaincu, et principallement chrestien; et, qui pis est, luy, aiant esté pris devant Damiette par les Sarrazins, avec le roy sainct Louys son frère, furent royallement traictez, royallement tenus et royallement relaschez en paiant rançon.

Aussi le roy Pierre d'Arragon, le reprochant audict roy Charles par une lettre, pource qu'il n'avoit pas gardé telle raison envers Conrradin que les Sarrazins envers luy, entre autres parolles luy dit ainsy : *Tu Nerone Neronior, et Sarracenis crudelior* : « Tu es plus Néron que Néron, et plus cruel que les « Sarrazins. »

Aussi Robert, comte de Flandres, son gendre [1], prist si grand desplaisir à ceste mort, que, plain d'une noble collère, transperça d'un coup d'estoc et

---

1. Robert III de Béthune, comte de Flandre, qui avait épousé Blanche, fille de Charles d'Anjou.

tua celuy qui leust la sentence, luy semblant celuy n'estre pas digne de vivre, qui, estant de très-basse race, avoit esté si hardy de lire une sentence de mort contre un prince de si hault lignage.

Or, pour la vengeance de ceste mort et supplice, au bout de quelque temps, ainsy que le roy Charles estoit venu à Bourdeaux pour se trouver au combat assigné et compromis entre luy et le roy Pierre, son fils unique Charles, prince de Sallerne, vint à estre pris en ung combat de mer fort malheureusement, et contre le commandement de son père qui[1] luy avoit faict exprès de ne venir aux mains nullement, et toute sa fleur de noblesse françoise prise et défaicte par Rogier de Loria, Callabrois, et admiral du roy Pierre[2] ; dont, par un coup, furent les testes tranchées en Scicille, à Messine, à plus de deux cens gentilshommes et barons françois, et tout pour la vengeance de Conrradin.

En partie le royaume se vint à révolter, mesmes la ville de Naples, sur lequel piteux jeu arriva Charles, qui, venant[3] mallade de tristesse, despit et mélancolie, passa de cette vie en l'autre, ayant régné dix neuf ans assez paisiblement, et n'ayant que cinquante six ans[4] : laquelle mort aiant esté sceue par les Sciciliens, courrent à la prison où étoit le reste des pauvres François pris par cest admiral Rogier de Loria, pour les tuer et massacrer tous ; mais parce que, tous captifs qu'ils estoient, se deffendirent vaillamment, pour

---

1. *Qui*, qu'il. — 2. Le 23 juin 1284.
3. *Venant*, devenant.
4. Le 7 janvier 1285. Il avait soixante-cinq ans.

avoir plustost faict et s'oster du danger, mirent le feu aux prisons, et les bruslarent tous en vie. Voyez quelle vengeance! Puis assemblarent tous les sindics de toutes les villes de Sicille, pour juger Charles, prince de Sallerne, en ensuivant la manière de faire du roy Charles, son père, quand il jugea Conrradin; et tous, d'un commun accord, le jugearent et condamnèrent d'avoir la teste trenchée, comme son père avoit condamné Conrradin.

Estant ce jugement ainsi donné, la reyne Constance[1], par un vendredy matin, envoya signifier la mort au jeune prince, le faisant advertir qu'il pourveut au salut de son ame, parce qu'il falloit qu'il receust la mort ce jour là comme Conrradin. A quoy le prince respondit par telles paroles: « Je suis con« tent de prendre en patience de bon cœur ceste
« mort, me souvenant qu'à tel jour qu'aujourd'hui
« Nostre-Seigneur Jésus-Christ aussi receut sa mort
« et passion. »

Quand la reyne eut entendu qu'il avoit faict ceste responce, elle, qui estoit bonne chrestienne, dévote, sage et modeste dame, dict ainsy : « Puisque le
« prince, pour le regard de ce jour, veut prendre la
« mort si doucement et si patiemment, j'ay aussi dé« libéré, en l'honneur d'icelluy qui à tel jour souffrit
« mort et passion, luy estre miséricordieuse comme
« il nous le fust aussi; » et, cela dict, commanda qu'il fût gardé sans qu'on luy fist aucun desplaisir. Et, pour contenter le peuple qui requéroit sa mort,

---

1. Constance, reine de Sicile, fille de Mainfroi et femme (1261) de Pierre d'Aragon.

à tous elle leur fist entendre qu'en chose de telle importance, de laquelle pourroit sortir plusieurs scandalles, il ne falloit faire aucune délibération sans le sceu du roy Pierre; et ainsi commanda que le jeune prince fust mené en Cathalongne en toute seureté (ce qui fut faict, et laissé à l'advis et jugement du roy Pierre); qui despuis, après quatre ans avoir demeuré prisonnier, fut délivré à la mode que dict l'histoire.

Cest acte n'apporta pas moins de louange à ceste sage et pitoiable reyne, usant de ceste douceur et piété, que d'infamie, dict l'histoire, au roy Charles, pour s'estre baigné trop cruellement dans le sang innocent du jeune et royal enfant, suivant son appétit désordonné.

Voilà l'histoire de Conrradin, sur laquelle je n'ay veu guières personnes généreuses qui n'aient dict que la reyne d'Angleterre eust acquis une gloire immortelle, si elle eust usé de miséricorde à l'endroict de la reyne d'Escosse, en imitant ceste bonne reyne Constance; et aussi qu'elle ne seroit exempte de courir la fortune de la vengeance qui l'attend, quoy qu'il tarde, pour un tel saug innocent respandu qui la crie là hault.

On dict que la dicte reyne angloise fut sage et advisée en cela : car, non seulement elle en voulut passer par l'advis de ceux de son royaume, mais de plusieurs grands princes et seigneurs protestans, tant d'Allemagne que de France, comme le feu prince de Condé et Cazimir, morts peu après, et le prince d'Orange et autres, qui signarent ceste mort violante, et d'autres qui n'attendent pas de moins; car ils en sentent la conscience chargée, puisque cela ne leur touchoit en rien, et ne venoit en aucun advantage, ne le faisant que pour plaire à ladicte reyne, mais, tant s'en faut, leur portoit un préjudice inextimable.

On dict aussi que ladite reyne Élizabeth, quand elle envoya signiffier ceste triste sentence à la pauvre reyne Marie, que celui qui luy en porta la parolle l'asseura que c'estoit à son grand et triste regret, mais par la contrainte de ses estats, qui l'en avoient pressée, elle respondit : « Elle a bien plus de puis-
« sance que cela pour les rendre obéissans à ses vo-
« lontez quand il luy plaist, car c'est la princesse,
« voyre le prince, qui se faict autant craindre et ré-
« vérer. »

Or, je m'en rapporte à la vérité du tout, que le temps révellera. Cependant la reyne morte vivra glorieuse, et en ce monde et en l'autre, jusques à ce qu'il vienne d'icy à quelques années quelque bon pape qui la canonise pour le martyre qu'elle a souffert en l'honneur de Dieu et de sa loy.

Il ne fault doubter que si ce grand, vaillant et généreux prince, feu M. de Guise dernier, ne fust mort, que la vengeance d'une si noble reyne et cousine ainsy morte ne seroit maintenant à naistre. Or c'est assez parlé d'un subject si pitoyable, par quoy je fais fin.

Ceste reyne, qui fut en beauté non semblable.
Fut par trop d'injustice exécutée à mort,
Pour soustenir sa foy d'un cœur inviolable.
Se peut-il faire donc qu'on n'en venge le tort?

Il y en a eu un qui avoit faict son tombeau en vers latins, dont la substance estoit telle : « Nature avoit produict ceste reyne pour estre veue de tout le monde ; aussi a-elle esté veue en grande admiration pour sa beauté et ses vertus, tant qu'elle a vescu : mais l'Angleterre, y portant envie, la mist sur un eschaffaut, pour estre veue en dérision, qui pourtant a esté bien trompée, car telle veue luy a tourné à louange et admiration envers le monde, et gloire et grâce envers Dieu. »

Si faut-il, advant que je finisse, que je die encores cecy pour response à aucuns que j'ay veu parler mal de la mort de Chastellard, que la reyne fist exécuter en Escosse, et l'en taxer, voire estre si malheureux de tenir que, par vengeance divine, elle avoit justement pâty comme elle avoit faict pâtir autruy. Il faudroit donc à ce conte qu'il n'y eust nullement de justice, et qu'il n'en faut jamais faire : et qui en sçait l'histoire n'en blasmera nullement nostre dicte reyne ; et, pour ce, je la vois raconter pour sa justiffication.

Ce Chastellard donc fut un gentilhomme de Daupliné, de bon lieu et de bonne part, car il fut petit nepveu, du costé de la mère, de ce brave M. de Bayard ; aussi disoit-on qu'il luy ressembloit de taille, car il l'avoit moyenne et très-belle, et megrelline, ainsy qu'on disoit M. de Bayard l'avoit. Il estoit fort adroict aux armes et dispost en toutes choses et à tous honnestes exercices, comme à tirer des armes, à jouer à la paume, à sauter et à danser. Bref, il estoit gentilhomme très accomply ; et, quand à l'âme, il l'avoit aussi très-belle, car il parloit très-bien, et mettoit par escrist des mieux, et mesmes en ritme, aussi bien que gentilhomme de France, usant d'une poësie fort douce et gentille, en cavalier.

Il suivoit M. d'Anville, ainsy nommé de ce temps, aujourd'huy M. le connestable : et lorsque nous fusmes avec M. le grand prieur, de la maison de Lorraine, et luy, conduire ladicte reyne, ledict Chastellard fut avec luy, qui en ceste compaignie se fist cognoistre à la reyne ce qu'il estoit en toutes ces gentilles actions, et surtout en ses rithmes; et entre autres il en fist une d'elle sur une traduction en italien, car il le parloit et l'entendoit bien, qui commence : *Che giova posseder cittadi e regni*, etc.? qui est un sonnet très-bien faict, dont la substance est telle : « De quoy sert posséder tant de royaumes, citez, « villes, provinces, commander à tant de peuples, « se faire respecter, craindre, admirer et veoir d'un « chacun, et dormir vefve, seule et froide comme « glace? » Il fit plusieurs autres rithmes très-belles, que j'ay veues escrites en main; car jamais elles n'ont esté imprimées, que j'aye veu.

La reyne donc qui aymoit les lettres, et principallement les rithmes, et quelquefois elle en faisoit de gentilles, se pleust à voir celles dudict Chastellard, et mesmes elle luy faisoit response; et, pour ce, luy faisoit bonne chère et l'entretenoit souvent. Cependant luy s'embrase couvertement d'un feu par trop hault, sans que l'object en peuve mais; car et qui peut deffendre d'aymer? On a bien aymé le temps passé les plus chastes déesses et dames et ayme-l'on encor, voire a-l'on aymé des statues de marbre; mais pour cela les dames n'en sont à blasmer si elles n'y adhèrent. Brusle donc qui voudra sur ses feux couverts !

Chastellard s'en tourne avecques toute la troupe en France, fort fasché et désespéré d'abandonner si bel object. Au bout d'un an, la première guerre civile vient en France. Luy, qui estoit de la relligion, combat en soy quel party il doibt prendre, ou d'aller à Orléans avec les autres, ou de demeurer avec M. d'Anville, et avec luy faire la guerre contre sa relligion. Ce dernier luy est trop amer d'aller ainsy contre sa foy et sa conscience ; de l'autre, porter les armes contre son maistre luy desplait grandement : parquoy résout ny pour l'un ny pour l'autre combattre, mais de se bannir de France et s'en aller en Escosse, et laisser battre qui voudra, et là couler le temps. Il en ouvre les propos à M. d'Anville et luy descouvre sa résolution, et le prie d'escrire à la reyne des lettres en sa faveur ; ce qu'il obtint : et, aiant pris des uns et des autres, il part ; et le vis partir et me dict à Dieu et une partie de sa résolution, car nous estions bons amis.

Il faict donc son voyage, et l'achève heureusement ; si bien qu'estant arrivé en Escosse et ayant discouru toute sa résolution à la reyne, elle le reçoit humainement, et l'asseure estre le bien venu ; mais, abusant de ceste bonne chère, il voulut s'attaquer à un si haut soleil, qu'il s'y perdit comme Phaëton ; car, forcé d'amour et de rage, il fut si présumptueux de se cacher soubs le lict de la reyne, lequel fut descouvert ainsy qu'elle se vouloit coucher. Mais la reyne sans faire aucun scandalle, luy pardonna s'aydant du beau conseil que ceste dame d'honneur fist à sa maistresse dans les Nouvelles de la reyne de Navarre[1], lorsqu'un seigneur de la court de son frère, coulant par une trapelle, faicte par luy exprès en la ruelle, la voulut forcer, de laquelle il n'en rapporta rien que honte et de belles esgratigneures : et le voulant faire chastier de sa témérité et s'en plaindre à son frère, sa dame d'honneur luy conseilla que, puisqu'il n'en avoit eu que des esgratigneures et honte, il estoit assez puny, et qu'en pensant faire clair son honneur, elle l'obscursissoit davantage, estant l'honneur d'une dame de tel pris, qu'il ne se doibt jamais mettre en débat, et que tant plus on le veut contendre[2], tant plus il va au nez du monde, et puis à la bouche des mesdisans.

Notre reyne d'Escosse, comme sage et prudente, passa ainsy cet scandale; mais ledict Chastellard, non content et plus que forcené d'amour, y retourna pour la seconde fois, ayant oublié sa première faute et son pardon. Alors la reyne, pour son honneur, et à ne donner occasion à ses femmes de penser mal, voyre à son peuple s'il le sçavoit, perdit patience, le mist entre les mains de la justice, qui le condamna aussitost à avoir la teste trenchée, veu le crime du faict. Et le jour venu, ayant esté mené sur l'eschaffaut, advant mourir avoit en ses mains les hymnes de M. de Ronsard ; et pour son éternelle consolation, se mist à lire tout entièrement l'himne de la mort[3],

---

1. Il s'agit de Bonnivet et de Marguerite de Navarre dont l'aventure est racontée dans la *Nouvelle* IV de l'*Heptaméron*. Brantôme en a déjà parlé. Voyez tome III, p. 67.

2. *Contendre*, discuter.

3. C'est l'hymne IX du second livre des *Hymnes*.

qui est très-bien faict et propre pour faire abhorrer la mort, ne s'aydant autrement d'autre livre spirituel, ny de ministre ny de confesseur.

Après avoir faict son entière lecture, se tourne vers le lieu où il pensoit que la reyne fust, s'escria hault : « A Dieu, la plus belle et la plus cruelle princesse du « monde; » et puis, fort constamment tendant le col à l'exécuteur, se laissa deffaire fort aisément.

Aucuns ont voulu discourir à quoy il l'appelloit tant cruelle, ou si c'estoit qu'elle n'eust eu pitié de son amour ou de sa vie. Là dessus qu'eust-elle sceu faire? Si, après le premier pardon, elle eût donné le second, elle estoit scandalisée partout; et pour sauver son honneur, il fallut que la justice usast de son droict : et c'est la fin de l'histoire.

FIN DU SEPTIÈME VOLUME.

APPENDICE.

I. *Alexandre VI et le tableau du jugement dernier*, p. 67.

Dans l'anecdote que rapporte Brantôme, et qu'il dit tenir d'un moine espagnol et d'un petit livret imprimé, il s'agit évidemment du *Jugement dernier* de Michel-Ange. Par conséquent elle ne s'applique point à Alexandre VI, mais à Paul III dont le maître des cérémonies Biagio est représenté par le peintre au milieu d'un groupe de damnés, sous la figure d'un personnage à oreilles d'âne, mordu par un serpent. Le fait est du reste raconté de diverse smanières par les biographes.

II. *Sur Jehan-Baptiste*, p. 91.

Ce Jehan-Baptiste, que l'on appelait le compère, était maître d'hôtel de Catherine de Médicis et son compatriote. Elle l'avait amené d'Italie avec elle.

III. *Devises de Catherine de Médicis.*

Dans le manuscrit 894 du fonds français à la Bibliothèque nationale se trouvent trois pages de devises de la main de Catherine.

TABLE DES MATIÈRES.

DISCOURS D'AUCUNES RODOMONTADES ET GENTILLES RENCONTRES ET PAROLLES ESPAIGNOLLES, p. 1 à 177.

Dédicace à la reine Marguerite, p. 1-4. Prise de Gênes par le marquis de Pescaire; son ordonnance sur les bagages de l'armée; révolte du capitaine Vega; Vallès, cité, 5-7; conversation de Brantôme avec deux soldats espagnols au Louvre, 7-8. Légionnaires romains; exploits des Espagnols, 9 et suiv. Mot de Charles-Quint sur les arquebusiers espagnols, 11; défaite des Zélandais par les Espagnols, 11-12. Paroles de Charles V débarquant en Espagne, 12-13. Pertes des Espagnols en diverses guerres, 14. Réponse de soldats à Charles V au siége de Metz, 15. Prise de la Goulette par l'Ouchaly; nouvelles qu'en donne le duc de Savoie à Brantôme; renégats espagnols, 15-16. Voyage de Brantôme à Malte; sa conversation avec un soldat espagnol, 17. Bravoure des Italiens au siége de la Goulette; anecdote racontée par M. de Savoie sur Antoine de Lève au siége de Pavie, 18; amour des soldats espagnols pour le marquis de Pescaire, 19. Ce qu'un Gascon espagnolisé dit à Brantôme, à Madrid, 20. Brantôme, Maisonfleur et un soldat espagnol au siége d'Orléans, 20-21. Brantôme et un soldat espagnol à Crémone, 21-22. Vanteries de divers soldats espagnols, 22-24. Trait d'un soldat espagnol, Lobo, au siége du château de Milan par Prospero Colonna; Vallès, cité 24-26. Martial, cité; anecdotes, 26. Un capitaine espagnol et le chevalier d'Ambres; caractère de Bussy d'Amboise, 26-27. Anecdotes diverses, 27-29. Strozzi, Brantôme et un soldat espagnol; mots de divers soldats espagnols, 30.

Réflexions de Brantôme sur la vie qu'on mène aux armées; Éloge du comte de Brissac, 30-31. Soldat espagnol et François Ier à Pavie; un Espagnol et le roi Fernand, 32. Soldats espagnols à l'expédition de Tunis, et en Flandre, 33. Mot d'un soldat espagnol à Charles V sur la chevelure de son frère Ferdinand; insolence d'un autre à Charles V, 33-34. Le roi Ferdinand et un hidalgo; Pescaire à la bataille de Ravenne; sa devise, 34-36. Mort de Talbot et de son fils à Castillon, du sire de Montcavrel à Nicopolis; de Galéas de Saint-Severin à Pavie; Froissart et Vallès, cités, 36-38. Paroles de Pescaire marchant contre Alviane qui est battu; réflexions à ce sujet; Vallès, cité, 38-40. Ce que les Espagnols disent à Brantôme sur l'*Armada*, 40-42. Bravade de Rodomont; Boiardo, cité, 42. Mort d'Ajax; erreur de Brantôme, 43. Le capitaine Valfrenière; beau trait de dix soldats espagnols au passage de l'Elbe par Charles-Quint; Louis d'Avila, cité, 43-46. Éloge d'une épée par un Espagnol, 46-47. Un capitaine du Piémont et son épée *Martine*, 47-48. Vanterie d'un Espagnol, 48-49. Bons mots d'un gentilhomme espagnol; d'un médecin; d'un homme qu'on menait pendre, 50-51. Un capitaine espagnol, sa maîtresse, les deux Pimentel et Juan de Gusman, 51-52. Tournois en Flandre; Mme de Fontaine-Chalandray; Alonzo Pimentel, vice-roi de la Goulette, exécuté comme sodomite; anecdote à ce sujet, 52-53. Mot d'un capitaine espagnol; vanterie d'un soldat espagnol, 53-54. Menace d'un capitaine français contre son ennemi, 54. Rencontre faite en Toscane par Brantôme et Lansac d'un soldat Espagnol qui leur demande l'aumône, 54-56. Anecdote d'un mendiant espagnol à Rome, 56. Naufragés vus par Brantôme à Séville; mot d'un soldat espagnol sur sa pauvreté, 57. Anecdote de François Ier prisonnier racontée à Brantôme par un vieux soldat espagnol, 57-58. Avarice de l'Espagnol; mot d'un Espagnol sur son pouvoir dans sa ville, 59. Expédient d'Antoine de Lève pour payer ses troupes; surnom donné par les soldats à Charles V; *soldats de la pagnotte*, 60-61. Menaces de Charles V à François Ier; Boccace, cité; insuccès de l'expédition de Charles-Quint en Provence; par qui conseillée, 61-62. Réponse du renégat Assanagas, gouverneur d'Alger à Charles-Quint, 62. Lusignan livré aux catholiques par Mirambeau, 63-64. Pescaire au siége de Pizzighitone est sauvé par un ennemi, le capitaine Fratin, 64-65. Réponse du maréchal Strozzi à deux cordeliers, 65-66. François de Guise regretté par les soldats huguenots; la première armée de huguenots composée de vieux soldats, 66-67. Soldat sans guerre est cheminée sans feu; mot d'Alexandre VI (voy. Appendice, p. 454) à un cardinal sur le Purgatoire, 67. Paroles de Louis d'Avila assiégé dans la citadelle d'Anvers; de Pescaire au marquis del Gouast; Vallès, cité, 68-69. Paroles de François Ier prisonnier au marquis del Gouast; Vallès, cité, 69-71. François Ier parlait toujours en français, bien qu'il sût d'autres langues, 71, 74-75; mot de M. de Lansac, à ce sujet, 71, 74. Anecdote de Charles V et de l'évêque de Mâcon, ambassadeur à Rome, 70-72. Railleries de Brantôme sur les ambassadeurs qui ne savent pas les langues étrangères; évêque français ne sachant pas le latin, au concile de Trente; le cardinal du Bellay; service que les huguenots ont rendu aux gens d'église, 72-73. Ignorance d'un ambassadeur français près la cour d'Espagne; le perroquet de Mme de Brienne. De la nécessité pour les ambassadeurs de savoir les langues étrangères, 74. François Ier et la reine de Navarre sa sœur savaient plusieurs langues; Henri II parlait très-bien espagnol; Catherine de Médicis ne parlait que peu italien; sa fille Marguerite faisait de même; son éloge, 75. Bon accueil que Philippe II fait à Brantôme à cause de sa connaissance de l'espagnol; éloge de M. de Lansac, 76. Capitulation de Dinant; Julien Roméro et le connétable de Montmorency, 76-84. Rencontre de Brantôme et de Romero à Messine, 82-83. Combat de Romero à Fontainebleau, dicton à ce sujet, 83-84. Aventures de Brantôme à Catane, et à la porte Saint-Jacques à Paris, 85-87. Passage des troupes espagnoles en Lorraine, 87-88; ce qu'un soldat espagnol dit à Brantôme à Milan, 88. Plaisantes anecdotes d'un soldat espagnol; d'un soldat gascon, 88-89. François de Guise et un soldat espagnol de la maison de Mendozze, au siége d'Orléans, 89-91. Fanfaronnade d'un seigneur italien devant Henri II, racontée à Brantôme par M. d'Uzès, 91-92. Mot du marquis del Gouast sur les Gascons à la bataille de Cerisoles; M. de Grille, 93-94. Mots sur des Espagnols fanfarons; prise du Pignon de Belys, 94-95. Récit de la défaite et de la mort de Gonzalès Pizarre au Pérou, 95-

98; supplice de Fr. Caravajal, 98 ; ses paroles moqueuses à Centeno; sa cruauté 100-101 ; sa maison et celle de Pizarre, démolies, 101-102. Garcilasso de la Vega et Zarate, cités, 98, note 1, 100, note 4, 101, note 4. Mots plaisants de gens condamnés au supplice, 98, 99 ; d'un moine au lit de mort, 99. Mot d'une dame sur un cavalier espagnol poltron, 101. Machiavel, cité, 102. Actions héroïques de Louis de la Sanna, 102-104; de Cesius Sceva; Valère Maxime, cité, 105. Vaillance de M. de Mareuil à la bataille de Dreux, 106. Armée du duc de Parme en France, 107. Éloge de Philippe II par un soldat espagnol, 108. Le duc d'Albe Frédéric et les habitants de Pampelune ; la *Conquista de Navarra*, citée, 108-109. Pelopidas et Alexandre de Phères; Plutarque, cité, 109. Anecdotes et réflexions sur les hommes de petite taille, 109-110. Soldat géant massacré par un nain devant Soliman; P. Jove, cité, 110, 111. Réponse des ducs d'Albe et de Najara au roi de Navarre ; *Conquista de Navarra*, citée, 111-112. Mot des Espagnols sur les Français après la bataille de Saint-Quentin, 112-113. Charles-Quint devant Metz, 113. Harangue du duc d'Albe assiégé dans Pampelune ; *Conquista de Navarra*, citée, 113-116. Digression sur les harangues militaires; Tite-Live ; Guichardin; Belleforest; P. Jove; erreurs de la Popelinière; le duc de Guise et Coligny à Dreux ; mot du maréchal Strozzi sur les historiographes ; le duc de Guise à Metz; Ronsard, 117-119. Recueil de harangues projeté par Brantôme ; harangue du dernier duc d'Albe à ses soldats en Flandre, 119-121. Diverses anecdotes sur les duels, 121-122. Mots d'un cordelier espagnol au roi de Portugal et d'un cordelier portugais à un autre cordelier sur la bataille d'Aljuvarota, 122-123. Haine des Portugais et des Castillans; aventure de Brantôme à Lisbonne, 124. Combat de douze Français et de douze Espagnols au royaume de Naples; le *Loyal Serviteur*, cité, 124-125. Gonzalve de Cordoüe et d'Aubigny, 125. Le marquis de Cenette et son écuyer à Perpignan; mot de Gonsalve de Cordoue, 126-127. Anecdotes sur les duels, etc. La *Cosmographie*, 128. Anecdote de François Ier et d'un Italien, 129. M. de Beaulieu envoyé à la cour par les Marseillais; son succès, 129, 130. Mot d'un brave ; assassinat de quatre hommes par le capitaine Fréville, que Brantôme sauve, 131-133. Aventure du comte Claudio et de quatre soldats, 133-134. Henri IV et deux soldats prisonniers au siége de la Fère, 135-136. Sobriété des Espagnols, 136. Le maréchal de Termes et trois soldats espagnols à Sienne; *La Conquista de Sena*, citée, 137-139. Exploits d'Astolfe Baglion, du capitaine Léon et d'Espinosa à la bataille de Sienne, 139. Réponse d'un prisonnier espagnol à un capitaine français; d'un autre prisonnier à Henri IV sur la perte de Cambrai, 139-140. Campagnes en France du prince de Parme qui prend Lagny et fait lever le siége de Paris; mots de lui et d'Henri IV, 140-142. Éloge des soldats espagnols, de Fernand Cortez et du duc d'Albe qui défait le comte de Nassau; l'argent cause de la bonne discipline des soldats, 142-143. Titres que porte le roi d'Espagne, plus grand terrien que les Romains, 144-145. Révoltes des soldats espagnols; comment elles se font, 145-147. Récit de celle qui eut lieu en Sicile en 1538. Perfidie de Ferdinand de Gonzague, 147-153. Comment le marquis del Gouast se débarassa des soldats révoltés dans le Milanais; soldats révoltés à Alost, 151-152. Révolte des Romains sous Scipion en Espagne, 152. Générosité d'Henri IV envers la garnison espagnole de Paris, 153-154; humanité du duc de Guise à l'égard des ennemis restés devant Metz, 154-155. Mauvais traitements des Espagnols à l'égard des Français au siége de Pampelune; la *Conquista de Navarra* et Rabelais, cités, 154-155. Rencontre de Brantôme et d'un capitaine espagnol; éloge de don Juan, 156. Prise d'Amiens par Henri IV; ce qu'il répond aux Espagnols qui lui demandaient le sac de la ville; sépulture de Hermantello Porto-Carrero dans cette ville, 156-158. Entrevue de Bayonne; beauté de Madeleine de Giron; mot sur elle, 158-159; courtisée par M. d'Amville, 160. Son insolence envers un gentilhomme français; danger qu'elle court sur mer, 161. Bravade et défaite des Français à Nicopolis, 159. M. de Landreau, vaillant homme de mer; ce qu'il raconte à Brantôme et à Strozzi, 161. Arrogance de dames espagnoles; une romance espagnole, 162-163. Anecdotes diverses et bons mots sur les dames espagnoles, 163-169. Réflexions sur l'embonpoint des veuves; Rabelais, cité, 167-169. Conversation de Brantôme et d'un Espagnol sur Mme de Guise, à l'entrevue de Bayonne, 170-171. Ce qu'un grand prince dit à Brantôme sur l'amour,

171-172. Éloge de la reine d'Espagne, 172-174. La reine Marguerite aux eaux de Spa; éloges qu'en font deux Espagnols à Brantôme, 174-176. Ses malheurs; ce qu'elle dit à Brantôme sur son peu d'ambition, 176-177.

SERMENS ET JUREMENS ESPAIGNOLS, p. 179 à 201.

Énumération de serments et jurements en usage chez les Espagnols, 179-184. Pilate; Hérode; saint Antoine, 184-185. Maladie de Bayard guérie par saint Antoine, 185-186. Anecdotes d'un prédicateur espagnol; du cardinal de Lorraine prêchant à Fontainebleau, 186-187. Anecdote de Caravajal dans une auberge de Velletri, 187-188. Anecdotes sur des mendiants, sur des amoureux, 188-189. Histoire, à la cour d'Anne de Bretagne, d'une tante de Brantôme, Jeanne de Bourdeille, et d'un cordelier qui en était amoureux, 190-192. Incendie de l'église des Cordeliers à Paris; Mme de Pons, 192-193. Mot d'un cordelier fray Inigo à plusieurs dames, 193. Anecdote d'un cordelier et d'un jacobin; d'une poule donnée à un curé; anecdotes diverses, 194-197. Plaisante anecdote de M. de Grignaux à Rome, 197-199. Jurements chez différents peuples; blasphème d'un Génois sur une galère où se trouvait Brantôme, et ce qui en advint, 200-201.

M. DE LA NOUE :

A SÇAVOIR A QUI L'ON EST PLUS TENU OU A SA PATRIE, A SON ROY OU A SON BIENFACTEUR, p. 203-265.

Commencements de M. de La Noue; il sert en Piémont sous M. Damville; embrasse le calvinisme; attiré par Coligny; son amour de l'étude; accompagne avec Brantôme Marie Stuart en Écosse, 203-204. Il s'empare d'Orléans, 204; passe la Loire; mort de M. d'Ourches, ami de Brantôme, 205. La Noue est pris à Jarnac et à Moncontour; défait Puygaillard; passe en Flandre et est pris dans Mons, 206-207; est envoyé à la Rochelle par le roi après la Saint-Barthélemy, 206-207. Il est blâmé de n'avoir pas secouru Lusignan, 207-208. Grand ami de Brantôme; il attire Monsieur hors de la cour, 208. Le roi

TABLE DES MATIÈRES. 461

de Navarre élu chef général des huguenots; son éloge; est assisté par La Noue qu'il nomme surintendant de sa maison. Charge de grand maître donnée par Francois Ier à M. de Boisy, 209-210. La Noue est appelé par les révoltés des Pays-Bas; Strozzi empêche Brantôme de le suivre, 209-210. Combat de La Noue contre Juan d'Autriche; il fait prisonnier le comte d'Egmont, 210-211. Il est pris par le marquis de Richebourg, 211. Mort de celui-ci à Anvers. Longue captivité de La Noue qui est délivré par le moyen de MM. de Guise et de Lorraine, 212. Il défait à Senlis le duc d'Aumale, 213; résultat de cette victoire, 214. Accusation d'ingratitude portée par Marguerite de Valois contre La Noue, 214-215. Affection de Henri II pour La Noue qui prend les armes contre ses enfants; Il est sauvé par Henri III après Jarnac et Moncontour, 215. Envoyé par lui à la Rochelle, il encourage les habitants à la résistance; ses menées avec François d'Alençon, 216. Sa dure captivité en Flandre; sa *Déclaration*, citée, 217-219. Comment et par qui il obtint sa liberté, 219-223. Brantôme sollicité en sa faveur Henri III, la reine Louise et M. de Mercœur, 220-221. Comment La Noue se justifie d'avoir soutenu la fille du duc de Bouillon contre son bienfaiteur M. de Lorraine qui assiégait Jamets; discussion à ce sujet, 222-225. Service rendu à La Noue par M. de Guise, 224-228. Il est visité dans sa prison par un gentilhomme italien, 224-226. Entretien de Brantôme et de M. de Guise, 226-227. M. de La Vallée. M. de Guise sauve les enfants de La Noue à la Saint-Barthélemy, 228. Discussion sur la question : si on est plus obligé à son bienfaiteur, à sa patrie ou à son roi, 229 et suiv. M. de Martigues obtient de Monsieur la vie de La Noue après Jarnac et Moncontour, 230. La Noue fait la guerre à ses enfants en Bretagne et est blessé mortellement devant Lamballe, 230-231. Diatribe sur l'amour de la patrie et la fidélité que l'on doit au roi, 231 et suiv. Horace, cité, 232. Ingratitude de la patrie, exemples tirés des Romains, 232. Ingratitude des rois et des princes, 233. Apologie de ceux qui ont abandonné la cause de leur patrie; le prince de Melphe; Pierre de Navarre; le prince de Salerne, Virginio Orsini et autres seigneurs italiens, 234-235; Fabricius et Prospero Colonna; les Angevins de Naples, 236. Bannis romains et italiens, 237. Apologie du connétable de Bourbon ; Ovide, cité ; le prince de Condé poursuivi par Tavannes, 238, 239. Générosité de François Ier envers les serviteurs de M. de Bourbon, 240 et suiv. Saint-Vallier, La Vauguyon, Louis d'Ars. Reconnaissance de Pompérant envers le connétable de Bourbon qui lui avait sauvé la vie, 241. Il rentre en grâce près de François Ier et meurt au royaume de Naples ; la croix blanche de France opposée à la croix rouge des Bourguignons. Trahison de Jacques de Matignon envers le connétable, 242. Au contraire de Pompérant, il est mal vu du roi et de la cour ; Charles V accueille et emploie les serviteurs du connétable, 243-246. Brantôme voit l'un d'eux, le seigneur des Guerres à Naples ; détails sur celui-ci et sur ses frères, 244. Paroles du maréchal Damville à ses serviteurs et gentilshommes au moment de prendre les armes contre le roi ; deux d'entre eux le quittent et sont mal reçus à la cour, 245-246. Gentilshommes de Monsieur l'abandonnant lors de son expédition de Flandre, bafoués à la cour et entre autres par Brantôme ; railleries au sujet de la fidélité absolue au roi ; anecdotes de Corbozon servant le roi après la mort de Condé ; de Sainte-Foy abandonnant le même prince et tué par les huguenots, 247-249. Diatribe contre le vice d'ingratitude puni chez les Égyptiens et les Perses ; Xénophon, cité. Judas ; Brutus, meurtrier de César, 250-252. Vengeance de Charles Ier d'Anjou à l'égard de Henri d'Espagne ; Collenuccio, cité. Assassinat de M. de Mouy, par Maurevel qui est tué par le fils de celui-ci, 252-254. Le comte Édouard de Savoie sauvé à la bataille de Varey par le seigneur de Sassenage qui, ayant tué le seigneur d'Aigreville, avait été sauvé du supplice par le comte ; Paradin, cité, 255-256. Le soudan Noradin et Baudoin roi de Jérusalem ; Guillaume de Tyr, cité, 257. M. de Téligny, sauvé à Jarnac par le comte de Gayasse, 258-259. Ingratitude du marquis de Richebourg envers La Noue. 211, 259. Pompée et Perpenna, 259. Le cardinal Balue et Juan de Beauvau évêque d'Évreux, 260. Réflexions sur les ingrats ; La Noue ingrat envers Brantôme qui l'avait sauvé d'un grand danger ; Strozzi ; du Préau, 261-263. Respect que portait à son père catholique le capitaine huguenot Gremian qui avait pris Aigues-Mortes, 263-264. Excuses de Brantôme sur sa matière d'écrire, 265.

DISCOURS D'AUCUNES RETRAICTES DE GUERRE

QU'ONT FAITES AUCUNS GRANDS CAPITAINES, ET COMMENT ELLES VALENT BIEN AUTANT QUELQUEFOIS QUE LES COMBATS, p. 267-303.

Ce que Brantôme a entendu dire à de grands capitaines sur les retraites, 267. Invasion en Provence de Pescaire qui assiége Marseille; sa belle retraite; Vallès, cité, 268-271. Retraite du prince d'Orange Philibert, de Rome sur Naples, devant Lautrec; *obé*, jurement habituel de celui-ci, 272-273. Retraite de Bonnivet; récit de la mort de Bayard; Vallès et du Bellay, cités, 273-276. Retraite de François Ier après avoir avitaillé Landrecy, 277-279. Causes des défaites de Montmorency à Saint-Quentin, de Strozzi devant Sienne, de Montejean et Boissy à Brignolles, des Français à Térouanne, 279-281. Anecdote d'un parent de Brantôme pris devant Poitiers, 281-282. Retraite des Espagnols à la bataille de Ravenne; mort de M. de Nemours; le *Loyal Serviteur*, cité, 282-284. Comment les Romains traitèrent les fuyards de Cannes, 284-285. Belle retraite de Strozzi devant les huguenots, 285-289. Aux premières guerres civiles les bons soldats se mirent dans les rangs des huguenots; pourquoi; trait héroïque de cinquante soldats huguenots; anecdote sur la démolition de l'église Sainte-Croix à Orléans, 289-291. Défaite de l'armée du baron de Dhona par le duc de Guise, 291. Belles retraites de Châtillon et de son père l'amiral de Coligny, 292-293; du maréchal du Biez devant Boulogne; de M. de Nemours de Meaux à Paris, 293-294; du prince de Parme devant Henri IV, 294-295. Relation de la retraite de M. de Guise devant le baron de Dhona, d'après le *Discours* de la Châtre, 295-300, 302. Regrets sur sa mort. Beau combat de son père François de Guise sous les murs de Paris; ce qu'il dit aux fuyards et aux Parisiens, 300-302. Retraite des Romains à la bataille de Trébie, 302. Mort de deux écuyers picards à la bataille de Nicopolis; Froissart, cité, 303.

DES DAMES.

PREMIÈRE PARTIE.

DISCOURS I.

SUR LA REYNE ANNE DE BRETAGNE, p. 307-334.

Livre de Boccace sur les dames illustres, 308. Anne héritière du duché de Bretagne; recherchée par le duc d'Orléans (Louis XII), 308. Mariée à Maximilien, puis à Charles VIII; Commines cité; ressemblait à la belle Châteauneuf; était un peu boiteuse comme la princesse de Condé, 309. Éloge de ses vertus et de son esprit; élevée par Mme de Laval; vengeance qu'elle tire du maréchal de Gié, 310-311. Sa colère contre le duc d'Orléans au sujet de la mort du dauphin. 312. Gouverne le royaume en l'absence de Charles VIII; ses regrets et ses espérances à la mort de celui-ci; épouse le duc d'Orléans qui la laisse jouir de son duché; sa générosité, 313-314. Elle est la première qui forma une cour de dames; Jeanne de Bourdeille, tante de Brantôme; sa garde de cent gentilshommes; la *Perche aux Bretons*, à Blois; fait construire le vaisseau la *Cordelière*; destinée de ce navire, 314-315. Honorée de Louis XII qui défend aux clercs de la basoche de parler d'elle; visitée des ambassadeurs; tour que lui joue M. de Grignaux, 316-317. Récit de ses obsèques d'après une vieille chronique, 318-324. Regrets causés par sa mort; sa fondation des Bons-Hommes, 324. Comparaison de ses funérailles avec celles de Charles IX; dispute de préséance entre le parlement, la noblesse et l'Église; mot de Marguerite de Valois, 326-328. Le corps de Charles IX n'est suivi que de quelques gentilshommes parmi lesquels figurait Brantôme; colère de Catherine de Médicis à ce sujet, 326. Le grand aumônier Amyot refuse de dire les grâces au parlement; colère de celui-ci; mot du cardinal de Lorraine à Brantôme à ce sujet, 327; Comparaison d'Anne de Bretagne avec Isabeau de Bavière, 328. Regrets de Louis XII qui l'appelait sa *Bretonne*; il porte longtemps son deuil; oppo-

sition d'Anne au mariage de sa fille avec le duc d'Angoulême
(François Ier), 329-330. Isabelle de Castille; mariage de
Louis XII avec Marie d'Angleterre; son tombeau et celui d'Anne
à Saint-Denis. Anne est la première qui ait mis la cordelière
autour de ses armoiries, 330. Éloge de Mme de Dampierre,
tante de Brantôme; épitaphe de la reine Anne, 331.

DISCOURS II.

SUR LA REYNE, MÈRE DE NOS ROYS DERNIERS, CATHERINE DE MÉDICIS, p. 332-403.

Étonnement de Brantôme de ce qu'on n'a point écrit la vie de
Catherine de Médicis; mot de Charles V à P. Jove, 332. Libelle
contre Catherine, 333. Origine de la maison de Médicis; fables
débitées à ce propos par Bernard de Beaune, archevêque de
Bourges, dans l'oraison funèbre de la reine; personnages
illustres de la maison de Médicis, 334-336; illustration de la
maison de Boulogne et d'Auvergne; ce qu'en dit Pie IV devant
Brantôme. Prétentions de Catherine au trône de Portugal, 337-
338. Richesses et joyaux qu'elle apporte en France; perle
qu'elle donne à Marie Stuart, 338-339. Avantages que François Ier retire du mariage de son fils avec Catherine; devise
grecque de Catherine; Brantôme entend dire que Charles V
l'aurait épousée s'il n'avait été marié. Promesses que Clément VII avait faites au roi, 338-340. Affection qu'elle inspire
à François Ier et à Henri II qui refuse de la répudier; anecdote
plaisante d'une dame de la cour demandant l'abbaye de Saint-
Victor, 341-342. Catherine reste dix ans sans avoir d'enfants;
sa postérité; ce qu'en disait son mari; son portrait, 342. Sa
visite à Lyon au peintre Corneille qui avait fait son portrait et
celui des dames et seigneurs de sa cour, 343-344. Elle aimait
la danse et la chasse; elle obtient de François Ier de faire
partie de la *petite bande;* aimait à monter à cheval; fut la première à mettre la jambe sur l'arçon; ses chutes; elle subit l'opération du trépan, 344-345; tirait de l'arbalète à jalet; inventait des jeux; aimait les tragédies et les comédies; fait jouer à
Blois la *Sofonisba,* 346-347; sa gaieté; excellait aux ouvrages
de soie; mot que lui dit M. de Bois-Février, 347; créée régente par Henri II pendant la guerre d'Allemagne, 347-348.

Ses regrets de la mort de son mari; devise qu'elle prend, 349, 351; devises de Valentine de Milan, de René d'Anjou; Bourdigné cité, 350-351. Son habileté; se fait nommer régente par les États d'Orléans malgré le roi de Navarre, 351-352. Démêlés de celui-ci avec le duc de Guise à Fontainebleau; comment elle l'apaise, 352-354; le cardinal de Tournon, 354. Récit fait par Catherine à Brantôme de la manière dont elle fit rompre une trêve en Guyenne; défaite des huguenots à Maillezais; le capitaine L'Estelle; Sorlu et Neufry, 354-356; elle est accusée à tort d'être la cause des guerres civiles; le maréchal de Saint-André propose à ses collègues du triumvirat de la noyer; M. de Guise s'y refuse; elle invoque le secours des protestants; conférences de Talcy, 356-358. Prise d'armes des huguenots à Meaux; captivité de Monsieur et du roi de Navarre; ce qu'en dit celui-ci à Brantôme, 358-360. Ses négociations avec Monsieur; ce qu'elle en dit à Brantôme; États de Blois demandés par les huguenots tournent contre eux, 360-362. Miossens rabroué par Henri III au sujet de la prise de Cahors; amour de Catherine pour la paix, 362-363. Accusée du massacre de la Saint-Barthélemy, provoqué par les menaces des huguenots, après l'assassinat tenté sur l'amiral; la Noue; Strozzi; Téligny, 362-364. Prise du Havre et de Rouen; courage de Catherine qui s'exposait au feu des ennemis, 364-366. Accusée d'être espagnole; défendait les duels; querelles de Charles de la Chastaigneraie et de Pardaillan, de Crillon et d'Antraguet, arrangées par elle, 366-368. Ses gracieusetés envers la noblesse, 368. Ses dépenses; ses dettes; fêtes qu'elle donne : à Fontainebleau, à l'entrevue de Bayonne et à l'arrivée des ambassadeurs polonais à Paris, 369-371. Détails sur cette dernière fête, 371-372; protégeait les artisans et surtout les maçons et les architectes; châteaux des Tuileries, de Saint-Maur, de Chenonceaux; aimait les savants; se moquait des libelles faits contre elle, 373. Coulevrine qui portait son nom, 373-374; aimait à lire; Dardois, secrétaire du connétable; correspondance de Catherine, 374. Elle parlait bien français; abolit une confrérie à Bordeaux, 374-375. Respectée du duc de Savoie et du duc de Lorraine; était bonne chrétienne et fort dévote; aimait la musique; sa chambre était le plaisir de la cour, 377. Suite nombreuse de belles filles qu'elle avait toujours avec elle; détails à ce sujet, 377-379. Cours de Charlemagne et de Henri II, 378-379. Énumération des dames et demoiselles qui composaient la cour de Catherine, 380-396. Aventures amoureuses de quelques-unes; galanterie et luxe de la cour à diverses fêtes et en voyage; habillements de Catherine; gloire de Niquée; Virgile cité, 397-400. Conversation de Henri IV et de Biron au sujet de la cour, 400. Elle meurt de chagrin du meurtre des Guises à Blois; ce qu'elle en dit à son fils; ses obsèques; quatrain sur elle, 401-402.

DISCOURS III.

SUR LA REYNE D'ESCOSSE, JADIS REYNE DE NOSTRE FRANCE, p. 403-453.

Naissance de Marie Stuart, 403; sa mère; elle est emmenée enfant en France, 404. Sa beauté; harangue qu'elle fait en latin à quatorze ans; son recueil de thèmes; fait faire une *Rhétorique françoise* à Ant. Fochin, 407. Son amour de l'étude et de la poésie; vers faits pour elle par Ronsard, du Bellay et Maisonfleur; vers à Bothwell qu'on lui a faussement attribués; vers qu'elle montrait à Brantôme et à d'autres gens de sa cour; écrivait bien en prose; comment elle parlait l'écossais; portrait d'elle habillée à l'écossaise; ce qu'en disaient la reine mère et Charles IX, 407; blancheur de son teint; chanson sur elle; chantait et jouait du luth, 408. Son mariage avec le dauphin; est appelée *reine-dauphine* et son mari le *roi-dauphin*; chanson qu'elle fit sur son veuvage, 409-412; son retour en Écosse; élégie de Maisonfleur sur son départ, 413-414. Brantôme l'accompagne; relation de son voyage, 415-419. Mot de Chastelard sur elle, 418; concert qu'on lui donne le soir de son arrivée; danger que court son aumônier, 419-420. Meurtre de son secrétaire David Rizzio; elle refuse d'épouser le roi de Navarre; son mariage avec Darnley qui est assassiné; sa beauté; calomnies de Buchanan contre elle, 419-422. Elle est enfermée au château de Lochlevin; sa délivrance par Beaton qui en conte l'histoire à Brantôme. Elle se met à la tête d'une armée et est trahie par les siens; M. de Cros en fait le récit à Brantôme, 422-424. Elle se réfugie en Angleterre où elle est emprisonnée; sa condamnation à mort; M. de Bellièvre est envoyé inutilement près d'Élisabeth pour obtenir sa grâce, 424-425, 441. Récit de son supplice le *Martyre de la reine d'Écosse*, cité, 425-441; Boccace cité, 431; Mlle de Raré, 440. Récit du supplice de Conradin et de son cousin le duc d'Autriche condamnés par Charles d'Anjou; Collenuccio cité, 441-444. Lettre de Pierre d'Aragon à Charles; Robert de Barry tué par Robert, comte de Flandre, 444. Charles, prince de Salerne, est fait prisonnier par Roger de Loria, 445; il est condamné à mort et sauvé par la reine Constance, 446-447. Mort de Charles d'Anjou; massacre des Français en Sicile, 445-446. Élisabeth est poussée à l'exécution de Marie par les princes et seigneurs protestants d'Allemagne et de France, 447. Hypocrisie d'Élisabeth; réponse que lui fait Marie; vers sur sa mort, 448. Son tombeau en vers latins, 449. Amour de Chastelard pour Marie Stuart; son histoire; relation de son supplice à Édimbourg, 449-453.

APPENDICE. 454

FIN DE LA TABLE DES MATIÈRES.

12740. — Typographie Lahure, rue de Fleurus, 9, à Paris.

www.ingramcontent.com/pod-product-compliance
Lightning Source LLC
Chambersburg PA
CBHW070203240426
43671CB00007B/528